KB087075

펼쳐 보면 느껴집니다

단 한 줄도 배움의 공백이 생기지 않도록
문장 한 줄마다 20년이 넘는
해커스의 영어교육 노하우를 담았음을

덮고 나면 확신합니다

수많은 선생님의 목소리와
정확한 출제 데이터 분석으로 꽉 찬
교재 한 권이면 충분함을

해커스북 중·고등
HackersBook.com

해커스 어법 제대로가 특별한 이유!

체계적인 학습으로 진짜 내 어법 실력이 되니까!

시각적인 도식과
쉬운 개념 설명을 통한
명쾌한 어법 설명

문장부터 짧은 지문,
실전 지문까지
탄탄한 실력 쌓기를 위한
단계별 구성

해커스 어법 제대로

수능·내신 어법 모두 한번에 대비할 수 있으니까!

최신 출제 경향을 반영한
풍부하고 다양한
수능·내신 대비 문제

서술형 대비 영작 워크시트,
어휘 리스트 등
수능·내신 완전 정복을 위한
다양한 학습 자료

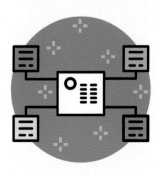

단계별 학습으로 제대로 완성하는 영어 어법

해커스
어법 수능 내신
제대로

해커스 어학연구소

CONTENTS

책의 구성과 특징

1 단계별 학습으로 핵심 어법 완전 정복!

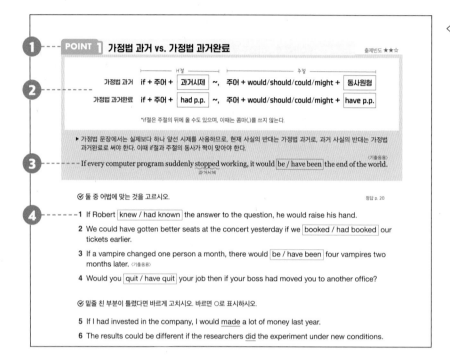

정답 p. 20

핵심 어법 포인트 익히기

1 핵심 어법 포인트

시험에 자주 출제되는 어법 포인트와 출제 빈도를 확인할 수 있습니다.

2 한눈에 보는 어법 도식

복잡한 어법을 시각적인 도식으로 정리하여 한눈에 쉽게 이해할 수 있습니다.

3 어법 설명과 기출 대표 예문

쉽고 간단한 설명과 기출 대표 예문을 통해 빈출 어법을 더 확실하게 이해할 수 있습니다.

4 바로 확인하는 연습문제

학습한 어법 포인트를 바로 문제에 적용하여 빠르고 간단하게 연습할 수 있습니다.

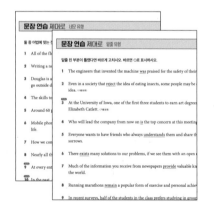

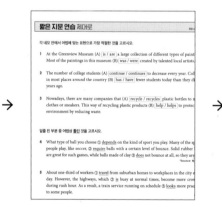

문장 연습 제대로

각 챕터에서 학습한 모든 어법 포인트를 섞어서 두 가지 유형의 문장 단위 문제를 풀어보며 학습할 수 있습니다.

짧은 지문 연습 제대로

짧은 길이의 지문을 통해 지문 흐름 상에서 여러 어법 포인트가 어떻게 적용되는지 확인하고 문제를 푸는 연습을 할 수 있습니다.

내신 서술형 대비 & 수능 대비 제대로

시험에 실제 출제되는 유형과 길이의 문제를 통해 실전 수준의 학습까지 완성할 수 있습니다.

2 내신과 수능 모두 최신 출제경향 반영 문제로 완벽 대비!

내신 서술형 대비 제대로

학습한 어법 포인트를 내신 시험의 서술형 문제 풀이에 적용하는 연습을 할 수 있습니다. 다양한 내신 유형의 문제를 풀어보며, 수능 어법 문제뿐 아니라 최신 내신 서술형 문제에도 철저히 대비할 수 있습니다.

수능 대비 제대로

수능에 출제된 최신 어법 포인트를 학습할 수 있을 뿐 아니라, 수능에 자주 출제되는 주제로 쓰인 지문을 경험하며 실전 감각을 기를 수 있습니다.

MINI TEST

두 개 챕터를 마칠 때마다 제공되는 MINI TEST를 통해 학습한 어법을 다시 한번 점검할 수 있습니다. 실제 수능과 같이 여러 어법 포인트들이 누적 출제된 문제뿐 아니라, 내신 서술형 대비 문제까지 풀어보며 실전에 더욱 완벽하게 대비할 수 있습니다.

어법이 쉬워지는 필수문법

❶ 품사

영어의 단어들은 문법적인 기능에 따라 다음의 8가지 품사로 분류된다.

명사   사람, 사물, 동물, 감정 등 모든 것의 이름

Tom gave the dog some water.
The little girl needed courage to save the injured bird.

대명사   어떤 대상을 가리키기 위해 이름 대신에 사용하는 말

I am going to meet my friends tonight. They invited me to their party.
Is this your wallet? Jane found it under her desk, but it isn't hers.

동사   행위나 동작, 상태 등을 나타내는 말

Donald is very healthy. He walks a lot and eats good food.
I like books, so I buy them often. I read a book every week.

형용사   명사를 수식하여 그 명사의 특성을 나타내거나, 어떤 것의 상태를 서술하는 말

Lucy is a famous musician. Her music is sad but beautiful.
We went to a quiet beach today. The ocean was calm and peaceful, and we enjoyed the cool air.

부사   동사/형용사/부사/문장 등 명사 이외의 것을 수식하여 언제/어떻게/왜 등 부가 정보를 제공하는 말

I have already received your letter. It came very quickly.
Finally, we finished the test last week. We did well and got really good results.

전치사   in/on 등과 같은 단어들로, 명사(구) 앞에 와서 형용사나 부사 역할을 하도록 하는 말

During the winter, an ice rink opens on the lake for children.
Gary likes to fly in first class despite the cost of the ticket.

접속사   문장과 다른 문장을 연결하는 말

I bought a new phone when I lost my first one, and I also changed my number.
Sarah thinks that she can't go on vacation because she's very busy.

감탄사   놀람이나 감정을 나타내기 위해 단독으로 쓰일 수 있는 말

"Wow! You look great today!"   "Oh, thank you!"
"Ouch! You're stepping on my foot."   "Oops, I'm sorry."

❷ 구

2개 이상의 단어가 모여 하나의 품사 역할을 하는 것으로, 명사구/형용사구/부사구가 있다.

명사구   동명사구/to부정사(구) 등, 주어/목적어/보어 자리에 올 수 있는 명사와 같은 역할을 하는 어구

Some people enjoy riding motorcycles, but driving a car is much safer.
My dream is to travel around the world. I want to go to Africa first.

형용사구   「전치사 + 명사(구)」/to부정사(구)/분사구 등, 명사를 수식하거나 보어 자리에 올 수 있는 형용사와 같은 역할을 하는 어구

The dog suddenly barking woke me this morning, so I need more time to sleep.
The new player chosen by the coach seems to play well with the other members on the team.

부사구   「전치사 + 명사(구)」/to부정사(구)/분사구문 등, 명사 이외의 것을 수식하며 언제/어떻게/왜 등 부가 정보를 제공하는 부사와 같은 역할을 하는 어구

To prepare for the exam, Teddy is studying in his room now.
Hiking in the woods, I hurt my ankle by slipping on a rock.

❸ 절

「(주어) + 동사」가 포함된 여러 단어가 모여 하나의 역할을 하는 덩어리를 이루는 것을 '절'이라고 부른다. 절에는 등위절과 종속절이 있으며, 종속절은 다시 명사절/형용사절/부사절로 나뉜다.

등위절   and/but/or/so 등 등위접속사를 이용하여 다른 절과 대등하게 연결된 절

My car broke down, and a driver stopped to help me.
I had lunch earlier today, but I'm still hungry now.

종속절   명사절/부사절 접속사 또는 관계사를 이용하여 다른 절 안에서 주어/목적어/보어/수식어의 역할을 하도록 연결된 절

명사절   다른 절 안에서 주어/목적어/보어로 명사와 같은 역할을 하는 절
I think that we should find a quiet place to work.
What I like about Sandy is her friendly smile.

형용사절
(= 관계사절)   다른 절 안에서 명사를 수식하는 형용사와 같은 역할을 하는 절
The eggs which I ate earlier gave me a bad stomachache.
Nate saw a man who looks like his father.

부사절   다른 절에 언제/어떻게/왜 등 부가 정보를 제공하는 부사와 같은 역할을 하는 절
When Jill was a young girl, she played tennis.
We should hurry because the movie starts in 10 minutes.

❹ 문장성분

영어 문장을 구성하는 요소들을 가리키는 말로, 주어/동사/목적어/보어로 나뉘는 필수 성분과 부가 성분인 수식어가 포함된다.

필수 성분 주어/동사/목적어/보어와 같이 문장을 구성하기 위해 필수적으로 있어야 하는 요소

주어
Subject

문장의 주체를 가리키는 말

The bridge was built in 1937. It took around four years to finish.

Sarah loves trees and flowers. Growing plants is her favorite hobby.

동사
Verb

주어의 행위나 상태를 나타내는 말

I went to the museum yesterday. It was amazing.

He likes animals, so he wants to raise a dog or a cat.

목적어
Object

동사가 나타내는 행위의 대상을 가리키는 말

My family usually eats salad for breakfast.

I learned baking cakes from my grandmother. Now, I do it for my job.

보어
Complement

주격보어(SC)와 목적격보어(OC)로, 주어/목적어에 대해 보충하여 설명하는 말

주격보어 One of my friends became a firefighter. I am proud of him.

목적격보어 I would call Kim a friendly person because she makes people comfortable.

수식어 문장에 꼭 필요한 것은 아니지만, 언제/어떻게/왜 등 내용을 더 풍부하게 하는 부가 정보를 제공하는 말

Normally, my dad gets hungry by 7 p.m.

When I woke up, I opened the window to see the sun rising above the sea.

❺ 문장의 5형식

「주어 + 동사」를 기본으로 다른 필수 성분이 더해져서 만들어지는 영어 문장의 5가지 형태를 가리킨다. 문장에 다양한 수식어가 더해질 수 있지만, 수식어는 문장의 형식에는 영향을 미치지 않는다.

1형식   「주어 + 동사」로 구성된 문장

Naomi lives in Los Angeles.
　주어　동사

I got up late. But fortunately, I arrived at school on time.
주어 동사　　　　　　　　　　　　　주어　동사

2형식   「주어 + 동사 + 주격보어」로 구성된 문장

Mr. Brown is a teacher at this high school.
　주어　　동사　주격보어

This is a great soup. It tastes really delicious.
주어 동사　주격보어　주어　동사　　　　　주격보어

3형식   「주어 + 동사 + 목적어」로 구성된 문장

I lost my smartphone. I need some help to find it.
주어 동사　목적어　　주어 동사　목적어

We love movies. We enjoy seeing a movie together every night.
주어　동사　목적어　주어　동사　　목적어

4형식   「주어 + 동사 + 간접목적어(~에게) + 직접목적어(~을/를)」로 구성된 문장

Angela gave me a box of chocolates.
　주어　　동사　간접목적어　　직접목적어

People send their family and friends cards every Christmas.
　주어　　동사　　　　간접목적어　　　　직접목적어

5형식   「주어 + 동사 + 목적어 + 목적격보어」로 구성된 문장

We named our pet cat Margaret.
주어　동사　　목적어　　목적격보어

Many visitors to the old building found it beautiful.
　　　주어　　　　　　　　　　　동사　목적어 목적격보어

※ 자동사와 타동사
문장의 형식은 동사의 종류에 의해 결정된다. 동사의 종류는 자동사와 타동사로 분류될 수 있다.

자동사　 뒤에 목적어가 오지 않아도 완전한 의미의 문장을 만드는 동사

> **완전자동사**　동사만으로 의미가 완전한 1형식 문장을 만드는 동사
> The bus **stopped** suddenly.

> **불완전자동사**　동사 뒤에 주격보어가 와야 의미가 완전한 2형식 문장을 만드는 동사
> After the long hike, Maria **became** tired.
> 　　　　　　　　　　　　　　　　　주격보어

타동사　 뒤에 목적어가 와야만 완전한 의미의 문장을 만드는 동사

> **완전타동사**　동사와 목적어만으로 의미가 완전한 3형식 문장을 만드는 동사
> We **built** a new house in the neighborhood.
> 　　　　　목적어

> **불완전타동사**　「동사 + 목적어」 뒤에 목적격보어가 와야 의미가 완전한 5형식 문장을 만드는 동사
> The baby's smile **made** his parents happy.
> 　　　　　　　　　　　　목적어　　목적격보어

CHAPTER 01

주어-동사 수 일치

1. 주어 자리에 올 수 있는 것

주어 자리에는 다음과 같이 명사 역할을 하는 것이 와야 한다.

명사(구)	**The movie** about space travel was interesting. Every morning, **the girls** run before breakfast.
대명사	**He** loves his new office. **It** has a great view. **This** is a photo of my parents. **They** are coming to visit me next month.
동명사구	**Walking in the park** is one of my favorite activities. **Reading at night** makes me sleepy.
to부정사구	Generally, **to learn a new language** requires a lot of practice. **To reach the island** takes four hours by plane.
명사절	**Who left the room last** was Joshua. **Whether he will come to the party** is uncertain. During the meeting, **what the CEO said** surprised everyone.

2. 주어와 동사 사이에 올 수 있는 수식어

주어와 동사 사이에 다음과 같이 주어를 수식하는 수식어가 올 수 있다. 이 수식어는 주어와 동사의 수 일치에 영향을 미치지 않는다.

전치사 + 명사(구)	The package **on the counter** contains several kitchen items. The table **by the door** is for my keys.
형용사구	The store **close to your house** opens at 8 a.m. Many plants **deep in the forest** are unique.
to부정사구	One way **to sleep better** is drinking milk before bed. The best time **to meet** is on Wednesday morning.
현재분사구	The guests **arriving today** come from India. The bus **leaving the station** is the number 22.
과거분사구	The cheeses **wrapped in paper** are in the refrigerator. Food **cooked at home** often feels healthier than restaurant food.
관계사절	The book **that I mailed you** is signed by the author. The puppies **that Melissa owns** look so cute.

```
                    ┌─── 수 일치 ───┐
              주어  +  수식어  +  동사
```

▶ 주어와 동사 사이에 「전치사 + 명사(구)」/형용사구/to부정사구/분사구/관계사절 등의 수식어가 있으면, 주어와 동사는 이 수식어를 제외하고 수 일치해야 한다.

In this study, a group of six strangers sit / sits down in a room and chats for 15 minutes. 〈기출응용〉
<u>전치사 + 명사구</u>

☑ 주어에 밑줄을 치고, 둘 중 어법에 맞는 것을 고르시오.

정답 p. 2

1 The children playing in the street makes / make a lot of noises.

2 Usually, clothes that have a zipper is / are easy to wear and take off.

3 The first step to take in the mastery of new skills is / are to practice consistently.

4 Most days, the students at this school eat / eats lunch in the school cafeteria.

☑ 주어에 밑줄을 치고, 밑줄 친 부분이 틀렸다면 바르게 고치시오. 바르면 ○로 표시하시오.

5 During the summer, the city's air, full of smog and harmful gases, <u>cause</u> various health problems.

6 The vegetables sold at the market <u>comes</u> from nearby farms.

7 The purpose of traffic lights <u>are</u> to control the movement of cars. 〈기출응용〉

8 Conveniently for me, the bus that I take every morning to go to work <u>stops</u> one block away from here.

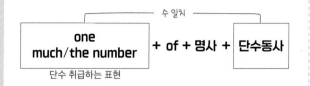 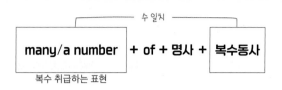

▶ 부분/수량 표현을 포함한 주어에서 of 앞이 단수 취급하는 one/much/the number면 단수동사가 오고, 복수 취급하는 many/a number면 복수동사가 와야 한다. the number of는 '~의 수', a number of는 '많은'이라는 뜻이다.

One of the key features │is / are│ that this AI program enables machines to learn new things. 〈기출응용〉
단수 취급하는 표현

☑ 밑줄 친 부분이 틀렸다면 바르게 고치시오. 바르면 ○로 표시하시오.   정답 p. 2

1 A number of people <u>is</u> worried about the recent increase in crime.

2 In many parts of the world, much of the forest <u>have</u> been destroyed by wildfires.

3 Many of the buildings in this city <u>are</u> over 100 years old.

4 At our school, one of the teachers <u>train</u> the soccer team.

5 The number of native English speakers <u>are</u> smaller than the number of native Spanish speakers. 〈기출응용〉

POINT 3 부분/수량 표현을 포함한 주어와 동사의 수 일치 (2): of 뒤 명사에 수 일치   출제빈도 ★★☆

all/most/majority/lots/a lot
some/any/half/the rest/퍼센트/분수   + of + 명사 + 동사

▶ 부분/수량 표현을 포함한 주어에서 of 앞이 all/most/some/any 등일 때, 동사는 of 뒤의 명사에 수 일치해야 한다.

After searching for the missing dog for hours, most of the children │was / were│ tired and gave up.
복수명사   〈기출응용〉

☑ 수 일치해야 할 대상에 밑줄을 치고, 둘 중 어법에 맞는 것을 고르시오.   정답 p. 2

1 Some of the food served in this restaurant │smell / smells│ delicious, but most of it is too spicy for me.

2 A lot of information on social media │is / are│ false.

3 In a survey, 30 percent of the employees │prefer / prefers│ to work from home.

4 More than half of the students in my class │use / uses│ desktops to access the Internet. 〈기출응용〉

5 All of the money collected from the event │go / goes│ to a children's hospital.

POINT 4 동명사구/명사절 주어와 동사의 수 일치

출제빈도 ★★☆

동명사구	v-ing ~	
명사절	what/that/who 등 (+ 주어) + 동사	+ 단수동사

▶ 동명사구 또는 명사절은 전체를 하나의 대상으로 보아 단수 취급하기 때문에 단수동사가 와야 한다.

Accepting your mistakes |mean / means| that you are taking the first step towards personal growth. ⟨기출응용⟩
　　동명사구

☑ 밑줄 친 부분이 틀렸다면 바르게 고치시오. 바르면 ○로 표시하시오.　　　　정답 p. 3

1 How often you choose to exercise greatly <u>affect</u> your health.

2 Traveling to new places <u>are</u> a fun and exciting way to learn about different cultures.

3 According to the data, laptops with a touch screen <u>were</u> very popular last year. ⟨기출응용⟩

4 What you wear to the interview <u>create</u> a strong impression on the hiring manager.

5 When customers return a broken product, most electronics companies <u>replaces</u> it with a new one. ⟨기출응용⟩

POINT 5 주격 관계대명사절 동사와 선행사의 수 일치

출제빈도 ★★☆

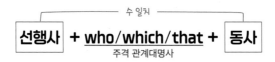

선행사	+ who/which/that +	동사

주격 관계대명사

▶ 관계대명사가 주어 역할을 하는 주격 관계대명사절에서는 선행사와 동사의 수가 일치해야 한다.

Certain herbs have |amazing powers|. + |They| cure specific diseases.

Certain herbs have amazing powers that |cure / cures| specific diseases. ⟨기출응용⟩
　　　　　　　　　　복수명사　　　　　주격 관계대명사

*선행사와 관계대명사 사이에 수식어가 있을 수 있으므로, 이 수식어를 제외하고 선행사를 찾을 수 있어야 한다.

I study **the parts** of the brain **that control** speech.
　　복수 선행사　수식어　관계대명사 복수동사

☑ 선행사에 밑줄을 치고, 둘 중 어법에 맞는 것을 고르시오.　　　　정답 p. 3

1 The man who |run / runs| the store downtown is always friendly and helpful to his customers.

2 Trees, which naturally |provide / provides| clean air, are important for the environment.

3 A lot of money is spent on items that |is / are| not used and eventually thrown away. ⟨기출응용⟩

4 I have some friends from my university who |like / likes| to study in the café despite the noise.

5 To fix the problem, she tried everything that |was / were| available, but nothing worked. ⟨기출응용⟩

POINT 6 도치된 주어와 동사의 수 일치

			수 일치
장소/방향 어구	there/here	on/in 등 전치사 + 명사(구)	**동사** + **주어**
부정/제한 어구	not/no/never	hardly/rarely/seldom/little	

▶ 장소/방향을 나타내거나 부정/제한의 의미를 가진 어구가 강조되어 절의 앞쪽에 온 경우 동사가 주어 앞으로 도치될 수 있으며, 이때 동사는 뒤에 있는 주어에 수 일치해야 한다.

There [is / are] usually a correct way of holding and playing the guitar. 〈기출응용〉
~~단수명사~~

☑ 주어에 밑줄을 치고, 둘 중 어법에 맞는 것을 고르시오.

정답 p. 3

1 Rarely [do / does] a cat refuse a warm lap on a cold winter's night.

2 Through the airport [pass / passes] thousands of passengers daily.

3 Look, here [come / comes] the teacher. We'd better return to our seats.

4 Little [do / does] the children realize the impact of their actions on others.

☑ 주어에 밑줄을 치고, 밑줄 친 부분이 틀렸다면 바르게 고치시오. 바르면 ○로 표시하시오.

5 There <u>are</u> lots of people in the park and, they are enjoying picnics and playing games.

6 Never <u>does</u> employees forget the value of teamwork in achieving success.

7 In the kitchen <u>were</u> cooking a famous chef, who prepared our delicious meal.

8 Not only <u>do</u> music entertain us, but it also has the power to evoke strong feelings.

둘 중 어법에 맞는 것을 고르시오.

1 All of the flowers in the garden is / are blooming in the spring sunshine.

2 Writing a novel based on the lives of her parents was / were her old dream.

3 Douglas is a quiet boy, who usually stay / stays in the classroom while all his classmates go outside during break time. 〈기출응용〉

4 The skills to become a good painter include / includes creativity and effort.

5 Around 60 percent of the guests staying at the hotel come / comes from overseas.

6 Mobile phones, which have / has many useful functions, are essential tools for modern life.

7 How we communicate with each other influence / influences the success of our project.

8 Nearly all the tourists in the city take / takes photos of famous landmarks.

고난도
9 At every entrance to the building stand / stands a security guard wearing a uniform.

고난도
10 In the past, a number of things that we easily enjoy today was / were not possible for many reasons.

11 Reading books on a variety of topics help / helps to expand your knowledge.

12 The pressure to maintain a good image among friends often lead / leads to anxiety and stress. 〈기출응용〉

Vocabulary

1 blooming 활짝 핀, 만발한   2 based on ~을 바탕으로, ~에 근거한   4 include 포함하다 creativity 창의력   6 function 기능 essential 필수적인
7 influence 영향을 미치다   8 landmark 랜드마크, 명소   9 security guard 보안 요원, 경비원   11 expand 확장하다, 확대하다
12 pressure 부담감, 압박 anxiety 불안, 걱정

밑줄 친 부분이 틀렸다면 바르게 고치시오. 바르면 ○로 표시하시오.

1 The engineers that invented the machine <u>was</u> praised for the safety of their design.

2 Even in a society that <u>reject</u> the idea of eating insects, some people may be open to the idea. 〈기출응용〉

고난도
3 At the University of Iowa, one of the first three students to earn art degrees <u>were</u> Elizabeth Catlett. 〈기출응용〉

4 Who will lead the company from now on <u>is</u> the top concern at this meeting.

5 Everyone wants to have friends who always <u>understands</u> them and share their joys and sorrows.

6 There <u>exists</u> many solutions to our problems, if we see them with an open mind.

7 Much of the information you receive from newspapers <u>provide</u> valuable knowledge about the world.

8 Running marathons <u>remain</u> a popular form of exercise and personal achievement.

9 In recent surveys, half of the students in the class <u>prefers</u> studying in groups rather than alone.

10 Sometimes, what people eat for breakfast <u>influence</u> their mood for the rest of the day.

11 Hardly <u>do</u> children refuse to eat candies when their grandparents offer some.

고난도
12 Today, the problem discussed most frequently by world leaders <u>are</u> how to prevent climate change.

Vocabulary

2 reject 거부하다, 거절하다 insect 곤충   **3** degree 학위   **5** share 공유하다 sorrow 슬픔, 비탄   **6** solution 해결책   **7** valuable 귀중한, 가치 있는
8 achievement 성취, 달성   **12** frequently 자주, 빈번하게 prevent 막다, 방해하다

각 네모 안에서 어법에 맞는 표현으로 가장 적절한 것을 고르시오.

1 At the Greenview Museum (A) is / are a large collection of different types of paintings. Most of the paintings in this museum (B) was / were created by talented local artists.

2 The number of college students (A) continue / continues to decrease every year. Colleges in most places around the country (B) has / have fewer students today than they did 10 years ago.

3 Nowadays, there are many companies that (A) recycle / recycles plastic bottles to make clothes or sneakers. This way of recycling plastic products (B) help / helps to protect the environment by reducing waste.

밑줄 친 부분 중 어법상 **틀린** 것을 고르시오.

4 What type of ball you choose ① underline{depends} on the kind of sport you play. Many of the sports people play, like soccer, ② require balls with a certain level of bounce. Solid rubber balls are great for such games, while balls made of clay ③ does not bounce at all, so they are not. 〈기출응용〉

*bounce: 튕김, 튀다

5 About one-third of workers ① travel from suburban homes to workplaces in the city every day. However, the highways, which ② is busy at normal times, become more crowded during rush hour. As a result, a train service running on schedule ③ looks more practical to some people.

고난도
6 A general strategy that is used to create attractive animal characters ① is to make them look like babies. In fact, many animators who regularly ② work on such characters prefer to design them this way. Using this technique with their characters ③ allow them to appeal to people's emotions more easily. 〈기출응용〉

Vocabulary

1 collection 소장품, 수집(물) talented 재능 있는   3 recycle 재활용하다 product 제품 reduce 줄이다   4 depend on ~에 달려있다 solid 단단한, 고체의
5 suburban 교외의 practical 실용적인   6 general 일반적인 strategy 전략 attractive 매력적인 technique 기법, 기술 appeal 호소하다, 간청하다

우리말과 같은 뜻이 되도록 괄호 안에 주어진 단어를 알맞은 형태로 사용하여 문장을 완성하시오.

1 클럽 회원들 중 일부는 항상 늦게 도착하는데, 그것이 문제가 되고 있다. (arrive)

Some of the club members always _____ late, and it's becoming a problem.

2 길에서 걷고 있는 사람들이 화창한 날씨를 즐기고 있다. (be)

The people walking on the street _____ enjoying the sunny weather.

3 약 1.36킬로그램의 무게가 나가는 인간의 뇌는 신체의 중요한 부분이다. (weigh, be)

The human brain, which _____ about 1.36 kilograms, _____ an important part of the body.

우리말과 같은 뜻이 되도록 괄호 안의 단어들을 올바른 순서로 배열하시오. 필요한 경우 단어의 형태를 바꾸시오.

4 손으로 편지를 쓰는 것은 그것들을 타이핑하는 것보다 더 많은 시간이 걸린다.

(by hand, letters, more time, take, writing)

→ _____ than typing them.

고난도
5 이 외국어 수업을 듣는 학생들은 다양한 문화적 관습을 경험한다.

(experience, foreign language class, students, take, this, who)

→ _____ various cultural customs.

6 지난주에, 월요일에는 비가 왔지만, 나머지 날들은 맑았다.

(be, of, the days, the rest, sunny)

→ Last week, it rained on Monday, but _____.

다음 글에서 어법상 <u>틀린</u> 부분을 2개 찾아 바르게 고치시오.

고난도
7 As the number of U.S. households owning a pet ⓐ <u>increases</u>, the demand for pet-related products also ⓑ <u>rise</u>. That over 60% of U.S. households currently own pets ⓒ <u>mean</u> the market for pet products is now worth billions of dollars.

*pet-related: 반려동물과 관련된

8 Never ⓐ <u>have</u> humans explored every part of the Earth even though they have lived on it for a long time. Three-fourths of its surface is covered by seas that ⓑ <u>is</u> too deep for humans to reach. According to scientists, only 20 percent of the seas that cover the Earth ⓒ <u>has</u> been studied extensively.

1 (A), (B), (C)의 각 네모 안에서 어법에 맞는 표현으로 가장 적절한 것은?

A number of movies today (A) feature / features digital special effects. Filmmakers use these effects to create more wonderful and artistic scenes at a low cost. In addition, the use of digital special effects (B) have / has other advantages. Because of differences in the laws of each country, some movies cannot show certain images. For example, there (C) is / are some countries which do not allow images of tobacco in movies. By using digital special effects, filmmakers can easily remove those images without shooting the scene again.

	(A)	(B)	(C)
①	feature	have	is
②	feature	have	are
③	feature	has	are
④	features	has	are
⑤	features	have	is

2 (A), (B), (C)의 각 네모 안에서 어법에 맞는 표현으로 가장 적절한 것은?

According to U.K. researchers, people going to sleep between 10 p.m. and 11 p.m. (A) have / has a lower risk of heart disease. The researchers collected data on the sleep patterns of 80,000 volunteers. Around 3,000 volunteers, who went to bed earlier or later than the ideal bedtime, showed heart problems. One of the researchers, who has done several sleep studies, (B) add / adds another effect of bedtime on our health. He says late bedtimes may be more likely to damage the body clock. The worst time to go to bed is after midnight. It may reduce the chance to see morning light which (C) set / sets the body clock properly. 〈기출응용〉

	(A)	(B)	(C)
①	have	adds	set
②	have	adds	sets
③	has	adds	set
④	has	add	sets
⑤	has	add	set

3 다음 글의 밑줄 친 부분 중, 어법상 틀린 것은?

The main reason for the existence of hungry people worldwide ① is poverty. Around 79% of the world's hungry population ② lives in countries that export more food than they import. Therefore, the amount of food in those countries decreases, and the price of it increases. These countries' residents, who usually ③ have low incomes, are unable to pay for the food in stores. Rarely ④ do a person in these countries make enough money to support his or her family's daily food needs. Most of the food products sold in the global market ⑤ are simply too expensive for them to buy.

4 다음 글의 밑줄 친 부분 중, 어법상 틀린 것은?

What everyone can agree on in the United States ① is that television is their top leisure activity. Many believe that watching TV on the sofa with some snacks ② helps them relax and escape from stress. In addition, the programs that people enjoy also ③ provides a little excitement to their daily routine. Furthermore, a lot of shows available on TV ④ offer valuable information and education. For example, "Planet Earth" is a show that ⑤ takes viewers on an educational journey through different parts of the world. The show has won many awards, and many people love it.

CHAPTER 02

동사의 시제

기초문법

1. 단순

단순현재	현재의 상태나 습관, 일반적 사실 또는 변하지 않는 진리를 나타낸다.
am/is/are 동사원형/동사-(e)s	Both my parents **are** teachers. I **am** proud of them. The mall **closes** at 8 p.m., but the restaurants outside **stay** open later.

단순과거	과거 한 시점에 일어나서 이미 끝난 일을 나타낸다.
was/were 동사-(e)d/불규칙	Yesterday, Sandra **was** busy with work all day. My friends and I **visited** Europe last year. We **had** a great time there.

단순미래	미래에 일어날 일을 나타낸다.
will + 동사원형	Thomas **will meet** his grandparents next weekend.

2. 진행 (be + v-ing)

현재진행	바로 지금 진행되고 있는 일 또는 요즘 진행되고 있는 일을 나타낸다.
am/is/are + v-ing	Julia **is sleeping** in her room now, so I'**m waiting** for her to wake up.

과거진행	과거의 한 시점에 진행되고 있었던 일을 나타낸다.
was/were+ v-ing	They **were cooking** dinner while their son **was washing**.

미래진행	미래의 한 시점에 진행되고 있을 일을 나타낸다.
will be + v-ing	A guide **will be waiting** for you at the airport tomorrow morning.

3. 완료 (have + p.p.)

현재완료	과거 한 시점에 일어나서 현재까지 계속되거나 영향을 미치는 일을 나타낸다.
have/has + p.p.	(완료) I **have** just **finished** my homework. Now, I can go out. (경험) Lucy **has been** to Hawaii twice. She remembers both visits well. (계속) We **have lived** in this town for over 40 years. (결과) Andrew **has lost** his keys. Could you open the door for him?

과거완료	과거 한 시점보다 먼저 일어나서 그 시점까지 계속되거나 영향을 미치는 일, 또는 과거의 한 사건보다 먼저 일어난 일을 나타낸다.
had + p.p.	Mr. Brown **had** just **left** when the customer visited his office.

미래완료	미래 한 시점보다 먼저 일어나서 그 시점까지 계속되거나 영향을 미치는 일을 나타낸다.
will have p.p.	By next year, Sandra **will have graduated** from college.

4. 완료진행 (have been + v-ing)

현재완료/과거완료/미래완료와 유사하지만, 어떤 일이 계속 진행되고 있음을 더 강조한다.

현재완료진행	have/has been + v-ing	I **have been studying** for the exam since last night.
과거완료진행	had been + v-ing	He **had been working** at the company for years before he retired.
미래완료진행	will have been + v-ing	By next month, we **will have been traveling** for eight weeks.

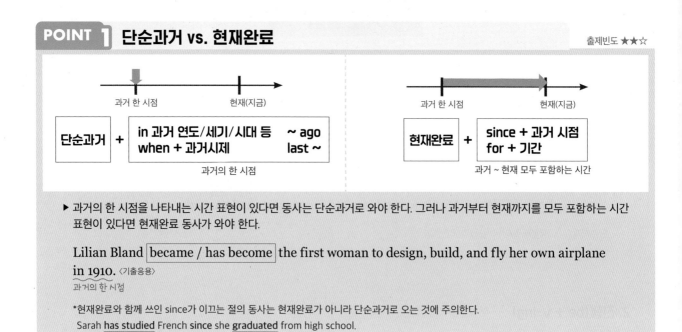

▶ 과거의 한 시점을 나타내는 시간 표현이 있다면 동사는 단순과거로 와야 한다. 그러나 과거부터 현재까지를 모두 포함하는 시간 표현이 있다면 현재완료 동사가 와야 한다.

Lilian Bland became / has become the first woman to design, build, and fly her own airplane in 1910. 〈기출응용〉
‾‾‾‾‾‾‾‾
과거의 한 시점

*현재완료와 함께 쓰인 since가 이끄는 절의 동사는 현재완료가 아니라 단순과거로 오는 것에 주의한다.
Sarah has studied French since she graduated from high school.
　　　　現在완료　　　　　　　　　　単純過去

☑ 둘 중 어법에 맞는 것을 고르시오. 정답 p. 6

1 We solved / have solved many interesting puzzles together since joining the puzzle club.

2 Lisa visited / has visited her grandparents last summer before they moved to a different city.

3 The young man worked / has worked on his novel for several months now.

4 Ms. Spadler purchased / has purchased a toaster only three weeks ago, but it's already not working. 〈기출응용〉

☑ 밑줄 친 부분이 틀렸다면 바르게 고치시오. 바르면 ○로 표시하시오.

5 In the Old Stone Age, groups of 20 to 60 people have wandered from place to place to find food. 〈기출응용〉

6 We're so excited although we have waited in line for the sale to start for hours.

7 He has been interested in stars since he has seen his first shooting star last year.

8 I have closed the window when I felt a cold breeze coming in.

POINT 2 과거완료 vs. 현재완료

출제빈도 ★☆☆

 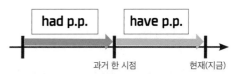

▶ 과거의 한 시점에 일어난 일보다 먼저 일어나거나(대과거), 과거 그 시점까지 계속된 일은 과거완료 had p.p.로 온다. 그러나 과거의 한 시점부터 현재까지 계속되거나 영향을 미치는 일은 현재완료 have/has p.p.로 와야 한다.

I discovered a speech that my father has written / had written for his high school graduation. 〈기출응용〉
　과거의 한 시점에 일어난 일

*두 가지 일이 일어난 순서가 명확하다면, had p.p.를 쓰지 않고 단순과거를 쓸 수도 있다.
Jacob **went** to sleep after he **said** good night to his son.

☑ 밑줄 친 부분이 틀렸다면 바르게 고치시오. 바르면 ○로 표시하시오.　　　　정답 p. 7

1　The bakery <u>had sold</u> out of most of its products now even though it opened only an hour ago.

2　Deborah realized that she <u>has forgotten</u> to hand in her homework.

3　We were so embarrassed when we missed the train that we <u>had planned</u> to take.

4　I <u>had made</u> more than 10 new friends since I moved to Los Angeles.

5　By the time some of the guests arrived at the party, all the food <u>has been</u> eaten.

POINT 3 미래시제를 대신하는 현재시제

출제빈도 ★☆☆

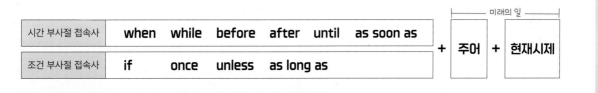

								미래의 일	
시간 부사절 접속사	when	while	before	after	until	as soon as	**+**	**주어** **+**	**현재시제**
조건 부사절 접속사	if	once	unless	as long as					

▶ 시간/조건을 나타내는 부사절에서는 아직 일어나지 않은 미래의 일이라도 미래시제 대신 현재시제로 와야 한다.

If you run / will run away from risks and challenges, you will be left behind in the race of life. 〈기출응용〉
조건 부사절 접속사

*단, when/if는 명사절 접속사로 쓸 수도 있고, 명사절에서는 미래의 일은 미래시제로 쓰는 것에 주의한다.
He will be here **when the meeting begins**.　　　　He wonders **when the meeting will begin**.
　　　　　　　　부사절　　　　　　　　　　　　　　　　동사 wonders의 목적어인 명사절

☑ 둘 중 어법에 맞는 것을 고르시오.　　　　정답 p. 7

1　When winter comes / will come , I will wear my favorite sweater.

2　The children wonder if the rain stops / will stop before they go out for a picnic.

3　Unless they save / will save enough money, they will not be able to go on vacation.

4　The actors will continue to work until their performance is / will be perfect. 〈기출응용〉

5　Ms. Connor wants to know when the new employees start / will start working.

둘 중 어법에 맞는 것을 고르시오.

1 Humans first used / have used coins in the 5th or 6th century BC.

2 I will feel motivated when I receive / will receive encouraging words from my friends.

3 When Columbus arrived in America, he discovered / has discovered that people were already living there.

4 Once the plane lands / will land, I will check my phone for messages.

5 Yesterday, Emily got a letter that her grandmother has written / had written to her many years ago.

6 They were in Asia for a month, and they came / have come back home a couple of days ago.

7 Many visitors have asked if the library holds / will hold any special events soon.

8 We have known / had known each other for a long time, and now we are good friends.

9 He has had a fear of heights since he fell / has fallen off a ladder when he was seven years old.

10 I was / have been alone in the deep mountains when I got a terrible stomachache. 〈기출응용〉

11 As soon as the weather improves / will improve, the outdoor market will reopen.

12 Casey was chosen as the MVP because she has scored / had scored all three goals during the match.

Vocabulary

2 motivate 동기부여 하다 encouraging 격려하는 4 land 착륙하다 6 a couple of 몇몇의, 둘의 9 fear 두려움, 공포 height 높은 곳, 높이
10 stomachache 복통 11 improve 나아지다, 개선하다 reopen 다시 열다 12 score 득점하다

밑줄 친 부분이 틀렸다면 바르게 고치시오. 바르면 ○로 표시하시오.

1   Gloria will take a break and relax after she <u>will finish</u> her work for the day.

2   After locking the door, I realized that I <u>have left</u> the key inside.

^{고난도}
3   The use of smartphones <u>became</u> widespread since their introduction in the early 2000s.

4   We will keep checking when the concert tickets <u>will go</u> on sale to get good seats.

5   The first automobile <u>has been</u> invented in 1886 by Karl Benz, a German engineer.

6   The beach will turn into a big party spot when the summer season <u>will arrive</u>.

7   When Martin reached the empty bus stop, he found that he <u>had missed</u> the bus.

8   The students <u>have visited</u> the museum last month to see famous works of modern art.

9   This restaurant is popular because it <u>had served</u> customers high-quality dishes for over 10 years.

10   The car will run smoothly as long as you <u>will change</u> the engine oil regularly.

^{고난도}
11   Since they first <u>appeared</u>, communities have used dance to remember major events like birth and death. 〈기출응용〉

12   The road was closed because an accident <u>has occurred</u> earlier on the same day.

Vocabulary

1 relax 긴장을 풀다   3 widespread 널리 퍼진   introduction 도입, 소개   4 on sale 판매되는, 할인 중인   5 automobile 자동차   invent 발명하다   engineer 기술자
6 spot 장소, 자리   9 high-quality 질 높은, 양질의   10 smoothly 매끄럽게   regularly 정기적으로   11 community 공동체   major 중요한, 큰

각 네모 안에서 어법에 맞는 표현으로 가장 적절한 것을 고르시오.

1 The Eiffel Tower (A) | was / has been | built in Paris, France in 1889. It (B) | has stood / had stood | tall for over a century, and it is now a famous landmark that many tourists visit.

2 Email communication (A) | replaced / has replaced | paper mail since the rise of the Internet. If you (B) | send / will send | an email, it will deliver information almost instantly.

3 Dorothy suddenly (A) | lost / has lost | consciousness while talking on the phone with Samantha last Sunday. Dorothy's parents rushed to her room and quickly found her because Samantha (B) | has called / had called | them. 〈기출응용〉

*consciousness: 의식

밑줄 친 부분 중 어법상 **틀린** 것을 고르시오.

4 Our farm ① underline{produced} healthy foods for over 30 years in this neighborhood. Once you ② underline{taste} our fresh fruits and vegetables, you will understand why our customers always come back for more.

5 Dennis has waited for the book signing event since he ① underline{has missed} it last year. On that day, he was very disappointed because he ② underline{had wanted} to meet his favorite writer.

고난도
6 You will never see great things until you ① underline{will step} outside your home. Also, if you set your own path in life, you will need to decide for yourself if you ② underline{will achieve} great things. 〈기출응용〉

Vocabulary

1 century 세기(100년)　　**2** deliver 전달하다　instantly 즉시, 즉각　　**4** neighborhood 인근, 근처　　**6** path 진로, (작은) 길　achieve 성취하다, 이루다

<보기> 중 적절한 동사를 골라 문장을 완성하시오. 적절한 시제로 사용하시오.

<보기>	become	return	work

1 They _____ together as a team for three months now and get along very well.

2 In 1969, Neil Armstrong _____ the first person to walk on the moon.

3 We will start the meeting as soon as Mr. Smith _____ from lunch.

우리말과 같은 뜻이 되도록 괄호 안의 단어들을 올바른 순서로 배열하시오. 동사를 적절한 시제로 사용하시오.

4 그들이 공항에 도착했을 때, 그 비행기는 이미 떠났다.
(the airport, arrive, at, depart, the plane, they)
When _____ already.

5 손님이 버튼을 누르면, 로봇이 주문을 받으러 올 것이다.
(a robot, come, press, the button, the customer)
If _____ to take their order.

6 Jessica는 7년 전에 대학을 졸업한 이래로 이 도시에서 살아왔다.
(college, graduate from, in, live, she, since, this city)
Jessica _____ seven years ago.

다음 글에서 어법상 **틀린** 부분을 2개 찾아 바르게 고치시오.

7 Many people will feel scared when they ⓐ <u>will hear</u> the word cancer. They also wonder when humans ⓑ <u>will find</u> the perfect cure for this disease. Thankfully, efforts in medical research have been ongoing. In fact, a few years ago, some scientists ⓒ <u>have made</u> important progress by creating an innovative treatment for cancer.

고난도
8 I ⓐ <u>practiced</u> different sports for most of my life. For example, I have played baseball since I ⓑ <u>was</u> six years old and soccer since I was 11. And by the time I left college at the age of 22, I also ⓒ <u>have learned</u> tennis, golf, and basketball.

1 (A), (B), (C)의 각 네모 안에서 어법에 맞는 표현으로 가장 적절한 것은?

Most people know that dolphins are friendly to humans, and that they (A) interacted / have interacted with us for a very long time. Here is an incredible example of the friendship between dolphins and humans. On June 25, 1980, David Johnson went swimming in the ocean as usual. When he was in about 40 feet of water, he suddenly (B) felt / has felt pain in his left leg and couldn't move. As he began to sink, panic overtook him. Just then, a dolphin appeared. Without hesitation, the dolphin positioned itself beneath him, and supported his weight. It was unforgettable. David has found new respect for animals since he (C) was / has been saved by the dolphin. 〈기출응용〉

*interact: 상호 작용하다

	(A)	(B)	(C)
①	interacted	felt	was
②	interacted	felt	has been
③	have interacted	has felt	has been
④	have interacted	has felt	was
⑤	have interacted	felt	was

2 (A), (B), (C)의 각 네모 안에서 어법에 맞는 표현으로 가장 적절한 것은?

When we (A) repeat / will repeat small errors by making poor decisions, our small choices will eventually add up to bad results. One day, I decided to make a chair by myself and began cutting the wood. However, in the end, I couldn't assemble any part of the chair due to the bad decisions that I (B) have made / had made. According to the design, each part required an exact length of wood. But I thought small differences wouldn't matter, so I didn't pay attention to my measurements. Since that experience, I (C) learned / have learned the importance of small processes to achieve a good end result.

*measurement: 측정, 측량

	(A)	(B)	(C)
①	repeat	have made	learned
②	repeat	had made	learned
③	repeat	had made	have learned
④	will repeat	had made	have learned
⑤	will repeat	have made	learned

3 다음 글의 밑줄 친 부분 중, 어법상 틀린 것은?

There are some people that will always remain your friends. I ① have known my friend Kate for many years. I ② have met her a long time ago when we both lived in San Diego. We ③ had been neighbors on the same street for about eight years, but my family moved to Phoenix. We lost touch after that. One day, she sent me a message on social media, and I learned that she ④ had moved to Phoenix for work. We ⑤ decided to meet over lunch last summer and have seen each other regularly ever since.

4 다음 글의 밑줄 친 부분 중, 어법상 틀린 것은?

A French biologist ① discovered Adelie penguins in the southernmost part of the Earth in 1840. Since then, researchers ② have observed the lifestyle of this fascinating creature. They often move in groups to the water's edge in search of food. But there are seals that eat penguins in this icy water. What can the penguins do to avoid this? The penguins' solution is to play the waiting game. They will wait and wait until the most impatient one ③ jumps into the water. After seeing what happens to it, the rest of the penguins will decide if they ④ will go into the water. If the first one ⑤ will survive, everyone else will jump into the water. Their strategy is to "learn and live." 〈기출응용〉

*southernmost: 최남단의, 가장 남쪽의

1 (A), (B), (C)의 각 네모 안에서 어법에 맞는 표현으로 가장 적절한 것은?

The Bermuda Triangle is a famous place of mystery. Its location in the North Atlantic Ocean (A) cover / covers a large area between Florida, Puerto Rico, and Bermuda Island. Many ships and planes have gotten lost there. Once, in December 1945, six planes (B) disappeared / have disappeared in the Bermuda Triangle in the same week. Five of the planes belonged to the U.S. Navy. Their pilots (C) have reported / had reported problems shortly before they were lost. As the Coast Guard was searching for the five missing planes, another plane carrying 13 passengers also disappeared in the same location.

*North Atlantic Ocean: 북대서양

	(A)	(B)	(C)
①	cover	have disappeared	had reported
②	cover	have disappeared	have reported
③	cover	disappeared	have reported
④	covers	disappeared	had reported
⑤	covers	have disappeared	had reported

2 다음 글의 밑줄 친 부분 중, 어법상 틀린 것은?

As you know, there was a large storm last week. Many people ① have lost their homes since the storm passed through. If you would like to help, contact the group Fast Aid. What we are mainly responsible for at times like these ② is collecting donations. Most of the donations we receive ③ come in the form of food, clothing, and blankets. However, other ways to help the group ④ includes giving cash and volunteering. Please consider helping in one or more ways. We will send you details on how to help if you ⑤ contact us online.

3 다음 글의 밑줄 친 부분 중, 어법상 틀린 것은?

Performing in front of a crowd ① seems so natural for some people. Tony Bennett was one of those people. Bennett ② has started singing from a young age, when he was only 10 years old. His career as a singer lasted for decades until he died in 2023 at the age of 96. People who knew the great singer remember him as a passionate musician and kind man. The songs that he performed throughout his career ③ make up a large and important collection of American music. And not only ④ was the man a singer, but he also liked to paint. One of his paintings ⑤ hangs in the Smithsonian American Art Museum in Washington DC.

내신 서술형
4 다음 글을 읽고 문제에 답하시오.

A skilled therapist helps patients improve. (2) 그러나 때로는, 여러 달 동안 치료 중인 환자가 진전을 보이지 않는다. There ⓐ are some reasons this could be happening. To start with, a number of patients receiving advice ⓑ say they want to change. However, they still make poor decisions. They will blame other people when they ⓒ will experience problems, without realizing that they are part of the cause. This usually happens because patients don't understand the relationship between their actions and the events in their lives. As a result, some problems, which ⓓ happens again and again, are never solved.

*therapist: 치료사, 심리요법 의사

(1) 위 글의 밑줄 친 ⓐ~ⓓ 중 어법상 틀린 곳을 2개 찾아 바르게 고치시오.

(2) 주어진 <조건>에 맞게 위 글의 밑줄 친 우리말을 영작하시오.

<조건>
1. a patient, for many months, show, under treatment를 사용하시오.
2. 필요한 경우 단어의 형태를 바꾸고, 8단어로 쓰시오.

Sometimes, however, _____

_____

no progress.

CHAPTER 03
동사의 능동태·수동태

1. 능동태와 수동태 동사의 형태

주어가 행동을 하는 주체일 때는 능동태 동사가 와야 하고, 행동의 대상일 때는 수동태 동사가 와야 한다. 수동태 동사의 형태는 동사의 시제에 따라 다음과 같이 달라진다.

	능동태	수동태
단순현재	am/is/are, 동사(+ -s/es) People **speak** English around the world.	am/is/are + p.p. English **is spoken** around the world.
단순과거	was/were, 동사 + -ed/불규칙 Lucas **fixed** the fence.	was/were + p.p. The fence **was fixed** by Lucas.
단순미래	will + 동사원형 They **will announce** the winner tomorrow.	will be + p.p. The winner **will be announced** tomorrow.
현재진행	am/is/are + v-ing She **is preparing** dinner in the kitchen now.	am/is/are being + p.p. Dinner **is being prepared** in the kitchen now.
과거진행	was/were + v-ing We **were cleaning** the room when he arrived.	was/were being + p.p. The room **was being cleaned** when he arrived.
미래진행	will be + v-ing I **will be reviewing** your report later today.	will be being + p.p. Your report **will be being reviewed** later today.
현재완료	have/has p.p. Joanne **has completed** the essay.	have/has been + p.p. The essay **has been completed** by Joanne.
과거완료	had p.p. I **had** already **cleaned** the room.	had been + p.p. The room **had** already **been cleaned**.
미래완료	will have p.p. They **will have fixed** the car by tomorrow.	will have been + p.p. The car **will have been fixed** by tomorrow.

*완료진행시제(have/has/had been + v-ing)의 능동태와 수동태 형태는 다음과 같다.
(능동태) We **have been planning** the party since April.   (수동태) The party **has been being planned** since April.

2. 능동태 문장의 수동태 전환

3, 4, 5형식 능동태 문장은 문장의 목적어를 주어로 하는 수동태 문장으로 전환할 수 있다.

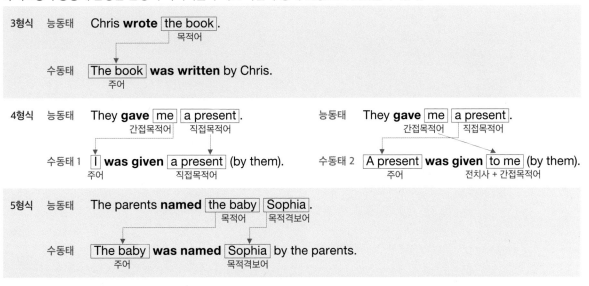

*능동태 문장의 목적어가 수동태 문장의 주어가 되므로, 자동사가 사용되어 본래 목적어가 없는 1형식과 2형식 문장은 수동태로 전환할 수 없다.

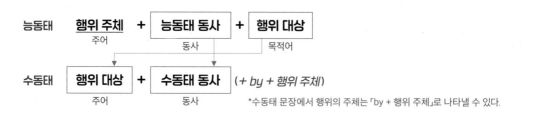

▶ 주어가 동사 행위의 주체면 능동태 동사가 오고, 주어가 동사 행위의 대상이면 수동태 동사가 와야 한다.

Very old trees can offer clues about the climate before data | recorded / was recorded |. 〈기출응용〉
                                                                      주어
                                                              (기록하는 행위의 대상)

☑ 둘 중 어법에 맞는 것을 고르시오.   정답 p. 11

1 The sun | provides / is provided | light and warmth to the Earth.

2 The broken window will | replace / be replaced | with a new one tomorrow.

3 The trophy was | awarding / being awarded | to Zoe when I arrived at the ceremony. 〈기출응용〉

4 The workers have been | repairing / repaired | the building since last month.

☑ 밑줄 친 부분이 틀렸다면 바르게 고치시오. 바르면 ○로 표시하시오.

5 In the classical fairy tale, solutions to the conflict are <u>finding</u> too easily. 〈기출응용〉

6 The earthquake <u>was caused</u> a lot of damage throughout the city last week.

7 The church has been <u>maintained</u> by a team of experts since it was reopened to the public.

8 Many people in the playground were happily <u>enjoyed</u> the sunny weather.

POINT 2 수동태로 쓸 수 없는 자동사   출제빈도 ★★☆

자동사				
appear seem	occur happen	become remain	consist of belong to	lie

＋ 목적어 없음 → 수동태 불가능

*lie-lay-lain (자동사) 눕다, 놓여 있다   (능동태) Gary **lay** on the bed.   수동태 불가능
lay-laid-laid (타동사) ~을 놓다, 두다   (능동태) Gary **laid** the bag on the table.   (수동태) The bag **was laid** on the table (by Gary).

▶ 자동사는 뒤에 목적어가 오지 않으므로 수동태로 쓸 수 없는 것에 주의해야 한다.

From the looks of him, the man ⟦ seemed / was seemed ⟧ to have no home and no money. 〈기출응용〉

*have/resemble/lack은 타동사지만 수동태로 쓰지 않는 것에 주의한다.
Some dogs ~~are resembled~~ (→ **resemble**) their owners.

✅ 밑줄 친 부분이 틀렸다면 바르게 고치시오. 바르면 ○로 표시하시오.   정답 p. 12

1 The meeting will <u>be occurred</u> in the conference room on the second floor.

2 The flowers in the garden <u>are watered</u> every morning at around 7 a.m.

3 When learning how to speak, babies <u>are appeared</u> to pay attention to language patterns. 〈기출응용〉

4 The secret of this cookie flavor <u>passed</u> to Jenny from her grandmother.

5 The right to freedom <u>belongs</u> to every man, woman, and child in the world.

POINT 3 주격 관계대명사절 동사의 능동태 vs. 수동태   출제빈도 ★★☆

선행사가 동사 행위의 주체
⌐ 선행사 ＋ who/which/that ＋ 능동태 동사 ¬
             주격 관계대명사

선행사가 동사 행위의 대상
⌐ 선행사 ＋ who/which/that ＋ 수동태 동사 ¬
             주격 관계대명사

▶ 주격 관계대명사절에서는 관계대명사 앞에 있는 선행사가 동사 행위의 주체면 능동태 동사가 오고, 동사 행위의 대상이면 수동태 동사가 와야 한다.

The Warblers Choir has been invited to ⟦ the international competition ⟧. ＋ ⟦ It ⟧ is held in London every year.

The Warblers Choir has been invited to the international competition, which ⟦ holds / is held ⟧ in London every year. 〈기출응용〉
          선행사   주격
      (개최하는 행위의 대상)   관계대명사

✅ 둘 중 어법에 맞는 것을 고르시오.   정답 p. 12

1 I visited the museum, which ⟦ filled / was filled ⟧ with interesting objects from ancient Egypt.

2 A smartphone is a device that ⟦ allows / is allowed ⟧ you to make calls and access the Internet.

3 The umbrella has a button, which can ⟦ press / be pressed ⟧ to automatically open or close it.

4 The children who were ⟦ playing / played ⟧ baseball in the park invited Tim to join their game.

5 An Italian scientist found a star that has never ⟦ seen / been seen ⟧ by anyone before.

둘 중 어법에 맞는 것을 고르시오.

1 The message on the whiteboard | erases / is erased | at the end of every day.

2 The problems of the car | appeared / were appeared | more complex than the engineers thought.

3 For the winter months, the farmers had | harvested / been harvested | potatoes and stored them.

4 The clothes in the store, which | make / are made | of soft fabric, are comfortable to wear.

5 Caution signs must | place / be placed | in dangerous areas to prevent accidents.

고난도
6 Sarah enjoyed exploring the old books that | lay / laid | on dusty shelves in used bookstores.

7 The printer in our office is | producing / produced | strange noises again.

8 The invitations for the art exhibit have been | sending / sent | out to all the guests.

9 Some of the worst performances | happen / are happened | when the performers lose focus. 〈기출응용〉

10 The magician will show a trick which has never | tried / been tried | in the history of magic.

11 Yesterday, a lifeguard | saved / was saved | three swimmers by pulling them out of the deep water.

고난도
12 Baby chickens can eat by themselves earlier than crows, which | receive / are received | food from a parent bird for a month. 〈기출응용〉

Vocabulary

2 complex 복잡한   3 store 저장하다   4 fabric 천, 직물   5 caution 주의, 조심 sign 표지판   6 dusty 먼지투성이의   8 exhibit 전시회   9 performer 공연자
10 trick 마술, 속임수   12 crow 까마귀

밑줄 친 부분이 틀렸다면 바르게 고치시오. 바르면 ○로 표시하시오.

1 The team <u>was scored</u> a goal in the final minutes of the game and won the championship.

2 We recommend this new television model, which can <u>control</u> through a smartphone app.

3 ^{고난도} The biologist Peter Medawar said that most of his time <u>wasted</u> because his research didn't get many results. 〈기출응용〉

4 Misunderstandings can <u>occur</u> when there is a lack of clear communication.

5 The newly opened park has been <u>decorating</u> with colorful flowers for the spring festival this week.

6 The woman who was <u>cutting</u> the grass in her backyard waved at me as I walked by.

7 Mr. Turner has always <u>been encouraged</u> his students to follow their dreams.

8 The missing keys might <u>hide</u> under the sofa in the living room.

9 Cleaning the whole house <u>is seemed</u> hard and time-consuming to the children.

10 The books that <u>borrowed</u> from the library were all popular bestsellers.

11 ^{고난도} My sister and I have been <u>shared</u> a single large bedroom since we were young.

12 Gustave Eiffel designed the famous Eiffel Tower, which <u>was become</u> a landmark in Paris, France.

각 네모 안에서 어법에 맞는 표현으로 가장 적절한 것을 고르시오.

1 People who are unable to sleep well may be (A) suffering / suffered from "insomnia." This problem can often (B) observe / be observed in older people or in those under a lot of stress.

*insomnia: 불면증

2 Paul and Mario have been (A) raising / raised in the same neighborhood for years. Even their families are very close to each other. This is why their friendship (B) remains / is remained strong and unbreakable.

3 Most of the students in class are (A) experiencing / experienced difficulty because they can't find old newspapers for their reports online. It is therefore my humble request that you allow us to use old newspapers that have (B) stored / been stored in the school library. 〈기출응용〉

밑줄 친 부분 중 어법상 **틀린** 것을 고르시오.

4 Jeremy's car had a minor accident this morning, so it should ① repair. Fortunately, a mechanic, who has ② specialized in repairing electric cars for more than a decade, will handle it.

5 Even though there are errors of fact, rude comments, obvious lies in it, if an email has not been ① sent, it doesn't matter. Nothing bad can ② be happened if you haven't hit the Send key, and you still have time to fix it.

고난도
6 A high school in Boulder, Colorado, is currently ① experimenting with different ways of presenting historical material in class. In the storytelling method, students first hear a dramatic story, which ② follows by a group discussion. Then, academic materials ③ are given to the students as reading assignments. 〈기출응용〉

Vocabulary

1 unable to ~할 수 없는 suffer from ~을 겪다   2 unbreakable 깨지지 않는   3 humble 겸손한 request 요청
4 mechanic 정비사, 기계공 specialize in ~을 전문으로 하다 handle 처리하다   5 rude 무례한 comment 의견, 언급 obvious 명백한
6 currently 현재 present 제시하다 method 방식 dramatic 극적인 discussion 토론 academic material 학술 자료 assignment 과제

주어진 <조건>에 맞게 우리말을 영작하시오.

1 알려지지 않은 디자이너에 의해 디자인된 그 드레스는 좋은 평가를 받았다.

<조건> an unknown designer, design을 사용하시오. 단순과거 시제를 사용하고 6단어로 쓰시오.

The dress, which _____, received great reviews.

2 성인이 되어서도, 크리스마스는 일 년 중 내가 가장 좋아하는 시간으로 남아있다.

<조건> Christmas, favorite time, my, remain을 사용하시오. 단순현재 시제를 사용하고 5단어로 쓰시오.

Even as an adult, _____ of the year.

3 직원들은 그들의 기술을 향상시킬 수 있는 추가적인 교육 기회를 제공받아 왔다.

<조건> The employees, offer를 사용하시오. 현재완료 시제를 사용하고 5단어로 쓰시오.

_____ additional training opportunities to enhance their skills.

주어진 문장을 보고, 밑줄 친 단어를 주어로 하는 문장으로 바꾸어 쓰시오.

4 People call the athlete the "fastest man alive" because of his speed.

→ _____ because of his speed.

5 The lives of five victims of the earthquake have been saved by the rescue team.

→ _____ of the earthquake.

6 We should fix the broken chair before someone gets injured.

→ _____ before someone gets injured.

다음 글에서 어법상 **틀린** 부분을 2개 찾아 바르게 고치시오.

7 I was ⓐ trying to reach one of my clients earlier today because his order has ⓑ revised. Some of the items that ⓒ included in the original order are no longer available now.

^{고난도}
8 Individuals who ⓐ are belonged to a group have many advantages in nature. In the wild, success ⓑ is measured by survival and reproduction. Forming relationships with others can ⓒ be helped individuals in both of these areas.

*reproduction: 번식

1 (A), (B), (C)의 각 네모 안에서 어법에 맞는 표현으로 가장 적절한 것은?

You wouldn't write, "Twenty-eight plus fourteen equals forty-two" because it would take too long to write. You would write, "28 + 14 = 42." Chemistry is the same way. Chemists (A) use / are used symbols, just like we do in math. A chemical formula lists all the elements that form each molecule, and a small number (B) writes / is written at the bottom right of an element's symbol to show the number of the atoms of that element. For example, the chemical formula for water is H_2O. That tells us that a water molecule (C) consists / is consisted of two hydrogen ("H" and "2") atoms and one oxygen ("O") atom. 〈기출응용〉

*chemical formula: 화학식

**molecule: 분자

	(A)	(B)	(C)
①	use	writes	is consisted
②	use	is written	consists
③	are used	writes	consists
④	are used	is written	is consisted
⑤	use	is written	is consisted

2 (A), (B), (C)의 각 네모 안에서 어법에 맞는 표현으로 가장 적절한 것은?

According to a survey in 2006, 81% of American shoppers (A) considered / were considered online customer reviews important when planning a purchase. Though an online comment — positive or negative — is not as powerful as a direct interpersonal exchange, it can be very important for a business. Especially young people who are greatly (B) influencing / influenced by the Internet rely heavily on online recommendations when they choose a movie to see or an album to purchase. These individuals often have wide-reaching social networks and communicate regularly with dozens of others. Therefore, the U.S. consumer market has been increasingly (C) affecting / affected by young people aged 6 to 24.

	(A)	(B)	(C)
①	considered	influencing	affecting
②	were considered	influenced	affecting
③	were considered	influencing	affected
④	considered	influenced	affected
⑤	considered	influencing	affected

3 다음 글의 밑줄 친 부분 중, 어법상 **틀린** 것은?

When I was in the army, instructors often showed up in the barracks room and checked our beds. It was a simple task, but every morning we ① <u>were required</u> to make our beds to perfection. It ② <u>seemed</u> a little ridiculous at the time. However, the wisdom of this simple act has ③ <u>been proven</u> to me many times over. If you make your bed every morning, you will have accomplished the first task of the day. The achievement will ④ <u>give</u> you a small sense of pride and it will encourage you to do another task and another. That one task which ⑤ <u>completes</u> in the morning will have turned into many tasks completed by the end of the day. ⟨기출응용⟩

*barracks room: (병영의) 생활관
**accomplish: 완수하다, 성취하다

4 다음 글의 밑줄 친 부분 중, 어법상 **틀린** 것은?

We worry that the robots are taking our jobs, but there is another problem: the robots are ① <u>taking</u> our judgment. In a large warehouse, human workers who ② <u>are guided</u> through their earphones pick up products from shelves and move them. They are instructed by Jennifer, a software program that ③ <u>controls</u> the smallest details of their movements. To minimize errors and increase efficiency, Jennifer divides instructions into tiny steps. For example, rather than picking eighteen copies of a book up, the human worker would be ④ <u>asking</u> to pick five. Then another five. Then yet another five. Rather than making us think, computer programs make decisions, and gradually, humans have ⑤ <u>become</u> only a source of labor.

CHAPTER 04

조동사

1. 의미 조동사 can/may/should/must

의미 조동사는 동사원형 앞에 쓰며, 동사에 "~할 수 있다", "~일지도 모른다"와 같은 의미를 더해주는 조동사이다.

can	<능력> ~할 수 있다	She **can speak** three languages fluently. Phillip **cannot play** guitar, but he **can play** the piano beautifully.
	<허가> ~해도 된다	You **can borrow** my car for the weekend. **Can** I **use** your phone to make a call?
	<추측> ~일 수 있다 (=could) *cannot은 '~일 리가 없다'	The weather **can[could] change** very quickly, so bring an umbrella. We **can[could] have** dinner before the movie if there is time. That man **cannot be** Steve. He has gone to Boston.
may	<허가> ~해도 된다	**May** I **ask** you a question? You **may not use** my computer even if you're in a hurry.
	<추측> ~일지도 모른다 (=might)	We **may[might] have** a dress in your size, but I'll need to check. Jessie **may[might] not attend** the party due to an illness.
should	<권고> ~하는 것이 좋다, ~해야 한다	We **should eat** a balanced diet for better health. You **should not park** your car there.
	<추측> (당연히) ~일 것이다	They **should be** here in ten minutes because they left an hour ago. The weather **should get** warmer soon since it's almost April.
must	<의무> ~해야 한다	Employees **must wear** a safety helmet on the construction site. You **must not forget** to lock the door before leaving the house.
	<추측> ~임이 틀림없다	The line at the ticket counter is long. It **must be** a popular show. The café is always empty. The coffee **must not be** good.

2. 기능 조동사 do/be/have

기능 조동사는 특별한 의미는 없지만 부정문/의문문 등을 만들거나 시제/태 등을 표현하기 위해 문법적 기능을 하는 조동사이다.

의문문	Bob has plans for this weekend. → **Does** Bob **have** plans for this weekend? They are coming tonight. → **Are** they **coming** tonight? I have seen the TV show. → **Have** you **seen** the TV show?
부정문	I like spicy food. → I **do not like** spicy food. The letter was written by Anna. → The letter **was not written** by Anna. We have studied German since last semester. → We **have not studied** German since last semester.
시제	I walked my dog at the park. → I **was walking** my dog at the park. A ferry travels to the island. → A ferry **has traveled** to the island since last year.
태	Workers clean the streets at night. → The streets **are cleaned** at night by workers. Someone left a wallet on the bus. → A wallet **was left** on the bus (by someone).

POINT 1 조동사 뒤 동사원형 vs. have p.p.

출제빈도 ★★☆

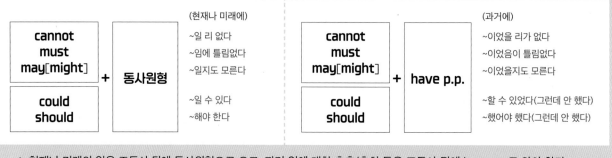

| cannot must may[might] could should | + 동사원형 | (현재나 미래에) ~일 리 없다 ~임에 틀림없다 ~일지도 모른다 ~일 수 있다 ~해야 한다 | cannot must may[might] could should | + have p.p. | (과거에) ~이었을 리가 없다 ~이었음이 틀림없다 ~이었을지도 모른다 ~할 수 있었다(그런데 안 했다) ~했어야 했다(그런데 안 했다) |

▶ 현재나 미래의 일은 조동사 뒤에 동사원형으로 오고, 과거 일에 대한 추측/후회 등은 조동사 뒤에 have p.p.로 와야 한다.

The students should ⟨receive / have received⟩ class schedules while they were in the orientation. 〈기출응용〉
과거 시점

☑ 둘 중 어법에 맞는 것을 고르시오.

정답 p. 15

1 In the coming days, we might ⟨visit / have visited⟩ the exhibition about modern art.

2 Kevin cannot ⟨finish / have finished⟩ his report last week because he hasn't even started it.

3 Sandra lost her phone. She must ⟨drop / have dropped⟩ it somewhere.

4 You should ⟨book / have booked⟩ a table by tomorrow if you're going to the buffet this Friday.

5 I could ⟨join / have joined⟩ the basketball team, but I chose to focus on my studies instead.

POINT 2 주장/제안/요구/명령 동사 뒤 that절의 should 생략

출제빈도 ★☆☆

| 주장 insist 제안 suggest/propose/recommend 요구 demand/request/urge 명령 order/command | ─── 어떤 일을 해야 한다 ─── + that + 주어 + (should) + 동사원형 |

▶ 주장/제안/요구/명령의 의미를 가진 동사 뒤에 온 that절이 '어떤 일을 해야 한다'라는 의미일 때, 이 that절에는 조동사 should 를 생략하고 동사원형이 와야 한다.

─── 군인이 휴식을 취해야 한다 ───
A nurse insisted that the tired soldier ⟨take / took⟩ a rest, but he politely said no. 〈기출응용〉
주장 동사

*단, that절이 '어떤 일을 해야 한다'라는 의미가 아니라 어떤 일이 일어났다는 사실을 진술하는 것일 때는 수와 시제에 맞는 동사가 오는 것에 주의한다.
He insists that someone stole his bicycle. (누군가 그의 자전거를 훔쳤다는 사실)

☑ 둘 중 어법에 맞는 것을 고르시오.

정답 p. 16

1 Professor Albert suggested that Dominic ⟨look / looked⟩ for a recent article to write his paper.

2 The customer demanded that delivery ⟨be / is⟩ completed within two weeks. 〈기출응용〉

3 Some people insist that they really ⟨see / saw⟩ a UFO.

4 My doctor proposed that I ⟨eat / ate⟩ more vegetables with my meals.

5 Frequent delays of flights suggest that the airline ⟨have / has⟩ financial or technical problems.

POINT 3 반복되는 동사 대신 쓰는 do/be/have동사

반복되는 동사		대신하는 do/be/have동사
주어 + do동사/일반동사 ~ be동사 ~ have동사 ~	→ 주어 +	do/does/did am/is/are 또는 was/were have/has/had

▶ 앞에 언급된 동사를 포함한 긴 어구가 뒤에서 반복되면, 동사를 do/be/have동사로 대신하고 나머지를 생략한다. 이때 do/be/have동사 중 반복되어 생략된 동사와 일치하는 종류가 와야 한다.

= than your closest friends know about you.
일반동사

In the future, your smart devices will know more about you than your closest friends are / do .

☑ 둘 중 어법에 맞는 것을 고르시오.　　　　　　　　　　　　　　　　　정답 p. 16

1 Don't be afraid to try new things, because if you do / are , you may miss great opportunities.

2 From 2014 to 2016, Istanbul received more tourists than Antalya did / had . 〈기출응용〉

3 The hot summer weather has not affected the taste of the fruit, but the lack of rainfall was / has .

4 The temperature outside was much lower than it did / was earlier in the day.

5 The company sells good products, and it does / is so with excellent customer service.

POINT 4 일반동사의 의미를 강조하는 do동사

강조 do동사

주어 + do/does/did + 일반동사 동사원형

▶ 일반동사의 의미를 강조하기 위해 do동사가 일반동사 앞에 올 수 있다. 이때 동사의 수와 시제는 do동사가 do/does/did로 나타내고, 뒤에는 동사원형이 와야 한다.

Both Mark and I did finally solve / solved the problem, but I needed more time than him. 〈기출응용〉
강조 do동사

☑ 밑줄 친 부분이 틀렸다면 바르게 고치시오. 바르면 ○로 표시하시오.　　　　　정답 p. 16

1 John does always arrive on time for his appointments.

2 The project team do quickly finish their work ahead of last week's deadline.

3 My dog does provides unconditional love to me and my family members.

4 When we feel sad, we often do speak slowly and in a low voice. 〈기출응용〉

5 Tim Marshall, an artist, do regularly try different styles to develop his technique.

둘 중 어법에 맞는 것을 고르시오.

1 Our rooms aren't ready, but the hotel will call us when they are / do .

2 It was impossible to miss the $20 bill on the table. Surely you must see / have seen it! 〈기출응용〉

3 I did really enjoy / enjoyed exploring new hiking trails in the mountains during the weekends.

4 Some people urge that the government invest / invests more funds in education than they do now.

5 All travelers should bring / have brought their passports when they go to the airport.

6 Computers process information quickly, just like our brains do / are when we solve problems.

7 Susan could take / have taken the bus this morning, but she walked to work instead.

8 I do / did have a key to the office right now, but it's downstairs in my car.

고난도
9 The report suggests that the company's profits drop / dropped sharply in the past year.

10 Many beaches have not reopened since last week's typhoon, but this beach does / has .

11 Every mammal does eventually leave / leaves its parents at some point. 〈기출응용〉

고난도
12 The amount of snowfall this December will be significantly higher than it was / did in December of last year.

Vocabulary

2 impossible 불가능한 surely 확실히   4 urge 촉구하다 invest 투자하다 fund 자금, 기금   6 process 처리하다   8 downstairs 아래층의   9 profit 수익
12 amount 양 significantly 상당히

밑줄 친 부분이 틀렸다면 바르게 고치시오. 바르면 ○로 표시하시오.

1 I should <u>say</u> sorry to Tanya sooner, but she left the party before I got a chance.

2 Reading books does <u>widens</u> one's knowledge and expand one's view of the world.

3 I've never been to any country in South America, but my brother <u>is</u>.

4 Focusing on studying could <u>have been</u> tough when there are so many distractions. 〈기출응용〉

5 Because his financial advisor suggests that he <u>prepares</u> changes in economy, Mr. Davidson is saving more cash.

6 Children usually hate eating carrots, and when they <u>do</u> eat them, they often make funny faces.

〈고난도〉
7 The people in the city usually have easier access to diverse cultures than the people in the countryside <u>have</u>.

〈기출응용〉
8 The players might <u>be</u> hurt, but fortunately the referee called a time-out to stop the match.

9 The buyer insists that he <u>paid</u> for the order, but he doesn't have a receipt.

10 I don't know if the customers were satisfied with our service, but I hope they <u>were</u>.

11 He did confidently <u>showed</u> the scientists his new invention, and it surprised everyone.

〈고난도〉
12 The doctor strongly recommends that patients <u>are</u> careful about their diet and exercise regularly.

Vocabulary

2 widen 넓히다 expand 확장하다   **4** distraction 산만하게 하는 것   **5** financial 재정의 advisor 고문, 조언자   **7** access 접근 (기회) diverse 다양한
8 referee 심판   **9** receipt 영수증   **11** confidently 자신 있게

각 네모 안에서 어법에 맞는 표현으로 가장 적절한 것을 고르시오.

1 I could (A) call / have called for help, but I decided to handle the situation on my own. No one on my team had solved that kind of problem before, but I (B) was / had once before.

2 The office's Internet should (A) be / have been connected normally now, as the repairs have been completed. The management requests that anyone (B) report / reports within the day if there's any problem.

고난도
3 The demand for freshness does (A) hide / hides huge environmental costs. Even in cold seasons, farmers have to use a lot of fuel to make their crops grow as well as they (B) are / do in warm climates. In addition, Tristram Stuart, an anti-waste campaigner, insists that many stores (C) be / are throwing away a lot of food in good condition just to emphasize freshness. 〈기출응용〉

밑줄 친 부분 중 어법상 **틀린** 것을 고르시오.

4 The number of participants in the event is greater than it ① was in the previous year. Fewer people may ② visit the previous events because tickets were more expensive then.

5 Owls are known for their cute looks, but when they ① do hunt, they turn into really scary predators. Animal experts suggest that everyone ② stays away from owls because they are also known to attack people.

*predator: 포식자

6 Fast-fashion items are created and sold to consumers much more quickly than traditional clothes ① do. They are extremely low in price and quality. If a person buys a shirt, he does really ② feel like he saved money at the cash register. But he may ③ spend more money because he has to buy another shirt soon after. 〈기출응용〉

Vocabulary

1 call for ~을 요청하다 handle 처리하다, 다루다 situation 상황 solve 해결하다   2 connect 연결하다 normally 정상적으로 management 관리(자), 경영
3 demand 요구 huge 막대한 fuel 연료 crop (농)작물 campaigner 운동가 condition 상태 emphasize 강조하다   4 participant 참가자 previous 이전의
5 owl 올빼미 attack 공격하다   6 traditional 전통적인 extremely 매우, 극도로 quality 품질 cash register 계산대, 금전 등록기

정답 p. 18

<보기> 중 적절한 단어를 골라 문장을 완성하시오. 필요한 경우 단어의 형태를 바꾸시오.

<보기>	do	go	have

1 Sarah has read more books over a month than I _____ over the last year.

2 Before 2001, people _____ use paper maps to go to unfamiliar places, not GPS.

3 Alex could _____ to the party last night, but he went to a movie instead.

우리말과 같은 뜻이 되도록 괄호 안의 단어들을 올바른 순서로 배열하시오. 필요한 경우 단어의 형태를 바꾸시오.

4 어린이들은 마치 과학자들이 그들의 연구에서 배우는 것처럼 탐구하고 질문함으로써 배운다.
(do, in, just like, research, scientists, their)
Children learn by exploring and asking, _____.

5 매니저는 그 신입 직원이 매일 아침 교육에 참석해야 한다고 명령했다.
(attend, that, the new employee, a training session)
The manager ordered _____ every morning.

6 Megan은 친구들의 말을 듣고 마음을 바꿨어야 했다.
(her friends, listen to, Megan, should)
_____ and changed her mind.

다음 글에서 어법상 틀린 부분을 2개 찾아 바르게 고치시오.

7 Environmentalists insist that plastic ⓐ <u>poses</u> a significant threat to human lives. Today, people use much more plastic than people in the past ⓑ <u>was</u>. This issue truly does ⓒ <u>needs</u> more attention because it is important for our survival.

*environmentalist: 환경운동가

8 Doris arrived at the meeting late, so she must ⓐ <u>miss</u> the announcement about her promotion. When she hears the news, she will be surprised as much as I ⓑ <u>was</u>. She might ⓒ <u>have needed</u> a moment to calm herself down.

1 (A), (B), (C)의 각 네모 안에서 어법에 맞는 표현으로 가장 적절한 것은?

There was a little boy among my students once who was good at playing any musical instrument he picked up. However, he was especially good at playing the piano. The boy never learned the piano in class, but he really did (A) play / played well nevertheless. I don't know if the little boy plays the piano on stage now, but I hope he (B) does / is . I didn't say anything to him then, but sometimes I think I should (C) tell / have told him to keep playing the piano.

	(A)	(B)	(C)
①	play	does	tell
②	play	is	tell
③	play	does	have told
④	played	is	have told
⑤	played	is	tell

2 (A), (B), (C)의 각 네모 안에서 어법에 맞는 표현으로 가장 적절한 것은?

Many students and parents think that phones in the classroom aren't a problem, but a large number of schoolteachers think that they (A) are / have . Last week, a group of schoolteachers published a letter in major newspapers. They said that the government must (B) ban / have banned the use of phones in the classroom and pointed at a recent report by experts. According to the report, removing phones from classrooms can improve students' school performance, mental health, and safety. The schoolteachers suggested that the government (C) understand / understood the importance of this issue and try to persuade students and parents.

	(A)	(B)	(C)
①	are	ban	understood
②	have	ban	understood
③	are	have banned	understand
④	have	have banned	understand
⑤	are	ban	understand

3 다음 글의 밑줄 친 부분 중, 어법상 틀린 것은?

Ellen Church was born in Iowa in 1904. As a nurse in San Francisco, she proposed that nurses ① <u>take</u> care of passengers on flights. In 1930, she became the first female flight attendant in the U.S. Unfortunately, a car accident forced her to end her career, but it cannot ② <u>have frustrated</u> her. Church did ③ <u>return</u> to school and graduated from the University of Minnesota with a degree in nursing education. She worked as passionately in her new job as she ④ <u>did</u> on the plane. During World War II, she also served as a captain in the Army Nurse Corps and received an Air Medal. Today's young people hoping to become nurses should ⑤ <u>have considered</u> the example set by Ms. Church. 〈기출응용〉

*Air Medal: 공군 수훈장

4 다음 글의 밑줄 친 부분 중, 어법상 틀린 것은?

How does a leader make people feel important? First, by listening to them. Let them know you respect their thinking, and let them voice their opinions. As an added bonus, you might ① <u>learn</u> something! A friend of mine once told me about the CEO of a large company. He never showed his employees the same amount of respect that they ② <u>were</u> to him. He often insisted that they ③ <u>lacked</u> enough experience to come up with good ideas. It must ④ <u>have discouraged</u> them and negatively affected their performance. On the other hand, when you make a person feel a great sense of importance, the person ⑤ <u>does</u> feel good—and their level of energy increases rapidly. 〈기출응용〉

1 (A), (B), (C)의 각 네모 안에서 어법에 맞는 표현으로 가장 적절한 것은?

A recent report shows that Japan's population grew at a slower rate in 2022 than it (A) did / was in previous years. There were over 1.5 million deaths in 2022, but only 771,000 births. This means that Japan's population has declined now for 14 years in a row. And for the first time since records began, there have been fewer than 800,000 births. Many policies (B) proposed / were proposed to slow down this decline, but none of them were successful. Japanese people believe the government should (C) act / have acted quickly to slow the decline many years ago.

	(A)	(B)	(C)
①	did	proposed	act
②	did	were proposed	have acted
③	was	were proposed	act
④	was	were proposed	have acted
⑤	was	proposed	act

2 다음 글의 밑줄 친 부분 중, 어법상 틀린 것은?

My brother always ① seems to buy too much stuff. He insists that he ② have all the latest products even if he owns old ones that still work. Often, many of the things that ③ are bought are never used. This leads to a messy home and lots of waste. And many people in modern times have similar problems as my brother ④ is. Buying new items may give people pleasure and satisfaction. But, according to psychologists, when there are too many items, enjoying them all becomes impossible. When people ⑤ enjoy their current possessions, they will have real pleasure and satisfaction, even if they do not have many.

3 다음 글의 밑줄 친 부분 중, 어법상 틀린 것은?

When there is excessive and heavy rainfall within a short period, flash floods can ① occur. Within a short time, a flash flood can ② be caused lots of problems. It is one of the most dangerous weather events that happens. Many cities and towns around the world have ③ been damaged due to flash floods. They also kill many people. Although flash floods are very deadly, many people ④ do survive the experience by being prepared. And one way to prepare effectively for flash floods ⑤ is to be informed. Learn how to behave during a flash flood, and pay attention to the information provided by the local government.

*flash flood: 돌발 홍수(갑작스럽게 일어나는 홍수)

정답 p. 20

내신 서술형
4 다음 글을 읽고 문제에 답하시오.

ⓐ The opening of an exhibit of 16th-century artworks has announced by a museum in Derbyshire. The artworks were last seen by the public in 1999 and took years to restore. ⓑ They are consisted of 13 large pieces. Elizabeth Talbot, the woman who owned the artworks first, installed them in her home in 1598. Over the next four centuries, they collected too much dust, so restoring them took 24 years and cost $2.2 million in total. (2) 전 세계적인 유행병으로 야기된 지연이 없었다면 우리는 그 전시회를 더 빨리 볼 수 있었다. ⓒ Nevertheless, their condition must have been excellent now since so much effort has been put into it.

*pandemic: (전국/세계적인) 유행병

(1) 위 글의 밑줄 친 ⓐ~ⓒ 문장 중 어법상 틀린 곳을 각각 찾아 바르게 고치시오.

(2) 주어진 <조건>에 맞게 위 글의 밑줄 친 우리말을 영작하시오.

┌─ <조건> ─────────────┐
1. see, sooner, the exhibit를 사용하시오.
2. 알맞은 의미의 조동사를 함께 사용하시오.
3. 필요한 경우 단어의 형태를 바꾸고, 7단어로 쓰시오.
└───────────────────┘

_____
without the delay caused by the global pandemic.

CHAPTER 05

가정법

1. 직설법 vs. 가정법

가정법은 사실을 반대로 가정하거나, 불가능한 일을 가능한 것처럼 가정해서 말하는 방법이다. 있는 사실을 그대로 말하는 직설법과는 달리, 가정법은 실제보다 하나 앞선 시제의 동사를 사용한다.

직설법

I **am not** tall, so I can't reach the top shelf.
현재

He **studied** hard, so he passed the exam.
과거

가정법

If I **were** tall, I could reach the top shelf.
과거(가정법에서는 주어가 I/she/he 등일 때도 be동사로 were를 주로 사용함)

If he **hadn't studied** hard, he wouldn't have passed the exam. 과거완료

2. 가정법의 시제와 형태

가정해 보고자 하는 사실의 시제에 따라 가정법 과거/과거완료/미래 문장으로 쓸 수 있다.

가정법 과거	현재 사실을 반대로 가정
	if + 주어 + 과거시제 ~, 주어 + would/should/could/might + 동사원형

If it **were** sunny, we **could have** a picnic.
(= It is not sunny, so we cannot have a picnic.)

Kelly **would be** able to see you **if** she **had** enough time.
(= Kelly isn't able to see you because she doesn't have enough time.)

가정법 과거완료	과거 사실을 반대로 가정
	if + 주어 + had p.p. ~, 주어 + would/should/could/might + have p.p.

If we **had taken** the earlier train, we **would have arrived** on time.
(= We didn't take the earlier train, so we didn't arrive on time.)

My brother **could have avoided** the mistake **if** he **had listened** to my advice.
(= My brother couldn't avoid the mistake because he didn't listen to my advice.)

가정법 미래	실현 가능성이 매우 낮거나 불가능한 일이 미래에 일어난다고 가정
	if + 주어 + should + 동사원형 ~, 주어 + will/can/may 또는 would/should/could/might + 동사원형

If I **should win** the lottery, I **will travel** around the world.

if + 주어 + were to + 동사원형 ~, 주어 + would/should/could/might + 동사원형

We **would be** able to communicate with animals if they **were to speak** human language someday.

*혼합 가정법: 과거 사실을 반대로 가정하면 현재 상황이 다를 것이라는 의미로 사용한다.

if + 주어 + had p.p. ~, 주어 + would/should/could/might + 동사원형

If you **had finished** your report yesterday, you **could go** out tonight.
(= You didn't finish your report yesterday, so you cannot go out tonight.)

	if절		주절	
가정법 과거	if + 주어 +	과거시제	~, 주어 + would/should/could/might +	동사원형
가정법 과거완료	if + 주어 +	had p.p.	~, 주어 + would/should/could/might +	have p.p.

*if절은 주절의 뒤에 올 수도 있으며, 이때는 콤마(,)를 쓰지 않는다.

▶ 가정법 문장에서는 실제보다 하나 앞선 시제를 사용하므로, 현재 사실의 반대는 가정법 과거로, 과거 사실의 반대는 가정법 과거완료로 써야 한다. 이때 if절과 주절의 동사가 짝이 맞아야 한다.

〈기출응용〉
If every computer program suddenly stopped working, it would be / have been the end of the world.
과거시제

✅ 둘 중 어법에 맞는 것을 고르시오. 　　　　　　　　　　　　　　　　　　정답 p. 20

1 If Robert knew / had known the answer to the question, he would raise his hand.

2 We could have gotten better seats at the concert yesterday if we booked / had booked our tickets earlier.

3 If a vampire changed one person a month, there would be / have been four vampires two months later. 〈기출응용〉

4 Would you quit / have quit your job then if your boss had moved you to another office?

✅ 밑줄 친 부분이 틀렸다면 바르게 고치시오. 바르면 ○로 표시하시오.

5 If I had invested in the company, I would <u>made</u> a lot of money last year.

6 The results could be different if the researchers <u>did</u> the experiment under new conditions.

7 If I owned this airline, I would <u>have put</u> more space between the seats.

8 If you <u>turned</u> on a light bulb in the early 1800s, it would have cost you much more than it does today. 〈기출응용〉

POINT 2 가정법 vs. 조건 부사절

출제빈도 ★☆☆

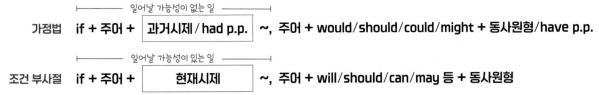

가정법   if + 주어 + 　과거시제 / had p.p.　 ~, 주어 + would/should/could/might + 동사원형/have p.p.
　　　　　　　　　 └── 일어날 가능성이 없는 일 ──┘

조건 부사절 if + 주어 + 　현재시제　 ~, 주어 + will/should/can/may 등 + 동사원형
　　　　　　　　 └── 일어날 가능성이 있는 일 ──┘

▶ 가정법은 사실에 반대되거나 일어날 가능성이 없는 일에 대해 쓰지만, 조건 부사절은 일어날 가능성이 있는 일에 대해서 사용한다. 이때 if절에는 미래의 일일지라도 미래시제 대신 현재시제 동사를 쓴다.

└─ 일어날 가능성이 있는 일 ─┘
If you rub / rubbed your hands together quickly, they will get warmer. 〈기출응용〉

✓ 밑줄 친 부분이 틀렸다면 바르게 고치시오. 바르면 ○로 표시하시오.   정답 p. 21

1 If you <u>lived</u> on the moon, you would be lighter than here on Earth.

2 The child will become a great dancer if he <u>received</u> professional training.

3 If the Wright brothers <u>had invented</u> airplanes sooner, air travel would have started much earlier.

4 If you <u>were</u> afraid of standing on balconies, you can try starting on a lower floor. 〈기출응용〉

5 Many people would help if I <u>ask</u> them, but I prefer to solve problems myself.

POINT 3 as if 가정법

출제빈도 ★☆☆

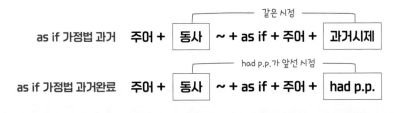

as if 가정법 과거   주어 + 　동사　 ~ + as if + 주어 + 　과거시제　
　　　　　　　　　　　　　　　　　　 └──── 같은 시점 ────┘

as if 가정법 과거완료 주어 + 　동사　 ~ + as if + 주어 + 　had p.p.　
　　　　　　　　　　　　　　　　　　　 └── had p.p.가 앞선 시점 ──┘

▶ '마치 ~인 것처럼'이라는 의미로 주절의 시제와 같은 시점의 일을 반대로 가정할 때는 as if절에 과거시제 동사가 오고, '마치 ~이었던 것처럼'이라는 의미로 주절의 시제보다 앞선 시점의 일을 반대로 가정할 때는 as if절에 had p.p.가 와야 한다.

┌─ "느끼는" 것과 "괜찮은" 것이 ─┐
　　　　　같은 시점
　　　　　　　　　　　　　　　　　　　　　　　　　　〈기출응용〉
Thanks to the medicine, you feel as if you were / had been fine now, but the feeling is only temporary.
*temporary: 일시적인

✓ 둘 중 어법에 맞는 것을 고르시오.   정답 p. 21

1 The athlete plays every match as if it were / had been a final match.

2 Angela spoke as if she saw / had seen the car accident the day before, but she wasn't there.

3 He acted as if he visited / had visited the city many times, but this was actually his first time.

4 My dog sometimes barks at the air as if someone were / had been there.

5 Jackson knows very little, but he often behaves as if he had / had had all the answers.

둘 중 어법에 맞는 것을 고르시오.

1 If there existed a time machine, I would | visit / have visited | the future.

2 Mark would have gotten a perfect score if he | solved / had solved | the last question.

3 If readers | look / looked | at the story through another character's eyes, they will interpret it differently. 〈기출응용〉

4 The flowers in the painting look as if they | were / had been | alive.

5 Stephanie would own a dog if she | had / had had | a house with a bigger backyard.

6 The soup tasted as if the chef | forgot / had forgotten | to add some salt and pepper.

7 If early humans had not used language, the business deal would | be / have been | impossible. 〈기출응용〉

8 If a person | takes / took | more risks, he or she will have more chances for success.

9 The team could | finish / have finished | the project last week if they had had one more member.

고난도
10 Jessie always enters her sister's room without knocking as if it | were / had been | her own room.

고난도
11 If I had the power to control the weather, I would | make / have made | this rain stop.

12 We wouldn't have won if some of our players | quit / had quit | earlier this year.

Vocabulary

3 character 등장인물 interpret 해석하다   5 backyard 뒷마당   7 deal 거래   8 take risk 위험을 감수하다

밑줄 친 부분이 틀렸다면 바르게 고치시오. 바르면 ○로 표시하시오.

1 If people <u>had lived</u> forever, the world would become very crowded.

2 You may discover hidden talents if you <u>tried</u> new hobbies.

고난도
3 He speaks as if I <u>said</u> something wrong at the last meeting, although everyone thought I was right.

4 I would <u>visit</u> you in London if I had known you were staying there at that time.

5 If diamonds grew on trees like apples, we could <u>have found</u> them easily and quickly.

고난도
6 Only 50 years ago, if you <u>said</u> the word "algorithms," most people would have asked, "Pardon?" 〈기출응용〉

7 If she <u>reveals</u> new information about black holes, the scientific community will be surprised.

8 Agatha nodded her head as if she <u>understood</u> the instructions, but she clearly did not.

9 There would be less traffic on the road if more people <u>ride</u> bicycles or subways.

10 If the invention of the printing press had not occurred, the spread of knowledge would <u>be</u> much slower throughout history.

11 If you never <u>drove</u> a car yourself, you will never learn driving because it requires experience to improve. 〈기출응용〉

12 I would <u>have cooked</u> at home more often if the kitchen in my apartment were bigger.

Vocabulary

7 reveal 밝히다 **8** nod 끄덕이다 instruction 지시 **9** traffic 교통량 **10** printing press 인쇄기 spread 확산 throughout ~을 통틀어, ~ 내내
11 require 필요하다 improve 나아지다

각 네모 안에서 어법에 맞는 표현으로 가장 적절한 것을 고르시오.

1 If someone (A) ⎣were / had been⎦ able to read other people's minds, would he or she still get along with friends and family? Absolutely not. If people (B) ⎣know / knew⎦ too much about other people's thoughts, their relationships may become difficult.

2 If you (A) ⎣look / looked⎦ closely at the history of the world, you will find some inventions that have changed history forever. For example, the result of World War II might (B) ⎣be / have been⎦ different if the atomic bomb had not been developed.

*atomic bomb: 원자폭탄

고난도
3 Too many companies advertise their products as if they (A) ⎣had / had had⎦ no competitors. If there were no competitors in the market, those companies would (B) ⎣survive / have survived⎦, but that rarely happens in reality. <기출응용>

밑줄 친 부분 중 어법상 **틀린** 것을 고르시오.

4 If Amy hadn't avoided last week's interview because of her fear of failure, she might ① get her dream job. You will achieve much more in life if you ② accept that failure is sometimes normal. <기출응용>

5 Thomas speaks Chinese as if he ① learned it when he was young, but he only learned it recently. He has a great talent for languages, so if he ② had chosen a language other than Chinese, he would have mastered it very quickly, too.

고난도
6 If more students knew that their present efforts could change their future, they would ① focus on their current studies, but it's a pity that they don't know it. Students will have better options for deciding their future career paths if they ② performed better in school at the moment.

Vocabulary

1 get along with ~와 잘 지내다 absolutely 절대로 relationship 관계 2 closely 자세히 3 advertise 광고하다 competitor 경쟁자 reality 현실
4 fear 두려움 failure 실패 normal 정상적인 5 master (완전히) 익히다 6 present 현재의 current 현재의 pity 안타까운 option 선택지 career path 진로

주어진 <조건>에 맞게 우리말을 영작하시오.

1 만약 나의 자매들이 지금 여기에 있다면, 우리는 함께 즐거운 시간을 보낼 것이다.

<조건> be, here, my sisters를 사용하시오. 5단어로 쓰시오.

_____ now, we would have a good time together.

2 그들은 겨우 지난달에 만났지만, 마치 수년 전에 친구가 된 것처럼 보였다.

<조건> become, friends를 사용하시오. 6단어로 쓰시오.

They only met last month, but they looked _____ years ago.

3 네가 좀 더 신중했더라면, 너는 그러한 실수를 하는 것을 피할 수 있었을 것이다.

<조건> avoid를 사용하시오. 4단어로 쓰시오.

If you had been more careful, _____ making such mistakes.

주어진 문장을 가정법 문장으로 바꾸어 쓰시오.

4 I can't make you a cup of coffee because we don't have any left.

→ I _____ .

5 Mr. Jenkins did not arrive on time, so he missed the meeting.

→ If _____ .

고난도
6 Tamara doesn't stay up late often because she gets up early for work every day.

→ Tamara _____ .

다음 글에서 어법상 틀린 부분을 2개 찾아 바르게 고치시오.

7 If humans ⓐ <u>had owned</u> faster spaceships than the current ones, we could go very far into space. Also, we would ⓑ <u>know</u> about the existence of aliens for sure if we were able to explore faraway planets. If we ⓒ <u>invested</u> more in space exploration from now on, all of these dreams may come true in the near future.

8 Over the past century, the world has seen unbelievable developments. Some inventions looked as if they ⓐ <u>were</u> from a science fiction movie to people back then. However, none of these developments would ⓑ <u>be</u> possible if the cost of electricity had not dropped. Therefore, if electricity ⓒ <u>became</u> cheaper, it will probably lead to greater improvements.

1 (A), (B), (C)의 각 네모 안에서 어법에 맞는 표현으로 가장 적절한 것은?

Some people act as if they (A) knew / had known everything they needed to succeed in life or in their job. However, they would be more successful if they (B) were / had been honest about what they didn't know. It's okay to ask questions and admit when we need help. If we (C) hide / hid the fact that we don't know something, we will miss out on valuable opportunities to learn and grow. It's better to be honest with ourselves and embrace every chance we get to expand our knowledge.

	(A)	(B)	(C)
①	knew	had been	hide
②	knew	were	hide
③	knew	were	hid
④	had known	had been	hid
⑤	had known	had been	hide

2 (A), (B), (C)의 각 네모 안에서 어법에 맞는 표현으로 가장 적절한 것은?

Virginia Atwood, a writer, usually writes in the morning. One day, she decided to write in the afternoon. However, by 3 p.m., she couldn't concentrate at all. It seemed to her as if someone (A) turned / had turned off her brain about half an hour before. She couldn't understand why, but there is a good reason. It is difficult to maintain a constant level of attention throughout the day. If Virginia had paid attention to her energy patterns, she would (B) notice / have noticed that she was more productive at certain times. Our bodies have rhythms characterized by peaks and valleys of energy. You will achieve more if you (C) schedule / scheduled your most important tasks when you have the most energy. 〈기출응용〉

	(A)	(B)	(C)
①	turned	notice	schedule
②	turned	have noticed	schedule
③	had turned	have noticed	schedule
④	had turned	have noticed	scheduled
⑤	had turned	notice	scheduled

3 다음 글의 밑줄 친 부분 중, 어법상 틀린 것은?

What will you do if you ① <u>meet</u> a bear while walking deep in the mountains? Many people give advice as if they ② <u>had been</u> in that situation before. They say that lying still is the best way to stay safe, while others recommend climbing trees. If I ③ <u>were</u> you, I would keep the bear from seeing or hearing me. On a two-week trip in the Rocky Mountains, I actually saw a grizzly bear in its native habitat. He was following the scent of something, sniffling deeply. At first, I felt as if he ④ <u>wanted</u> to find a friend. However, slowly, I realized that this giant, hungry animal was looking for food! In a calm and silent manner, I moved away from the bear as quickly as possible. I would not ⑤ <u>survive</u> then if I had screamed or attacked him first. 〈기출응용〉

*native habitat: 토착 서식지

4 다음 글의 밑줄 친 부분 중, 어법상 틀린 것은?

When AI was first introduced, people would not have been happy if they ① <u>had understood</u> the dangers of AI in advance. Forty-two percent of jobs in Canada are in danger, and 62 percent of jobs in America will disappear due to AI. You might think as if the numbers ② <u>had been</u> unrealistic, but the threat is real. If you ③ <u>visit</u> a fast-food restaurant, you will see robots doing simple jobs like frying burgers or moving boxes. But even highly skilled jobs are at risk. If supercomputers did not exist, highly skilled jobs might ④ <u>be</u> guaranteed safety. However, supercomputers can do complex tasks in music, art, and science. If all robots ⑤ <u>disappeared</u>, people's jobs would be safe, but doing everything that robots do today would create other problems.

CHAPTER 06

동명사와 to부정사

1. 동명사

동사 끝에 -ing가 붙은 형태로, '~하기/하는 것'이라는 의미이며, 문장에서 명사와 같이 주어/보어/목적어 자리에 올 수 있다.

주어	**Watching** movies is a favorite hobby of many people.

보어	Jack's dream is **opening** a small business with his wife.

목적어	They started **repairing** their old house over the summer. (동사의 목적어) Megan is interested in **learning** new languages. (전치사의 목적어)

2. to부정사

「to + 동사원형」의 형태로, 문장에서 명사/형용사/부사의 역할을 할 수 있다.

명사   '~하기/~하는 것'이라는 의미로 주어/보어/목적어 자리에 올 수 있다.

     주어   **To maintain** a healthy lifestyle is very important.
           *to부정사를 주어로 그대로 쓰기보다는, 주어 자리에 가주어 it을 쓰고 문장 뒷부분에 to부정사(진짜 주어)가 오는 형태로 자주 쓴다.

           It is very important **to maintain** a healthy lifestyle.
           가주어   진짜 주어

     보어   His ambition is **to become** a successful politician.

     목적어   They decided **to join** the army right after graduation.
           **목적어 뒤에 목적격보어가 있는 5형식 문장에서는 목적어 자리에 to부정사 대신 가목적어 it을 쓰고, 목적격보어 뒤에 to부정사(진짜 목적어)를 쓴다.

           Many people consider **it** necessary **to get** eight hours of sleep every night.
           가목적어   진짜 목적어

형용사   보어 자리에 와서 주어/목적어에 대해 보충 설명을 하거나, '~하는/할'이라는 의미로 명사 뒤에서 명사를 수식한다.

     보어   You seem **to have** a lot of fun traveling to different countries.

     명사 수식   We can find a creative way **to solve** the problem.

부사   부사처럼 다양한 의미로 동사/형용사/부사/문장 전체를 수식한다.

     '~하기 위해서' (목적)   Albert wakes up early every morning **to go** to the gym.

     '~해서' (감정의 원인)   I'm sorry **to disappoint** you, but the tickets are sold out.

     '(결국) ~하다' (결과)   She grew up **to discover** her talent for photography.

     '~하다니' (판단의 근거)   The child is kind **to share** his toys with others.

     '~하기에' (형용사 수식)   The weather is too hot **to play** soccer outside.

동사 자리 vs.	명사 자리	(주어/보어/목적어 역할)	**v-ing** 또는 **to + 동사원형**
	형용사 자리	(명사 수식)	**to + 동사원형**
	부사 자리	(동사/형용사 등 수식)	**to + 동사원형**

▶ 동사 자리에는 동명사와 to부정사는 올 수 없고 동사만 올 수 있다. 동명사/to부정사가 오는 명사 자리와 to부정사만 올 수 있는 형용사/부사 자리에는 동사가 올 수 없는 것에 주의한다.

〈기출응용〉

It is so important recognize / to recognize the impacts that new technologies will have for our world.
가주어 동사   명사 자리(진짜 주어 역할)

*전치사의 목적어 자리에는 동명사가 오는 것에 주의한다. to부정사는 올 수 없다.

The company gave everyone a coupon to thank them for ~~to answer~~ (→ answering) the survey.
전치사

✓ 둘 중 어법에 맞는 것을 고르시오.   정답 p. 24

1 Doctors wear masks and gloves prevent / to prevent the spread of viruses.

2 The children in the park play / playing happily on the swings and slides.

3 The rain pouring heavily from the dark clouds soaked / to soak everyone at the bus stop.

4 Sometimes, restrict / restricting the number of items that customers can buy increases sales. 〈기출응용〉

5 Taking notes is a helpful way remember / to remember useful information during a lecture.

6 We are proud of support / supporting local organizations and giving back to the community.

7 The diseases occurring in fish farms in some cases kill / killing not just the fish in the farms, but wild fish too. 〈기출응용〉

8 The benefit of studying a foreign language is improve / improving cultural understanding.

동명사를 목적어로 취하는 동사					to부정사를 목적어로 취하는 동사				
enjoy	avoid	deny			want	hope	need		
keep	mind	finish	**+**	**v-ing**	decide	offer	plan	**+**	**to + 동사원형**
stop	quit	put off			choose	agree	ask		
consider	suggest	imagine			refuse	fail	learn		

*stop + v-ing (~하는 것을 멈추다)　　　She **stopped running** when her feet began to hurt.
　stop + to부정사 (~하기 위해 멈추다)　　She **stopped to buy** a cup of coffee at the café down the street.

▶ 목적어 자리에 동명사가 오는지 to부정사가 오는지는 동사에 따라 달라진다.

If we continue to destroy natural habitats with roads, the wildlife there will stop | using / to use | the areas. 〈기출응용〉

정답 p. 25

☑ 둘 중 어법에 맞는 것을 고르시오.

1 Jessica decided | going / to go | to a music school in New York.

2 I will finish | cleaning / to clean | the house before the guests arrive for the party.

3 The boy always refuses | eating / to eat | onions because he doesn't like the taste.

4 Based on a 2019 survey, children quit | playing / to play | on basketball teams on average before they turned 12. 〈기출응용〉

☑ 밑줄 친 부분이 틀렸다면 바르게 고치시오. 바르면 ○로 표시하시오.

5 You should stop <u>getting</u> some gasoline before you enter the highway.

6 Ms. Morgan chose <u>starting</u> her own business rather than to work for someone else.

7 The couple is considering <u>renovating</u> their house to create more living space.

8 We don't mind <u>to wait</u> a few more minutes for Steve to arrive.

| remember
forget
regret
try | + | v-ing | (과거에) ~한 것을 기억하다
(과거에) ~한 것을 잊다
(과거에) ~한 것을 후회하다
(시험 삼아) ~해보다 | remember
forget
regret
try | + | to + 동사원형 | (미래에) ~할 것을 기억하다
(미래에) ~할 것을 잊다
(미래에) ~하게 되어 유감이다
~하려고 노력하다 |

▶ remember/forget 등은 동명사와 to부정사를 둘 다 목적어로 취할 수 있지만, 이때 의미가 달라진다. 동명사는 주로 과거에 이미 한 일을, to부정사는 주로 아직 하지 않은 미래의 일을 나타낸다.

Over the years, your parents forgot ┃taking / to take┃ pictures of you, even though they took many when you were born. 〈기출응용〉

*like/love/prefer/hate/begin/start/continue 등의 동사는 동명사와 to부정사를 둘 다 목적어로 취할 수 있으며, 이때 의미 차이가 없다.
I like **swimming** in the ocean. = I like **to swim** in the ocean.

☑ 밑줄 친 부분이 틀렸다면 바르게 고치시오. 바르면 ○로 표시하시오.   정답 p. 25

1 He remembers <u>to watch</u> his favorite movie, *Pinocchio*, repeatedly as a child.

2 Rebecca and her brothers started <u>to plan</u> a birthday party for their father yesterday.

3 We regret <u>informing</u> you, but your flight will be delayed by two hours.

4 The client forgot <u>to make</u> an appointment for today and didn't show up.

5 To find out where her watch was, the girl sat down quietly and tried <u>to listen</u> for its sound. 〈기출응용〉

전치사 to가 포함된 표현		
contribute to ~에 기여하다 **be/come close to** ~에 가깝다/가까워지다 **be accustomed to** ~에 익숙해지다	**look forward to** ~을 고대하다 **object to** ~에 반대하다 **be used to** ~에 익숙하다	+ v-ing

*be used to + 동사원형: ~하기 위해 사용되다

▶ to부정사의 to와 전치사 to를 혼동하지 않도록 주의한다. to부정사는 to 뒤에 동사원형이 오지만, 전치사 to는 뒤에 명사 역할을 하는 동명사가 와야 한다.

In speaking, more words are used to ┃express / expressing┃ the same idea than in writing. 〈기출응용〉

☑ 둘 중 어법에 맞는 것을 고르시오.   정답 p. 26

1 I look forward to ┃meet / meeting┃ you at the seminar next week.

2 When people buy something, they like to ┃hear / hearing┃ the opinions of people they know. 〈기출응용〉

3 She was not used to ┃speak / speaking┃ in public, so she felt nervous during her speech.

4 Anyone who fails to ┃show / showing┃ ID will not be allowed to enter the building.

5 The athlete came close to ┃break / breaking┃ the world record for the high jump.

POINT 5 동명사/to부정사의 능동형 vs. 수동형

출제빈도 ★☆☆

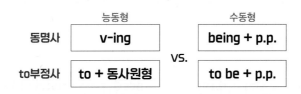

	능동형		수동형
동명사	v-ing	vs.	being + p.p.
to부정사	to + 동사원형		to be + p.p.

▶ 동명사나 to부정사가 '~하기/~할'과 같은 의미일 때는 능동형으로 오고, '~되기/~될'과 같은 의미일 때는 수동형으로 와야 한다.

The project was part of the international group's campaign to build / be built houses for homeless people. 〈기출응용〉

☑ 둘 중 어법에 맞는 것을 고르시오.

정답 p. 26

1 Employees should be familiar with evaluating / being evaluated for their performance.

2 Lately, many people are taking yoga classes to reduce / be reduced stress.

3 They decided to put off cleaning / being cleaned the house until the weekend.

4 Feeling worried, I went outside and walked down the street, but my cat was nowhere to find / be found .

5 Selecting / Being selected as the leader of a group is a great honor for anyone. 〈기출응용〉

POINT 6 동명사/to부정사의 의미상 주어

출제빈도 ★☆☆

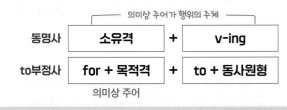
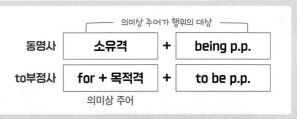

	의미상 주어가 행위의 주체			의미상 주어가 행위의 대상	
동명사	소유격	+	v-ing	소유격	+ being p.p.
to부정사	for + 목적격	+	to + 동사원형	for + 목적격	+ to be p.p.
	의미상 주어			의미상 주어	

▶ 동명사나 to부정사의 의미상 주어가 동명사/to부정사 앞에 올 수 있다. 이 의미상 주어가 동명사/to부정사가 나타내는 행위의 주체라면 능동형이 오고, 행위의 대상이라면 수동형이 와야 한다.

According to Marguerite La Caze, fashion provides a tool for people to express / be expressed important personal beliefs. 〈기출응용〉

사람들이 표현하는 행위의 주체 / to부정사의 의미상 주어

☑ 둘 중 어법에 맞는 것을 고르시오.

정답 p. 26

1 Amy's parents hoped for her to accept / be accepted into the national university.

2 This weather should not prevent our flight's leaving / being left on time.

3 The man's coworkers congratulated his promoting / being promoted to the position of store manager.

4 They are smart learners, but some concepts are too difficult for them to understand / be understood .

5 Fans are patiently waiting for the new version of the movie to release / be released .

둘 중 어법에 맞는 것을 고르시오.

1 The performers on the stage dancing / danced passionately to the lively music.

2 Tommy put off answering / to answer the job offer until he had more information.

고난도
3 Employees need to inform / be informed their managers when they want a day off from work.

4 Please remember taking / to take your medicine every six hours for the next three days.

5 Melinda is accustomed to eat / eating spicy food because she grew up in a culture that uses a lot of spices.

6 You can avoid the spread of negative reviews about your product by check / checking your customer's satisfaction after a sale. 〈기출응용〉

7 Mark closed the door to his office so he could work without disturbing / being disturbed.

고난도
8 Spending too much time on social media can delay your finishing / being finished important tasks.

9 Many parents hope finding / to find a reliable babysitter to take care of their children while they're at work.

10 The oil from the fallen truck made / to make the road dirty, slippery, and dangerous.

11 I regret buying / to buy such an expensive house, because now I have no money.

12 In today's music business, artists don't require anyone's permission promote / to promote their music.

Vocabulary

1 passionately 열정적으로　2 offer 제안　3 inform 알리다　day off 휴가, 휴일　5 spice 향신료　6 negative 부정적인　review 평가　7 disturb 방해하다
9 reliable 믿을 만한　babysitter 베이비시터, 아이를 봐 주는 사람　10 slippery 미끄러운　12 permission 허락　promote 홍보하다

밑줄 친 부분이 틀렸다면 바르게 고치시오. 바르면 ○로 표시하시오.

1 <u>Eat</u> healthy food at scheduled times is important for maintaining a balanced lifestyle.

2 We're happy that our landlord agreed <u>keeping</u> our rent at the same price as last year.

3 〈고난도〉 Advertisements are used to <u>persuading</u> people to purchase certain products and services. 〈기출응용〉

4 I will never forget <u>to experience</u> skydiving for the first time. It was so thrilling!

5 The items to buy from the grocery store <u>to include</u> milk, eggs, and bread.

6 The teacher asked the students to stop <u>talking</u> and pay attention to the lesson.

7 The door to our room seems to <u>lock</u>, so we cannot get inside until someone brings the key.

8 〈고난도〉 When you don't believe in your ability <u>succeed</u> in areas that are important to you, it has a bad impact on your self-esteem. 〈기출응용〉

9 The volunteer group focuses on <u>being provided</u> medical aid as a way of supporting remote communities.

10 Instead of going to crowded places, Jeremy prefers <u>to spend</u> his weekends with a good book and a cup of tea at home.

11 〈고난도〉 Tourists who have visited the island <u>saying</u> that it is absolutely beautiful.

12 In order to finish on time, it will be necessary for the project to <u>design</u> very well.

Vocabulary

1 maintain 유지하다　balanced 균형 잡힌　2 landlord 집주인　3 persuade 설득하다　4 thrilling 짜릿한　5 include 포함하다　8 self-esteem 자존감
9 aid 지원, 도움　remote 외딴, 멀리 떨어진　11 absolutely 절대적으로

각 네모 안에서 어법에 맞는 표현으로 가장 적절한 것을 고르시오.

1 Elon Musk, who builds spacecraft at SpaceX, (A) thinks / thinking that humans will one day live on Mars. He plans (B) bringing / to bring a million people to Mars by 2050.

2 After living in the bustling city for years, I was used to (A) deal / dealing with the constant noise. However, by (B) move / moving to a peaceful home in the countryside, I discovered that I prefer the sounds of nature.

3 If you're tired of eating the same food every day, we suggest (A) taking / to take a cooking class. Once you try different recipes and improve your cooking skills, you will be more likely to (B) inspire / be inspired in the kitchen and discover new flavors.

밑줄 친 부분 중 어법상 **틀린** 것을 고르시오.

4 According to scientists, the ancestors of frogs ① lived in the water like fish. The first frogs gained the ability ② to come out on land and enjoy the opportunities for food and shelter there. But they also kept ③ to return to the water to lay their eggs. 〈기출응용〉

5 A funny and interesting characteristic of cartoon animals is their ① resembling people in some ways. ② Change the cartoon animal's face or feet is something cartoonists often do. They do it because they want ③ to make the characters friendly to kids.

*cartoonist: 만화가

고난도
6 In general, vaccines contain weakened or dead viruses. When you get vaccinated, your body reacts ① to fight off the viruses. In a way, the vaccine prepares the body for ② attacking. When we are exposed to a real virus, the body remembers ③ meeting it and can respond quickly and effectively.

*vaccinate: 백신 접종을 하다

Vocabulary

1 spacecraft 우주선 Mars 화성   2 deal with ~을 대하다 constant 지속적인   3 recipe 조리법 inspire 고무하다, 영감을 주다
4 ancestor 조상 shelter 은신처 lay (알을) 낳다, 놓다   5 characteristic 특징 resemble 닮다
6 contain 포함하다 weakened 약해진 react 반응하다 expose 노출시키다 respond 대응하다 effectively 효과적으로

<보기> 중 적절한 단어를 골라 문장을 완성하시오. 필요한 경우 단어의 형태를 바꾸시오.

<보기>	drink	repair	use

1 It is important _____ enough water during hot summer days.

2 The car needs to _____ before anyone can drive it again.

3 To protect the environment, we should avoid _____ too much plastic.

우리말과 같은 뜻이 되도록 괄호 안의 단어들을 올바른 순서로 배열하시오. 필요한 경우 단어의 형태를 바꾸시오.

4 나는 오늘 아침에 집을 떠나기 전에 불 끄는 것을 잊었다.
(forget, I, the lights, turn off)

_____ before leaving the house this morning.

5 대부분의 이웃들은 소음 때문에 시가 새로운 공항을 짓는 것에 반대한다.
(a new airport, build, object to, the city's)
Most of the neighbors _____ because of the noise.

고난도
6 프로그래머가 자신의 분야에서 최신 상태로 유지하기 위해서는 계속적인 학습이 필수적이다.
(be, continuous learning, for, necessary, programmers, stay)

_____ updated in their fields.

다음 글에서 어법상 틀린 부분을 2개 찾아 바르게 고치시오.

7 Many people are afraid of ⓐ <u>to swim</u> in the ocean. When the waves in the sea get stronger, they start ⓑ <u>to panic</u>. These people want to get out of the water as quickly as possible. However, it is best for them to call for help and wait to ⓒ <u>save</u> rather than struggling too hard and getting tired.

고난도
8 Young children can be influenced by other people's ⓐ <u>being said</u> good things about them. Receiving praise for doing things well as children ⓑ <u>building</u> up their confidence in trying new and difficult tasks. Similarly, being considered kind by others makes them step up ⓒ <u>to help</u> people more often. ⟨기출응용⟩

1 (A), (B), (C)의 각 네모 안에서 어법에 맞는 표현으로 가장 적절한 것은?

Two hours before the deadline, I was struggling to finish my news article. Suddenly, my typewriter stopped (A) working / to work, and no matter how hard I pressed the keys, it wouldn't type any letters. I started to realize that I would not be able to finish the article on time. Desperately, I placed the typewriter on my lap and started hitting each key as hard as I could. Nothing happened. When I finally opened the cover, I found the problem. A paper clip inside the typewriter (B) prevented / to prevent the keys from moving. After I removed it, the keys began to move smoothly again. It would have been impossible for me to (C) complete / be completed my article if I had not opened the typewriter.

*typewriter: 타자기

	(A)	(B)	(C)
①	working	prevented	be completed
②	working	to prevent	complete
③	working	prevented	complete
④	to work	to prevent	complete
⑤	to work	prevented	be completed

2 (A), (B), (C)의 각 네모 안에서 어법에 맞는 표현으로 가장 적절한 것은?

Advertisers sometimes have to change the way people see their products. Fleischmann's Yeast, for instance, was normally used to (A) cook / cooking homemade bread in the past. No one could imagine (B) using / to use it for anything else. Then, in the early 20th century, more and more people started buying bread from stores and bakeries, so the demand for yeast went down. The producer of Fleischmann's Yeast hired the Walter Thompson advertising agency to boost sales. The Thompson agency promoted yeast as an important source of vitamins with significant health benefits. Yeast stopped being the "Soul of Bread," but sales of yeast (C) increased / increasing shortly after. 〈기출응용〉

*yeast: 효모, 이스트

	(A)	(B)	(C)
①	cook	to use	increased
②	cooking	to use	increasing
③	cooking	using	increased
④	cooking	using	increasing
⑤	cook	using	increased

3 다음 글의 밑줄 친 부분 중, 어법상 <u>틀린</u> 것은?

Gary Becker was born in Pottsville, Pennsylvania, in 1930. His father, who was not well educated, ① <u>had</u> a deep interest in financial issues. After graduating from high school, Becker decided ② <u>majoring</u> in economics at Princeton University. However, he was not satisfied with his education because real problems didn't seem to ③ <u>be handled</u> in class at all. So, instead, he earned a doctor's degree in economics from the University of Chicago in 1955. Beginning in 1985, Becker wrote a regular column in a business magazine ④ <u>to explain</u> economic ideas to the public. In 1992, he was awarded the Nobel Prize in Economic Sciences. This is partly due to Becker's ⑤ <u>contributing</u> to an understanding of the economics of discrimination, which was the main topic of his doctoral paper.

*discrimination: 차별
**doctoral paper: 박사 논문

4 다음 글의 밑줄 친 부분 중, 어법상 <u>틀린</u> 것은?

Too often, we believe that great success requires great effort. It is easy ① <u>to ignore</u> the value of making small improvements on a daily basis. However, ② <u>do</u> better by 1% each day can be very meaningful in the long run. Such small changes might seem unremarkable at first, but they eventually ③ <u>lead</u> to significant outcomes over time. For instance, if you can improve by 1% each day for a year, you will be 37 times better by the end of the year. On the other hand, if you decline by 1% each day, you will be close to ④ <u>being</u> at your worst by the end of the year. So, you should remember ⑤ <u>to make</u> even a small effort every day. 〈기출응용〉

1 (A), (B), (C)의 각 네모 안에서 어법에 맞는 표현으로 가장 적절한 것은?

Quite often, people stressed out by something (A) feel / to feel like they cannot breathe. Breathing is difficult when we are stressed because stress causes the body to look for more oxygen. As a result, we react by trying to breathe faster. But fast breathing only makes us more stressed than we already are. Remember (B) breathing / to breathe slowly instead, and your feelings of stress will eventually go away. If more people (C) know / knew the importance of slow breathing, they would practice doing it at the first sign of stress.

	(A)	(B)	(C)
①	feel	breathing	knew
②	feel	breathing	know
③	feel	to breathe	knew
④	to feel	to breathe	know
⑤	to feel	breathing	knew

2 다음 글의 밑줄 친 부분 중, 어법상 틀린 것은?

What would happen if all human beings disappeared from Earth? People act as if they ① had been on Earth from the beginning, but they have only existed on Earth for 6 million years, while Earth was formed over 4.5 billion years ago. What this means is that Earth is used to ② surviving on its own without humans. Nature can ③ appear weak because it is easily destroyed by our actions. However, it still exists. So, Earth must ④ have removed many threats in the past on its own, without humans. The idea of our ⑤ disappear from Earth may be hard to imagine, but it could happen in the future, and Earth will be just fine if it does.

3 다음 글의 밑줄 친 부분 중, 어법상 **틀린** 것은?

Recently, it was surprising for a scientist ① to learn that a small bird can avoid powerful storms. American scientist Christopher Heckscher decided ② to study a small type of bird that travels every year from North America to South America. The bird weighs only 20 to 50 grams. If it ③ had flown into a powerful storm, it would be killed by the enormous force of the storm. Yet, some of Heckscher's research ④ shows that the bird knows the right time to fly to avoid powerful storms. At the moment, he is not sure how the bird is able to know this. He believes that the bird's ⑤ avoiding the storm could be influenced by weather changes in South America.

내신 서술형
4 다음 글을 읽고 문제에 답하시오.

Art can be very important to science. (2) <u>많은 성인들이 어렸을 때 책에서 공룡 그림을 보지 않았더라면 공룡에 관심이 있지 않았을 것이다</u>. We should stop ⓐ <u>to think</u> of art as something that is less important than science. We need science to ⓑ <u>be understood</u> the world around us, but we also need art ⓒ <u>to see</u> its beauty and greatness. Having only facts and figures limits our imagination and creativity. People's hearts and minds, which can ⓓ <u>be educated</u> by science, also require the inspiration that only art can bring.

(1) 위 글의 밑줄 친 ⓐ~ⓓ 중 어법상 틀린 곳을 2개 찾아 바르게 고치시오.

(2) 주어진 <조건>에 맞게 위 글의 밑줄 친 우리말을 영작하시오.

> ┌─── <조건> ───
> 1. be, dinosaurs, interested in, not see를 사용하시오.
> 2. 필요한 경우 단어의 형태를 바꾸고, 10단어로 쓰시오.

Many adults would not _____

_____

drawings of dinosaurs in books when they were children.

CHAPTER 07

분사

1. 분사

현재분사(v-ing)와 과거분사(p.p.)는 형용사와 같이 명사를 수식하거나, 보어 자리에 올 수 있다. 현재분사는 '~하는'과 같이 능동의 의미를 가지고, 과거분사는 '~된/~해진'과 같이 수동의 의미를 가진다.

명사 수식	현재분사	Do you know a way to stop a **crying** baby?
	과거분사	She discovered a box **buried** deep in his garden.

*한 단어로 된 분사는 명사를 앞에서 수식하고, 두 단어 이상이 한 덩어리를 이루는 분사구는 명사를 뒤에서 수식하는 것에 주의한다.

보어	현재분사	I remained **sitting** on the park bench to watch the sunset.
	과거분사	Josh felt **excited** when he received the invitation to the fashion show.

2. 분사구문

분사구문은 「부사절 접속사 + 주어 + 동사」 형태의 부사절과 같이 문장에 시간/이유/조건 등의 부가적 의미를 더하는 역할을 한다.

시간(~할 때, ~하는 동안)	**Cooking dinner,** I spilled the sauce all over the kitchen floor. (= When I cooked dinner,)
이유(~ 때문에)	**Being tired,** he decided to take a nap in the afternoon. (= Because he was tired,)
조건(만약 ~라면)	**Practicing any sport every day,** you will get better over time. (= If you practice any sport every day,)

*분사구문은 and로 대등하게 연결된 절을 대신해서 연속동작(~하고 …하다)을 나타내는 역할을 하기도 한다.
Tying her shoelaces tightly, she went on jogging.
(= She tied her shoelaces and,)

3. 부사절의 분사구문 전환

다음과 같은 과정을 통해 부사절을 분사구문으로 바꾸어 쓸 수 있다.

When I was asked for my opinion, I gave an honest answer.

① 부사절 접속사를 생략한다. 단, 의미를 명확하게 하기 위해 부사절 접속사를 그대로 남겨둘 수도 있다.

→ (When) I was asked for my opinion, I gave an honest answer.

② 부사절의 주어가 주절의 주어와 같으면 생략하고, 다르면 그대로 유지한다.

→ (When) I was asked for my opinion, I gave an honest answer.

③ 동사를 v-ing 형태로 바꾼다. 이때 동사가 being으로 바뀌면 생략할 수 있다.

→ (When) (Being) **Asked for my opinion,** I gave an honest answer.

POINT 1 동사 vs. 분사

동사 자리	vs.	형용사 자리	(보어 역할 또는 명사 수식)	**v-ing** 또는 **p.p.**
		부사 자리	(동사/형용사 등 수식)	**v-ing** 또는 **p.p.**

▶ 동사 자리에는 분사는 올 수 없고 동사만 올 수 있다. 보어/수식어 등 형용사나 부사가 오는 자리에는 동사는 올 수 없고 분사만 올 수 있다. and/but 등의 접속사가 없다면, 하나의 절에는 하나의 동사만 올 수 있는 것에 주의한다.

A good smell for one person can be unpleasant for another due to differences in the genes [control / controlling our sense of smell]. 〈기출응용〉
　명사

☑ 둘 중 어법에 맞는 것을 고르시오. 　　　　　　　　　　　　　　　　정답 p. 31

1 The dancers wearing colorful costumes moving / moved gracefully across the stage.

2 The road ahead is heavily flood / flooded , so many drivers are turning around.

3 There are a lot of people waiting / waited for their families and friends to arrive at the airport.

4 Even if an apology is not accepted, thank / thanking the other person for listening to you. 〈기출응용〉

5 In general, calmness is one of the first things lose / lost in many arguments. 〈기출응용〉

6 The newly renovated art gallery became / becoming a popular meeting place for the city's top artists.

7 She walked down the street to school, put / putting earphones in her ears.

8 According to a study, players wearing red uniforms won / winning the games more often.

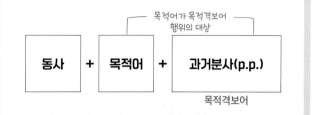

▶ 목적어가 목적격보어 행위의 주체일 때는 목적격보어 자리에 to부정사/동사원형/현재분사 중 하나가 오고, 행위의 대상일 때는 목적격 보어 자리에 과거분사가 와야 한다.

목적어가 목적격보어 행위의 주체일 때는 다음과 같이 동사에 따라 목적격보어 자리에 오는 것이 달라진다.

to부정사를 취하는 동사		want	get	allow	cause	require
		ask	tell	invite	expect	enable
		force	tempt	judge	encourage	lead
동사원형을 취하는 동사	(사역동사)	make	have	let		
to부정사/동사원형을 취하는 동사	(준사역동사)	help				
동사원형/현재분사를 취하는 동사	(지각동사)	see	feel	watch		
		hear	listen to	smell		
현재분사를 취하는 동사		find	keep	leave		

A lack of information leads us [made / to make] wrong decisions about the economy, business, and
our careers. 〈기출응용〉 결정을 내리는
행위의 주체

☑ 둘 중 어법에 맞는 것을 고르시오. 정답 p. 31

1 The new policy allows employees [work / to work] from home every Friday.

2 Over the past 30 years, I have seen many of the city's beautiful old buildings [destroying / destroyed].

3 If there are any errors in my report, I would appreciate it if you would let me [know / to know].
〈기출응용〉

4 Usually, you will find Charlie [read / reading] a book in his room.

☑ 밑줄 친 부분이 틀렸다면 바르게 고치시오. 바르면 ○로 표시하시오.

5 My knee hurts, so I need to get it <u>to check</u> before I can play any sports.

6 Taking slow and deep breaths can help people <u>to calm</u> their minds.

7 Sophia felt a breeze <u>touched</u> her neck and put on her coat.

8 Curiosity often makes us <u>viewed</u> a tough problem as an interesting challenge. 〈기출응용〉

POINT 3 명사 수식: 현재분사 vs. 과거분사

출제빈도 ★★★

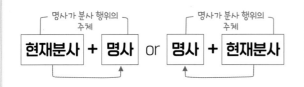

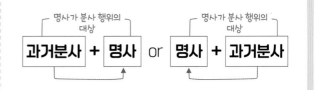

▶ 수식받는 명사가 분사 행위의 주체면 현재분사가 오고, 분사 행위의 대상이면 과거분사가 와야 한다.

Hot, melted rock calling / called magma cools when it reaches the surface of the earth. 〈기출응용〉
　　　　　　　명사(부르는 행위의 대상)

☑ 둘 중 어법에 맞는 것을 고르시오. 　　　　　　　　　　　　　　　　　　　　　정답 p. 32

1 No one has read the newspapers delivering / delivered in the past few days.

2 The number of working / worked women has increased in the last decade.

3 You can choose any one of the five desserts listing / listed on the restaurant's menu.

4 English is the most speaking / spoken language worldwide, with millions of total speakers. 〈기출응용〉

5 The tour guide showing / showed us the castle explained its long history.

POINT 4 감정동사의 현재분사 vs. 과거분사

출제빈도 ★★★

현재분사(감정을 느끼게 하는) - 과거분사(감정을 느끼는)	
surprising - surprised 놀라게 하는 - 놀란	**shocking - shocked** 충격을 주는 - 충격받은
satisfying - satisfied 만족하게 하는 - 만족하는	**annoying - annoyed** 성가시게 하는 - 성가신
pleasing - pleased 기쁘게 하는 - 기뻐하는	**discouraging - discouraged** 실망하게 하는 - 실망한
interesting - interested 흥미를 느끼게 하는 - 흥미를 느끼는	**frustrating - frustrated** 좌절하게 하는 - 좌절한
depressing - depressed 우울하게 하는 - 우울해하는	**tiring - tired** 지치게 하는 - 지친
confusing - confused 혼란스럽게 하는 - 혼란해하는	**frightening - frightened** 무섭게 하는 - 무서워하는
humiliating - humiliated 굴욕감을 주는 - 굴욕감을 느끼는	**overwhelming - overwhelmed** 압도하는 - 압도된

▶ '어떤 감정을 느끼게 하는'이라는 의미로 감정을 느끼게 하는 주체에는 현재분사가 오고, '어떤 감정을 느끼는'이라는 의미로 감정을 느끼는 대상에는 과거분사가 와야 한다.

On my seventh birthday, I was surprising / surprised to find a puppy waiting on a leash. 〈기출응용〉
　　　　　　　　　　　　　　　놀란 감정을 느낀 대상

☑ 밑줄 친 부분이 틀렸다면 바르게 고치시오. 바르면 ○로 표시하시오. 　　　　　　정답 p. 32

1 Claude Bolling became <u>interesting</u> in Fats Waller, an excellent jazz musician of his time. 〈기출응용〉

2 <u>Depressing</u> teenagers usually seek comfort by talking to their close friends.

3 Driving for a long time requires continuous attention and can be very <u>tired</u>.

4 A sudden loud noise left the baby <u>shocking</u> and she started to cry.

5 The baseball game was <u>discouraged</u>, so many fans left before it was over.

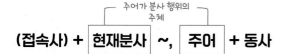

주어가 분사 행위의 주체

(접속사) + 현재분사 ~, 주어 + 동사

주어가 분사 행위의 대상

(접속사) + 과거분사 ~, 주어 + 동사

▶ 분사구문의 주어는 주절의 주어와 같으면 생략하고 따로 쓰지 않는다. 따라서 주절의 주어가 분사구문 행위의 주체이면 현재분사가 오고, 행위의 대상이면 과거분사가 와야 한다.

주어(향상시키는 행위의 주체)

Non-verbal communication functions as a supplement, enhancing / enhanced the richness of the content of the message. 〈기출응용〉
*supplement: 보충(물)

*분사구문은 주절의 앞에 올 수도 있고, 뒤에 올 수도 있다.
Singing his favorite song, he washed the dishes. = He washed the dishes, singing his favorite song.

☑ 둘 중 어법에 맞는 것을 고르시오. 정답 p. 32

1 Jason suddenly woke up in the middle of the night, sensing / sensed something was terribly wrong. 〈기출응용〉

2 Surrounding / Surrounded by high mountains, the quiet village offers amazing views to its visitors.

3 Walking / Walked through the park, I saw a group of children playing and laughing joyfully.

4 The sun colored the sky beautifully, setting / set between the buildings.

☑ 밑줄 친 부분이 틀렸다면 바르게 고치시오. 바르면 ○로 표시하시오.

5 Some of the employees went home earlier than usual, <u>pleasing</u> with finishing their work for the day quickly.

6 Julian started to run, <u>realized</u> that he was late for his meeting.

7 When <u>covering</u> in fresh snow, the garden looks like a winter wonderland.

8 <u>Selected</u> products like carpets, consumers prefer touching the goods directly rather than just seeing them in catalogs. 〈기출응용〉

둘 중 어법에 맞는 것을 고르시오.

1 The workers repairing the bridge working / worked hard to restore it quickly.

2 In the past, teachers did not actively encourage students acquired / to acquire communication skills. 〈기출응용〉

3 Susan and Raymond are good research partners sharing / shared their ideas with each other.

4 Back in 1996, an American airline was faced with an annoying / annoyed problem. 〈기출응용〉

5 The company will have its website design / designed by a team of three web developers.

6 I felt the cool ocean breeze and the sand beneath my feet, running / run along the beach.

7 The man play / playing the guitar on the street dreams of becoming a famous musician someday.

8 Rita was very happy when she watched her daughter finish / finished her first marathon.

9 Do you know that person waving / waved his hand to us across the street?

10 Locating / Located in the center of the city, the restaurant is always full of customers.

11 In the morning, Sandro felt / feeling so cold because of the window left open overnight.

12 Every item displaying / displayed in the store is on sale this week, so we have to go there.

Vocabulary

1 restore 복구하다   2 actively 적극적으로 acquire 습득하다   4 be faced with ~에 직면하다   5 developer 개발자   6 breeze 바람   10 locate 위치시키다
12 display 진열하다 on sale 할인 중인

밑줄 친 부분이 틀렸다면 바르게 고치시오. 바르면 ○로 표시하시오.

1 Some people worry that building large muscles could cause them <u>lose</u> their flexibility.

〈기출응용〉

*flexibility: 유연성

2 The boats moving across the water <u>looking</u> like toys from a distance.

3 <u>Decorating</u> with colorful lights, the city streets create a magical atmosphere during the holiday season.

4 Billy can't play football for over a month because of his <u>breaking</u> arm.

고난도
5 One of the big questions is how to keep people <u>pursuing</u> innovation when they work remotely. 〈기출응용〉

6 There is a glass jar <u>fills</u> with candy and jelly on the shelf in our kitchen.

7 When <u>asking</u> about her hobby, she proudly showed her collection of coins from all over the world.

고난도
8 You can feel the daily stress melt away, <u>dipped</u> your tired feet into warm water.

9 A lot of audience members were <u>overwhelming</u> with emotion and left the movie in tears.

10 The people <u>worn</u> white caps and red T-shirts are volunteers at the event.

11 Christmas cards from their grandchildren made the old couple <u>smiled</u> with joy.

12 The necklace <u>steal</u> a week ago at a jewelry store downtown costs millions of dollars.

Vocabulary

1 muscle 근육   2 distance 먼 거리, 거리   5 pursue 추구하다   innovation 혁신   remotely 원격으로   7 proudly 자랑스럽게   collection 수집품
8 melt 서서히 사라지다, 녹다   9 audience 관객, 관중   12 cost 가격이 나가다   million 백만

각 네모 안에서 어법에 맞는 표현으로 가장 적절한 것을 고르시오.

1 A long time ago, a farmer in a small town saw a neighbor's dog (A) attacking / to attack his lambs. (B) Biting / Bitten by the dog, one of the lambs was crying in pain.

2 Repetition gives us a sense of safety, so we organize our lives in largely (A) repeat / repeated schedules. With unplanned events, we get (B) confusing / confused because we have to change our schedules again and again. ⟨기출응용⟩

3 Sometimes the person arguing with you (A) tries / trying to make you angry to win. They may say things (B) designing / designed to annoy you. Those words may even be (C) humiliating / humiliated , but remember that you can't win an argument if you're upset.

밑줄 친 부분 중 어법상 틀린 것을 고르시오.

4 ① Playing with the stove, Nolan's younger brother almost set the tent on fire. As he let his younger brother out of the tent, Nolan yelled, "Don't come back in until I get this tent ② to clean up!" ⟨기출응용⟩

5 Before mailing any items for return, you must place them inside a ① closed envelope or box. When ② receiving at our office, the items will be checked for damage before we send a refund payment to your credit card.

고난도
6 As a form of expression, fashion enables individuals ① to recreate their own image. Clothes can have a variety of forms, ② showing one's status or beliefs. People ③ wanted to protect nature, for example, may choose to wear clothes made of recycled cloth. ⟨기출응용⟩

Vocabulary

1 lamb 양 pain 고통   2 organize 구성하다 largely 대체로 unplanned 계획되지 않은   4 yell 소리치다
5 return 반품 envelope 봉투 damage 손상 refund payment 환불 금액   6 individual 개인 a variety of 다양한 status 신분, 지위 recycle 재활용하다

괄호 안에 주어진 단어를 알맞은 형태로 사용하여 문장을 완성하시오.

1 (satisfy) Matthew was really ＿＿＿＿＿＿ with the new restaurant's delicious food.

2 (come) A very loud sound ＿＿＿＿＿＿ from next door caused me to jump out of bed.

고난도
3 (help, move) Allison asked her friend ＿＿＿＿＿＿ her ＿＿＿＿＿＿ the furniture.

우리말과 같은 뜻이 되도록 괄호 안의 단어들을 올바른 순서로 배열하시오. 필요한 경우 단어의 형태를 바꾸시오.

4 숲속을 걸으면서, 우리는 신선한 공기와 새 소리를 즐겼다.
(in, walk, the forest)
＿＿＿＿＿＿＿＿＿＿＿＿＿＿＿＿＿＿, we enjoyed the fresh air and the sound of birds.

5 자신의 악몽 때문에 무서워서, 그 아이는 다시 잠들지 못했다.
(his, nightmare, because of, frighten)
The child couldn't fall asleep again, ＿＿＿＿＿＿＿＿＿＿＿＿＿＿＿＿.

6 정기적으로 관리되었기 때문에, 그 기계는 20년 이상 잘 작동했다.
(maintain, on a regular basis, the machine, work)
＿＿＿＿＿＿＿＿＿＿＿＿＿＿＿＿ well for over 20 years.

다음 글에서 어법상 틀린 부분을 2개 찾아 바르게 고치시오.

고난도
7 The annual travel event held in Rome ⓐ taken place from September 12 to 16 this year. Businesses ⓑ representing different markets were invited to sell their products and services at the event. Although ⓒ considering small, the event was one of the most interesting ones that were held in Europe this summer.

8 To solve the same problem, one company formed a team ⓐ including engineers, salespeople and designers. However, the other company took a different strategy, ⓑ divided the problem into several parts. It made each department ⓒ competed with one another without sharing information. 〈기출응용〉

1 (A), (B), (C)의 각 네모 안에서 어법에 맞는 표현으로 가장 적절한 것은?

One day, Cindy happened to sit next to a famous artist in a café, and she was thrilled to see him in person. He was drawing on a (A) using / used napkin while having coffee. She was looking on in awe. After a few moments, the man finished his coffee and was about to throw away the napkin as he left. Cindy stopped him. "Please let me (B) have / to have the napkin if you're going to throw it away," she said. "Sure," he replied. "Twenty thousand dollars." Cindy's eyes widened in surprise as she said, "What? It took you two minutes to draw that." "No," he said. "It took me over sixty years to draw this." Embarrassed by his words, the woman (C) standing / stood still without saying a word. 〈기출응용〉

*awe: 경외심

	(A)	(B)	(C)
①	using	have	standing
②	using	to have	standing
③	used	to have	standing
④	used	to have	stood
⑤	used	have	stood

2 (A), (B), (C)의 각 네모 안에서 어법에 맞는 표현으로 가장 적절한 것은?

In life, they say that too much of anything is not good. In fact, too much of certain things can kill you. For example, water seems to have no enemy, (A) needing / needed for all life to survive. However, if you drink too much water, like one who is drowning, it can kill you. Education is the exception to this rule. I have never found one person (B) harming / harmed in life by too much education. You can never have too much knowledge and most people will never have enough in their lifetime. Rather, casualties (C) result / resulting from the lack of education are common. You must keep in mind that education is a long-term investment of time, money, and effort into humans.

*casualty: 피해자

	(A)	(B)	(C)
①	needing	harming	resulting
②	needing	harmed	result
③	needed	harmed	result
④	needed	harmed	resulting
⑤	needing	harming	result

3 다음 글의 밑줄 친 부분 중, 어법상 틀린 것은?

The god Moinee was defeated by a rival god ① <u>named</u> Dromerdeener in a terrible battle among the stars and fell down to Tasmania. Before he died, he decided to create humans. But he was in a hurry, ② <u>knowing</u> that he was dying. He forgot to give humans knees and gave them big, kangaroo-like tails instead. The tails ③ <u>preventing</u> people from sitting down, and humans hated having them. They were so ④ <u>frustrated</u> and cried out to the heavens for help. Dromerdeener heard their cry and came down to Tasmania. ⑤ <u>Feeling</u> pity for those people, he granted them bendable knees and cut off their inconvenient kangaroo tails. Finally, humans were able to sit down and lived happily ever after. 〈기출응용〉

4 다음 글의 밑줄 친 부분 중, 어법상 틀린 것은?

Imagine that you are at a social gathering in a large building and hear someone ① <u>talking</u> about a fire on the roof. How would you react? Would you shout and run to people to deliver this ② <u>shocking</u> news? What if you found out this person was actually talking about the song, "The Roof Is on Fire?" Your reaction would be different. It's important to get additional facts ③ <u>related</u> to any new information. Doing so lets you judge better and react faster. When ④ <u>giving</u> without any context, information can lead to misunderstandings. So, even if the situation in front of you tempts you ⑤ <u>to make</u> a quick decision, don't forget to wait until you have enough information.

CHAPTER 08

등위·상관접속사와 병렬구조

1. 등위접속사

and/but/or 등의 등위접속사는 단어는 단어끼리, 구는 구끼리, 절은 절끼리 대등하게 연결한다. 이렇게 대등하게 연결된 구조를 '병렬구조'라고 한다.

and 그리고	Yogurt **and** cake are both popular desserts. We enjoy going shopping, watching movies, **and** eating out on weekends. Kyle is a member of a soccer team, **and** his brother plays basketball.
but 그러나	The weather in Sydney is cold **but** sunny. My dog is slightly fat **but** really fast. He wanted to go out, **but** it started raining.
or 또한	People swim, dive, **or** surf at the beautiful beach. Tomorrow, we have to choose between touring the city **or** visiting the museum. You can choose to stay home, **or** we can go for a hike together.

*등위접속사 앞뒤로 완전히 동일한 어구가 반복될 경우, 뒤에서 반복되는 어구는 생략할 수 있다.
He decided to quit his job **and** (he decided) to take a road trip.

2. 상관접속사

and/but/or 등을 포함한 둘 이상의 단어가 짝을 이루어 함께 쓰이는 접속사이다. 상관접속사 역시 병렬구조를 만든다.

both A and B A와 B 둘 다	I have **both** a smartphone **and** a tablet PC.
not A but B A가 아니라 B	Ms. Becker is **not** a doctor **but** a lawyer.
not only A but (also) B A뿐만 아니라 B도	Gary **not only** sings in a band **but also** plays the piano. *not only A but (also) B는 B as well as A로 바꿔서 쓸 수 있다. Gary plays the piano as well as sings in a band.
either A or B A와 B 둘 중 하나	We **either** take a nap **or** go for a walk after lunch.
neither A nor B A와 B 둘 다 아닌	**Neither** John **nor** Sarah wanted to go outside in the rain.

$$\boxed{\text{동사}}^{A} + \left(\boxed{\text{동사}}^{B}\right) + \text{and/but/(n)or} + \boxed{\text{동사}}^{C}$$

▶ 등위·상관접속사는 동사는 동사끼리 연결하며, 동사와 준동사를 연결할 수 없다. 이때, 접속사가 연결하는 의미상의 덩어리를 구분하는 것이 중요하다.

              ┌→ 조동사 can 뒤 동사원형

You can (start) working a month earlier and [receive / receiving] a larger bonus for doing so. 〈기출응용〉
         A   B

*접속사 뒤에 연결되는 동사 역시 주어에 수 일치해야 하는 것에 주의한다.

She **watches** movies at home or **walks** in the park on holidays.
     단수동사   단수동사

☑ 둘 중 어법에 맞는 것을 고르시오.   정답 p. 36

1 I could see the fireworks from the roof of my building and [take / taking] pictures of them.

2 After an important exam, Tim usually either gets some rest or [go / goes] downtown to meet his friends.

3 The groups of workers accepted the new policy, asked the company to change it, or [refuse / refused] it.

4 Brown lines run along the backs of the amazing lizards and [continue / continuing] down their tails. 〈기출응용〉

☑ 밑줄 친 부분이 틀렸다면 바르게 고치시오. 바르면 ○로 표시하시오.

5 A person usually makes a number of mistakes in life and <u>learn</u> lessons from them.

6 Some children do not speak often but <u>express</u> themselves clearly when they do.

7 Serene quickly turned on one foot in front of her friends but <u>to fall</u> to the floor. 〈기출응용〉

8 Cut unnecessary expenses and <u>start</u> saving if you want to achieve your financial goals more quickly.

POINT 2 동명사와 to부정사 병렬

$$
\begin{array}{c}
\boxed{\begin{array}{c} \text{A} \\ \text{v-ing} \\ \hline \text{to + 동사원형} \end{array}} + \left(\boxed{\begin{array}{c} \text{B} \\ \text{v-ing} \\ \hline \text{(to) 동사원형} \end{array}}\right) + \text{and/but/(n)or} + \boxed{\begin{array}{c} \text{C} \\ \text{v-ing} \\ \hline \text{(to) 동사원형} \end{array}}
\end{array}
$$

▶ 등위·상관접속사는 동명사는 동명사끼리, to부정사는 to부정사끼리 연결해야 한다. 단, 뒤에 연결되는 to부정사에서 to는 생략할 수 있다.

▶ 전치사 by의 목적어인 동명사

An advertisement cannot meet its goal to create an appealing image by telling too many stories or showing / to show everything. 〈기출응용〉

☑ 둘 중 어법에 맞는 것을 고르시오.

정답 p. 36

〈기출응용〉

1 Kevin gave the old man enough money not only to take a bus, but getting / to get a warm meal.

2 To reduce paper waste, digital reports are preferred instead of printing them or making / to make copies of them.

3 Taking notes is a good way to understand, remember, and review / reviewing important information better.

4 Judy wakes up early in the morning both to drink a cup of tea and doing / to do yoga.

5 I love cooking dishes with new flavors, and sharing / to share meals with my family to create happy memories.

POINT 3 분사 병렬

$$
\boxed{\begin{array}{c} \text{A} \\ \text{분사/형용사} \end{array}} + \left(\boxed{\begin{array}{c} \text{B} \\ \text{분사/형용사} \end{array}}\right) + \text{and/but/(n)or} + \boxed{\begin{array}{c} \text{C} \\ \text{분사/형용사} \end{array}}
$$

▶ 등위·상관접속사는 분사와 분사를 연결해야 한다. 단, 분사는 형용사와 같은 역할을 하므로, 분사와 형용사를 연결할 수 있다.

▶ 형용사

You can train your brain to become relaxed / to relax or confident by repeating experiences. 〈기출응용〉

☑ 밑줄 친 부분이 틀렸다면 바르게 고치시오. 바르면 ○로 표시하시오.

정답 p. 37

1 You look a little tired but <u>excited</u> after starting the project.

2 Close friends can provide comfort to <u>discourage</u> or unhappy teenagers.

3 The team's research topic is very new and <u>interests</u>, so it is receiving a lot of attention.

4 Noam will join a tennis club even though he is neither drawn to sports nor <u>skilled</u> at them.

5 Before I went up on stage to speak, Ms. Miller gave me <u>to encourage</u> and useful advice.

둘 중 어법에 맞는 것을 고르시오.

1   You must lock the doors and turn / to turn off the lights before you leave the house.

2   By exercising regularly and maintain / maintaining a balanced diet, she hoped to improve her overall health.

3   On weekends, my husband and I either go hiking or play / playing board games at home.

4   Marco travels to many places and take / takes beautiful photographs as a travel blogger.

*blogger: 블로거(블로그를 쓰는 사람)

5   The key to success is not rushing to finish every task quickly but carefully planning / to plan each one before starting.

6   We have gathered in this meeting room to share ideas and find / finding the best solution.

7   Take time to check your progress and set / setting new goals for the future.

8   Mandy often shops for vegetables at the local market or walk / walks around her neighborhood when she is free.

9   I finished washing the dishes, but put / putting off cleaning the bathroom until tomorrow.

10   The hotel would like to hire a professional and experience / experienced manager for better service.

11   People respond differently to life's challenges, like taking an exam to enter a school or getting / to get surgery. 〈기출응용〉

고난도
12   In Greece, if a stranger appeared at your door, it was your duty to show kindness, to give him comforting shelter, and to serve / serving him food. 〈기출응용〉

Vocabulary

2 overall 전반적인   5 rush 서두르다 task 일, 업무   6 solution 해결책   7 progress 진행 상황, 진전
10 hire 고용하다 professional 전문적인 experienced 경험 있는   11 respond 반응하다 surgery 수술   12 duty 의무

밑줄 친 부분이 틀렸다면 바르게 고치시오. 바르면 ○로 표시하시오.

1 Children are more capable of learning multiple languages or <u>to adapt</u> to new environments than adults.

2 When you first meet a German host, he will shake hands, greet everyone standing there, and even <u>bowing</u> his head slightly. 〈기출응용〉

3 The artist spent hours painting colors on the canvas and <u>expressing</u> strong emotions.

4 After a long day at work, Sally goes for a run to clear her mind or <u>take</u> a warm bath.

5 The book is filled with both inspiring and <u>pleases</u> stories for all kinds of readers.

6 As soon as the teacher entered the room, the students stopped talking and <u>sitting</u> quietly in their seats.

7 Put your plans down on paper not only to help with brainstorming but also <u>to make</u> your thoughts clear. 〈기출응용〉

8 To become a good writer, practice writing daily and <u>to seek</u> feedback from other people.

9 Listening to others allows you to solve problems, gain new views, and <u>learn</u> from different experiences.

10 My cat tries to catch birds in the garden but <u>to fail</u> every time.

11 ^{고난도} The CEO agrees with delaying the store opening and <u>to take</u> more time to prepare for the event.

12 Dora cannot tell if she is nervous or <u>excites</u> about taking her first plane ride.

Vocabulary

1 capable of ~할 능력이 있는 multiple 다수의 adapt 적응하다   2 host 행사 주최자 greet 인사하다 bow 숙이다   5 inspiring 영감을 주는   8 seek 구하다, 찾다

짧은 지문 연습 제대로

각 네모 안에서 어법에 맞는 표현으로 가장 적절한 것을 고르시오.

1 Most people know that wasting all their money or (A) | forget / forgetting | to save for the future is unwise. Make an effort to plan your spending carefully and (B) | leave / leaving | some money in the bank.

2 It's good to try and solve problems on your own, but you don't always have to be alone and (A) | isolate / isolated | from others. When making a difficult decision, you can either trust your instincts or (B) | get / to get | advice from a friend or family member.

3 According to a study, people prefer using text chat to voice chat to convey their feelings or (A) | make / making | requests of others. Users say that text chat is more enjoyable, requires less effort, and (B) | feel / feels | more polite than voice chat.

밑줄 친 부분 중 어법상 <u>틀린</u> 것을 고르시오.

4 By emitting light, some sea creatures make themselves visible to attract prey or ① <u>to find</u> mates. However, other sea creatures do not reveal themselves but ② <u>hiding</u> by using light to make themselves difficult to see. 〈기출응용〉

*prey: 먹이, 사냥감   **mate: 짝, 친구

5 Doing volunteer work provides chances to help the community, meet various people, and ① <u>experience</u> positive emotions. In addition, it is helpful for both promoting personal growth and ② <u>develops</u> useful skills in many areas of life.

고난도
6 Jerry, who is a teacher, once received a letter from a student. It consisted of 14 ① <u>unrelated</u> and lengthy questions on a variety of subjects. The teacher wrote back a long reply, and soon received a return letter. In the letter, the student not only noted his forgetting one question, but ② <u>expressing</u> no thanks for the effort he made. 〈기출응용〉

Vocabulary

2 isolate 고립시키다 instinct 본능   3 text 문자 convey 전달하다 enjoyable 즐거운   4 emit 내뿜다 creature 생물 visible 보이는 attract 유인하다 reveal 드러내다
5 promote 촉진하다   6 lengthy 긴 subject 주제 note 언급하다

<보기> 중 적절한 단어를 골라 문장을 완성하시오. 필요한 경우 단어의 형태를 바꾸시오.

<보기>	damage	forget	have

1 나는 쇼핑하고 점심 먹는 것 둘 다 하기 위해 백화점을 방문할 것이다.

I will go to the department store both to go shopping and _____ lunch.

2 그녀는 보통은 요리를 매우 잘하지만, 가끔 소금을 넣는 것을 잊는다.

She is usually very good at cooking, but sometimes _____ to add salt.

3 운동선수들은 보통 사람들보다 손상되거나 아픈 관절로 인해 더 많은 문제를 겪는다.

Athletes have more problems with _____ or painful joints than ordinary people.

우리말과 같은 뜻이 되도록 괄호 안의 단어들을 올바른 순서로 배열하시오. 필요한 경우 단어의 형태를 바꾸시오.

4 공항으로 떠나기 전에 당신의 가방을 확인하고 인쇄된 항공권을 안전한 어딘가에 두세요.

(and, check, place, the printed tickets, your bags)

_____ somewhere safe before leaving for the airport.

5 그녀는 불쾌한 것이 아니라 예상치 못한 손님들 때문에 약간 놀랐다.

(but, not, she, surprise, unhappy, was)

_____ a little by the unexpected guests.

6 어떤 사람들은 긴장을 풀기 위해 여가 시간에 책을 읽거나, 그림을 그리거나, 식물을 기르는 습관을 즐긴다.

(draw, grow plants, in, or, read, their spare time)

Some people enjoy the habits of _____ to relax.

다음 글에서 어법상 <u>틀린</u> 부분을 2개 찾아 바르게 고치시오.

고난도
7 "We sit at a table not only to eat but ⓐ <u>to connect</u> together," said the Greek author Plutarch. Dining is a sign of human community and ⓑ <u>distinguishing</u> men from beasts. Animals eat to survive but ⓒ <u>to care</u> nothing about the thoughts of other creatures.

8 Can your life either get worse or ⓐ <u>becoming</u> better just because of the thoughts you have? One researcher decided to gather people having positive expectations for their success and ⓑ <u>track</u> their lives. Later, these individuals actually found jobs, passed their exams, or successfully ⓒ <u>to recover</u> from illness.

1 (A), (B), (C)의 각 네모 안에서 어법에 맞는 표현으로 가장 적절한 것은?

In small towns, the same worker makes chairs, doors, and tables, and also often builds houses. It is difficult for this person to become equally good and (A) experience / experienced at all of those tasks. In large cities, on the other hand, because many people make demands to each worker, one kind of work alone is enough to live. For instance, one worker makes shoes for men, and another for women. And there are shoe factories where each person either prepares the leather pieces by cutting them or (B) stitches / stitching them into shoes. Such workers not only develop skills in one job but also (C) become / became more efficient.

	(A)	(B)	(C)
①	experience	stitches	become
②	experience	stitching	become
③	experienced	stitching	became
④	experienced	stitches	become
⑤	experienced	stitches	became

2 (A), (B), (C)의 각 네모 안에서 어법에 맞는 표현으로 가장 적절한 것은?

Where you end up ten years from now is up to you. You are free to choose anything in your life. It's called free will. You can choose to show more respect for yourself or (A) stop / stopping hanging out with some friends. After all, you choose to be happy or miserable. The reality is that, although you are free to choose, you can't choose the consequences of saying something, taking an action, or (B) making / to make a certain decision. It's a package deal. As the old saying goes, "If you pick up one end of the stick, you pick up the other." It happens at the same time that a person makes a choice and (C) meet / meets the result. 〈기출응용〉

*package deal: 일괄 거래

	(A)	(B)	(C)
①	stop	making	meets
②	stop	to make	meet
③	stopping	to make	meet
④	stopping	making	meet
⑤	stopping	making	meets

3 다음 글의 밑줄 친 부분 중, 어법상 **틀린** 것은?

James Van Der Zee was born on June 29, 1886, in Lenox, Massachusetts. In 1907, he moved to Petersburg, Virginia. There, he found a way both to support his family and ① to become a professional artist. He worked in the dining room of a hotel to make a living but also ② worked as a photographer on a part-time basis. In 1918, he moved to New York, married Gaynella Greenlee, and ③ opening a studio. At this studio, he began photographing young soldiers and ④ creating portraits of various people from Harlem. And in 1969, he became famous thanks to his years of photographic work. The photographs provide a record of an important or ⑤ interesting period in Harlem's history. 〈기출응용〉

4 다음 글의 밑줄 친 부분 중, 어법상 **틀린** 것은?

A study about cities all over the world not only shows the best features of a city but also ① highlights the importance of life and activity. People gather where things are happening and seek the presence of other people. When choosing a path through the city, most people do not want to walk on empty, dark streets but instead ② prefer streets with life and activity. People feel safer and ③ protected better that way. Crowded streets also bring singing, dancing, or ④ perform of all kinds. These events cause more people to gather and ⑤ stay on the streets.

1 (A), (B), (C)의 각 네모 안에서 어법에 맞는 표현으로 가장 적절한 것은?

The idea of taxes has been around for a long time. Even countries of the distant past had governments (A) collecting / collected taxes from their people. In ancient Rome, for example, the government made money from its people by collecting taxes on any goods and services and sometimes (B) force / forcing rich landowners to pay additional taxes during times of war. In some parts of the Roman Empire, people who would not pay their taxes sometimes (C) receiving / received serious forms of punishment, losing their freedom or even their lives.

	(A)	(B)	(C)
①	collecting	force	receiving
②	collecting	forcing	received
③	collecting	force	received
④	collected	forcing	received
⑤	collected	force	receiving

2 다음 글의 밑줄 친 부분 중, 어법상 **틀린** 것은?

Water improves the body's ability to function properly, maintain the right energy levels, and ① fight disease. Most people would consider themselves healthy, ② taking 8 cups of water a day. However, the matter is not so simple. Scientists say that the amount can change based on factors such as a person's age, sex, and activity level. In general, women need to drink fewer cups of water than men ③ do. That amount is 11 cups for women and 15 cups for men. However, it is normal to see athletes ④ drunk greater amounts of water because they lose a lot of it through intense activity. And another factor to consider is that, when ⑤ consumed, food also provides around 20 percent of a person's daily water needs.

3 다음 글의 밑줄 친 부분 중, 어법상 **틀린** 것은?

In many countries, people have important but ① limited rights to explore natural places. One of these limitations is that people cannot explore land that is owned by private individuals. In Scotland, people ② frustrated with this limitation wanted something different. They thought that if communities, not individuals, had owned land with natural places, more people could ③ have enjoyed the country's mountains, forests, and lakes. So, in 2003, Scotland introduced the Land Reform Act. The law gave the people of Scotland greater freedom to explore their country, ④ allowed them to walk on almost any piece of land. For Scotland, this law offered the best way ⑤ to satisfy people's desire to enjoy nature.

내신 서술형

4 다음 글을 읽고 문제에 답하시오.

(2) 망원경은 사람들이 더 큰 크기로 달을 보는 것을 도울 수 있다. But, sometimes, the moon looks big even without a telescope. A long time ago, people became ⓐ _____ when the moon looked bigger, because they thought something bad would happen. In reality, the change in size is caused by the ⓑ _____ moon. The moon does not move around the earth in a perfect circle. It comes closer about three or four times a year. Last July, many people around the world ⓒ _____ a bigger moon in the sky. If you want to see a big moon, you can either pull out a telescope to see it bigger or ⓓ _____ for it to come close again.

*telescope: 망원경

(1) <보기> 중 밑줄 친 ⓐ~ⓓ에 적절한 단어를 고르시오. 필요한 경우 단어의 형태를 바꾸시오.

┌─ <보기> ─────────────────────┐
│ enjoy   frighten   move   wait │
└──────────────────────────────┘

ⓐ _____   ⓑ _____

ⓒ _____   ⓓ _____

(2) 주어진 <조건>에 맞게 위 글의 밑줄 친 우리말을 영작하시오.

┌─ <조건> ──────────────────────┐
│ 1. a telescope, help, people, see, the moon │
│   을 사용하시오.   │
│ 2. 필요한 경우 단어의 형태를 바꾸고, 9단어 │
│   로 쓰시오.   │
└──────────────────────────────┘

_____

in a bigger size.

CHAPTER 09

부사절 접속사와 명사절 접속사

기초문법

1. 부사절 접속사

문장 내에서 「주어 + 동사」를 포함한 하나의 절이 부사처럼 시간/이유/조건/양보 등의 부가적 정보를 제공하는 역할을 하도록 연결하는 접속사이다.

시간	when/as ~할 때　　while ~하는 동안 before ~하기 전에　after ~한 후에 until ~할 때까지　　since ~한 이래로 by the time ~할 때까지, ~할 때쯤	John likes to take a walk in the park **when the sun sets**. **Before I go to bed**, I always brush my teeth. Sarah will stay inside **until the rain stops**. Nelson was 26 **by the time he finished college**.
이유	because/as/since ~이기 때문에	I have to buy a new phone **because I lost my old one**.
조건	if 만약 ~라면　　once 일단 ~하면 unless 만약 ~가 아니라면	**If you come early**, we can have some snacks before class. The dogs won't move **unless you call them**.
양보	although/though even if[though] 비록 ~일지라도	**Although the boy was scared**, he jumped into the water. She always finds time to exercise **even if she's busy**.
기타	whereas/while 반면에 whether ~이든 아니든 상관없이 as if[though] 마치 ~인 것처럼 as[so] far as ~하는 한, ~까지	Tim loves swimming, **whereas Linda prefers hiking**. **Whether I am angry or not**, I always try to speak softly. The dancer danced **as if he had injured his ankle**. **As far as I know**, the office will be closed on Friday.
-ever	whatever/whichever 무엇이(을) ~하든 상관없이 who(m)ever 누가/누구를 ~하든 상관없이 whenever/wherever/however 언제/어디서/어떻게 ~하든 상관없이	**Whatever you decide to do**, let me know right away. I paid for this food delivery, **whoever ordered it**. **Whenever I hear that song**, I feel sad.

2. 명사절 접속사

문장 내에서 「(주어) + 동사」를 포함한 하나의 절이 명사처럼 필수 성분인 주어/보어/목적어 역할을 하도록 연결하는 접속사이다.

that ~라는 것, ~라고	I think **that we should leave right now**.

*that절은 주어로 그대로 쓰기보다는, 주어 자리에 가주어 it을 쓰고 문장 뒤의 진짜 주어가 오는 형태로 자주 쓴다.
　It is great **that you were accepted into college**. (= **That you were accepted into college** is great.)

whether/if ~인지 (아닌지)	**Whether Maria will attend the meeting** is still uncertain.
what/which 무엇이(무엇을) ~하는지, ~하는 것 who(m) 누가(누구를) ~하는지, ~하는 사람 when/where/why/how 언제/어디서/왜/어떻게 ~하는지	**What builds trust between people** is honesty. **I forgot who sent these flowers**. The customer asked **when their meal would be ready**.
whatever/whichever ~하는 무엇이든 who(m)ever ~하는 누구든	Please stop **whatever you're doing and listen to this**. **Whoever used the room last** must turn off the lights.

부사절 접속사 vs. 전치사 출제빈도 ★★☆

부사절 접속사		전치사	
because ~이기 때문에 **while** ~하는 동안, ~인 반면에 **although/(even) though** 비록 ~일지라도	**+ 주어 + 동사**	**because of** ~ 때문에 **during** ~ 동안 **in spite of/despite** ~에도 불구하고	**+ 명사(구)**

▶ 「주어 + 동사」가 포함된 절 앞에는 부사절 접속사가 오고, 명사(구) 앞에는 전치사가 와야 한다.

Early humans lost their hair | because / because of | less hair meant effective running. 〈기출응용〉
주어　　　　　동사

☑ 둘 중 어법에 맞는 것을 고르시오. 　　　　　　　　　　　　　　　　　정답 p. 41

1 The concert was canceled | because / because of | a thunderstorm hitting the country.

2 The parents sat and enjoyed a conversation | during / while | their children played in the park.

3 | Despite / Although | heavy traffic on the city roads, Sarah arrived at the meeting on time.

4 | In spite of / Though | the dog barked loudly, it didn't bother the neighbors.

5 Ms. Undset escaped Norway | during / while | the German attack, but she returned after WWII. 〈기출응용〉

부사절 접속사와 전치사 둘 다로 쓰이는 단어 출제빈도 ★★★

	부사절 접속사	전치사
before/after **until/till** **since** **as** **like**	~하기 전에/~한 후에 ~할 때까지 ~한 이래로, ~이기 때문에 ~하듯이, ~함에 따라, ~할 때, ~하면서, ~이기 때문에 ~하듯이, ~하는 것처럼	~ 전에/~ 후에 ~까지 ~ 이래로 ~로서, ~만큼, ~처럼 (예를 들어) ~ 같은, ~와 같이

*alike는 '비슷한'이라는 의미의 형용사나 '비슷하게'라는 의미의 부사로 쓰인다. like와 혼동하지 않도록 주의한다.
The twins dressed **alike** from head to toe. (비슷하게 입었다)　　　The twins act **like** their father. (그들의 아버지와 같이)

▶ before/after 등은 접속사와 전치사 둘 다로 쓰이므로 뒤에 「주어 + 동사」가 포함된 절이 올 수도 있고, 명사(구)가 올 수도 있다. 따라서 이 단어들이 각 품사일 때 가지는 의미를 익혀두고 문맥에 맞는 것이 왔는지 확인해야 한다.

When rice prices fall, people have more money for items | since / like | meat and dairy, changing their spending. 〈기출응용〉
명사구

☑ 밑줄 친 부분이 틀렸다면 바르게 고치시오. 바르면 ○로 표시하시오. 　　　　　정답 p. 41

1 I moved to this city in 2010, and <u>as</u> that year, I have witnessed its remarkable growth.

2 The students celebrated by going out for dinner <u>after</u> they finished the college entrance exams.

3 With the same green eyes and red hair, Natalie looks <u>alike</u> her mother.

4 We worked hard <u>until</u> the late hours of the night to complete the project successfully.

5 People naturally get used to things around them <u>like</u> time passes. 〈기출응용〉

| **that** ~라는 것, ~라고
whether/if ~인지 (아닌지)
when/where/why/how
언제/어디서/왜/어떻게 ~하는지 | **+** | **완전한 절** | | **what/which** 무엇이(무엇을) ~하는지,
~하는 것
who(m) 누가(누구를) ~하는지, ~하는 사람 | **+** | **불완전한 절** |

▶ 명사절 접속사는 뒤에 있는 절이 완전한 절인지 불완전한 절인지에 따라 올 수 있는 것이 달라진다. 뒤에 오는 절의 형태가 맞다면 적절한 의미로 뒤의 절을 연결하는 것이 왔는지 확인해야 한다.

　　　　　　　　　　　　　　　　　　　　　　┌─── 완전한 절 ───┐
When you enjoy music, just forget │ what / whether │ you have musical talent. 〈기출응용〉
　　　　　　　　　　　　　　　　　　　　　　주어　동사　　목적어

*"완전한 절"이란 필요한 주어/보어/(전치사의) 목적어를 모두 갖추고 있는 절을 뜻하고, "불완전한 절"이란 필요한 주어/보어/(전치사의) 목적어를 모두 갖추지 못해서 의미가 불완전한 절을 뜻한다.

┌─── 완전한 절 ───┐　　　　　┌── 주어가 없는 불완전한 절 ──┐
I heard that you won first prize.　I heard what was reported on the news.
　　　주어 동사　목적어　　　　　　　　　　동사

정답 p. 42

☑ 둘 중 어법에 맞는 것을 고르시오.

1 Duke asked Morris │ when / what │ the meeting would end, as he needed to go to the restroom.

2 Considering the world market, we can only guess │ that / which │ our business will suffer for a while.

3 I was curious about │ why / who │ made Maya change her mind at the last moment.

4 She wanted to know │ if / what │ her grandmother had ever actually seen an angel. 〈기출응용〉

☑ 밑줄 친 부분이 틀렸다면 바르게 고치시오. 바르면 ○로 표시하시오.

5 Mr. Williams was unaware of <u>whether</u> his family was planning for his birthday.
〈기출응용〉

6 One of the most essential decisions we can make is <u>how</u> we should invest our time every day.

7 I really wonder <u>what</u> they found such a wonderful sofa for their living room.

8 Close your eyes and imagine <u>if</u> you are standing on top of a mountain.

둘 중 어법에 맞는 것을 고르시오.

1 You need to decide soon what / whether you will accept the job offer from the company.

2 Since / As the old proverb goes, you never miss the water until the well runs dry. 〈기출응용〉

3 The judges will announce which / how is the best among the 12 teams in the contest.

4 During / While the band performed on stage, the crowd sang along.

5 It is important that / who we find a solution before the problem becomes more serious.

6 Darrell's father advised him to think of when / which he wants to see the dentist.

7 The children had to build another sandcastle because / because of a large wave washed the first one away.

8 Whether / What Dr. Johnson discovered made an important contribution to scientific research.

9 고난도 Reading a book is alike / like traveling to a new place or a different time in history.

10 Have you ever wondered that / why dogs don't fall over when they suddenly change direction? 〈기출응용〉

11 In spite of / Though the boy's eyes hurt very much, he tried to focus on finishing his puzzle.

12 고난도 Could you tell me that / if you are coming to visit next week so I can make plans?

Vocabulary

2 proverb 속담   3 judge 심사위원, 심판   announce 발표하다   4 perform 공연하다   5 solution 해결책   7 sandcastle 모래성   wash away 쓸어 가다
8 contribution 기여, 공헌   10 fall over 넘어지다   direction 방향

밑줄 친 부분이 틀렸다면 바르게 고치시오. 바르면 ○로 표시하시오.

1 The company is having difficulties <u>because</u> the highly competitive situation in the market.

2 Pamela asked her dad <u>that</u> she should choose to major in medicine or art.

3 The patient, <u>as</u> the doctor emphasized, must have meals and take medicine at fixed times.

4 Some days, you might not understand <u>who</u> the people around you act so strangely.

5 It is perhaps surprising <u>how</u> music can trigger strong emotions and memories.

6 Molly received a phone call from a mysterious person <u>while</u> her lunch break at work.

7 Looking at the view from the top of the mountain, we couldn't believe <u>where</u> we stood.

8 My parents and I don't agree <u>what</u> I should go to college in another city.

9 At dinner, Justin said that he would join the army, and <u>when</u> he said surprised his family.

고난도
10 Bees do well in the suburbs <u>since</u> flowers in people's gardens provide a constant supply of honey. 〈기출응용〉

11 <u>Despite</u> the weather was windy and rainy, the athletes continued training for the upcoming game.

고난도
12 Environmental groups argue <u>whether</u> European customers are making water shortages worse in Africa. 〈기출응용〉

Vocabulary

1 highly 몹시 competitive 경쟁이 심한   2 major in ~을 전공하다   3 emphasize 강조하다 fixed 고정된   5 trigger 유발하다   6 mysterious 의문스러운, 신비한
10 suburb 교외 constant 일정한, 지속적인 supply 공급(량)   11 upcoming 다가오는   12 shortage 부족

각 네모 안에서 어법에 맞는 표현으로 가장 적절한 것을 고르시오.

1 A 10-year-old boy lost his left arm in a car accident, but, (A) in spite of / although his disability, he decided to learn taekwondo. No one knew (B) what / whether the boy would accomplish, but he believed in himself.

*disability: 장애

2 My younger sister Nadia often wonders (A) who / when she will meet someone, fall in love, and get married. She hopes to meet someone (B) like / alike our father, who is smart, kind, and funny, but she has not had much luck so far.

3 Often, it makes us tired (A) that / which we should do things while we are processing constant calls and messages on mobile phones. This is (B) why / what some people still go to cinemas to watch films. It provides a peaceful experience (C) because / because of all mobile phones have to be switched off. <기출응용>

밑줄 친 부분 중 어법상 **틀린** 것을 고르시오.

4 My friends and I were talking about ① where we would like to spend our summer holidays this year. We haven't decided on a place yet because we need to know ② that is interested in joining us on the trip.

5 Researchers studied the effects of a smile ① during individuals were experiencing a stressful event. The results of the study showed that people could recover from stress more quickly, ② as smiling produces feel-good chemicals in the brain.

*feel-good: 기분 좋게 하는

고난도
6 Early humans had to distinguish very quickly ① what an animal was dangerous when they walked through the jungle. Their survival depended on ② how they reacted in the first few seconds. It was important for them to make the right choice quickly ③ since an animal could attack them if they took too long to decide. <기출응용>

Vocabulary

1 accomplish 이루어 내다, 성취하다   2 so far 지금까지   3 process 처리하다   switch off (스위치를 눌러) ~을 끄다
5 effect 효과   individual 개인   recover 회복하다   chemical 화학 물질   6 distinguish 구분하다   survival 생존   depend on ~에 달려있다   react 반응하다

주어진 <조건>에 맞게 우리말을 영작하시오.

1 나는 내 아이들이 자고 있는 동안 크리스마스트리 아래에 선물들을 두었다.

<조건> my children, sleep을 사용하시오. 적절한 접속사를 포함하여 5단어로 쓰시오.

I put some presents under the Christmas tree _____ .

2 선생님은 나무가 자라기 위해서 햇빛이 필요하다고 설명했다.

<조건> trees, need, sunlight, grow를 사용하시오. 적절한 접속사를 포함하여 6단어로 쓰시오.

The teacher explained _____ .

3 나쁜 날씨로 인해 그 행사가 취소될지 아닐지가 불확실하다.

<조건> the event, will, cancel을 사용하시오. 적절한 접속사를 포함하여 6단어로 쓰시오.

_____ due to bad weather is uncertain.

우리말과 같은 뜻이 되도록 괄호 안의 단어들을 올바른 순서로 배열하시오. 적절한 접속사를 함께 사용하시오.

4 Julia는 지금으로부터 10년 후에 그녀가 무엇이 될 수 있을지에 대해 궁금해한다. (become, could, she)

Julia is curious about _____ 10 years from now.

5 비록 그들이 많은 면에서 다를지라도, 그들은 오랫동안 좋은 친구였다. (are, different, they)

_____ in many ways, they have been good friends

for a long time.

6 1950년대 이래로 이 도시가 어떻게 그렇게 빨리 발전했는지는 놀랍다. (city, has developed, so fast, this)

It is amazing _____ since the 1950s.

다음 글에서 어법상 틀린 부분을 2개 찾아 바르게 고치시오.

고난도

7 Don't worry about ⓐ <u>whether</u> you can live to old age. It is impossible to know ⓑ <u>why</u> life has prepared for us, so it is essential to enjoy every day. You should never forget ⓒ <u>which</u> time passes by quickly as one gets older.

8 If some people sink into debt ⓐ <u>because</u> overspending or credit card abuse, is it solely their fault? Would they even know ⓑ <u>where</u> they can find help? People often think ⓒ <u>if</u> causes this kind of problem is personal failure, but it can happen due to problems outside a person's control, such as a bad economy or an unexpected illness. 〈기출응용〉   *abuse: 남용

1 (A), (B), (C)의 각 네모 안에서 어법에 맞는 표현으로 가장 적절한 것은?

(A) Despite / Although some sand is formed in oceans from things like shells and rocks, most sand is made up of tiny bits of rock that come all the way from the mountains! But that trip can take thousands of years. (B) During / While the journey, glaciers, wind, and flowing water move the rocks along as they get smaller and smaller. If they're lucky, a river may carry them all the way to the coast. There, we can see (C) that / which those tiny travelers spend the rest of their years on the beach as sand.

	(A)	(B)	(C)
①	Despite	During	that
②	Despite	While	which
③	Although	During	that
④	Although	While	which
⑤	Although	During	which

2 (A), (B), (C)의 각 네모 안에서 어법에 맞는 표현으로 가장 적절한 것은?

Garnet blew out the candles and lay down. It was too hot even for a sheet. She lay quite still, sweating, and wondered (A) when / why the long drought would finally end. One night, Garnet had a feeling that something she had been waiting for was about to happen. She ran to her parents and asked (B) if / what they had heard anything. "No," they replied. Garnet held her breath and whispered, "Please!" The thunder rumbled again, sounding much louder. And raindrops began to fall one by one. She shouted, "It's raining!" She felt as if she had received a present (C) because / because of the thunderstorm that had brought rain. 〈기출응용〉

*rumble: 우르르 울리다

	(A)	(B)	(C)
①	why	if	because
②	when	if	because of
③	why	what	because
④	when	if	because
⑤	why	what	because of

3 다음 글의 밑줄 친 부분 중, 어법상 틀린 것은?

Samantha Black, our after-school swimming coach, will retire from her job soon, ① <u>as</u> all the students already know. Everyone had been wondering ② <u>who</u> would be the school's next swimming coach, but finally Virginia Smith has been selected to be the school's new swimming coach. ③ <u>Even though</u> this is her first job as a coach, we expect her to do her job well. She swam for Bredard Community College and has won several awards in national competitions. Starting next week, she will begin teaching her class in the afternoons. Also, she will continue with our summer program, and she is currently evaluating several places to determine ④ <u>where</u> the program should be held. By promoting the health benefits of swimming, she hopes ⑤ <u>whether</u> more students will get healthy through her instruction.

4 다음 글의 밑줄 친 부분 중, 어법상 틀린 것은?

Public speaking is audience-centered, ① <u>since</u> speakers listen to their audiences during speeches. They get audience feedback through verbal and nonverbal signals. Audience feedback often indicates ② <u>if</u> listeners are ready to accept the speaker's ideas. Communication experts believe ③ <u>that</u> this feedback assists the speaker in many ways by creating a close connection with the audience. The speaker is able to know ④ <u>when</u> he or she should slow down their talking. Also, the speaker can decide to explain a particular topic more carefully. By paying attention to ⑤ <u>what</u> the audience responds to a speech, the speaker can find ways to deliver the speech more effectively. 〈기출응용〉

*audience-centered: 청중 중심적인

**verbal: 언어적인

CHAPTER 10

관계사

기초문법

1. 관계대명사

형용사처럼 앞에 있는 명사, 즉 '선행사'를 수식하는 절을 연결하는 접속사이다. 「접속사 + 대명사」를 대신하며, 선행사의 종류와 대신하는 대명사의 격에 따라 종류가 달라진다.

주격	사람 선행사 + who/that	I met a woman, and she fights for the safety of polar bears. 사람　　　접속사 + 대명사(주어) I met **a woman** who/that fights for the safety of polar bears.
	사물 선행사 + which/that	My father bought a car and it has many interesting functions. My father bought **a car** which/that has many interesting functions.
목적격	사람 선행사 + who(m)/that	The doctor was very kind, and Nate saw her yesterday. 사람　　　접속사　　　대명사(목적어) The doctor who(m)/that Nate saw yesterday was very kind.
	사물 선행사 + which/that	The book was interesting, and I borrowed it from the library. The book which/that I borrowed from the library was interesting.
소유격	사람/사물 선행사 + whose	Molly has a friend, and his brother is a famous actor. 사람　　　접속사 + 대명사(소유격) Molly has **a friend** whose brother is a famous actor.

2. 관계부사

관계대명사와 같이 '선행사'를 수식하는 절을 연결하지만, 「접속사 + 부사」 또는 「접속사 + 전치사 + 명사(구)」를 대신한다. 관계부사는 「전치사 + which」로 바꿔 쓸 수도 있다.

시간 선행사 + when	I remember the day, and I went fishing with my family then(=on the day). 시간　접속사　　　　　　　　부사(=전치사 + 명사구) I remember **the day** when(=on which) I went fishing with my family.
장소 선행사 + where	Jason visited the park, and he used to play as a child there(=in the park). Jason visited **the park** where(=in which) he used to play as a child.
the reason(이유) + why	You have to explain **the reason why(=for which)** you missed the meeting.
the way(방법) + how	The teacher explained **the way (in which)** we could solve the problem. The teacher explained **how** we could solve the problem. *the way와 how는 함께 쓸 수 없다. 둘 중 하나는 반드시 생략하고 쓰는 것에 주의한다.

3. 관계절의 용법

제한적 용법	관계사 앞에 콤마(,)가 없으며, 선행사를 수식하여 특정한 대상으로 제한하는 역할을 한다. Isabella has a sister **who** lives in Seoul. (서울에 사는 자매가 한 명 있음, 다른 자매가 더 있을 수 있음)
계속적 용법	관계사 앞에 콤마(,)가 있으며, 앞에 있는 선행사에 대한 부가적인 정보를 제공하는 역할을 한다. Isabella has a sister, **who** lives in Seoul. (자매가 한 명 있고, 서울에 살고 있음, 다른 자매가 없음)

선행사		주격		선행사		목적격		선행사		소유격
사람	+	who/that		사람	+	who(m)/that		사람/사물	+	whose + 명사
사물	+	which/that		사물	+	which/that		사물	+	명사 + of which

▶ 관계대명사는 대신하는 대명사의 격과 일치하면서, 선행사의 종류에 맞는 것이 와야 한다. 선행사와 관계대명사 사이에 수식어가 있을 수 있으므로, 의미상 관계사절이 수식하는 선행사가 무엇인지 주의해서 파악해야 한다.

Every political leader (in history) who / which had an impact trained themselves to think and plan on their own. 〈기출응용〉

*콤마(,)로 연결된 계속적 용법의 관계사절에 that은 쓸 수 없는 것에 주의한다.
I found a lost wallet, ~~that~~ (→ which) contained a lot of money.

✓ 밑줄 친 부분이 틀렸다면 바르게 고치시오. 바르면 ○로 표시하시오. 정답 p. 45

1 What was the name of the book about Napoleon <u>whom</u> you borrowed from the library?

2 I replaced my old TV with a new one, the brand of <u>which</u> is Korean.

3 The company started to sell a new product, <u>that</u> quickly became a bestseller.

4 Benjamin introduced me to his cousin with the red hair, <u>which</u> I had already met last night.

5 This story is a Greek myth about a captain <u>whose</u> ship sailed past the island of the Sirens.
〈기출응용〉

	접속사				
명사	~ +	and/but 등	~ +	대명사	

선행사		
명사	~ +	관계대명사

▶ and/but과 같은 접속사로 연결된 절에서 앞의 명사를 가리키기 위해서는 it/they 등의 대명사가 와야 한다. 그러나 접속사 없이 앞선 명사, 즉, 선행사를 수식하는 절을 연결하기 위해서는 관계대명사가 와야 한다.

Oil comes from solar energy, and some of it was preserved underground millions of years ago.

Oil comes from solar energy, some of it / which was preserved underground millions of years ago.
〈기출응용〉
선행사

✓ 둘 중 어법에 맞는 것을 고르시오. 정답 p. 46

1 I have collected a lot of old coins, but unfortunately none of them / which are worth much.

2 Ethan owns two cars, both of them / which he wants to sell as soon as possible.

3 Olivia recently had to buy new furniture, it / which was delivered yesterday.

4 The dolphin is very smart, and its / whose brain is surprisingly similar to the human brain.

5 Doctors can revive patients their / whose hearts have stopped beating through CPR. 〈기출응용〉
*CPR: 심폐소생술

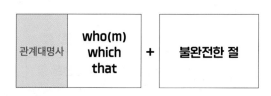
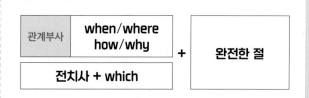

| 관계대명사 | who(m) which that | + | 불완전한 절 |

| 관계부사 | when/where how/why | + | 완전한 절 |
| 전치사 + which | |

▶ 주어나 목적어를 대신하는 관계대명사는 주어나 목적어가 없는 불완전한 절 앞에 오고, 부사나 「전치사 + 명사(구)」와 같은 수식어를 대신하는 관계부사 또는 「전치사 + which」는 완전한 절 앞에 와야 한다.

Many thousands of years ago, humans lived in a world which / where they had to avoid being killed by predators. 〈기출응용〉

*선행사가 시간/장소 등의 의미를 나타내는 명사라고 해서 관계부사가 와야 한다고 판단해서는 안 되며, 뒤에 오는 절의 형태를 확인해야 한다.
I cannot forget the time when (→ which) I spent in Italy.

☑ 둘 중 어법에 맞는 것을 고르시오. 정답 p. 46

1 Everyone stood up and cheered at the moment which / when the final winner was announced.

2 We live in a small town, which / where is surrounded by beautiful mountains and rivers.

3 Amanda hopes to work for a company which / in which she can develop medical robots.

4 Kids don't always understand the reason which / why their parents make certain rules. 〈기출응용〉

☑ 밑줄 친 부분이 틀렸다면 바르게 고치시오. 바르면 ○로 표시하시오.

5 The road on which passes by the lake is a popular route for many cyclists and joggers.

6 Edward drove into the tunnel, through which he reached the city across the sea.

7 The 11th of September 2001 is a day when the people of New York will remember for a long time.

8 Though there are countries which food is still scarce, most people around the world have enough to eat. 〈기출응용〉

POINT 4 that vs. which vs. what

▶ 앞에 있는 선행사를 수식하는 관계절에는 what이 올 수 없고, 관계대명사 that 또는 which가 와야 한다. that/which/what이 명사절 접속사일 때는 앞에 선행사가 없으며, 완전한 절 앞에는 that이 오고, 불완전한 절 앞에는 which나 what이 와야 한다.

선행사
If you consider all the tasks │that / what│ AI machines can actually perform, it is quite shocking. 〈기출응용〉

✓ 둘 중 어법에 맞는 것을 고르시오.   정답 p. 47

1 The amazing thing about animals such as horses is │that / what│ they can walk as soon as they are born.

2 Regardless of the situation, stay strong and do │that / what│ you have to do.

3 Activities │what / which│ were scheduled for the last week of July have been moved to the first week of August.

4 Technology creates many new jobs │that / what│ are certainly dangerous. 〈기출응용〉

✓ 밑줄 친 부분이 틀렸다면 바르게 고치시오. 바르면 ○로 표시하시오.

5 Salt is the mineral <u>what</u> people use most often in everyday life.

6 It was a huge disappointment <u>what</u> we had to cancel the picnic due to the bad weather.

7 Programs <u>which</u> are currently still open to students are listed on the school's website.

8 If you want people to read and understand <u>that</u> you write, write it in spoken language. 〈기출응용〉

POINT 5 that만 올 수 있는 경우

너무 (형용사/부사)해서 …하다	so + 형용사/부사 + that + 완전한 절
	such + (a/an + 형용사) + 명사 + that + 완전한 절
~해서 (형용사/분사)하다	happy/pleased 등 감정 형용사/분사 + that + 완전한 절
~라는 '사실/생각/힌트/믿음' 등 명사	the fact/idea/hint/belief 등 명사 + 동격 that + 완전한 절

▶ 다른 접속사는 쓸 수 없고 that만 올 수 있는 경우들이 있으므로, 문장의 주변을 잘 살펴보고 that이 정확하게 사용되었는지 확인해야 한다.

The monster approaching the gates of the palace was so ugly and smelly that / what the guards froze in shock. 〈기출응용〉
형용사

✓ 밑줄 친 부분이 틀렸다면 바르게 고치시오. 바르면 ○로 표시하시오.

정답 p. 47

1 Clara was sad about moving, and the fact <u>which</u> she had to leave all her friends broke her heart. 〈기출응용〉

2 Focus on <u>that</u> you can control, and do not worry about things that you can't.

3 We were surprised <u>that</u> Joshua had a great talent for playing the piano.

4 The envelope <u>which</u> is on my desk contains a copy of the letter from my sister in Canada.

5 It was such an interesting movie <u>what</u> I didn't realize it was already midnight.

둘 중 어법에 맞는 것을 고르시오.

1 For the group project, I worked with team members [whom / which] I did not choose.

2 Some people in the back of the hall could not hear [that / what] the speaker was saying.

3 The king received many gifts for his birthday, one of [them / which] was a beautiful necklace.

4 She published a paper on vitamin B12, [that / which] won her the Nobel Prize. 〈기출응용〉

5 Sometimes, you find yourself in a situation [which / where] you have to make a difficult decision.

고난도
6 The museum is displaying photographs [that / what] were taken during the nineteenth century.

7 [That / What] they discovered about the galaxy changed the field of astronomy.

고난도
8 The plant can grow in very dry weather, and surprisingly, [its / whose] flowers are very big and colorful.

9 A big benefit of traveling outside your country is [that / what] it opens your mind.

10 Professor Lee advised me to read a book, [which / from which] I developed a deeper understanding of the Middle Ages.

11 One of the most powerful tools to find meaning in our lives is writing about [that / what] has happened to us. 〈기출응용〉

12 The items on sale were so cheap [that / which] some customers bought several of them at once.

Vocabulary

4 publish 발표하다 paper 논문   **6** display 전시하다   **7** galaxy 은하(계) astronomy 천문학   **8** surprisingly 놀랍게도   **10** Middle Ages 중세 시대

밑줄 친 부분이 틀렸다면 바르게 고치시오. 바르면 ○로 표시하시오.

1 I'm really sorry <u>which</u> I didn't reply to your text message earlier.

2 Many historians believe <u>what</u> studying the past is crucial for predicting the future.

3 Dorothy Hodgkin was born in Cairo, <u>where</u> her father worked in the Egyptian Education Service. 〈기출응용〉

4 The mystery novel thrilled readers with <u>that</u> was revealed in the final chapter.

5 The supermarket sells a wide variety of fruits, some of <u>them</u> are exotic and unfamiliar.

6 The couple only hired babysitters from the neighborhood <u>which</u> had good recommendations.

7 In life, there are accidents <u>what</u> we cannot control, such as natural disasters.

8 Online video games have become a common method <u>by which</u> young people meet new friends.

고난도
9 When you visit a restaurant, a long line outside it is usually a strong clue <u>which</u> the food is good. 〈기출응용〉

고난도
10 Dog owners must be careful about <u>that</u> their pets eat, as some kinds of items may be harmful.

11 Andrew attended a management workshop, <u>it</u> helped him improve his business skills.

12 Can you give examples of social media platforms <u>in which</u> effectively protect user privacy?

Vocabulary

1 text message 문자 메시지   2 historian 역사학자   crucial 결정적인   predict 예측하다   5 exotic 이국적인   6 recommendation 추천   7 disaster 재해, 재난
10 owner 소유주   harmful 해로운   11 management 경영, 관리   12 privacy 사생활

각 네모 안에서 어법에 맞는 표현으로 가장 적절한 것을 고르시오.

1 We are looking for a new manager, (A) whom / whose experience can help us develop fresh ideas. So far, many résumés have arrived, but unfortunately, none of (B) them / which seem to belong to someone right for the position.

2 Mr. Smith runs a bookstore on the corner, (A) that / which is famous for selling rare books. In fact, he sells some books (B) which / what cannot be found anywhere else in the country.

고난도
3 Margaret Knight was such a brilliant inventor in the late 19th century (A) that / which journalists occasionally compared her to Thomas Edison by calling her "a woman Edison." After her father died, Knight left school at age 12 to earn money at a nearby textile factory, (B) which / where a faulty machine injured a coworker. This experience was (C) that / what led her to create her first invention, a safety device for textile equipment. 〈기출응용〉

밑줄 친 부분 중 어법상 틀린 것을 고르시오.

4 In New York City, there are a lot of galleries, ① which various impressive artworks are displayed. Visitors are often fascinated by the fact ② that they can appreciate works by renowned artists from different periods of history.

5 Of all the parks in the city, most of the residents love the one ① what is located in the heart of downtown. Many people find peace and comfort in ② what the park offers, including beautiful gardens and a quiet atmosphere to escape the bustling city life.

고난도
6 In a psychology experiment at the University of Virginia, college students were gathered outdoors, ① where they started to climb a hill with heavy backpacks. Some participants climbed with close friends ② whom they had known a long time, and the others climbed with strangers. Later, the participants who climbed with close friends guessed ③ what the hill was lower than its actual height, whereas those who were with strangers did not.〈기출응용〉

Vocabulary

1 résumé 이력서　2 rare 희귀한　3 brilliant 뛰어난　occasionally 가끔　textile 섬유　faulty 결함이 있는　equipment 설비, 장비
4 impressive 인상적인　fascinated 매료된　appreciate 감상하다　renowned 유명한
5 resident 거주자　locate 위치시키다　atmosphere 분위기　bustling 부산스러운　6 psychology 심리학　participant 참가자　stranger 낯선 사람　height 높이

CH 10

해커스 어법 제대로

우리말과 같은 뜻이 되도록 괄호 안의 단어를 올바른 순서로 배열하시오. 적절한 접속사나 관계사로 시작하시오.

1 그 도서관은 조용한 학습 구역을 가지고 있고, 그것은 내 업무에 집중하는 데 있어 완벽하다.
(focusing on, for, is, my work, perfect)
The library has a quiet study area, _____ .

2 그녀의 연설은 너무 감동적이어서 그것은 모든 사람들이 행동을 취하도록 동기를 부여했다.
(action, everyone, it, motivated, to take)
Her speech was so touching _____ .

3 우리의 아이들을 위한 더 나은 미래가 우리가 얻기 위해 싸워야 하는 것이다. (fight for, should, we)
A better future for our children is _____ .

우리말과 같은 뜻이 되도록 두 문장을 한 문장으로 바꾸어 쓰시오. 적절한 관계사를 함께 사용하시오.

4 1920년대 초에 지어진 그 주택들은 복원될 것이다.
The houses will be restored. They were built in the early 1920s.
→ _____ .

5 Tommy는 그의 아내를 처음 만났던 식당을 방문하기로 결정했다.
Tommy decided to visit the restaurant. He first met his wife there.
→ _____ .

고난도
6 CEO가 작년에 우리 행사에서 연설했던 그 회사는 빠른 성장을 경험했다.
The company has experienced rapid growth. Its CEO spoke at our event last year.
→ _____ .

다음 글에서 어법상 틀린 부분을 2개 찾아 바르게 고치시오.

7 Judy was amazed ⓐ that her favorite author replied to her fan letter. In the letter, the writer gave her warm encouragement to continue writing, ⓑ it made her feel determined. The support of someone reliable was exactly ⓒ that she needed for her own creativity.

고난도
8 This past summer, Disney produced four out of the 10 most successful films, each of ⓐ which made over $100 million. The film ⓑ what has made the most money so far, however, is *Barbie*. Produced by Warner Bros., the movie made over $70 million on the day ⓒ which it opened to the public.

1 (A), (B), (C)의 각 네모 안에서 어법에 맞는 표현으로 가장 적절한 것은?

If you are good at something and are rewarded, you may want to continue even if you no longer enjoy it. However, one day, you might look around and realize that you are so deep in this comfortable rut (A) that / which you can no longer see the sun or breathe fresh air. It might take superhuman effort to climb out of the rut. And it's a situation (B) that / what many working people deeply worry about. The poor employment market may lock them in a job (C) which / in which is safe but unsatisfying.

*rut: 틀에 박힌 생활

	(A)	(B)	(C)
①	that	what	which
②	that	that	in which
③	that	that	which
④	which	that	in which
⑤	which	what	which

2 (A), (B), (C)의 각 네모 안에서 어법에 맞는 표현으로 가장 적절한 것은?

One night, I opened the door to the hallway and noted that the light was off. I thought nothing of it because I knew there was a light switch next to the stairs. (A) That / What happened next was terrifying. When I put my foot down on the first step, I felt movement under the stairs. My eyes were drawn to the darkness beneath them. Once I realized something strange was happening, my heart started beating fast. Suddenly, I saw someone between the steps, (B) its / whose hand reached out and grabbed my ankle. I let out a scream (C) that / what could be heard all the way down the block, but nobody answered!

〈기출응용〉

	(A)	(B)	(C)
①	That	whose	that
②	That	its	that
③	That	whose	what
④	What	its	what
⑤	What	whose	that

3 다음 글의 밑줄 친 부분 중, 어법상 <u>틀린</u> 것은?

It may seem true ① <u>that</u> the hair and nails grow even after a person dies, but this is actually false. That's because from the moment ② <u>at which</u> the body dies, it begins to dehydrate, causing the skin to shrink, or become smaller. Nails and hair appear longer than before because they are more exposed in the area ③ <u>which</u> the skin is reduced. Typically, fingernails grow about 0.1 millimeters a day, but in order to grow, they need glucose. Glucose is a sugar ④ <u>that</u> helps to power the body. Once the body dies, there's no more glucose. So skin cells, hair cells, and nail cells no longer produce new cells. Moreover, the growth of hair and nails needs various hormone controls, none of ⑤ <u>which</u> are available once a person dies. 〈기출응용〉

*dehydrate: 수분이 빠지다

**glucose: 포도당

4 다음 글의 밑줄 친 부분 중, 어법상 <u>틀린</u> 것은?

People commonly hold the mistaken belief ① <u>that</u> someone's entire personality can be known from a single characteristic. In one study, university students were given descriptions of a guest lecturer before he spoke to the group. Half the students received a description ② <u>which</u> contained the word 'warm', while the other half were told that the speaker was 'cold'. The guest lecturer then led a discussion, ③ <u>during which</u> the students had to give their impressions of him. As expected, there were large differences between the impressions formed by the students, depending upon ④ <u>that</u> they originally heard. Also, those students in the experiment ⑤ <u>who</u> expected the lecturer to be warm tended to interact with him more. This shows that different expectations affect our behavior and relationships.

*description: 설명, 묘사

1 (A), (B), (C)의 각 네모 안에서 어법에 맞는 표현으로 가장 적절한 것은?

Experts offer the following guidelines for people and their homes. When you are designing a new home, or even fixing an old one, pay close attention to the kitchen, (A) which / where is the most frequently used room in the house. It is important to have a convenient kitchen to use. However, (B) that / what many people want is a beautiful kitchen. So, they spend money on materials that are expensive but not useful. When you buy materials for your kitchen, you should check several times (C) what / whether you chose the materials because of their usefulness.

	(A)	(B)	(C)
①	which	that	whether
②	which	that	what
③	where	what	what
④	where	that	whether
⑤	which	what	whether

2 다음 글의 밑줄 친 부분 중, 어법상 틀린 것은?

Christianity spread quickly during the Roman Empire ① because of the translation of the bible to Greek. The first Christian Bible was written in Hebrew, a Jewish language. However, in 586 BC, the Jewish people were forced to leave their homeland. Historians believe ② that many Jewish people stopped reading and speaking Hebrew, so the bible had to be translated. More Jewish people ③ living throughout the Middle East spoke Greek instead. ④ Who translated the bible is not known exactly, but the authors probably lived in the city of Alexandria. Greek was spoken in Alexandria after Alexander the Great conquered it in 332 BC. It was also a city ⑤ which many important Jewish writers lived.

*Hebrew: 히브리어
**Jewish: 유대인의

3 다음 글의 밑줄 친 부분 중, 어법상 **틀린** 것은?

Owners of small businesses from around the country ① demand that the government help them survive in the current economy. Dr. Linda Mackey, a local business expert, ② who has written about the subject in recent weeks, agrees with them. According to her, the government should not reduce economic support for small business owners due to the fact ③ which the economy is doing badly at the moment. She believes that ④ as business activity improves for small companies, the overall economy will also get better much faster. Among other suggestions, the government can help with bank loans, reduce fuel and electricity prices, and ⑤ remove other limitations that make it hard to do business.

4 다음 글을 읽고 문제에 답하시오.

All countries around the world have national flags, some of ⓐ them look so similar ⓑ that it's hard to tell them apart. Usually, the flags of most countries are designed to have a special meaning for the people of those countries. Countries choose ⓒ that they show on their flags for different reasons. However, they usually choose images and colors to help people remember important events or qualities. Images are very different in shape, but colors are not. So, many countries may use the same color but with a different meaning. (2) 예를 들어, 대한민국에 의해 사용되는 흰색은 평화를 의미한다. On the other hand, the white color used by Japan means honesty. It is actually incredible ⓓ how so many flags use similar colors with different meanings.

(1) 위 글의 밑줄 친 ⓐ~ⓓ 중 어법상 틀린 곳을 2개 찾아 바르게 고치시오.

(2) 주어진 <조건>에 맞게 위 글의 밑줄 친 우리말을 영작하시오.

> ┌─ <조건> ─────────────
> 1. by South Korea, mean, peace, use를 사용하시오.
> 2. 적절한 접속사나 관계사를 함께 쓰시오.
> 3. 필요한 경우 단어의 형태를 바꾸고, 8단어로 쓰시오.

For example, the white color _____

_____ .

CHAPTER 11

명사와 대명사

1. 명사

사람, 사물, 추상적인 개념 등 모든 것에 붙여진 이름으로, 개수를 셀 수 있는 가산명사와 개수를 셀 수 없는 불가산명사로 나뉜다.

가산명사	셀 수 있는 것들을 가리키는 명사로, 하나의 대상은 단수로 쓰고, 둘 이상은 복수로 써야 한다.
	A child is playing with his **toys**.
	I found **an old book** under the bed, and **three bills** fell out of it.

불가산명사		셀 수 없는 것들을 가리키는 명사로, 앞에 '하나'를 뜻하는 a/an을 붙일 수 없고, 복수로 쓸 수도 없다.
	고유명사	인명/지명 등 하나밖에 없는 고유한 것의 이름
		John visited **Paris** because he wanted to see the **Eiffel Tower**.
	추상명사	기쁨/슬픔/지식/자유 등 추상적 감정이나 개념, 사상 등의 이름
		She gets **pleasure** from building her **knowledge** of languages.
	물질명사	소금/공기/물/돈 등 형태가 고정되지 않고 변하는 것의 이름
		Water rises into the **air** due to **heat** before it falls down as **rain**.

2. 대명사

'그/그들/그것' 등의 의미로 사람/사물 등의 이름, 즉 명사를 대신하는 말이다.

인칭대명사	I/my/me/mine/myself, they/their/them/themselves 등 특정한 사람/사물을 가리키는 대명사
	I bought Jessica a pizza after **she** helped **me** move houses.
	My brother and **his** wife bought **themselves** a new car.

지시대명사	'이 사람(들)', '저것(들)' 등의 의미로 특정 대상을 가리키는 this/these, that/those
	This is my friend from school, Elizabeth.
	I've read the books on the shelf, but I haven't read **those** on the table.

부정대명사		특별히 정해지지 않은, 즉 불특정한 대상을 가리키는 대명사
	one(s)	특별히 정해지지 않은 하나 또는 여럿
		My computer is too old, so I have to buy a new **one**.
		We sat at a table outside because the **ones** in the café were full.
	another	특별히 정해지지 않은 다른 하나
		I dropped my coffee on the floor. Could I have **another**?
	some	어떤 대상/집단 중 불특정한 일부
		I baked too many cookies. Do you want **some**?
	others	불특정한 일부를 제외하고 남아있는 것들 중 다른 불특정한 여럿
		Some employees like working alone, while **others** prefer working in groups.
	the other	어떤 것(들)을 제외하고 남아있는 하나
		He has three cats: two of them are white, and **the other** is black.
	the others	어떤 것(들)을 제외하고 남아있는 여럿 전체
		A few of the cups in the box broke, but **the others** were fine.

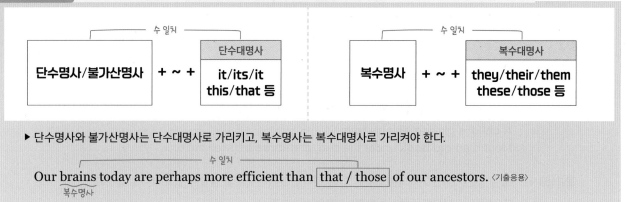

▶ 단수명사와 불가산명사는 단수대명사로 가리키고, 복수명사는 복수대명사로 가리켜야 한다.

Our brains today are perhaps more efficient than │that / those│ of our ancestors. 〈기출응용〉

☑ 둘 중 어법에 맞는 것을 고르고, 고른 대명사가 가리키는 명사에 밑줄을 치시오.   정답 p. 51

1 I made some sandwiches for lunch, but someone ate │it / them│ without telling me.

2 As you can see, the view from this balcony is more beautiful than │that / those│ from the tower downtown.

3 The children gathered around the Christmas tree, and │it / they│ opened their gifts excitedly.

4 Of all the good qualities of the smartphone, the best one is │its / their│ light weight.

☑ 밑줄 친 부분이 틀렸다면 바르게 고치시오. 바르면 ○로 표시하시오.

5 Dorothy took one of the letters from the box, and <u>they</u> was from a neighbor a long time ago.

6 Did you lose your keys? I found <u>this</u> near your mailbox.

7 At night, Joe and his brothers stopped the car and spent the night in <u>its</u> tents.

8 Interestingly, when the price of rice falls in China, people tend to buy less of <u>them</u>. 〈기출응용〉

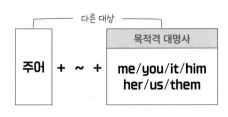 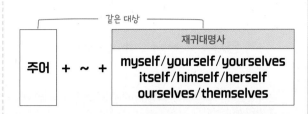

▶ 동사나 전치사의 목적어가 주어와 다른 대상을 가리키면 목적격 대명사가 오고, 같은 대상을 가리키면 '~ 자신'이라는 뜻의 재귀대명사가 와야 한다.

Clothes are part of how people present them / themselves to the world. 〈기출응용〉

*명령문에는 주어 You가 생략되어 있으므로, 목적어가 주어 You와 같은 대상을 가리키면 yourself/yourselves가 와야 한다.

(You) Trust yourself when you have to make tough decisions.
생략된 주어

☑ 둘 중 어법에 맞는 것을 고르시오.   정답 p. 52

1 Express you / yourself freely and do not hide your true emotions.

2 Larry said that forgiving someone makes him / himself feel like a good person.

3 The AI robot in the novel by Brian Aldiss thinks of it / itself as a human boy.

4 When traveling in a new country, we can often talk to strangers about us / ourselves .

☑ 밑줄 친 부분이 틀렸다면 바르게 고치시오. 바르면 ○로 표시하시오.

5 Most preschoolers do exactly what their parents tell themselves to do. 〈기출응용〉

6 Marina had only a salad for lunch, but Sharon was hungry and got her a three-course meal.

7 Harry and Liam play tennis on the weekends, and Liam always beats him.

8 The penguin, when a whale attacks, protects it by swimming away very quickly.

POINT 3 it/them vs. that/those

출제빈도 ★★☆

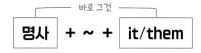
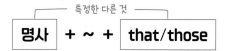

▶ 앞서 언급한 바로 그것은 '그것(들)'이라는 뜻의 인칭대명사 it/them으로 가리키고, 종류만 같을 뿐 특정한 다른 것은 that/those 로 가리켜야 한다.

The core difference between computers of the future and 〔them / those〕 of the past is self-learning ability. 〈기출응용〉

미래의 컴퓨터들 · · · 특정한 다른 컴퓨터 · · · 과거의 컴퓨터들

*those는 뒤에 있는 전치사구/분사구/관계절 등의 수식을 받아 "~한 사람들"이라는 뜻으로도 쓴다. 이때는 다른 것을 가리키는 것이 아니다.
There will be special gifts for **those** who buy their tickets early.

☑ 밑줄 친 부분이 틀렸다면 바르게 고치시오. 바르면 ○로 표시하시오.

정답 p. 52

1 The length of Manhattan's Broadway is greater than <u>it</u> of any other street in the city.

2 Regular exercise is the most important habit for <u>those</u> who want to maintain good health.

3 John left his mug next to some magazines, and when he returned, he found <u>it</u> in the same place.

4 Please look over these new files after you're done with <u>them</u> on your desk.

5 In 2021, the number of deaths was larger than <u>it</u> of births for the first time in Korea. 〈기출응용〉

POINT 4 it/them vs. one/ones

출제빈도 ★★☆

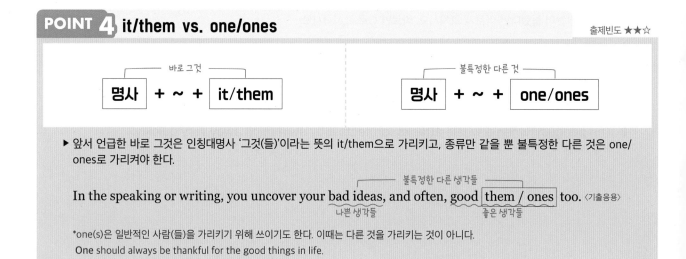

▶ 앞서 언급한 바로 그것은 인칭대명사 '그것(들)'이라는 뜻의 it/them으로 가리키고, 종류만 같을 뿐 불특정한 다른 것은 one/ ones로 가리켜야 한다.

In the speaking or writing, you uncover your bad ideas, and often, good 〔them / ones〕 too. 〈기출응용〉

나쁜 생각들 · · · 불특정한 다른 생각들 · · · 좋은 생각들

*one(s)은 일반적인 사람(들)을 가리키기 위해 쓰이기도 한다. 이때는 다른 것을 가리키는 것이 아니다.
One should always be thankful for the good things in life.

☑ 둘 중 어법에 맞는 것을 고르시오.

정답 p. 53

1 I lost my umbrella, so I had to buy 〔it / one〕 yesterday.

2 The artist picked red and yellow paints, and he mixed 〔them / ones〕 on his pallet.

3 The car had a flat tire, so Martha changed 〔it / one〕 before continuing the journey.

4 The shoes were too small, so the customer asked for bigger 〔them / ones〕.

5 Every person would agree that 〔it / one〕 should always treat others with respect.

많은 약간 있는 거의 없는	much a little little	(of) +	불가산명사		many a few few	(of) +	가산명사 (복수)
모든 다른	every another	+	단수명사		all (of) other	+	복수명사
neither (둘 다 아닌) either (둘 중 아무거나)		+	단수명사		both (of) (~ 둘 다) either/neither of (~둘 중 아무거나 하나/~ 둘 다 아닌)	+	복수명사

▶ '많은/모든' 등의 의미를 가진 수량표현이 명사 앞에 올 때는 뒤에 있는 명사가 가산명사인지 불가산명사인지, 또는 단수명사인지 복수명사인지에 따라 다른 것이 와야 한다.

Eyes look red in photographs when there is not many / much light in the environment. 〈기출응용〉
불가산명사

*단, all (of)은 불가산명사 앞에도 올 수 있다.
All of Greek history will be discussed in the second semester.
불가산명사

☑ 둘 중 어법에 맞는 것을 고르시오. 정답 p. 53

1 I was nervous to make a decision with few / little information.

2 The traveler has visited almost every / all country in Europe, except for Finland and Norway.

3 My name is Wilhemina Smiths, and Smiths has an "s" at either / both ends. 〈기출응용〉

4 Many / Much of the dishes in this restaurant are made from fresh local vegetables.

☑ 밑줄 친 부분이 틀렸다면 바르게 고치시오. 바르면 ○로 표시하시오.

5 I have read a little books on the moon, but I still have much to learn.

6 All of nature is constantly undergoing change from one day to the next.

7 You can't truly love another people if you don't love yourself first. 〈기출응용〉

8 We have to wait a week because neither of the items we ordered from the store is available right now.

둘 중 어법에 맞는 것을 고르시오.

1 The parents proudly said that their children taught them / themselves how to ride bicycles without any help.

2 I found these colorful seashells on the beach and collected it / them in my bucket.

3 The store offers many / much products, which can satisfy a variety of customer needs.

4 The tree provides a lot of people with cool shade, as its / their branches extend widely.

5 The heart of a blue whale weighs about 180 kilograms and is much larger than that / those of an elephant.   *blue whale: 흰긴수염고래

6 Recently, she has had few / little time to spend on leisure activities due to her busy work schedule.

7 The guest admired the paintings in the gallery, and expressed an interest in purchasing them / ones .

고난도
8 After Ms. Gordon read Maria's report, she praised her / herself for finding the correct solution to the problem.

고난도
9 There are two types of memberships, and you can select both / either option, depending on your lifestyle.

10 When the coach was leaving the playground, a boy came up to him and asked the coach to give him another / other chance. 〈기출응용〉

11 The flowers in Ruth's garden are fresher than them / those in the neighboring yards.

12 If you're looking for a good movie to watch, I can recommend it / one for you.

Vocabulary

1 proudly 자랑스럽게   4 shade 그늘   extend 뻗다   5 weigh 무게가 나가다   7 admire 감탄하다   9 membership 회원권   option 선택지, 선택권
10 come up to ~에게 다가오다   11 neighboring 이웃의

밑줄 친 부분이 틀렸다면 바르게 고치시오. 바르면 ○로 표시하시오.

1 <u>Every</u> members of this sales department should attend the training session tomorrow.

2 Two cities in Switzerland were not attacked during the war thanks to <u>its</u> locations.

3 You can borrow the book from the library, but be sure to return <u>one</u> on time.

4 Call me at this number if you find <u>you</u> in need of a ride home late at night.

5 We had to stop people from entering the park for a while because <u>they</u> had gotten too crowded.

6 Although there were several skilled workers on the team, the manager wanted to hire new <u>ones</u> with more experience.

7 I needed to put <u>a few</u> effort into understanding the concept of goal setting.

8 A few houses, including mine, were lucky to escape the fire, but it burned down <u>that</u> of many neighbors.

9 Some people like blue cheese, while others consider <u>it</u> unpleasant because of the smell.

고난도
10 Giving children freedom to make mistakes allows <u>themselves</u> to grow and learn.

고난도
11 In a study on sleep, <u>those</u> who got enough sleep showed faster reaction times than the people with little sleep. 〈기출응용〉

12 The countries of Indonesia and the Philippines are similar in many ways, but Indonesia's population is greater than <u>it</u> of the Philippines.

Vocabulary

1 department 부서　　2 attack 공격하다　location 위치　　4 in need of ~을 필요로 하고 있는　　6 skilled 숙련된　hire 고용하다
7 concept 개념　setting 설정　　9 unpleasant 불쾌한　　11 reaction 반응

짧은 지문 연습 제대로

각 네모 안에서 어법에 맞는 표현으로 가장 적절한 것을 고르시오.

1 The train from Philadelphia to New York is temporarily out of service, but passengers can take other (A) them / ones from New Jersey and nearby cities instead. The line from Philadelphia will remain closed while workers give (B) it / them some needed repairs.

2 After the storm, (A) many / much of the sand on the beach was washed away, so the beach was changed dramatically. As huge and rough rocks were exposed, the scenery now is totally different from (B) it / that of the peaceful beach before the storm.

3 Timmy had a place at the best school in town, and on the first morning, his granddad took him to (A) it / one . When they arrived at the school, there were (B) a few / a little children in the playground. "What a funny old man," one boy shouted. Some of the children pointed at the pair and circled around (C) them / themselves . ⟨기출응용⟩

밑줄 친 부분 중 어법상 틀린 것을 고르시오.

4 Some of the chairs Mr. Stanley prepared for today's meeting got damaged, so he needs to buy new ① ones quickly. There is ② other meeting scheduled for this afternoon.

5 Benjamin learned several outdoor skills while camping with a friend, Marco. He thought he would never use ① it, but when he was lost in the mountains, he remembered Marco's teachings and was able to protect ② himself from danger.

6 In any kind of society, ① those with a strong need to belong to a group have advantages. Survival and reproduction are crucial for all living things, and forming a group with others can be useful for ② both areas. For example, people in a group can share food, find ③ its mates easily, and fight together against enemies. ⟨기출응용⟩

*reproduction: 번식

Vocabulary

1 temporarily 일시적으로 out of service 사용이 불가능한 2 dramatically 극적으로 huge 거대한 rough 거친 expose 노출시키다 scenery 풍경 totally 완전히
3 point at ~을 손가락질하다 6 advantage 이점, 장점 crucial 중대한 mate 짝 enemy 적

<보기> 중 적절한 단어를 골라 문장을 완성하시오.

| <보기> | it | ones | them |

1 I bought new shoes in an online store a week ago, but I haven't received _____ yet.

2 The wallpaper designs were so fancy that the customer asked for calmer _____.

3 Experts found the lost ship and recovered many valuable items from _____.

우리말과 같은 뜻이 되도록 괄호 안의 단어들을 올바르게 배열하시오. 불필요한 단어 하나를 제외하고 사용하시오.

4 많은 예술가들이 독특한 기법을 사용하여 그들 자신을 그림으로 표현한다.
(artists, express, many, them, themselves)
_____ in their paintings using unique techniques.

5 가방을 확인하기 위해, 보안 요원들은 가방의 내용물들을 조심스럽게 꺼냈다.
(contents, its, their, the security guards, took out)
To check the bag, _____ carefully.

6 Rebecca는 그녀의 학교 글쓰기 대회에서 250달러를 탔고, 반면에 다른 학생들은 더 작은 상을 받았다.
(another, got, other, smaller prizes, students, while)
Rebecca won $250 in her school's writing contest, _____.

다음 글에서 어법상 틀린 부분을 2개 찾아 바르게 고치시오.

7 On a hot summer day, I went to buy a cup of iced coffee. As the clerk handed me the cup, my hands slipped and I dropped ⓐ them. The spilled coffee and ice made a mess on the counter and floor. However the clerk, with ⓑ few hesitation, kindly said to me that he would make a new ⓒ one.

고난도
8 Today, algorithms appear in ⓐ all part of civilization. When humans use not only a cell phone but also things such as a car in ⓑ its daily lives, they almost always turn the switches of algorithms. The roles of algorithms, such as running factories, trading products, and keeping records, go beyond ⓒ those of human managers. 〈기출응용〉

*algorithm: 알고리즘(과제 해결을 위한 절차), 연산(법)

1 (A), (B), (C)의 각 네모 안에서 어법에 맞는 표현으로 가장 적절한 것은?

I think people spend too much money replacing their old things with new ones instead of trying to fix (A) them / themselves . Imagine throwing out a perfectly good desk or table because it has a little damage on it. (B) Both / Either items would be easy to repair with the right tools and knowledge. Recently, in the same week, the legs of my desk broke in half, and (C) that / those of my mother's dining table did as well. I was able to fix the two items by using the same simple tools and by watching a video online for advice. As a result, I was able to save us a lot of money.

	(A)	(B)	(C)
①	them	Both	that
②	them	Either	those
③	them	Both	those
④	themselves	Either	that
⑤	themselves	Both	those

2 (A), (B), (C)의 각 네모 안에서 어법에 맞는 표현으로 가장 적절한 것은?

There are some cultures where (A) every / all of the members live outside of time. The Amondawa tribe, living in Brazil, does not have a concept of time that can be measured or counted. Researchers also found that no one had an age. Instead, the community gives members new names to reflect their stage of life and position within the society. Young children will give up their names to (B) them / those who are born later than them. In the U.S., we think of time as 'a thing,' as in metaphors such as 'I haven't got the time,' but the Amondawa do not. We have a lot of metaphors for time, but there are no such metaphors among (C) them / ones . 〈기출응용〉

*metaphor: 은유

	(A)	(B)	(C)
①	every	them	them
②	every	them	ones
③	all	them	them
④	all	those	ones
⑤	all	those	them

3 다음 글의 밑줄 친 부분 중, 어법상 <u>틀린</u> 것은?

According to research, ① <u>many</u> of the office workers today have two different calendars for work and for their personal lives. Although it may seem like a good idea, ② <u>those</u> who have two separate calendars often get confused. To check if something is missing, you will find ③ <u>yourself</u> checking your to-do lists multiple times. Instead, organize all of your tasks in one place. It doesn't matter if you use a digital form or paper ④ <u>one</u>. It's better to keep your professional and personal tasks in one place because you can review ⑤ <u>it</u> all together. This will allow you to divide time efficiently between work and home and to decide which task is the most important. 〈기출응용〉

4 다음 글의 밑줄 친 부분 중, 어법상 <u>틀린</u> 것은?

When we try something new in our adult lives, we'll usually make just one attempt before evaluating ① <u>its</u> result. Failing on the first attempt often makes ② <u>ourselves</u> feel that it is worthless. Consequently, we give up without giving it ③ <u>another</u> try. That's a shame, because repetition is central to the process of training our brains. Consider that your brain has a network of neurons, which is similar to ④ <u>that</u> of roads connecting several cities in a country. They will connect with each other whenever you make an attempt to solve a problem. At first, there's very ⑤ <u>little</u> connection between neurons, but repetition of an action increases it, and ultimately enhances problem-solving skills.

CHAPTER 12

형용사와 부사

기초문법

1. 형용사

형용사는 명사를 수식하는 수식어로 쓰이거나, 주격보어나 목적격보어 역할을 한다.

| 명사 수식 | The **bright** sun was shining through the window. |
| | I found a book **useful** for learning about computers. |

주격보어 역할

The flowers in Emily's garden are **beautiful**.
주어   동사   주격보어

These two dresses look **similar**.
주어   동사   주격보어

목적격보어 역할

Some of the questions made the test **difficult**.
주어   동사   목적어   목적격보어

Natalie always keeps her room **tidy**.
주어   동사   목적어   목적격보어

2. 부사

부사는 명사 이외의 것들을 수식하는 수식어 역할을 한다.

동사 수식

It was very hot, but we **patiently** waited for the bus to arrive.

Jacob cleaned his room **quickly** and went out to play with his friends.

형용사 수식

I am **truly** sorry for what happened to you.

Just like you, I am **equally** angry about the situation.

부사 수식

The athlete ran **surprisingly** fast and won the race.

The singer played her guitar **very** softly.

「전치사 + 명사(구)」 수식

We need to get up **early** in the morning tomorrow.

They went for a walk **right** after dinner.

문장 전체 수식

Thankfully, no one got hurt during yesterday's storm.

We got home before the rain started to fall, **luckily**.

형용사 + 명사	or	명사 + 형용사	부사 + 명사 이외 것	or	명사 이외 것 + 부사

▶ 명사는 형용사가 수식하고, 동사/형용사/부사/「전치사 + 명사(구)」 등 명사 이외의 것들은 부사가 수식해야 한다. 형용사/부사는 수식하는 대상의 앞이나 뒤에 올 수 있다.

Young children cannot yet think analytical / analytically and reject false information. 〈기출응용〉
동사

*준동사인 to부정사, 동명사, 분사는 동사의 성격을 가지고 있으므로 형용사가 아닌 부사가 수식해야 한다.
After considering carefully, I decided to accept the job offer.
부사

☑ 둘 중 어법에 맞는 것을 고르시오.   정답 p. 56

1 The teacher brought a basket full / fully of books for her students to borrow.

2 The restaurant received relative / relatively positive reviews for its service and price.

3 The melody played by the musician aroused strong / strongly emotions in the listeners.

4 Fashion is a cheap method of self-expression: clothes can be inexpensive / inexpensively purchased. 〈기출응용〉

☑ 밑줄 친 부분이 틀렸다면 바르게 고치시오. 바르면 ○로 표시하시오.

5 The world has changed greatly thanks to several importantly discoveries.

6 The first few lessons in our science class were main about early plants and animals.

7 Having the ability to think creative can benefit people in almost any kind of job.

8 During her interview with the company, Paula asked for a salary similarly to the one at her last job.

주격보어를 취하는 동사	+	형용사
		주격보어

목적격보어를 취하는 동사	+	목적어	+	형용사
				목적격보어

▶ 보어 자리에 부사는 올 수 없고, 형용사가 와야 한다. 다음과 같은 주격보어와 목적격보어를 취할 수 있는 동사들을 익혀두면 문장 구조를 쉽게 파악할 수 있다.

<주격보어를 취하는 동사>

~이다/~인 것 같다/~하게 보이다	be동사	appear	seem		
~해지다/~하게 되다	become	get	go	grow	turn
계속 ~이다/~하게 유지하다	continue	keep	stay	remain	
~하게 느끼다/보이다/들리다 등	feel	look	sound	smell	taste

<목적격보어를 취하는 동사>

~라고 믿다/생각하다/발견하다	believe	think	feel	consider	find
~하게 만들다/몰고 가다	make	drive			
~인 채로 유지시키다/남겨두다	keep	leave			

When you exercise in cold environments, you should avoid sweating and remain comfortable / comfortably . 〈기출응용〉
주격보어를 취하는 동사

☑ 둘 중 어법에 맞는 것을 고르시오. 정답 p. 57

1 The conversation went well and everyone at the gathering seemed pleasant / pleasantly .

2 The article was hasty / hastily typed, resulting in many mistakes and errors.
〈기출응용〉

3 When frustration or anger resides in our heads too long, it makes us unhappy / unhappily .

4 During a winter hike, you should keep warm / warmly by wearing multiple layers.

☑ 밑줄 친 부분이 틀렸다면 바르게 고치시오. 바르면 ○로 표시하시오.

5 The hotel bed was incredibly softly, so I had a really good sleep.

6 Linda found it difficultly to concentrate on her studies with all the noise in the library.

7 The sky was becoming slowly darker as the sun set, and I felt afraid.

8 Everyone participating in the game thought the new rule sounded fairly and quickly agreed to the change.

POINT 3 헷갈리는 형용사와 부사

-ly로 끝나는 형용사	형용사인 동시에 -ly가 붙지 않는 부사
elderly (형) 나이 든	**alike** (형) 비슷한 (부) 비슷하게
friendly (형) 친절한	**early** (형) 이른, 초기의 (부) 이르게
lovely (형) 사랑스러운	**enough** (형) 충분한 (부) 충분히
lively (형) 생기 있는	**fast** (형) 빠른 (부) 빠르게
likely (형) 그럴듯한, 가능성 있는	**long** (형) 긴, 오랜 (부) 길게, 오래
	that (형) 저, 그 (부) 그렇게

형용사인 동시에 부사이면서, -ly가 붙으면 별개의 부사	
close (형) 가까운 (부) 가까이	**closely** (부) 긴밀하게
deep (형) 깊은 (부) 깊이, 깊게	**deeply** (부) 매우, 깊이
late (형) 늦은 (부) 늦게	**lately** (부) 최근에
near (형) 가까운 (부) 가까이	**nearly** (부) 거의
short (형) 짧은, 키가 작은 (부) 짧게	**shortly** (부) 곧, 간단히
high (형) 높은 (부) 높이, 높게	**highly** (부) 매우, 고도로
free (형) 자유로운, 무료의 (부) 자유롭게, 무료로	**freely** (부) 자유롭게
hard (형) 어려운, 단단한, 열심히 하는 (부) 열심히, 세게	**hardly** (부) 거의 ~ 않는

▶ -ly로 끝나는 형용사 또는 -ly가 붙지 않는 부사에 주의한다. close/deep과 같은 단어들은 형용사와 부사 둘 다로 쓰이면서, -ly가 붙으면 또 다른 부사가 되므로 의미를 주의해서 익혀둔다.

When Dorothy rushed to the kitchen and found the oil was on fire, she tried to be calm and took a deep / deeply breath. 〈기출응용〉
　　　　　　　　　　　　　　　　명사

☑ 밑줄 친 부분이 틀렸다면 바르게 고치시오. 바르면 ○로 표시하시오.　　　　　정답 p. 57

1 Make your answers <u>shortly</u> on the essay portion of the test and you will save some time.

2 Reynolds worked <u>hardly</u> to finish his task on time because he couldn't work yesterday. 〈기출응용〉

3 Those trees are often seen in the south, but they are not <u>that</u> common in the north.

4 The café <u>closely</u> to the train station is a popular spot for travelers to grab a cup of coffee.

5 Ms. Friedman doesn't appear <u>friendly</u> at first, but she is a very caring person.

POINT 4 most vs. almost, such vs. so
출제빈도 ★★☆

| 대부분의 | **most (of)** | + | (형용사) | + | **명사** |

| 매우/그런 | **such** | + a/an + (형용사) + | **단수명사** |
| | | + (형용사) + | **복수명사 불가산명사** |

| 거의 | **almost** | + | **형용사/부사** |

| 매우/그렇게 | **so** | + | **형용사/부사** |

▶ 명사를 수식하기 위해서는 형용사 most (of)와 such가 오고, 형용사/부사를 수식하기 위해서는 부사 almost와 so가 와야 한다.

People viewed baseball as a game of skill, and ┃ most / almost ┃ coaches didn't see strength training
as something for baseball players. 〈기출응용〉
　　　　　　　　　　　　　　　　　　　　　　　명사

*"가장 ~한/하게"라는 의미의 최상급 표현에서는 형용사/부사 앞에 (the) most가 올 수 있다.
　Of all the members of the band, Adam is **the most** popular.

☑ 둘 중 어법에 맞는 것을 고르시오.
정답 p. 58

1 I had never heard of ┃ such / so ┃ an idea before, and it fascinated me greatly.

2 Aiden is ┃ most / almost ┃ always the first one to arrive at the office in the morning.

3 Even if you don't agree with the other person, you don't have to be ┃ such / so ┃ aggressive.

4 Judith spent ┃ most / almost ┃ of her vacation on her laptop, answering e-mails from her coworkers.

5 The U.S. has a tradition of town hall meetings, and important issues have been discussed in
┃ such / so ┃ public forums. 〈기출응용〉　　　　　　　　*town hall meeting: 타운홀 미팅(정책 등에 대한 공개회의)

POINT 5 enough vs. too
출제빈도 ★☆☆

| 충분한 | **enough** | + | **명사** |
| 충분히 | **형용사/부사** | + | **enough** |

| 너무 | **too** | + | **형용사/부사** |

▶ enough는 형용사와 부사 둘 다로 쓰이며, 형용사일 때는 명사 앞에 오고, 부사일 때는 형용사/부사 뒤에 와야 한다. too는 부사이며, 형용사/부사 앞에 와야 한다.

　　　　　　　　　　　　　　　　　　　　　　　　　　　　　　　　〈기출응용〉
The man at the bus stop didn't look like he had ┃ enough money / money enough ┃ to ride the bus.
　　　　　　　　　　　　　　　　　　　　　　　　　　명사　　　　명사

☑ 밑줄 친 부분이 틀렸다면 바르게 고치시오. 바르면 ○로 표시하시오.
정답 p. 58

1 It may seem like change happens <u>slowly too</u>, but you have to be patient.

2 The child wasn't <u>enough tall</u> to ride the roller coaster at the theme park.

3 They didn't have <u>time enough</u> to finish all their tasks before the deadline.

4 Telling jokes is viewed as <u>too informal</u> and unprofessional in a German business setting. 〈기출응용〉

5 Hudson had to run to the station <u>fast enough</u> to catch the last train of the night.

둘 중 어법에 맞는 것을 고르시오.

1 The mountains in my hometown have hundreds of peaks visible / visibly from miles away.

2 At this grocery store, you can find most / almost every type of fresh fruit and vegetable.

3 In order to work as a tour guide in Paris, one should speak French fluent / fluently .

4 Evans didn't join the research team because he did not have enough experience / experience enough .

5 After Angela finally paid off all her debts, she felt so free / freely and relieved.

6 Before Vincent van Gogh died, many people did not consider his artworks remarkable / remarkably .

7 We have made some progress in our studies late / lately , so we will know the results very soon.

8 One report showed that the youth are easy / easily fooled by misinformation when it comes through social media channels. 〈기출응용〉

9 Dennis wore his best clothes to the presentation and looked confident / confidently as he gave it.

10 The baby laughed such / so joyfully that he made people around him smile.

11 The music was too loud / loud too for them to have a quiet conversation, so they left.

12 You may be able to make a new friend simple / simply by visiting a park in an unfamiliar neighborhood. 〈기출응용〉

Vocabulary

1 visible 보이는, 볼 수 있는 5 debt 빚 relieved 안심한 6 remarkable 주목할 만한 7 progress 진전, 발전 8 fool 속이다
9 presentation 발표 confident 자신 있는

밑줄 친 부분이 틀렸다면 바르게 고치시오. 바르면 ○로 표시하시오.

1 The sun was shining and the leaves whispered as the wind moved <u>gentle</u> through the trees.

2 I think this suitcase is not <u>enough big</u> to fit all of our clothes for the long trip, so we'll need one more.

3 The colors and patterns of a butterfly's wings provide <u>visually</u> information about its species.

4 It is <u>so</u> a difficult puzzle that no one has been able to solve it so far.

고난도
5 Birds from the coast landed <u>nearly</u> to my house, frightened by the typhoon.

6 The magician amazed the audience with a <u>total</u> new trick which had never been shown before.

7 Quality of sleep is <u>closely</u> linked to the overall health of a person's body and mind.

8 I was very impressed that you could remain <u>calmly</u> even in that challenging situation.

9 Finding a room will be difficult since <u>almost</u> hotels in the area are fully booked.

10 Esther struggled to keep up with her husband, because he walked <u>too quickly</u> through the crowded street.

11 The meeting will give employees the opportunity to speak <u>direct</u> to their managers.

고난도
12 I urge you and the other city council members to keep the libraries <u>openly</u> even if it costs a lot of money. 〈기출응용〉

Vocabulary

1 whisper 속삭이다   3 visual 시각적인   species (생물의) 종   5 land 착륙하다   6 audience 관중   7 link 연결하다   overall 전반적인
8 impressed 감명을 받은   challenging 힘든   9 book 예약하다   10 keep up with ~을 따라잡다   11 opportunity 기회   directly 직접적으로
12 urge 촉구하다   council 의회

각 네모 안에서 어법에 맞는 표현으로 가장 적절한 것을 고르시오.

1 The movie-streaming website updated its membership plans (A) recent / recently . Now, for just $20 a month, anyone can enjoy (B) total / totally access to all of its movies.

2 We had a party at home last weekend. Unfortunately, we didn't have (A) enough chairs / chairs enough for all our guests, so some had to sit on the floor. Nevertheless, the atmosphere was surprisingly (B) pleasant / pleasantly throughout the party.

3 The company was worried that consumers would not consider it (A) convenient / conveniently to use its new tablet PC. However, the survey results showed that (B) most / almost all respondents preferred the new product over the previous one.

*respondent: 응답자

밑줄 친 부분 중 어법상 **틀린** 것을 고르시오.

4 The toolbox contains several tools ① usefully for various home repairs, like a hammer and screwdrivers. You can handle a wide range of repair jobs around your house effectively using ② such practical tools.

5 Some older individuals seem ① healthily from the outside but are unable to perform regular tasks such as eating, dressing, and bathing due to their age. Governments in many countries are trying to provide more care services for these ② elderly people.

고난도
6 Compared to people from other cultures, those born in the United States are ① highly likely to share information about themselves with strangers. This may explain why Americans seem ② particular comfortable when you first meet them. 〈기출응용〉

Vocabulary

1 access 접근 (권한)   2 nevertheless 그럼에도 불구하고   atmosphere 분위기   3 consumer 소비자   survey (설문) 조사
4 toolbox 공구 상자   contain 포함하다   handle 처리하다   a wide range of 광범위한   practical 실용적인   5 regular 일상적인, 정기의   6 compared to ~과 비교해서

우리말과 같은 뜻이 되도록 <보기> 중 적절한 단어를 골라 문장을 완성하시오. 필요한 경우 단어의 형태를 바꾸시오.

<보기>	exact	hard	nervous

1 시험 날짜가 다가옴에 따라, 나는 극도로 긴장하게 되었다.

As the examination date approached, I became extremely _____.

2 그 도시는 정확히 계곡의 중앙에 있어서, 모든 면이 산으로 둘러싸여 있다.

The city is _____ in the middle of the valley, so it is surrounded by mountains.

3 나의 아이들은 햄과 치즈는 좋아하는 반면에, 그들은 채소나 생선은 거의 먹지 않는다.

While my children like ham and cheese, they _____ eat any vegetables or fish.

우리말과 같은 뜻이 되도록 괄호 안의 단어들을 올바르게 배열하시오. 불필요한 단어 하나를 제외하고 사용하시오.

4 매우 아름다운 목소리를 가지고 있었기 때문에 Irene은 가수로 성공했다.

(a, beautiful, had, she, so, such, voice)

Irene succeeded as a singer because _____.

5 다행히도, 의사들은 환자의 생명을 구할 만큼 충분히 빠르게 행동했다.

(acted, enough, the doctors, too, quickly)

Fortunately, _____ to save the patient's life.

6 도서관에서는, 대부분의 책들이 장르에 따라 책꽂이에 분류되어 있다.

(almost, most, of, on the shelves, the books, were grouped)

In the library, _____ according to their genres.

다음 글에서 어법상 **틀린** 부분을 2개 찾아 바르게 고치시오.

7 Liam and Noah are twin brothers, and they look amazingly ⓐ <u>alike</u> with their grey eyes and angular jaws. People are ⓑ <u>frequent</u> confused due to their similar appearance. When they wear the same clothes, it makes distinguishing between them ⓒ <u>impossibly</u>.

8 Joel Lewis, the young Australian tennis player, was ⓐ <u>near</u> successful at winning his final match against David Muller last year. However, Muller was ⓑ <u>skillful too</u> for Lewis to win. This year, however, he could have the ability ⓒ <u>necessary</u> to take home the trophy.

1 (A), (B), (C)의 각 네모 안에서 어법에 맞는 표현으로 가장 적절한 것은?

Rangan was very busy at his bicycle repair shop when an old man came by with his bicycle. He was wearing (A) such / so an old turban on his head. He said, in a (B) slight / slightly gloomy tone, "Would you please replace the tires? I'll pay you this evening." Feeling sorry for him, Rangan fixed the bicycle. But, by late evening, the man still had not returned. Rangan felt annoyed as he locked up his shop. Later, at home, he heard a knock at his door and opened it to see the old man. Handing over the money, the old man said, "Your shop was closed, so I asked a neighbor to help me find you." Suddenly, Rangan felt (C) most / almost completely calm.

	(A)	(B)	(C)
①	such	slight	most
②	such	slightly	almost
③	so	slight	almost
④	so	slightly	almost
⑤	so	slight	most

2 (A), (B), (C)의 각 네모 안에서 어법에 맞는 표현으로 가장 적절한 것은?

Paying attention to only a few people (A) hard / hardly means you're arrogant or narrow-minded. It just reflects a clear fact: we can pay attention to a limited number of people and develop relationships only with them. According to some scientists, this sounds (B) natural / naturally because our brains are limited. We cannot continue stable social relationships with many people. Professor Robin Dunbar has explained that the average person has a mind (C) capable / capably of forming meaningful relationships with a maximum of about 150 people. Whether that's true or not, it's safe to assume that we can't be real friends with everyone. 〈기출응용〉

*arrogant: 거만한
**narrow-minded: 편협한

	(A)	(B)	(C)
①	hard	natural	capably
②	hard	naturally	capable
③	hardly	naturally	capable
④	hardly	natural	capable
⑤	hardly	naturally	capably

3 다음 글의 밑줄 친 부분 중, 어법상 틀린 것은?

Born in 1867 in Cincinnati, Ohio, Charles Henry Turner was an ① early pioneer in the field of insect behavior. In his father's large library, Turner became ② deeply fascinated with reading about insects. Turner earned a doctoral degree in zoology, but he was unable to get a teaching or research position at any major universities ③ closely to his home. He moved to St. Louis and got a job at Sumner High School. He taught biology to students during the day, but after work, he focused ④ solely on his research. Turner was the first person to discover that insects can learn. During his 33-year career, Turner published more than 70 papers. His influence on the field of insect biology is ⑤ significant enough for everyone to recognize.

*doctoral degree: 박사 학위

4 다음 글의 밑줄 친 부분 중, 어법상 틀린 것은?

Color can impact how you perceive weight. People usually consider dark colors ① heavy and bright colors less so. If you're in charge of product displays at a store, place bright-colored products higher and dark-colored products lower. By doing this, customers will browse ② comfortably from top to bottom. In contrast, putting dark-colored products on top looks ③ so unstable that some shoppers might feel anxiety. Black and white, which have brightnesses of 0% and 100%, show ④ dramatic differences in perceived weight. In fact, black feels twice as heavy as white. Carrying the same product in a black shopping bag feels heavier. So, small but expensive products like neckties and accessories are ⑤ general sold in dark-colored shopping bags or cases. 〈기출응용〉

1 (A), (B), (C)의 각 네모 안에서 어법에 맞는 표현으로 가장 적절한 것은?

In October 2017, Canadian astronomer Robert Weryk was working in Hawaii when he saw a large, fast-moving object through his telescope. The object was moving at (A) such / so a high speed that it could not be from inside the solar system. Rather, it must have come from somewhere outside of it. When the object's discovery was reported in the news, many people thought it had a (B) strange / strangely shape. They believed that it might be an alien spaceship. However, scientists who studied the object later said in (C) its / their reports that the object is likely a comet.

*comet: 혜성

	(A)	(B)	(C)
①	such	strange	its
②	so	strange	its
③	such	strangely	their
④	so	strangely	their
⑤	such	strange	their

2 다음 글의 밑줄 친 부분 중, 어법상 틀린 것은?

Due to price increases, many families around England are finding monthly house payments ① expensive to maintain. For example, the average price in London and the surrounding areas is over £2,000 today, but ② it never passed £1,000 three years ago. As a result, many families have ③ few confidence in the future. They are delaying major plans such as going on holidays, buying new cars, or having children. Some parents who stopped ④ working to raise their children also feel that they have to go back to work. For them, it is the only way to continue. Experts do not know yet ⑤ whether these conditions for families in England will have a larger effect on society later on.

3 다음 글의 밑줄 친 부분 중, 어법상 **틀린** 것은?

Are the abilities of AI language programs better than ① those of humans? AI language programs might do their job ② impressive and give quick and detailed answers to any question. However, the programs are not perfect and have many serious problems. For instance, these programs take other people's information, ③ using it without their permission. In addition, some of the information ④ that these programs produce is false. If these programs keep producing false information and learn from that, the problems of AI today will only get worse. Perhaps, after ⑤ enough time has passed, these problems might be solved, and the programs may be improved. But for now, there is still much work to be done.

정답 p. 61

내신 서술형
4 다음 글을 읽고 문제에 답하시오.

Society generally views psychopaths as very dangerous. However, according to many psychologists, psychopaths only seem ⓐ dangerously because many studies about them have taken place in prisons. (2) 그래서, 사이코패스의 특성들이 범죄자들과 긴밀하게 연결되게 되었다. In truth, many different people in society can have the same characteristics as psychopaths. In other words, not all psychopaths are horrible or scary ⓑ ones. And often, the environment experienced by these people made them ⓒ develop those characteristics. The worst characteristics of psychopaths can reveal ⓓ them as a result of frequent experiences of abuse or violence. But when an environment is positive and supportive, even those with the characteristics of psychopaths can become normal and healthy adults.

*psychopath: 사이코패스(폭력성을 동반하는 이상 심리 소유자)

(1) 위 글의 밑줄 친 ⓐ~ⓓ 중 어법상 **틀린** 곳을 2개 찾아 바르게 고치시오.

(2) 주어진 <조건>에 맞게 위 글의 밑줄 친 우리말을 영작하시오.

┌─ <조건> ─────────────
│ 1. become, close, connected, of, psychopaths, the characteristics를 사용하시오.
│ 2. 필요한 경우 단어의 형태를 바꾸고, 7단어로 쓰시오.
└───────────────────

So, _____

_____ with criminals.

CHAPTER 13

비교구문

기초문법

1. 원급/비교급/최상급 형태 변화

원급은 형용사나 부사를 원형 그대로 사용하고, 비교급은 형용사나 부사 끝에 -er을 붙이거나 앞에 more를 더해서 만든다. 최상급은 -est를 붙이거나 앞에 most를 더해서 만든다.

원급 ~한/~하게	This kitten is very **small**, so I can put it on my palm. Most plants do not grow in the cold **easily**.
비교급 더 ~한/~하게	My backpack is small, but yours is **smaller**. Some people make friends **more easily** than others.
최상급 가장 ~한/~하게	Even though Oliver is the **smallest** in his class, he runs **fastest**. New languages are **most easily** learned when we are young.

*다음과 같이 비교급/최상급이 -er/-est 등으로 끝나지 않고 불규칙한 형태를 가지는 형용사/부사들이 있다.

good/well - better - best	bad/ill - worse - worst
many/much - more - most	little - less - least
old(나이 든, 오래된) - older - oldest	old(연상의) - elder - eldest
late((시간상) 늦은/늦게) - later - latest	late((순서상) 늦은/늦게) - latter - last
far((거리가) 먼/멀리) - farther - farthest	far((정도가) 더한/더욱) - further - furthest

The traffic situation is usually **better** on weekdays than on weekends.
Out of all of the subjects in school, I like math **the least**.
My dad's **eldest** brother is 12 years **older** than him.
Millie Cromwell finished writing her **latest** book **last** month.
The story gets more interesting as you watch the series **further**.

2. 비교구문의 종류와 의미

형용사/부사의 원급, 비교급, 최상급을 사용하여 수량·성질·상태 등을 비교하는 비교구문을 만들 수 있다.

원급	A ~ **as** + 원급 + **as** B A가 B만큼 ~하다(A = B)	Spring this year did not come **as early as** last year. I am shocked that the watch is **as expensive as** a car.
비교급	A ~ 비교급 + **than** B A가 B보다 ~하다(A > B)	Jack always leaves the office **earlier than** everyone else. Eating out at a restaurant is usually **more expensive than** cooking at home.
최상급	A ~ 최상급 (+ 기간/집단 중) A가 (기간/집단 중) 가장 ~하다	I usually come to school **the earliest** among my classmates. The room on the top floor is **the most expensive** in this hotel.

원급	as	+	원급	+	as		비교급	비교급 more/less + 원급	+	than

▶ 형용사/부사의 원급은 as ~ as와 함께 쓰고, 비교급은 than과 함께 써야 한다. 끝에 -er이 붙지 않는 불규칙 비교급을 원급으로 착각하지 않도록 주의한다.

〈기출응용〉

We couldn't have picked a better location for our company │as / than│ this warm and inviting city.
                       비교급

*비교구문에서도 명사를 수식하는 자리이거나 보어 자리일 때는 형용사가 오고, 명사 이외의 것을 수식하기 위해서는 부사가 오는 것에 주의한다. as와 than 등을 제외하고 보면 형용사와 부사 중 무엇이 와야 하는지 쉽게 구분할 수 있다.

The red car is more expensively (→ expensive) than the blue one.   She moved as graceful (→ gracefully) as a swan.
        be동사   주격보어 자리   동사

☑ 둘 중 어법에 맞는 것을 고르시오.   정답 p. 62

1 The car was made 17 years ago, so it's as old │as / than│ you.

2 The neighborhood is │noisy / noisier│ in the daytime than it is at night.

3 Old houses are usually less efficient at storing heat │as / than│ modern ones.

4 All the other contest participants looked as │uneasy / uneasily│ as Zoe. 〈기출응용〉

☑ 밑줄 친 부분이 틀렸다면 바르게 고치시오. 바르면 ○로 표시하시오.

5 We don't see each other as <u>frequently</u> as we used to when we were in school.

6 Recent inventions such as airplanes are surely not more <u>importantly</u> than ancient ones like the wheel.

7 In this area, you can enjoy scenery as various <u>than</u> deserts, seas, and mountains.

8 The store is far from my home, but it has more kinds of items <u>than</u> the store in my town.

POINT 2 비교급·최상급 강조 부사

출제빈도 ★★☆

| much/even/far/still/a lot | + | 비교급 |

| by far/quite | + | 최상급 |

| very | + | 원급 |

▶ 비교급 앞에는 '훨씬'이라는 의미의 much/even/far/still/a lot 등이 오고, 최상급 앞에는 '단연코'라는 의미의 by far/quite 등이 온다. very는 비교급이나 최상급을 강조할 수 없는 것에 주의한다.

Many studies have shown that drinking tea is | much / very | healthier than drinking coffee. 〈기출응용〉
　　　　　　　　　　　　　　　　　　　　　　　　　　　　　　　　비교급

☑ 둘 중 어법에 맞는 것을 고르시오.

정답 p. 62

1 With proper training, my public-speaking skills have become | far / very | better over time.

2 The two apartments look | much / very | similar, but one is slightly bigger than the other.

3 The storm last night was | by far / very | the worst we've experienced in years.

4 In 2014, Internet usage time on mobile phones was | even / very | greater than that on desktops or laptops. 〈기출응용〉

5 Even if the bridge is very long, it is not | quite / very | the longest in the world.

POINT 3 비교구문 관련 표현

출제빈도 ★☆☆

원급 표현	as + 원급 + 명사 + as ··· ···만큼 ~한 (명사) as + 원급 + as possible 가능한 한 ~하게	twice/three times 등 + as + 원급 + as ··· ···의 (몇) 배만큼 ~한 no (other) + 단수명사 - + as + 원급 + as ··· (다른) 어떤 (단수명사)도 ···만큼 ~하지 않다
비교급 표현	get + 비교급, (+ 비교급,) + and + 비교급 점점 더 ~해지다 the + 비교급 ~, the + 비교급 ··· 더 ~할수록, 더 ···하다	no (other) + 단수명사 - + 비교급 + than ··· (다른) 어떤 (단수명사)도 ···보다 더 ~하지 않다 비교급 + than any other + 단수명사 다른 어떤 (단수명사)보다 더 ~하다
최상급 표현	one of the + 최상급 + 복수명사　가장 ~한 (복수명사) 중 하나	

▶ 관용적으로 원급/비교급/최상급을 사용해야 하는 표현을 익혀두고, 이 표현이 올바른 형태로 사용되었는지 확인해야 한다.

The older the male Chuckwallas lizards grow, the | light / lighter | their body colors become. 〈기출응용〉
the + 비교급

☑ 밑줄 친 부분이 틀렸다면 바르게 고치시오. 바르면 ○로 표시하시오.

정답 p. 63

1 My friends and I ran as <u>fastest</u> as possible to get to the movie on time.

2 When people learn from their mistakes, they get wiser and <u>wiser</u> at making decisions.

3 This painting is <u>oldest</u> than any other artwork in this museum.

4 Face-to-face conversation is one of the <u>best</u> ways to develop new thinking and ideas. 〈기출응용〉

5 No other animal on the earth is as <u>smarter</u> as the orangutan.

둘 중 어법에 맞는 것을 고르시오.

1 The singer is more popular as / than any other artist currently on the radio.

2 The new recipe is healthier because it uses even / very less sugar than the previous one.

3 Although flying may seem more dangerous / dangerously than driving, car accidents happen more often than plane accidents.

4 No other vehicle on the market is as fast / faster as this sports car.

5 I think this navy dress makes me look less young / younger than that yellow one.

6 The darker the night sky becomes, the brighter / brightest the stars shine.

고난도
7 The fitness club is providing membership plans for as little / less as $14.99 a month.

8 Will there ever be an English poet as famous / famously as William Shakespeare?

9 My test score wasn't quite / very the highest in the whole school, but it was pretty high.

10 Last night, the wind blew as fiercely as / than a hurricane, so many trees fell down.

11 Good communication is a more / most essential tool for teamwork than any other thing.

고난도
12 Once groups start to do several cooperative activities, group boundaries melt away as rapid / rapidly as they formed. ⟨기출응용⟩

Vocabulary

1 currently 현재   2 recipe 조리법   previous 이전의   4 vehicle 자동차, 탈 것   8 poet 시인   9 pretty 꽤   10 fiercely 사납게   11 essential 필수적인
12 cooperative 협력적인   boundary 경계

밑줄 친 부분이 틀렸다면 바르게 고치시오. 바르면 ○로 표시하시오.

1 The lake has already frozen because the air these days has become as <u>coldly</u> as a winter's day.

2 Helen loves to exercise so much that she trains as <u>harder</u> as a professional athlete.

3 The company offers more affordable prices <u>than</u> its rivals in the market.

4 Douglas has been feeling <u>very</u> happier and more stable since he moved to a new job.

5 〔고난도〕 The second movie in the series is better in some aspects such as special effects <u>as</u> the first one.

6 The Grand Canyon is considered one of the <u>most impressive</u> natural wonders in the world.

7 This new medicine works more <u>effective</u> on a fever than anything else that I've tried.

8 If we meet often and talk a lot, our relationship will get closer and <u>closer</u>.

9 The painter thought that creativity was <u>valuable</u> for the artist than any other skill.

10 The doctor suggested starting treatment as <u>earliest</u> as possible to prevent the disease from getting worse.

11 〔고난도〕 Reading this book will give you a more <u>completely</u> explanation of the topic than that short article.

12 Students who formed one positive habit reported less stress, <u>much</u> shorter hours of watching TV, and fewer dirty dishes. 〈기출응용〉

Vocabulary

1 freeze 얼다　3 affordable 알맞은　rival 경쟁자　4 stable 안정적인　6 impressive 인상적인　wonder 불가사의, 경이(로운 것)　7 work 작용하다　fever 열
8 relationship 관계　9 creativity 창의력　valuable 가치 있는　10 treatment 치료　11 complete 완벽한　explanation 설명　article 논문, 기사

각 네모 안에서 어법에 맞는 표현으로 가장 적절한 것을 고르시오.

1 As one of my friends recommended, I painted a brighter color for the kitchen wall (A) as / than the dark blue. I think it is more (B) practical / practically , as it is easy to clean and feels warmer.

고난도
2 Although a balanced diet and rest are factors as (A) great / greater as exercise for maintaining good health, people often forget them. However, developing healthy eating and sleeping habits must be followed as (B) necessary / necessarily as staying active to achieve overall well-being.

3 Studies show that the benches and chairs with the best view of city life are used (A) very / far more frequently than those without such views. Similarly, the taller the buildings or towers in a city are, the (B) more / most crowded they become because people gather with expectations of splendid views. 〈기출응용〉

밑줄 친 부분 중 어법상 **틀린** 것을 고르시오.

4 The park in Irvine is not as ① closely as the one in Tustin, but it has a basketball court. However, I think the one in Santa Ana is ② even better because it has three basketball courts.

5 An image has a much larger impact on your brain ① than words. The nerves from the eye to the brain are twenty-five times as ② thicker as the nerves from the ear to the brain.
〈기출응용〉

6 Leslie's family went on vacation to the beach, but, throughout their holiday, it rained as much ① than 10 inches every day. As they left the hotel after only playing board games in their rooms for five days, Leslie's six-year-old daughter said, "This was one of the ② best vacations of my life."

Vocabulary

1 recommend 추천하다 practical 실용적인   2 balanced 균형 잡힌 factor 요소 necessarily 필수적으로 well-being 안녕, 웰빙
3 frequently 자주 expectation 기대 splendid 멋진, 화려한   5 nerve 신경

주어진 <조건>에 맞게 우리말을 영작하시오.

1 Sandra는 내가 아는 그 누구보다 스트레스를 더 잘 다루고 어떤 상황에서도 침착하게 남아있다.

<조건> handle, stress, good을 순서대로 사용하시오. 비교구문을 사용하여 5단어로 쓰시오.

_____ anyone I know and remains calm in any situation.

2 너는 내 이웃인 Hayes씨만큼 친절한 사람을 절대 만나지 못할 것이다.

<조건> a person, kind, my neighbor를 순서대로 사용하시오. 비교구문을 사용하여 7단어로 쓰시오.

You will never meet _____ , Mr. Hayes.

3 이 건물은 작년에 지어졌고, 그것은 그 도시에서 단연코 가장 높은 건물이다.

<조건> by far, tall, building, in the city를 순서대로 사용하시오. 비교구문을 사용하여 8단어로 쓰시오.

This building was built last year, and it is _____ .

우리말과 같은 뜻이 되도록 괄호 안의 단어들을 올바른 순서로 배열하시오. 필요한 경우 형태를 바꾸시오.

4 벼룩시장 행사는 우리가 바랐던 만큼 순조롭게 진행되었다. (as, as, hoped, smoothly, we, went)

The flea-market event _____ .

5 Main 가에 있는 그 식당은 마을에서 가장 맛있는 피자 중 하나를 제공한다. (delicious, of, one, pizzas)

The restaurant on Main Street serves _____ in town.

고난도
6 세계에서 다른 어떤 나라도 러시아보다 더 크지 않다. (big, country, is, no, other, Russia, than)

_____ in the world.

다음 글에서 어법상 틀린 부분을 2개 찾아 바르게 고치시오.

고난도
7 People think electric cars are less useful ⓐ <u>as</u> motor vehicles. They don't think they can refuel electric cars as ⓑ <u>convenient</u> as gasoline cars. However, electric cars are eco-friendly, so the government encourages people to choose them as ⓒ <u>much</u> as possible.

8 Maintaining a healthy lifestyle is more ⓐ <u>difficultly</u> than doing whatever you want. But nothing is worse ⓑ <u>than</u> having a serious illness, especially if you could have prevented it. It is ⓒ <u>very</u> easier to prevent a sickness through healthy habits than to treat it later with expensive medical care.

1 (A), (B), (C)의 각 네모 안에서 어법에 맞는 표현으로 가장 적절한 것은?

If you looked up at the night sky, you would see one star that shines (A) bright / brighter than any other star. This star is named Sirius A and you can see it better (B) as / than other stars because it is relatively close to Earth compared to other stars in the sky. It is also about two times as large as our own sun and a little bit hotter. To find Sirius A as (C) fast / fastest as possible, look for the three stars that make up Orion's Belt. Sirius A is the bright, blue-white star located to the left of Orion's Belt.

	(A)	(B)	(C)
①	bright	as	fast
②	bright	than	fastest
③	brighter	as	fastest
④	brighter	than	fast
⑤	brighter	as	fast

2 (A), (B), (C)의 각 네모 안에서 어법에 맞는 표현으로 가장 적절한 것은?

Honesty is a fundamental part of every strong relationship. It can help you escape unpleasant situations and make friends with honest people. Follow this simple policy in life — never lie. When you develop a reputation for always telling the truth, you will enjoy strong relationships. It will also be (A) hard / harder to manipulate you than people who lie. They get into trouble when someone threatens to uncover their lie. By living true to yourself, you'll avoid a lot of headaches. You can talk to anyone as (B) simple / simply as you talk to yourself. Don't be afraid to be honest with your friends. In the long term, lies with good intentions hurt people (C) much / very more than telling the truth. 〈기출응용〉

*manipulate: 조종하다

	(A)	(B)	(C)
①	hard	simple	much
②	hard	simply	very
③	harder	simply	much
④	harder	simply	very
⑤	harder	simple	much

3 다음 글의 밑줄 친 부분 중, 어법상 <u>틀린</u> 것은?

In the early 2010s, no other media was used more ① <u>frequent</u> than TV when UK adults accessed the news. Newspapers were less popular ② <u>than</u> TV, but still many people visited the stands to buy the newspapers of the day. Another means of getting news was the radio, whose listeners were as ③ <u>many</u> as readers of the newspaper in the UK. At that time, using websites or apps was not very common. However, the amount of information acquired from TV, newspapers, and radio has gotten smaller and ④ <u>smaller</u> over time. Now using websites or apps is ⑤ <u>by far</u> the most preferred way of getting information in the UK, as in the rest of the world.

4 다음 글의 밑줄 친 부분 중, 어법상 <u>틀린</u> 것은?

Consumers are generally uncomfortable with the risk that results from having too little information. So, they collect as much information ① <u>as</u> they can to lower risk. They conduct online research or talk to someone, such as an expert, who is more knowledgeable ② <u>as</u> they are. Consumers also reduce uncertainty by sticking to brands they have purchased before. They believe that products should be at least as ③ <u>satisfactory</u> as their previous purchase. In addition, some consumers may reduce risk by buying one of the ④ <u>most</u> expensive items on the market. Or, they can make a safe choice by choosing a heavily advertised brand. People hold the belief that well-known brands offer a quality ⑤ <u>even</u> higher than that of other brands. 〈기출응용〉

CHAPTER 14

도치와 어순

1. 기본 어순

영어 문장은 문장의 종류에 따라 일반적으로 다음과 같은 기본적인 어순을 따른다.

평서문	주어 + (조동사) + 동사	**Joshua likes** ice cream. On the other hand, **Sophia doesn't like** sweets. **I can speak** Spanish, but **I can't teach** it to you.
의문문	(의문사) + 조동사 + 주어	**Does she** play piano? **When did she** learn it? **Where will you** go for your summer vacation? **Can you** tell me?
명령문	동사원형 ~ *주어 you를 생략하고 쓰지 않음	**Turn** off the lights before you leave. **Do not touch** anything in the museum.

2. 도치

다음과 같은 어구들은 의미 강조를 위해 절의 앞쪽에 올 수 있다. 이때 (조)동사가 주어 앞에 오게 되며, 이를 '도치'라고 부른다.

here/there	**Here begins the first day** of school. 　　　동사　　주어 **There is a beautiful garden** in the backyard. 　　동사　　주어
장소/방향을 나타내는 「전치사 + 명사(구)」	**Under the bridge flowed a gentle river**. 　　　　　　　　동사　　　주어 **Down the street ran the children**, laughing loudly. 　　　　　　　동사　　주어
형용사/분사 주격보어	**Afraid were the children** of the neighbor's angry dog. 　　　동사　　주어 **Surprised was Dennis** by the unexpected gift from his friends. 　　　동사　　주어
부정/제한의 의미를 가진 어구	**Never have I** heard such a beautiful song. 　　　조동사 주어 **Only recently did Hailey** read the author's first book. 　　　　　　조동사　주어

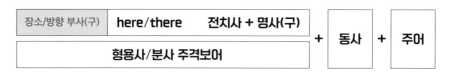

장소/방향 부사(구)	here/there	전치사 + 명사(구)		+ 동사 + 주어
형용사/분사 주격보어				

▶ 장소/방향을 나타내는 부사(구)와 형용사/분사 주격보어가 강조되어 절의 앞쪽에 오면 동사가 주어 앞으로 도치된다.

According to professor Jacqueline Olds, there a way is / is a way for lonely patients to make a friend. 〈기출응용〉

*장소/방향을 나타내는 부사(구) 뒤에 대명사 주어가 오거나, 콤마(,)가 있을 때는 도치가 일어나지 않는 것에 주의한다.

Here <u>comes</u> <u>the bus</u>.   Here <u>it</u> <u>is</u>.
　　　동사　주어(명사)　　　　　주어(대명사) 동사

<u>On the roof</u> <u>is</u> <u>a cat</u> sleeping.   <u>On the roof</u>, <u>a cat</u> <u>is</u> sleeping.
전치사+명사구 동사 주어　　　　　전치사 + 명사구,　주어 동사

☑ 둘 중 어법에 맞는 것을 고르시오.   정답 p. 66

1 Under the old oak tree a boy stood / stood a boy with a worried look on his face.

2 Important the work was / was the work done by our employees around the world.

3 At the table for lunch, the girl sat / sat the girl between her two best friends.

4 In the park, there families are / are families having picnics and enjoying the sunny day.

☑ 밑줄 친 부분이 틀렸다면 바르게 고치시오. 바르면 ○로 표시하시오.

5 At the center of the art gallery <u>paintings hang</u> by a renowned artist, Pablo Picasso.

6 Here <u>I spent</u> most of my early childhood playing with my friends.

7 Remarkably talented <u>the pianist is</u> who just played Beethoven's song onstage.

8 Once upon a time, there <u>lived a king</u> in a beautiful palace at the top of a hill. 〈기출응용〉

POINT 2 조동사 도치

부정/제한 의미의 어구	no/not (only)/never/nor only + 부사(구)	rarely/hardly/seldom/little only when/if + 주어 + 동사	+ 조동사 + 주어
'~ 역시 그렇다/그렇지 않다'	so/neither		

▶ 부정/제한의 의미를 나타내는 어구가 강조되어 절의 앞쪽에 오면 조동사가 주어 앞으로 도치된다. '(주어) 역시 그렇다/그렇지 않다'라는 의미로 말할 때도 so/neither 뒤에서 조동사가 주어 앞으로 도치된다.

Not only [Sarah did / did Sarah] sell the hair product, but she also trained women as sales agents. 〈기출응용〉
　　부정 의미의 어구

*도치된 구조에서 (조)동사는 뒤에 있는 주어에 수 일치하는 것에 주의한다.
Little do(→ does) Steven know that we've planned a birthday party for him.
　　　　단수주어

☑ 밑줄 친 부분이 틀렸다면 바르게 고치시오. 바르면 ○로 표시하시오.　　　　정답 p. 66

1 Rarely <u>John could</u> express his emotions, but now, true happiness has appeared on his face.

2 Actually, never <u>we had</u> seen a whale so close, until we took that trip to Alaska.

3 I don't like broccoli, and neither <u>all my family members do</u>, even if it's good for our health.

4 Emma finished all her homework early, so <u>is she</u> having a good time with her friends.

5 Only when Newton placed two prisms in the path of the sunlight, <u>did he</u> find something new. 〈기출응용〉

POINT 3 간접의문문의 어순

	〈일반 의문문일 때 어순〉	〈간접의문문일 때 어순〉
의문사 의문문	의문사 + (조)동사 + 주어 ~?	의문사 + 주어 + (조)동사
의문사 없는 의문문	(조)동사 + 주어 ~?	whether/if + 주어 + (조)동사

▶ 주어/보어/목적어 등 문장의 일부로 포함되어 있는 간접의문문은 일반 의문문과 달리 「주어 + (조)동사」 순으로 와야 한다.

　　　　　　　　　　간접의문문
If you ask unhappy people what [they think / do they think] about, you will find that they think about problems in their lives. 〈기출응용〉

☑ 밑줄 친 부분이 틀렸다면 바르게 고치시오. 바르면 ○로 표시하시오.　　　　정답 p. 66

1 I can stop by your house tomorrow morning, but <u>are you</u> going to be home at that time?

2 Jeremy wants to know if <u>did anyone see</u> a $20 bill on the counter earlier this morning. 〈기출응용〉

3 What <u>would the tourists</u> see during their visit to the town was not shown in any guide books.

4 If your car isn't in the parking garage, where <u>did you leave</u> it?

5 Before visiting the restaurant, they want to know whether <u>does it have</u> a vegetarian menu.

둘 중 어법에 맞는 것을 고르시오.

1 To the top of the stairs the group climbed / climbed the group for a picture.

2 During the interview, the interviewer may ask how you handle / do you handle stressful situations.

3 Never I have / have I seen such an amazing view as the one from this tower.

4 In the universe, there galaxies must be / must be galaxies waiting to be discovered and explored.

5 If Ms. Bennet went out to lunch, when she returns / does she return to the office?

6 My parents think I should start doing ballet every day, and so my teacher does / does my teacher.

7 With a big smile on her face, here she came / came she, running down the hill.

8 고난도 The food of the restaurant is delicious, but even more excellent the interior is / is the interior.

9 Hardly I had / had I walked out the door with my dogs when it began to rain.

10 It is not clear if the new product will / will the new product be successful in the market.

11 고난도 Near the dried-up pond a traveler sat / sat a traveler, being tired of heat and thirst.

12 Not only motivation creates / does motivation create energy, but it also helps people achieve their goals sooner. 〈기출응용〉

Vocabulary

2 interviewer 면접관   4 galaxy 은하(계)   11 dried-up 바싹 마른 thirst 갈증   12 motivation 동기부여

밑줄 친 부분이 틀렸다면 바르게 고치시오. 바르면 ○로 표시하시오.

1 As the hikers walked deeper and deeper into the forest, they wondered where <u>would the trail</u> lead.

2 Under the bed, there <u>boxes remain</u> full of old memories such as diaries, letters, and pictures.

3 ^{고난도} Only when the sun sets <u>does the city</u> come alive with bright lights and people moving about.

4 Very skilled <u>the magician was</u>, so he surprised the crowd with every trick that he performed.

5 Before you transfer to another college, <u>have you</u> considered changing your major instead?

6 Daniel prefers to focus on the present, so <u>does he hate</u> to talk about his childhood.

7 Little <u>Robert realized</u> that his simple act of kindness would have a great impact on someone else's life.

8 ^{고난도} Under the soil <u>creatures lie</u> that feed on dead plants and animals and keep the forest clean.

9 Whether <u>the client received</u> Rebecca's email is uncertain because she didn't receive any reply.

10 At the traffic light on the corner, <u>were two drivers</u> having an angry discussion.

11 Rarely <u>I can</u> reach Melissa over the phone, so I usually send her a text message.

12 When you face difficult challenges, <u>you are</u> honest with yourself about your weaknesses?

〈기출응용〉

Vocabulary

1 trail 산길   3 come alive 활기를 띠다   5 transfer 전학하다, 옮기다   major 전공   6 present 현재   8 creature 생물   feed on ~을 먹고 살다
10 discussion 논쟁, 토론   12 face 직면하다   challenge 도전   weakness 약점

각 네모 안에서 어법에 맞는 표현으로 가장 적절한 것을 고르시오.

1 If you could move to any city in the world, where (A) you would / would you go? Little (B) some people know / do some people know that every city has problems and no place on Earth is perfect.

2 So embarrassed (A) Catherine was / was Catherine when she learned that the meeting had been canceled. She couldn't understand why (B) nobody had / had nobody informed her about the sudden change in the schedule.

3 In many countries, (A) oil is / is oil imported from other places rather than produced locally. When world oil prices rise, the cost of transportation in these countries goes up, and so (B) the price does / does the price of electricity, which is produced using oil.

밑줄 친 부분 중 어법상 <u>틀린</u> 것을 고르시오.

4 At the end of the dark hallway of the house ① <u>a locked door stood</u>, leaving Edgar curious. He wondered whether ② <u>his sister knew</u> the secret behind it and decided to ask her about it.

5 If you keep working on one habit long enough, not only ① <u>it becomes</u> easier, but you can do other things more easily as well. Additionally, there ② <u>can be a feeling</u> of achievement as you experience the positive impact of this one habit on various aspects of your life.⟨기출응용⟩

고난도
6 My friends and I drove up to a mountain last summer. Only when we got to the top of the mountain ① <u>I remembered</u> that I had been there before. However, the last time I was at the mountain, it was winter. In fact, there ② <u>I saw</u> snow for the very first time in my life.

Vocabulary

2 embarrassed 당황한 cancel 취소하다 inform 알려주다 sudden 갑작스러운   3 import 수입하다 locally 그 지역에서, 근처에서 transportation 운송
4 hallway 복도   5 work on ~에 공을 들이다 additionally 추가로, 게다가 achievement 성취 aspect 측면

주어진 문장을 보고, 밑줄 친 부분이 문장의 맨 앞에 오도록 바꾸어 쓰시오.

1 Alicia <u>not only</u> has finished the marathon, but she also has broken her personal record.

→ _____, but she also has broken her personal record.

2 The ancient castle is <u>so remarkable</u> as it has stayed strong through centuries of history.

→ _____ as it has stayed strong through centuries of history.

3 Some people <u>seldom</u> find the courage to speak in front of large crowds.

→ _____.

우리말과 같은 뜻이 되도록 괄호 안의 단어들을 올바른 순서로 배열하시오.

4 나는 내 친구들이 바다에 가는 것을 좋아하는지 아닌지 모르겠다.
(if, like, my friends, to go, to the sea)
I don't know _____.

5 행사 동안, 어린이들과 부모들을 위한 다양한 활동들이 있었다.
(activities, and, were, children, for, parents, there, various)
During the event, _____.

6 고난도 어떻게 그들이 회사의 문화에 빨리 적응할 수 있는지는 많은 신입사원들의 질문이다.
(adapt to, can, culture, how, they, a company's)
It is a question for many new employees _____ quickly.

다음 글에서 어법상 틀린 부분을 2개 찾아 바르게 고치시오.

7 In a cave deep in the mountains ⓐ <u>sat an old man</u>. Edward, who was curious, visited him with a friend and asked ⓑ <u>why was he</u> staying there. The mysterious old man said something, but Edward did not understand it, and neither ⓒ <u>his friend did</u>.

8 고난도 Rabbits were first introduced to the wild in Australia in 1859. Surprisingly rapid ⓐ <u>was their spread</u> after that. And only when many people reported crop damage ⓑ <u>the government started</u> to do something about the problem. There have been many attempts to reduce the rabbits, but even today, whether ⓒ <u>will Australia</u> ever be free of its rabbits is not known.

1 (A), (B), (C)의 각 네모 안에서 어법에 맞는 표현으로 가장 적절한 것은?

It has long been a popular research topic in biology how (A) insects react / do insects react to climate change around the world. In the UK, the winter population of a butterfly species grew by 400 percent recently. The butterflies usually live in North Africa. Only if the weather in the UK has become warm enough in the spring (B) they go / do they go there to lay their eggs. However, as average temperatures in the UK have risen, winters have become warmer. Thus, from the UK (C) fewer butterflies fly / fly fewer butterflies back to North Africa, causing a rise in the UK population during winter.

	(A)	(B)	(C)
①	insects react	they go	fewer butterflies fly
②	do insects react	they go	fly fewer butterflies
③	do insects react	do they go	fly fewer butterflies
④	insects react	do they go	fly fewer butterflies
⑤	insects react	do they go	fewer butterflies fly

2 (A), (B), (C)의 각 네모 안에서 어법에 맞는 표현으로 가장 적절한 것은?

After graduating from high school, all my friends went to college and got jobs, and so (A) I did / did I. I took a business course and found work at a large company. At first, everything seemed fine. However, in my head, I often asked if (B) I was / was I truly happy. One day, a friend said that I looked unhappy and invited me on a trip. During this trip, I discovered parts of myself that I didn't know. This led to many changes in my life, and now I am much happier with myself. Never (C) I had / had I expected that the trip would change my life forever.

	(A)	(B)	(C)
①	I did	I was	I had
②	did I	was I	had I
③	did I	I was	I had
④	I did	was I	had I
⑤	did I	I was	had I

3 다음 글의 밑줄 친 부분 중, 어법상 틀린 것은?

Into Robbers Cave State Park ① <u>came boys,</u> who were all 11 years old, for a summer camp. Upon arrival at the camp, the boys were randomly separated into two groups and spent a week only with their own groups. The boys in each group swam, camped, and hiked together, but rarely ② <u>they met</u> the boys of the other group. When they were observed a week later, how ③ <u>did the groups</u> get along with each other? Unfortunately, there ④ <u>were many fights</u> and item thefts between the two groups. In one place, ⑤ <u>people become</u> competitive, even hostile, when they are clearly divided. 〈기출응용〉

4 다음 글의 밑줄 친 부분 중, 어법상 틀린 것은?

When students are starting their college life, they naturally learn that there ① <u>exists an approach</u> for each course, test, or learning task. Think about what you will wear to a funeral. A colorful dress is not appropriate, and neither ② <u>is a bathrobe</u>. If you play basketball, you won't wear the same clothes you wore to the funeral. You know there's appropriate dress for different occasions and settings. College freshmen are young, but flexible ③ <u>are they</u> as learners. They can decide whether ④ <u>do they apply</u> a particular method to a class. They have different strategies, and when ⑤ <u>they should</u> use each of them is not a difficult problem. They study for multiple-choice tests differently than for essay tests. 〈기출응용〉

*bathrobe: 목욕 가운

**multiple-choice test: 객관식 시험

1 (A), (B), (C)의 각 네모 안에서 어법에 맞는 표현으로 가장 적절한 것은?

Having high blood pressure can be dangerous to your health. Doctors usually recommend that patients exercise regularly. However, doing exercises with lots of movement is not always as (A) smart / smartly as doing exercises with no movement. A recent study found that exercises with no movement have greater benefits for people with high blood pressure (B) as / than exercises with lots of movement. This is good news for people with high blood pressure. Not only (C) the exercises can / can the exercises improve blood flow, but they are easy to do at home without the need for equipment or expensive gym memberships.

	(A)	(B)	(C)
①	smart	as	the exercises can
②	smart	than	can the exercises
③	smart	than	the exercises can
④	smartly	as	can the exercises
⑤	smartly	as	the exercises can

2 다음 글의 밑줄 친 부분 중, 어법상 **틀린** 것은?

The teenage years are not an easy time. This is the age ① at which many young people start to discover themselves. They start to realize who they are or who they want to become. Since they are still not adults, under the protection of their parents ② many changes happen that affect their emotional lives. They feel and understand things more ③ deeply than parents think, but still require some help and guidance. Thus, a parent has to help his or her teenaged children without adding to ④ their feelings of stress. To do that, a parent must be ready to offer advice without telling them exactly what to do. Offering too much advice is not appropriate, but neither ⑤ is offering nothing.

3 다음 글의 밑줄 친 부분 중, 어법상 **틀린** 것은?

Even if you regret it, it is better for you to do something ① <u>than</u> never to do it at all. This is because you can look at your past actions and learn from them. In fact, sometimes, the more mistakes you make, the ② <u>wiser</u> you become. However, when you do not do something, there is nothing to learn from. Your growth is ③ <u>slowly</u> lessened because you are learning nothing new. When you wonder whether ④ <u>should you</u> take a risk on something new, just do it. You can say you tried it and learned something new instead of saying you should ⑤ <u>have tried</u> it and learned nothing.

4 다음 글을 읽고 문제에 답하시오.

(2) <u>기업들이 직원들 간의 회의를 어떻게 관리하는지는 전반적인 성과에 영향을 미친다.</u> Very often, too many meetings can hurt productivity. ⓐ <u>Even worse meetings are, if they are long.</u> Meetings are important for exchanging information and reaching agreement on decisions. But having too many long meetings can waste employees' time. ⓑ <u>They spend much time discussing plans than taking action.</u> Since meetings are necessary but can also be a waste of time, the best thing to do is to keep them short. Before you plan your next meeting, set a goal and make sure that everyone knows what the meeting is about. This will save time and ensure that everyone comes to the meeting prepared. ⓒ <u>At the meeting, everyone should focus on the goal to produce very clearer results.</u>

(1) 위 글의 밑줄 친 ⓐ~ⓒ 문장 중 어법상 틀린 곳을 각각 찾아 바르게 고치시오.

(2) 주어진 <조건>에 맞게 위 글의 밑줄 친 우리말을 영작하시오.

> ─── <조건> ───
> 1. affect, between employees, companies, manage, meetings를 사용하시오.
> 2. 적절한 접속사로 시작하시오.
> 3. 필요한 경우 단어의 형태를 바꾸고, 7단어로 쓰시오.

_____ overall performance.

MEMO

단 계 별 학 습 으 로 제 대 로 완 성 하 는 영 어 어 법

해커스
어법 수능 내신
제대로

초판 2쇄 발행 2024년 12월 2일

초판 1쇄 발행 2024년 2월 15일

지은이	해커스 어학연구소
펴낸곳	㈜해커스 어학연구소
펴낸이	해커스 어학연구소 출판팀

주소	서울특별시 서초구 강남대로61길 23 ㈜해커스 어학연구소
고객센터	02-537-5000
교재 관련 문의	publishing@hackers.com
	해커스북 사이트(HackersBook.com) 고객센터 Q&A 게시판
동영상강의	star.Hackers.com

ISBN	978-89-6542-672-1 (53740)
Serial Number	01-02-01

중고등영어 1위,
해커스북 HackersBook.com

· 내신 시험을 완벽하게 대비할 수 있는 **서술형 대비 영작 워크시트**
· 효과적인 단어 암기를 돕는 **어휘 리스트 및 어휘 테스트**
· 단어 암기 훈련을 돕는 **보카 암기 트레이너**

수능·내신 한 번에 잡는
해커스 불변의 패턴 시리즈

해커스 수능 어법 불변의 패턴

[기본서]
필수편 [고1]

· 역대 수능·모의고사 기출에서 뽑아낸
  55개의 불변의 패턴

· 출제포인트와 함정까지 빈틈없이 대비하는
  기출 예문 및 기출 문제

[훈련서]
실력편 [고2]

· 역대 수능·모의고사 기출 분석으로
  실전에 바로 적용하는 **37개의 불패 전략**

· 핵심 문법 설명부터 실전 어법까지
  제대로 실력을 쌓는 **단계별 학습 구성**

해커스 수능 독해 불변의 패턴

[기본서]
유형편 [예비고~고1]

· 역대 수능·모평·학평에서 뽑아낸
  32개의 불변의 패턴

· 끊어 읽기와 구문 풀이로
  독해 기본기 강화

[실전서]
실전편 [고2~고3]

· 최신 수능·모평·학평 출제경향과 패턴을
  그대로 반영한 **실전모의고사 15회**

· 고난도 실전모의고사 3회분으로
  어려운 수능에 철저히 대비

단계별 학습으로 제대로 완성하는 영어 어법

해커스 어법 수능 내신 제대로

| 정답 및 해설 |

HACKERS

해커스
어법 수능 내신
제대로

정답 및 해설

Ⓗ 해커스 어학연구소

POINT 1   수식어가 사이에 있는 주어와 동사의 수 일치   p.12

정답 sits
해설 주어 a group이 단수명사이므로 단수동사 sits가 적절
해석 이 연구에서는, 여섯 명의 낯선 사람들이 한 방에 앉아서 15분 동안 이야기를 나눈다.

1 정답 The children, make
해설 분사구 수식어 playing ~ street를 제외하고, 주어 The children이 복수명사이므로 복수동사 make가 적절
해석 거리에서 놀고 있는 어린이들이 많은 소음을 낸다.
어휘 noise 소음

2 정답 clothes, are
해설 관계사절 수식어 that ~ zipper를 제외하고, 주어 clothes가 복수명사이므로 복수동사 are가 적절
해석 보통, 지퍼가 있는 옷들은 입고 벗기 쉽다.
어휘 take off 벗다

3 정답 The first step, is
해설 to부정사구 수식어 to ~ skills를 제외하고, 주어 The first step이 단수명사이므로 단수동사 is가 적절
해석 새로운 기술의 숙달에 있어서 취할 첫 번째 단계는 꾸준히 연습하는 것이다.
어휘 mastery 숙달   consistently 꾸준히, 지속적으로

4 정답 the students, eat
해설 「전치사 + 명사구」 수식어 at ~ school을 제외하고, 주어 the students가 복수명사이므로 복수동사 eat이 적절
해석 대부분의 날에, 이 학교 학생들은 학교 식당에서 점심을 먹는다.

5 정답 the city's air, causes
해설 형용사구 수식어 full ~ gases를 제외하고, 주어 the city's air가 불가산명사이므로 단수동사 causes가 적절
해석 여름 동안에, 스모그와 해로운 가스로 가득 찬 도시의 공기는 다양한 건강 문제를 일으킨다.
어휘 harmful 해로운, 유해한   various 다양한

6 정답 The vegetables, come
해설 분사구 수식어 sold ~ market을 제외하고, 주어 The vegetables가 복수명사이므로 복수동사 come이 적절
해석 시장에서 팔리는 채소들은 근처의 농장에서 온다.
어휘 nearby 근처의, 가까운 곳의

7 정답 The purpose, is
해설 「전치사 + 명사구」 수식어 of ~ lights를 제외하고, 주어 The purpose가 단수명사이므로 단수동사 is가 적절
해석 신호등의 목적은 자동차들의 움직임을 통제하는 것이다.
어휘 movement 움직임

8 정답 the bus, O
해설 관계사절 수식어 that ~ work를 제외하고, 주어 the bus가 단수명사이므로 단수동사 stops는 적절
해석 내게 편리하게도, 내가 매일 아침 출근하기 위해 타는 버스는 여기에서 한 블록 떨어진 곳에 선다.

POINT 2   부분/수량 표현을 포함한 주어와 동사의 수 일치 (1): of 앞 표현에 수 일치   p.13

정답 is
해설 of 앞이 단수 취급하는 One이므로 단수동사 is가 적절
해석 핵심 특징들 중의 하나는 이 인공지능 프로그램이 기계가 새로운 것들을 배울 수 있게 한다는 것이다.
어휘 feature 특징   enable ~할 수 있게 하다

1 정답 are
해설 of 앞이 복수 취급하는 A number이므로 복수동사 are가 적절
해석 많은 사람들이 최근의 범죄 증가에 대해 걱정한다.
어휘 recent 최근의

2 정답 has
해설 of 앞이 단수 취급하는 much이므로 단수동사 has가 적절
해석 세계의 많은 지역에서, 많은 숲이 산불에 의해 파괴되었다.
어휘 destroy 파괴하다   wildfire 산불, 들불

3 정답 O
해설 of 앞이 복수 취급하는 Many이므로 복수동사 are는 적절
해석 이 도시의 많은 건물들은 100년이 넘었다.

4 정답 trains
해설 of 앞이 단수 취급하는 one이므로 단수동사 trains가 적절
해석 우리 학교에서는, 선생님들 중 한 분이 축구팀을 훈련시킨다.
어휘 train 훈련시키다, 교육시키다

5 정답 is
해설 of 앞이 단수 취급하는 The number이므로 단수동사 is가 적절
해석 영어가 모국어인 화자의 수는 스페인어가 모국어인 화자의 수보다 더 적다.
어휘 native 모국어의, 출생지의

POINT 3   부분/수량 표현을 포함한 주어와 동사의 수 일치 (2): of 뒤 명사에 수 일치   p.13

정답 were
해설 of 뒤의 the children이 복수명사이므로 복수동사 were가 적절
해석 사라진 개를 몇 시간 동안 찾아다닌 후에, 대부분의 아이들은 지쳐서 포기했다.

1 정답 the food, smells
해설 of 뒤의 the food가 단수명사이므로 단수동사 smells가 적절
해석 이 식당에서 제공되는 음식 중 일부는 맛있는 냄새가 나지만, 그중 대부분은 나에게 너무 맵다.

2 정답 information, is
해설 of 뒤의 information이 불가산명사이므로 단수동사 is가 적절
해석 소셜 미디어에 있는 많은 정보는 사실이 아니다.
어휘 false 사실이 아닌, 틀린

3 정답 the employees, prefer
해설 of 뒤의 the employees가 복수명사이므로 복수동사 prefer가 적절
해석 한 조사에서, 직원들의 30%는 집에서 일하는 것을 선호한다.
어휘 survey (설문) 조사

4 정답 <u>the students, use</u>

해설 of 뒤의 the students가 복수명사이므로 복수동사 use가 적절

해석 우리 반 학생들의 절반 이상이 인터넷에 접속하기 위해 데스크톱 컴퓨터를 사용한다.

어휘 **desktop** 데스크톱 컴퓨터(책상용 컴퓨터) **access** 접속하다

5 정답 <u>the money, goes</u>

해설 of 뒤의 the money가 불가산명사이므로 단수동사 goes가 적절

해석 그 행사에서 모인 모든 돈은 어린이 병원으로 간다.

POINT 4 **동명사구/명사절 주어와 동사의 수 일치** p.14

정답 means

해설 동명사구 Accepting ~ mistakes가 주어이므로 단수동사 means가 적절

해석 당신의 실수를 인정하는 것은 당신이 개인적인 성장을 위한 첫걸음을 내딛고 있다는 것을 의미한다.

1 정답 affects

해설 명사절 How often ~ exercise가 주어이므로 단수동사 affects가 적절

해석 당신이 얼마나 자주 운동하기를 선택하는지는 당신의 건강에 크게 영향을 미친다.

어휘 **affect** 영향을 미치다

2 정답 is

해설 동명사구 Traveling ~ places가 주어이므로 단수동사 is가 적절

해석 새로운 곳으로 여행을 가는 것은 다른 문화들에 대해 배우는 재미있고 신나는 방법이다.

3 정답 O

해설 복수명사 laptops가 주어이므로 복수동사 were는 적절

해석 자료에 따르면, 터치스크린이 있는 노트북 컴퓨터가 작년에 매우 인기 있었다.

어휘 **data** 자료, 데이터 **laptop** 노트북 컴퓨터

4 정답 creates

해설 명사절 What ~ interview가 주어이므로 단수동사 creates가 적절

해석 면접에서 당신이 무엇을 입는지는 채용 매니저에게 강한 인상을 준다.

어휘 **impression** 인상 **hiring** 채용, 고용

5 정답 replace

해설 복수명사 most ~ companies가 주어이므로 복수동사 replace가 적절

해석 고객들이 고장 난 제품을 반품할 때, 대부분의 전자 제품 회사들은 그것을 새것으로 교환해 준다.

어휘 **electronics company** 전자 제품 회사, 전자 기기 **replace** 교환하다, 대신하다

POINT 5 **주격 관계대명사절 동사와 선행사의 수 일치** p.14

정답 cure

해설 주격 관계대명사 that이 가리키는 선행사 powers가 복수명사이므로 관계대명사절에 복수동사 cure가 적절

해석 어떤 약초들은 특정한 질병을 치료하는 놀라운 힘을 가지고 있다.

어휘 **specific** 특정한

1 정답 <u>The man, runs</u>

해설 주격 관계대명사 who가 가리키는 선행사 The man이 단수명사이므로 관계대명사절에 단수동사 runs가 적절

해석 시내에서 가게를 운영하는 그 남자는 항상 손님들에게 친절하고 도움이 된다.

2 정답 <u>Trees, provide</u>

해설 주격 관계대명사 which가 가리키는 선행사 Trees가 복수명사이므로 관계대명사절에 복수동사 provide가 적절

해석 자연적으로 깨끗한 공기를 제공하는 나무들은 환경에 중요하다.

어휘 **naturally** 자연적으로, 자연스럽게

3 정답 <u>items, are</u>

해설 주격 관계대명사 that이 가리키는 선행사 items가 복수명사이므로 관계대명사절에 복수동사 are가 적절

해석 사용되지 않고 결국 버려지는 물건에 많은 돈이 쓰인다.

어휘 **eventually** 결국

4 정답 <u>friends, like</u>

해설 주격 관계대명사 who가 가리키는 선행사 friends가 복수명사이므로 관계대명사절에 복수동사 like가 적절

해석 나는 소음에도 불구하고 카페에서 공부하는 것을 좋아하는 몇몇 대학교 친구들이 있다.

5 정답 <u>everything, was</u>

해설 주격 관계대명사 that이 가리키는 선행사 everything이 단수명사이므로 관계대명사절에 단수동사 was가 적절

해석 문제를 해결하기 위해, 그녀는 가능한 모든 것을 시도했지만, 어떤 것도 효과가 없었다.

어휘 **available** (이용) 가능한, 여유가 있는

POINT 6 **도치된 주어와 동사의 수 일치** p.15

정답 is

해설 장소/방향을 나타내는 There 때문에 동사 뒤로 도치된 주어 a correct way가 단수명사이므로 단수동사 is가 적절

해석 보통 기타를 잡고 연주하는 올바른 방법이 있다.

1 정답 <u>a cat, does</u>

해설 부정/제한의 의미를 가진 Rarely 때문에 동사 뒤로 도치된 주어 a cat이 단수명사이므로 단수동사 does가 적절

해석 고양이는 추운 겨울밤에 따뜻한 무릎을 좀처럼 거부하지 않는다.

어휘 **rarely** 좀처럼 ~하지 않는 **refuse** 거부하다

2 정답 <u>thousands of passengers, pass</u>

해설 장소/방향을 나타내는 Through the airport 때문에 동사 뒤로 도치된 주어 thousands of passengers가 복수명사이므로 복수동사 pass가 적절

해석 그 공항을 통해 매일 수천 명의 승객들이 지나간다.

어휘 **passenger** 승객

3 정답 <u>the teacher, comes</u>

해설 장소/방향을 나타내는 here 때문에 동사 뒤로 도치된 주어 the teacher가 단수명사이므로 단수동사 comes가 적절

해석 봐, 선생님이 여기로 오고 계셔. 우리는 자리로 돌아가는 게 좋겠다.

4 정답 <u>the children, do</u>

해설 부정/제한의 의미를 가진 Little 때문에 동사 뒤로 도치된 the children이 복수명사이므로 복수동사 do가 적절

해석 아이들은 자신의 행동이 다른 사람들에게 미치는 영향을 거의 깨닫지 못한다.

어휘 **realize** 깨닫다 **impact** 영향

5 정답 lots of people, O

해설 장소/방향을 나타내는 There 때문에 동사 뒤로 도치된 lots of people이 복수명사이므로 복수동사 are는 적절

해석 공원에 많은 사람들이 있고, 그들은 소풍을 즐기고 게임을 하고 있다.

6 정답 employees, do

해설 부정/제한의 의미를 가진 Never 때문에 동사 뒤로 도치된 employees가 복수명사이므로 복수동사 do가 적절

해석 직원들은 성공을 이루는 것에서 팀워크의 가치를 결코 잊지 않는다.

어휘 **achieve** 이루다, 성취하다

7 정답 a famous chef, was

해설 장소/방향을 나타내는 In the kitchen 때문에 동사 뒤로 도치된 a famous chef가 단수명사이므로 단수동사 was가 적절

해석 부엌에서 우리의 맛있는 식사를 준비한 유명한 요리사가 요리하는 중이다.

8 정답 music, does

해설 부정/제한의 의미를 가진 Not 때문에 동사 뒤로 도치된 주어 music이 불가산명사이므로 단수동사 does가 적절

해석 음악은 우리를 즐겁게 해줄 뿐만 아니라, 또한 강한 감정을 일으키는 힘을 가지고 있다.

어휘 **entertain** 즐겁게 해주다 **evoke** 일으키다, 불러내다

문장 연습 제대로　네모 유형　p.16

1 are	2 was	3 stays	4 include
5 come	6 have	7 influences	8 take
9 stands	10 were	11 helps	12 leads

1 해설 All of 뒤의 flowers가 복수명사이므로 복수동사 are가 적절

해석 정원의 모든 꽃들이 봄 햇살 속에 활짝 피고 있다.

2 해설 동명사구 Writing ~ parents가 주어이므로 단수동사 was가 적절

해석 부모님의 삶을 바탕으로 소설을 쓰는 것은 그녀의 오랜 꿈이었다.

3 해설 주격 관계대명사 who가 가리키는 선행사 a quiet boy가 단수명사이므로 관계대명사절에 단수동사 stays가 적절

해석 Douglas는 그의 모든 반 친구들이 쉬는 시간에 밖에 나가는 동안 보통 교실에 머무르는 조용한 소년이다.

4 해설 to부정사구 수식어 to ~ painter를 제외하고, 주어 The skills가 복수명사이므로 복수동사 include가 적절

해석 훌륭한 화가가 되기 위한 기술들은 창의력과 노력을 포함한다.

5 해설 60 percent of 뒤의 the guests가 복수명사이므로 복수동사 come이 적절

해석 그 호텔에 머무는 손님들의 약 60%가 해외에서 온다.

6 해설 주격 관계대명사 which가 가리키는 선행사 Mobile phones가 복수명사이므로 관계대명사절에 복수동사 have가 적절

해석 많은 유용한 기능들을 가진 휴대폰은 현대 생활에 필수적인 도구이다.

7 해설 명사절 How ~ other가 주어이므로 단수동사 influences가 적절

해석 우리가 서로 어떻게 의사소통하는지가 우리 프로젝트의 성공에 영향을 미친다.

8 해설 「전치사 + 명사구」 수식어 in the city를 제외하고, 주어 all the tourists가 복수명사이므로 복수동사 take가 적절

해석 그 도시에 있는 거의 모든 관광객들은 유명한 랜드마크에서 사진을 찍는다.

9 해설 장소/방향을 나타내는 At ~ building 때문에 동사 뒤로 도치된 주어 a security guard가 단수명사이므로 단수동사 stands가 적절

해석 그 건물의 모든 입구에 유니폼을 입은 보안 요원이 서 있다.

10 해설 주어 a number of things에서 of 앞이 복수 취급하는 a number 이므로 복수동사 were가 적절

해석 과거에, 오늘날 우리가 쉽게 즐기는 여러 가지 것들이 많은 이유로 가능하지 않았다.

11 해설 동명사구 Reading ~ topics가 주어이므로 단수동사 helps가 적절

해석 다양한 주제의 책을 읽는 것은 당신의 지식을 확장하는 것을 돕는다.

12 해설 to부정사구 수식어 to ~ friends를 제외하고, 주어 The pressure 가 불가산명사이므로 단수동사 leads가 적절

해석 친구들 사이에서 좋은 이미지를 유지하려는 부담감은 종종 불안과 스트레스로 이어진다.

문장 연습 제대로　밑줄 유형　p.17

1 were	2 rejects	3 was	4 O
5 understand	6 exist	7 provides	8 remains
9 prefer	10 influences	11 O	12 is

1 해설 관계사절 수식어 that ~ machine을 제외하고, 주어 The engineers가 복수명사이므로 복수동사 were가 적절

해석 그 기계를 발명한 기술자들은 디자인의 안전성 때문에 칭찬을 받았다.

2 해설 주격 관계대명사 that이 가리키는 선행사 a society가 단수명사이므로 관계대명사절에 단수동사 rejects가 적절

해석 곤충을 먹는다는 생각을 거부하는 사회에서도, 어떤 사람들은 그 생각에 열려있을 수 있다.

3 해설 주어 one ~ students에서 of 앞이 단수 취급하는 one이므로 단수동사 was가 적절

해석 아이오와 대학에서, 예술 학위를 받은 최초의 세 학생 중 한 명은 Elizabeth Catlett이었다.

4 해설 명사절 Who ~ on이 주어이므로 단수동사 is는 적절

해석 누가 지금부터 회사를 이끌지가 이번 회의에서 가장 중요한 관심사다.

5 해설 주격 관계대명사 who가 가리키는 선행사 friends가 복수명사이므로 관계대명사절에 복수동사 understand가 적절

해석 모든 사람들은 항상 그들을 이해해 주고 기쁨과 슬픔을 공유하는 친구들을 가지기를 원한다.

6 해설 장소/방향을 나타내는 There 때문에 동사 뒤로 도치된 주어 many solutions가 복수명사이므로 복수동사 exist가 적절

해석 만약 우리가 열린 마음으로 본다면, 우리의 문제들에는 많은 해결책이 존재한다.

7 해설 주어 Much ~ information에서 of 앞이 단수 취급하는 Much이므로 단수동사 provides가 적절

해석 당신이 신문으로부터 받는 많은 정보는 세계에 대한 귀중한 지식을 제공한다.

8 해설 동명사구 Running marathons가 주어이므로 단수동사 remains가 적절

해석 마라톤을 뛰는 것은 운동과 개인적인 성취의 인기 있는 형태로 남아있다.

9 해설 half of 뒤의 students가 복수명사이므로 복수동사 prefer가 적절

해석 최근의 설문조사에서, 반 학생들의 절반은 혼자보다는 그룹으로 공부하는 것을 선호한다.

10 해설 명사절 what ~ breakfast가 주어이므로 단수동사 influences가 적절

해석 때때로, 사람들이 아침으로 무엇을 먹는지는 그날의 나머지 동안 그들의 기분에 영향을 준다.

11 해설 부정/제한의 의미를 가진 Hardly 때문에 동사 뒤로 도치된 주어 children이 복수명사이므로 복수동사 do가 적절

해석 어린이들은 그들의 조부모님들이 줄 때 사탕을 먹는 것을 거의 거부하지 않는다.

12 해설 분사구 수식어 discussed ~ leaders를 제외하고, 주어 the problem이 단수명사이므로 단수동사 is가 적절

해석 오늘날, 세계 지도자들에 의해 가장 자주 논의되는 문제는 어떻게 기후 변화를 막을 것인지이다.

짧은 지문 연습 제대로   p.18

1 (A) is (B) were	2 (A) continues (B) have
3 (A) recycle (B) helps	4 ③
5 ②	6 ③

1 해설 (A) 장소/방향을 나타내는 At ~ Museum 때문에 동사 뒤로 도치된 주어 a large collection이 단수명사이므로 단수동사 is가 적절

(B) Most of 뒤의 paintings가 복수명사이므로 복수동사 were가 적절

해석 Greenview 박물관에는 여러 종류의 그림들의 큰 소장품이 있다. 이 박물관에 있는 대부분의 그림들은 재능 있는 지역 예술가들에 의해 창작되었다.

2 해설 (A) 주어 The number ~ students에서 of 앞이 단수 취급하는 The number이므로 단수동사 continues가 적절

(B) 「전치사 + 명사구」 수식어 in ~ country를 제외하고, 주어 Colleges가 복수명사이므로 복수동사 have가 적절

해석 대학교 학생들의 수는 매년 계속 감소하고 있다. 전국 대부분의 지역에 있는 대학들은 10년 전에 그들이 가졌던 것보다 오늘날 더 적은 학생들을 가지고 있다.

3 해설 (A) 주격 관계대명사 that이 가리키는 선행사 many companies가 복수명사이므로 관계대명사절에 복수동사 recycle이 적절

(B) 「전치사 + 명사구」 수식어 of ~ products를 제외하고, 주어 This way가 단수명사이므로 단수동사 helps가 적절

해석 오늘날, 옷이나 운동화를 만들기 위해 플라스틱병들을 재활용하는 많은 회사들이 있다. 플라스틱 제품들을 재활용하는 이 방식은 쓰레기를 줄임으로써 환경을 보호하는 것을 돕는다.

4 해설 ① 명사절 What ~ choose가 주어이므로 단수동사 depends는 적절

② 주어 Many ~ sports에서 of 앞이 복수 취급하는 Many이므로 복수명사 require는 적절

③ 분사구 수식어 made ~ clay를 제외하고, 주어 balls가 복수명사이므로 복수동사 do가 적절

해석 당신이 어떤 종류의 공을 선택하느냐는 당신이 하는 운동의 종류에 달려있다. 축구와 같이, 사람들이 하는 많은 운동들은, 일정 수준의 튕김을 가진 공들을 필요로 한다. 단단한 고무공들은 그런 경기에 좋은 반면, 점토로 만들어진 공들은 전혀 튀지 않아서, 그렇지 않다.

5 해설 ① 분수 one-third of 뒤의 workers가 복수명사이므로 복수동사 travel은 적절

② 주격 관계대명사 which가 가리키는 선행사 the highways가 복수명사이므로 관계대명사절에 복수동사 are가 적절

③ 분사구 수식어 running ~ schedule을 제외하고, 주어 a train service가 단수명사이므로 단수동사 looks는 적절

해석 근로자의 약 3분의 1이 매일 교외의 집에서 도시의 직장으로 이동한다. 그러나, 평소에 혼잡한 고속도로는 출퇴근 시간 동안 더 혼잡해진다. 결과적으로, 스케줄에 따라 운행하는 열차 서비스가 일부 사람들에게 더 실용적으로 보인다.

6 해설 ① 관계사절 수식어 that ~ characters를 제외하고, 주어 A general strategy가 단수명사이므로 단수동사 is는 적절

② 주격 관계대명사 who가 가리키는 선행사 animators가 복수명사이므로 관계대명사절에 복수동사 work는 적절

③ 동명사구 Using ~ characters가 주어이므로 단수동사 allows가 적절

해석 매력적인 동물 캐릭터를 창작하기 위해 사용되는 일반적인 전략은 그들을 아기처럼 보이게 만드는 것이다. 사실, 정기적으로 그러한 캐릭터를 작업하는 많은 만화 제작자들은 이러한 방식으로 그것들을 디자인하는 것을 선호한다. 그들의 캐릭터에 이 기법을 사용하는 것은 그들이 사람들의 감정에 더 쉽게 호소할 수 있게 해준다.

내신 서술형 대비 제대로   p.19

1 arrive	2 are	3 weighs, is

4 Writing letters by hand takes more time
5 Students who take this foreign language class experience
6 the rest of the days were sunny
7 ⓑ rise → rises, ⓒ mean → means
8 ⓑ is → are, ⓒ has → have

1 해설 Some of 뒤의 the club members가 복수명사이므로 복수동사 arrive가 적절

2 해설 분사구 수식어 walking ~ street을 제외하고, 주어 The people이 복수명사이므로 복수동사 are가 적절

3 해설 주격 관계대명사 which가 가리키는 선행사 The human brain이 단수명사이므로 단수동사 weighs가 적절, 관계사절 수식어 which ~ kilograms를 제외하고 주어 The human brain이 단수명사이므로 단수동사 is가 적절

4 해설 주어가 "손으로 편지를 쓰는 것"이라는 뜻의 동명사구이므로 Writing letters by hand 뒤에 단수동사 takes가 적절

5 해설 주어가 "학생들"이라는 복수명사 students이므로, 관계사절 수식어 who take this foreign language class를 사이에 두고 복수동사 experience가 적절

어휘 **cultural** 문화적인, 문화의 **custom** 관습

6 해설 "나머지 날들"이라는 뜻으로 주어가 the rest of days이고, the rest of 뒤에 복수명사 days가 왔으므로, 복수동사 were가 적절

7 해설 ⓐ 주어 the number ~ households에서 of 앞이 단수 취급하는 the number이므로 단수동사 increases는 적절

ⓑ 「전치사 + 명사구」 수식어 for ~ products를 제외하고, 주어 the demand가 불가산명사이므로 단수동사 rises가 적절
ⓒ 명사절 That ~ pets가 주어이므로 단수동사 means가 적절

해석 반려동물을 소유한 미국 가구의 수가 증가함에 따라, 반려동물 관련 제품에 대한 수요 역시 증가한다. 현재 미국 가구의 60% 이상이 반려동물을 소유하고 있다는 것은 이제 반려동물용품 시장이 수십억 달러의 가치가 있다는 것을 의미한다.

어휘 household 가구, 가정 own 소유하다 demand 수요, 요구 currently 현재 billion 십억

8 해설 ⓐ 부정/제한의 의미를 가진 Never 때문에 동사 뒤로 도치된 humans가 복수명사이므로 복수동사 have가 적절
ⓑ 주격 관계대명사 that이 가리키는 선행사 seas가 복수명사이므로 관계대명사절에 복수동사 are가 적절
ⓒ 20 percent of 뒤의 the seas가 복수명사이므로 복수동사 have가 적절

해석 비록 지구 위에서 오랫동안 살아왔지만 인간들은 결코 지구의 모든 부분을 탐험해 본 적이 없다. 그것의 표면의 4분의 3은 인간이 도달하기에 너무 깊은 바다로 덮여 있다. 과학자들에 따르면, 지구를 덮고 있는 바다의 오직 20%만 광범위하게 연구되어 왔다.

어휘 explore 탐험하다 surface 표면 extensively 광범위하게

수능 대비 제대로 p.20

| 1 ③ | 2 ② | 3 ④ | 4 ③ |

1 해설 (A) 주어 A number ~ today에서 of 앞이 복수 취급하는 A number이므로 복수동사 feature가 적절
(B) 「전치사 + 명사구」 수식어 of ~ effects를 제외하고, 주어 the use가 단수명사이므로 단수동사 has가 적절
(C) 장소/방향을 나타내는 there 때문에 동사 뒤로 도치된 주어 some countries가 복수명사이므로 복수동사 are가 적절

해석 오늘날 많은 영화들이 디지털 특수 효과를 특징으로 삼는다. 영화 제작자들은 낮은 비용으로 더 멋지고 예술적인 장면을 만들기 위해 이 효과들을 사용한다. 게다가, 디지털 특수 효과의 사용은 다른 장점들도 가지고 있다. 각 나라의 법의 차이 때문에, 어떤 영화들은 특정한 이미지를 보여줄 수 없다. 예를 들어, 영화에서 담배의 이미지를 허락하지 않는 몇몇 나라들이 있다. 디지털 특수 효과를 사용함으로써, 영화 제작자들은 그 장면을 다시 찍지 않고 쉽게 그 이미지들을 제거할 수 있다.

어휘 feature 특징으로 삼다 artistic 예술적인 in addition 게다가 advantage 장점, 이점 remove 제거하다

2 해설 (A) 분사구 수식어 going ~ 11 p.m.을 제외하고, 주어 people이 복수명사이므로 복수동사 have가 적절
(B) 주어 One ~ researchers에서 of 앞이 단수 취급하는 One이므로 단수동사 adds가 적절
(C) 주격 관계대명사 which가 가리키는 선행사 morning light가 불가산명사이므로 관계대명사절에 단수동사 sets가 적절

해석 영국 연구원들에 따르면, 오후 10시에서 11시 사이에 잠을 자는 사람들은 심장병의 위험이 더 낮다. 그 연구원들은 80,000명의 지원자들의 수면 패턴에 대한 데이터를 모았다. 이상적인 취침 시간보다 더 일찍 또는 더 늦게 잠을 잔 약 3,000명의 지원자들은 심장 문제를 보였다. 여러 수면 연구를 해온 연구원들 중 한 명은 우리의 건강에 대한 취침 시간의 또 다른 효과를 추가한다. 그는 늦은 취침 시간이 신체 시계를 손상시킬 가능성이 더 높다고 말한다. 잠자리에 들기 가장 나쁜 시간은 자정 이후이다. 그것은 신체 시계를 적절하게 설정하는 아침 빛을 볼 기회를 줄일 수 있다.

어휘 volunteer 지원자, 자원봉사자 damage 손상시키다 properly 적절하게, 알맞게

3 해설 ① 「전치사 + 명사구」 수식어 for ~ worldwide를 제외하고, 주어 The main reason이 단수명사이므로 단수동사 is는 적절
② 79% of 뒤의 the world's ~ population이 단수명사이므로 단수동사 lives는 적절
③ 주격 관계대명사 who가 가리키는 선행사 residents가 복수명사이므로 관계대명사절에 복수동사 have는 적절
④ 부정/제한의 의미를 가진 Rarely 때문에 동사 뒤로 도치된 주어 a person이 단수명사이므로 단수동사 does가 적절
⑤ Most of 뒤의 the food products가 복수명사이므로 복수동사 are는 적절

해석 전 세계적으로 굶주린 사람들이 존재하는 주된 이유는 가난이다. 전 세계 굶주린 인구의 약 79%는 그들이 수입하는 것보다 더 많은 음식을 수출하는 나라들에 산다. 그러므로, 그 나라들에 있는 음식의 양은 줄어들고, 그것의 가격은 오른다. 보통 낮은 소득을 가진 이 나라들의 거주자들은 가게에서 음식값을 지불할 수 없다. 이런 나라들의 사람은 그 혹은 그녀 가족의 일상적인 음식 수요를 지원하기에 충분한 돈을 거의 벌지 못한다. 세계 시장에서 팔리는 대부분의 음식 제품은 간단히 그들이 사기에 너무 비싸다.

어휘 existence 존재 poverty 가난 export 수출하다 import 수입하다 resident 거주자 income 소득 support 지원하다, 지지하다

4 해설 ① 명사절 What ~ States가 주어이므로 단수동사 is는 적절
② 동명사구 watching ~ snacks가 주어이므로 단수동사 helps는 적절
③ 관계사절 수식어 that ~ enjoy를 제외하고, 주어 the programs가 복수명사이므로 복수동사 provide가 적절
④ a lot of 뒤의 shows가 복수명사이므로 복수동사 offer는 적절
⑤ 주격 관계대명사 that이 가리키는 선행사 a show가 단수명사이므로 관계대명사절에 단수동사 takes는 적절

해석 미국에서 모든 사람들이 동의할 수 있는 것은 텔레비전이 그들의 최고 여가 활동이라는 것이다. 많은 사람들은 소파에서 간식과 함께 텔레비전을 보는 것이 그들이 휴식하고 스트레스에서 벗어나도록 돕는다고 믿는다. 게다가, 사람들이 즐기는 프로그램들은 또한 매일의 일상에 약간의 흥미를 제공한다. 더욱이, 텔레비전에서 이용 가능한 많은 쇼들은 가치 있는 정보와 교육을 제공한다. 예를 들어, 'Planet Earth'는 시청자들을 세계의 여러 장소들로 교육적인 여행을 데려가는 쇼이다. 그 쇼는 많은 상을 받았고, 많은 사람들이 그것을 사랑한다.

어휘 relax 휴식하다 escape 벗어나다, 탈출하다 furthermore 더욱이 education 교육 award 상, 상금

CHAPTER 02 동사의 시제

POINT 1 단순과거 vs. 현재완료 p.24

정답 became

해설 과거의 한 시점을 나타내는 표현인 in 1910이 있으므로 단순과거 became이 적절

해석 Lilian Bland는 1910년에 그녀 자신의 비행기를 설계하고, 만들고, 날린 최초의 여성이 되었다.

1 정답 have solved

해설 과거부터 현재까지를 모두 포함하는 표현인 since ~ club이 있으므로 현재완료 have solved가 적절

해석 우리는 퍼즐 동아리에 가입한 이래로 많은 재미있는 퍼즐들을 함께 풀어왔다.

2 정답 visited

해설 과거의 한 시점을 나타내는 표현인 last summer가 있으므로 단순과거 visited가 적절

해석 Lisa는 지난여름에 그녀의 조부모님들이 다른 도시로 이사 가기 전에 그들을 방문했다.

3 정답 has worked

해설 과거부터 현재까지를 모두 포함하는 표현인 for ~ now가 있으므로 현재완료 has worked가 적절

해석 그 젊은 남성은 지금까지 몇 달 동안 그의 소설을 작업해 왔다.

어휘 novel 소설 several 몇몇의

4 정답 purchased

해설 과거의 한 시점을 나타내는 표현인 only ~ ago가 있으므로 단순과거 purchased가 적절

해석 Spadler씨는 겨우 3주 전에 토스터를 구입했지만, 그것은 벌써 작동이 안 된다.

어휘 purchase 구입하다, 사다

5 정답 wandered

해설 과거의 한 시점을 나타내는 표현인 In ~ Age가 있으므로 단순과거 wandered가 적절

해석 구석기 시대에는, 20명에서 60명의 무리가 식량을 찾기 위해 이곳저곳을 떠돌아다녔다.

어휘 wander 떠돌아다니다

6 정답 O

해설 과거부터 현재까지를 모두 포함하는 표현인 for hours가 있으므로 현재완료 have waited는 적절

해석 우리는 판매가 시작되기를 몇 시간 동안 줄을 서서 기다리긴 했지만 너무 신난다.

7 정답 saw

해설 현재완료 has been과 함께 쓰인 since가 이끄는 절의 동사이므로 단순과거 saw가 적절

해석 그는 작년에 처음으로 유성을 본 이후 별들에 관심을 가져왔다.

어휘 shooting star 유성

8 정답 closed

해설 과거의 한 시점을 나타내는 표현인 when ~ in이 있으므로 단순과거 closed가 적절

해석 나는 차가운 바람이 들어오는 것을 느꼈을 때 창문을 닫았다.

어휘 breeze 바람, 미풍

POINT 2 과거완료 vs. 현재완료   p.25

정답 had written

해설 아버지가 연설문을 쓴 것은 과거에 내가 발견한 것보다 먼저 일어난 일이므로 과거완료 had written이 적절

해석 나는 아버지가 고등학교 졸업식을 위해 쓴 연설문을 발견했다.

어휘 discover 발견하다 graduation 졸업식, 졸업

1 정답 has sold

해설 제품을 다 판 것은 빵집이 문을 연 한 시간 전부터 현재까지 일어난 일이므로 현재완료 has sold가 적절

해석 그 빵집은 겨우 한 시간 전에 열었음에도 불구하고 지금 대부분의 제품을 다 팔았다.

어휘 sell out of ~을 다 팔다, 매진하다

2 정답 had forgotten

해설 그녀가 숙제를 제출하는 것을 잊은 것은 과거에 깨달은 것보다 먼저 일어난 일이므로 과거완료 had forgotten이 적절

해석 Deborah는 그녀가 숙제를 제출하는 것을 잊었다는 것을 깨달았다.

어휘 hand in 제출하다

3 정답 O

해설 우리가 기차를 타기로 계획했던 것은 과거에 기차를 놓친 것보다 먼저 일어난 일이므로 과거완료 had planned는 적절

해석 우리는 타기로 계획했던 기차를 놓쳤을 때 매우 당황했다.

어휘 embarrassed 당황한

4 정답 have made

해설 친구들을 사귄 것은 이사 온 시점부터 현재까지 일어난 일이므로 현재완료 have made가 적절

해석 나는 로스앤젤레스로 이사 온 이래로 10명 이상의 새 친구들을 사귀었다.

5 정답 had been

해설 음식들이 먹어 버려진 것은 과거에 손님들이 도착했던 것보다 먼저 일어나서 그 시점까지 계속된 일이므로 과거완료 had been이 적절

해석 손님들 중 몇몇이 파티에 도착했을 때, 모든 음식들이 먹어 버려졌다.

POINT 3 미래시제를 대신하는 현재시제   p.25

정답 run

해설 If ~ challenges는 조건 부사절이므로 현재시제 run이 적절

해석 당신은 위험과 도전으로부터 도망치면, 인생의 경주에서 뒤처질 것이다.

어휘 risk 위험 challenge 도전

1 정답 comes

해설 When ~ come(s)은 시간 부사절이므로 현재시제 comes가 적절

해석 겨울이 올 때, 나는 내가 가장 좋아하는 스웨터를 입을 것이다.

2 정답 will stop

해설 if ~ picnic은 동사 wonder의 목적어 역할을 하는 명사절이므로 미래시제 will stop이 적절

해석 아이들은 소풍을 위해 나가기 전에 비가 그칠지 궁금해한다.

3 정답 save

해설 Unless ~ money는 조건 부사절이므로 현재시제 save가 적절

해석 그들이 충분한 돈을 저축하지 않는다면, 그들은 휴가를 갈 수 없을 것이다.

어휘 vacation 휴가, 방학

4 정답 is

해설 until ~ perfect는 시간 부사절이므로 현재시제 is가 적절

해석 그 배우들은 그들의 연기가 완벽할 때까지 계속 노력할 것이다.

어휘 work 노력하다, 일하다 performance 연기, 공연

5 정답 will start

해설 when ~ working은 동사 know의 목적어 역할을 하는 명사절이므로 미래시제 will start가 적절

해석 Connor씨는 언제 신규 사원들이 일을 시작할지 알기 원한다.

1 used	2 receive	3 discovered	4 lands
5 had written	6 came	7 will hold	8 have known
9 fell	10 was	11 improves	12 had scored

1 해설 과거의 한 시점을 나타내는 표현인 in ~ BC가 있으므로 단순과거 used가 적절

  해석 인간들은 기원전 5세기 혹은 6세기에 최초로 동전을 사용했다.

2 해설 when ~ friends는 시간 부사절이므로 현재시제 receive가 적절

  해석 나는 내 친구들로부터 격려하는 말을 들을 때 동기부여 된 것처럼 느낄 것이다.

3 해설 과거의 한 시점을 나타내는 표현인 When ~ America가 있으므로 단순과거 discovered가 적절

  해석 콜럼버스가 미국에 도착했을 때, 그는 사람들이 이미 그곳에 살고 있는 것을 발견했다.

4 해설 Once ~ land(s)는 조건 부사절이므로 현재시제 lands가 적절

  해석 일단 비행기가 착륙하면, 나는 휴대폰 메시지를 확인할 것이다.

5 해설 할머니가 편지를 쓴 것은 과거에 Emily가 편지를 받은 것보다 먼저 일어난 일이므로 had written이 적절

  해석 어제, Emily는 그녀의 할머니가 수년 전에 그녀에게 쓴 편지를 받았다.

6 해설 과거의 한 시점을 나타내는 표현인 a couple ~ ago가 있으므로 단순과거 came이 적절

  해석 그들은 한 달 동안 아시아에 있었고, 며칠 전에 집으로 돌아왔다.

7 해설 if ~ soon은 동사 have asked의 목적어 역할을 하는 명사절이므로 미래시제 will hold가 적절

  해석 많은 방문객들은 그 도서관이 곧 특별한 행사를 열 것인지 물어왔다.

8 해설 우리가 서로 아는 것은 과거부터 현재까지 계속된 일이므로 현재완료 have known이 적절

  해석 우리는 오랫동안 서로 알아 왔고, 지금 우리는 좋은 친구이다.

9 해설 현재완료 has had와 함께 쓰인 since가 이끄는 절의 동사이므로 단순과거 fell이 적절

  해석 그는 일곱 살 때 사다리에서 떨어진 이래로 높은 곳에 대한 두려움을 가져왔다.

10 해설 과거의 한 시점을 나타내는 표현인 when ~ stomachache가 있으므로 단순과거 was가 적절

  해석 끔찍한 복통을 겪었을 때 나는 깊은 산속에 혼자 있었다.

11 해설 As soon as ~ improve(s)는 시간 부사절이므로 현재시제 improves가 적절

  해석 날씨가 나아지자마자, 야외 시장이 다시 열릴 것이다.

12 해설 Casey가 득점한 것은 과거에 그녀가 MVP로 선정된 것보다 먼저 일어난 일이므로 과거완료 had scored가 적절

  해석 Casey는 경기 동안 세 골 모두를 득점했기 때문에 MVP로 선정되었다.

1 finishes	2 had left	3 has become
4 O	5 was	6 arrives
7 O	8 visited	9 has served
10 change	11 O	12 had occurred

1 해설 after ~ day는 시간 부사절이므로 현재시제 finishes가 적절

  해석 Gloria는 하루의 일을 마친 후에 휴식을 취하고 긴장을 풀 것이다.

2 해설 열쇠를 안에 둔 것은 과거에 깨달은 것보다 먼저 일어난 일이므로 과거완료 had left가 적절

  해석 문을 잠근 후에, 나는 열쇠를 안에 두었다는 것을 깨달았다.

3 해설 과거부터 현재까지를 모두 포함하는 표현인 since ~ 2000s가 있으므로 현재완료 has become이 적절

  해석 스마트폰의 사용은 2000년대 초반의 도입 이래로 널리 퍼져 왔다.

4 해설 when ~ sale은 checking의 목적어 역할을 하는 명사절이므로 미래시제 will go는 적절

  해석 우리는 좋은 좌석을 얻기 위해 콘서트 티켓이 언제 판매되는지 계속 확인할 것이다.

5 해설 과거의 한 시점을 나타내는 표현인 in 1886이 있으므로 단순과거 was가 적절

  해석 최초의 자동차는 독일인 기술자인 Karl Benz에 의해 1886년에 발명되었다.

6 해설 when ~ arrive(s)는 시간 부사절이므로 현재시제 arrives가 적절

  해석 그 해변은 여름철이 올 때 큰 파티 장소로 변할 것이다.

7 해설 버스를 놓친 것은 과거에 알게 된 것보다 먼저 일어난 일이므로 과거완료 had missed는 적절

  해석 Martin은 텅 빈 버스 정류장에 도착했을 때, 그가 버스를 놓쳤다는 것을 알게 되었다.

8 해설 과거의 한 시점을 나타내는 표현인 last month가 있으므로 단순과거 visited가 적절

  해석 학생들은 유명한 현대 미술 작품들을 보기 위해 지난달에 그 박물관을 방문했다.

9 해설 질 높은 음식을 제공한 것은 10년보다 전부터 현재까지 계속된 일이므로 현재완료 has served가 적절

  해석 이 식당은 10년 이상 동안 손님들에게 질 높은 요리를 제공해 왔기 때문에 인기 있다.

10 해설 as long as ~ regularly는 조건 부사절이므로 현재시제 change가 적절

  해석 그 차는 당신이 엔진 오일을 정기적으로 교환하는 한 매끄럽게 달릴 것이다.

11 해설 현재완료 have used와 함께 쓰인 Since가 이끄는 절의 동사이므로 단순과거 appeared는 적절

  해석 처음 등장한 이래로, 공동체들은 춤을 탄생과 죽음과 같은 중요한 사건들을 기억하기 위해 사용해 왔다.

12 해설 사고가 발생한 것은 과거에 도로가 폐쇄된 것보다 먼저 일어난 일이므로 과거완료 had occurred가 적절

  해석 그 도로는 같은 날 일찍 사고가 발생했기 때문에 폐쇄되었다.

1 (A) was	(B) has stood	2 (A) has replaced	(B) send
3 (A) lost	(B) had called	4 ①	
5 ①		6 ①	

1 **해설** (A) 과거의 한 시점을 나타내는 표현인 in 1889가 있으므로 단순과거 was가 적절
(B) 그것이 서 있는 것은 한 세기 이상 전부터 현재까지 계속 일어난 일이므로 현재완료 has stood가 적절
해석 에펠탑은 1889년 프랑스 파리에 세워졌다. 그것은 한 세기 이상 동안 우뚝 서 있었고, 지금은 많은 관광객들이 방문하는 유명한 랜드마크이다.

2 **해설** (A) 과거부터 현재까지를 모두 포함하는 표현인 since ~ Internet이 있으므로 현재완료 has replaced가 적절
(B) If ~ email은 조건 부사절이므로 현재시제 send가 적절
해석 이메일 통신은 인터넷의 등장 이래로 종이 우편을 대체해 왔다. 만약 당신이 이메일을 보낸다면, 그것은 거의 즉시 정보를 전달할 것이다.

3 **해설** (A) 과거의 한 시점을 나타내는 표현인 last Sunday가 있으므로 단순과거 lost가 적절
(B) Samantha가 전화한 것은 과거에 Dorothy의 부모님이 그녀를 발견한 것보다 먼저 일어난 일이므로 과거완료 had called가 적절
해석 Dorothy는 지난 일요일에 Samantha와 전화 통화를 하는 동안 갑자기 의식을 잃었다. Dorothy의 부모님은 Samantha가 그들에게 전화했기 때문에 Dorothy의 방으로 달려갔고 재빨리 그녀를 발견했다.

4 **해설** ① 농장이 식품을 생산한 것은 30년 이상 전부터 현재까지 계속된 일이며, 과거부터 현재까지를 모두 포함하는 표현인 for ~ years가 있으므로 현재완료 has produced가 적절
② Once ~ vegetables는 조건 부사절이므로 현재시제 taste는 적절
해석 우리 농장은 이 인근에서 30년 이상 동안 건강한 식품을 생산해왔다. 당신이 일단 우리의 신선한 과일과 채소를 맛본다면, 왜 고객들이 더 많은 것을 위해 항상 다시 오는지 이해할 수 있을 것이다.

5 **해설** ① 현재완료 has waited와 함께 쓰인 since가 이끄는 절의 동사이므로 단순과거 missed가 적절
② 그가 작가를 만나기를 원한 것은 과거에 그가 실망한 것보다 먼저 일어난 일이므로 과거완료 had wanted는 적절
해석 Dennis는 작년에 도서 사인 행사를 놓친 이래로 그것을 기다려 왔다. 그날, 그는 그가 가장 좋아하는 작가를 만나기를 원했기 때문에 매우 실망했다.

6 **해설** ① until ~ home은 시간 부사절이므로 현재시제 step이 적절
② if ~ things는 동사 decide의 목적어 역할을 하는 명사절이므로 미래시제 will achieve는 적절
해석 당신이 집 밖으로 걸음을 내디딜 때까지 당신은 결코 위대한 것들을 볼 수 없을 것이다. 또한, 당신이 스스로의 인생의 진로를 정한다면, 당신은 위대한 것들을 성취할지 스스로 결정할 필요가 있을 것이다.

1 have worked	2 became	3 returns

4 they arrived at the airport, the plane had departed
5 the customer presses the button, a robot will come
6 has lived in this city since she graduated from college
7 ⓐ will hear → hear, ⓒ have made → made
8 ⓐ practiced → have practiced,
ⓒ have learned → had learned

1 **해설** 과거부터 현재까지를 모두 포함하는 표현인 for ~ now가 있으므로 현재완료 have worked가 적절
해석 그들은 지금까지 3개월 동안 한 팀으로 함께 일해 왔고 매우 잘 지낸다.

2 **해설** 과거의 한 시점을 나타내는 표현인 In 1969가 있으므로 단순과거 became이 적절
해석 1969년에, 닐 암스트롱은 달 위를 걸은 최초의 사람이 되었다.

3 **해설** as soon as ~ lunch는 시간 부사절이므로 현재시제 returns가 적절
해석 Smith씨가 점심식사에서 돌아오자마자 우리는 회의를 시작할 것이다.

4 **해설** 그 비행기가 이미 떠난 것은 과거에 그들이 공항에 도착한 것보다 먼저 일어난 일이므로 arrive는 단순과거 arrived, depart는 과거완료 had departed가 적절
어휘 depart 떠나다, 출발하다

5 **해설** '손님이 버튼을 누르면'은 조건 부사절이므로 if절에 현재 시제 presses, 주문을 받으러 오는 것은 미래의 일이므로 미래시제 will come이 적절

6 **해설** Jessica가 이 도시에서 산 것은 대학을 졸업한 시점부터 현재까지 계속된 일이므로 live는 현재완료 has lived, since가 이끄는 절에는 단순과거 graduated가 적절
어휘 graduate from ~을 졸업하다

7 **해설** ⓐ when ~ cancer는 시간 부사절이므로 현재시제 hear가 적절
ⓑ when ~ disease는 동사 wonder의 목적어 역할을 하는 명사절이므로 미래시제 will find는 적절
ⓒ 과거의 한 시점을 나타내는 표현인 a few years ago가 있으므로 단순과거 made가 적절
해석 많은 사람들이 암이라는 단어를 들을 때 두려움을 느낄 것이다. 그들은 또한 언제 인간이 이 병에 대한 완벽한 치료법을 찾을 것인지 궁금해한다. 고맙게도, 의학 연구에서 노력이 계속 진행 중이다. 사실, 몇 년 전에, 몇몇 과학자들은 암에 대한 혁신적인 치료법을 창조함으로써 중요한 진전을 이루었다.
어휘 cancer 암 cure 치료법, 약 ongoing 계속 진행 중인
progress 진전 innovative 혁신적인 treatment 치료(법)

8 **해설** ⓐ 과거부터 현재까지를 모두 포함하는 표현인 for ~ life가 있으므로 현재완료 have practiced가 적절
ⓑ 현재완료 have played와 함께 쓰인 since가 이끄는 절의 동사이므로 단순과거 was는 적절
ⓒ 테니스, 골프, 농구를 배운 것은 과거에 대학을 떠나기 전에 일어나서 그 시점까지 계속된 일이므로 과거완료 had learned가 적절
해석 나는 내 인생의 대부분 동안 다양한 스포츠를 연습해 왔다. 예를 들어, 나는 6살 이래로 야구를 해왔고, 11살 이래로 축구를 해왔다. 그리고 내가 22살에 대학을 졸업할 때까지, 나는 테니스, 골프, 그리고 농구도 배웠다.

1 ⑤	2 ③	3 ②	4 ⑤

1 해설 (A) 과거부터 현재까지를 모두 포함하는 표현인 for ~ time이 있으므로 현재완료 have interacted가 적절
(B) 과거의 한 시점을 나타내는 표현인 When ~ water가 있으므로 단순과거 felt가 적절
(C) 현재완료 has found와 함께 쓰인 since가 이끄는 절의 동사이므로 단순과거 was가 적절

해석 대부분의 사람들이 돌고래가 인간에게 친절하며, 그들이 우리와 매우 오랜 시간 동안 상호 작용을 해왔다는 것을 안다. 여기에 돌고래와 인간 사이의 우정에 대한 놀라운 예시가 있다. 1980년 6월 25일, David Johnson은 평소처럼 바다에 수영하러 갔다. 그가 약 40피트 물속에 있었을 때, 그는 갑자기 왼쪽 다리에 통증을 느꼈고 움직일 수 없었다. 그가 가라앉기 시작했을 때, 공포가 그를 덮쳤다. 바로 그때, 돌고래가 나타났다. 망설임 없이, 그 돌고래는 그의 아래에 위치를 잡았고, 그의 무게를 지탱했다. 그것은 잊을 수 없었다. David는 돌고래에 의해 구조된 이래로 동물에 대한 새로운 존경심을 발견했다.

어휘 incredible 놀라운 overtake 덮치다 position 위치를 잡다 unforgettable 잊을 수 없는

2 해설 (A) When ~ decisions는 시간 부사절이므로 현재시제 repeat이 적절
(B) 나쁜 결정들을 내린 것은 과거에 의자를 조립할 수 없었던 것보다 먼저 일어난 일이므로 과거완료 had made가 적절
(C) 과거부터 현재까지를 모두 포함하는 표현인 Since that experience가 있으므로 현재완료 have learned가 적절

해석 우리가 나쁜 결정을 내림으로써 작은 실수들을 반복할 때, 우리의 작은 선택은 결국 나쁜 결과가 될 것이다. 어느 날, 나는 혼자 의자를 만들기로 결심했고 목재를 자르기 시작했다. 그러나, 결국, 내가 내렸던 나쁜 결정들 때문에 나는 의자의 어느 부분도 조립할 수 없었다. 디자인에 따르면, 각각의 부분은 정확한 길이의 목재를 필요로 했다. 그러나 나는 작은 차이는 중요하지 않을 것이라고 생각했고, 그래서 나는 측정에 주의를 기울이지 않았다. 그 경험 이후로, 나는 좋은 최종 결과를 얻기 위한 작은 과정들의 중요성을 배웠다.

어휘 eventually 결국 add up to 결국 ~가 되다 result 결과 assemble 조립하다 matter 중요하다 process 과정

3 해설 ① 과거부터 현재까지를 모두 포함하는 표현인 for ~ years가 있으므로 현재완료 have known은 적절
② 과거의 한 시점을 나타내는 표현인 a long time ago가 있으므로 단순과거 met이 적절
③ 이웃이었던 것은 과거에 이사 가기 전에 일어나서 그 시점까지 계속된 일이므로 과거완료 had been은 적절
④ 그녀가 피닉스로 이사 온 것은 과거에 내가 알게 되기 전에 일어난 일이므로 과거완료 had moved는 적절
⑤ 과거의 한 시점을 나타내는 표현인 last summer가 있으므로 단순과거 decided는 적절

해석 항상 당신의 친구로 남아 있을 몇몇 사람들이 있다. 나는 내 친구 Kate를 수년 동안 알아 왔다. 나는 오래전 우리가 둘 다 샌디에이고에 살았을 때 그녀를 만났다. 우리는 약 8년 동안 같은 거리의 이웃이었지만, 나의 가족은 피닉스로 이사 갔다. 우리는 그 후로 연락이 끊겼다. 어느 날, 그녀가 나에게 소셜 미디어로 메시지를 보냈고, 나는 그녀가 일 때문에 피닉스로 이사 왔다는 것을 알게 되었다. 우리는 지난여름에 만나서 점심을 먹기로 결정했고, 그 이래로 정기적으로 서로 만나왔다.

어휘 remain 남아 있다, 남다 lose touch 연락이 끊기다

4 해설 ① 과거의 한 시점을 나타내는 표현인 in 1840가 있으므로 단순과거 discovered는 적절
② 과거부터 현재까지를 모두 포함하는 표현인 Since then이 있

으므로 현재완료 have observed는 적절
③ until ~ water는 시간 부사절이므로 현재시제 jumps는 적절
④ if ~ water는 동사 decide의 목적어 역할을 하는 명사절이므로 미래시제 will go는 적절
⑤ If ~ survive(s)가 조건 부사절이므로 현재시제 survives가 적절

해석 한 프랑스 생물학자는 1840년에 지구의 최남단 지역에서 아델리 펭귄을 발견했다. 그 이후로, 연구원들은 이 매력적인 생물의 생활 양식을 관찰해 왔다. 그들은 종종 먹이를 찾아 무리 지어 물가로 이동한다. 하지만 이 얼음물 속에는 펭귄을 잡아먹는 바다표범들이 있다. 펭귄들은 이를 피하기 위해 무엇을 할 수 있을까? 펭귄의 해결책은 기다리는 게임을 하는 것이다. 그들은 가장 참을성 없는 펭귄이 물속으로 뛰어들 때까지 기다리고 기다릴 것이다. 그 펭귄에게 무엇이 일어나는지 본 후에, 나머지 펭귄들은 그들이 물속으로 들어갈지 결정할 것이다. 만약 첫 번째 펭귄이 살아남는다면, 다른 모두가 물속으로 뛰어들 것이다. 그들의 전략은 "배우고 사는 것"이다.

어휘 biologist 생물학자 observe 관찰하다 fascinating 매력적인 creature 생물 solution 해결책 impatient 참을성 없는 survive 살아남다 strategy 전략

MINI TEST CH 01-02
p.32

1 ④	2 ④	3 ②

4 (1) ⓒ will experience → experience, ⓓ happens → happen
(2) a patient under treatment for many months shows

1 해설 (A) 「전치사 + 명사구」 수식어 in ~ Ocean을 제외하고, 주어 Its location이 단수명사이므로 단수동사 covers가 적절
(B) 과거의 한 시점을 나타내는 표현인 in ~ 1945가 있으므로 단순과거 disappeared가 적절
(C) 조종사들이 보고한 것은 과거에 그들이 사라지기 전에 일어난 일이므로 과거완료 had reported가 적절

해석 버뮤다 삼각지대는 유명한 신비의 장소이다. 그것의 북대서양에서의 위치는 플로리다, 푸에르토리코, 그리고 버뮤다 섬 사이의 넓은 지역을 포함한다. 많은 배들과 비행기들이 그곳에서 길을 잃었다. 한번은, 1945년 12월에, 여섯 대의 비행기가 같은 주에 버뮤다 삼각지대에서 사라졌다. 그 비행기들 중 다섯 대는 미국 해군에 속해 있었다. 조종사들은 그들이 사라지기 직전에 문제점을 보고했다. 해안 경비대가 다섯 대의 실종된 비행기를 찾고 있을 때, 13명의 승객을 태운 다른 비행기도 같은 위치에서 사라졌다.

어휘 location 위치 navy 해군 shortly before 직전에 search 찾다, 수색하다

2 해설 ① 과거부터 현재까지를 모두 포함하는 표현인 since ~ through가 있으므로 현재완료 have lost는 적절
② 명사절 What ~ these가 주어이므로 단수동사 is는 적절
③ 주어 Most ~ donations에서 Most of 뒤의 donations가 복수명사이므로 복수동사 come은 적절
④ to부정사구 수식어 to ~ group을 제외하고, 주어 other ways가 복수명사이므로 복수동사 include가 적절
⑤ if ~ online이 조건 부사절이므로 현재시제 contact는 적절

해석 당신도 아시다시피, 지난주에 큰 폭풍이 있었습니다. 폭풍이 거쳐 지나간 이래로 많은 사람들이 그들의 집을 잃었습니다. 만약 당신이 그들을 돕고 싶다면, Fast Aid 그룹에 연락해 보세요. 요즘과 같은 시기에 우리가 주로 책임지는 것은 기부품을 모으는 것입니다. 우리가 받는 대부분의 기부품은 음식, 옷, 그리고 담요의 형태로 옵니다. 하지만, 그 그룹을 돕는 다른 방법들은 현금을 주는 것과 자원봉사 하는 것을 포함합니다. 한 가지 이상의 방법으로 돕는 것을 고려해 주세요. 만약 당신이 우리에게 온라인으로 연락하면, 우리

는 여러분에게 도울 방법에 대한 세부 사항을 보낼 것입니다.

어휘 **mainly** 주로 **responsible for** ~에 책임을 지는 **blanket** 담요
include 포함하다 **consider** 고려하다 **detail** 세부 사항

3 해설 ① 동명사구 Performing ~ crowd가 주어이므로 단수동사
seems는 적절
② 과거의 한 시점을 나타내는 표현인 when ~ old가 있으므로 단
순과거 started가 적절
③ 관계사절 수식어 that ~ career를 제외하고, 주어 The songs
가 복수명사이므로 복수동사 make는 적절
④ 부정/제한의 의미를 가진 not (only) 때문에 동사 뒤로 도치된
주어 the man이 단수명사이므로 단수동사 was는 적절
⑤ 주어 One ~ paintings에서 of 앞이 단수 취급하는 One이므로
단수동사 hangs는 적절

해석 군중 앞에서 공연하는 것이 어떤 사람들에게는 매우 자연스럽게
보인다. Tony Bennett도 그런 사람들 중 한 명이었다. Bennett은
그가 겨우 10살일 때 어린 나이부터 노래를 부르기 시작했다. 가수
로서의 그의 경력은 그가 2023년에 96세의 나이로 죽을 때까지
수십 년간 지속되었다. 그 위대한 가수를 아는 사람들은 그를 열정
적인 음악가이자 친절한 사람으로 기억한다. 그가 그의 경력 동안
내내 공연했던 노래들은 미국 음악의 크고 중요한 모음을 구성한
다. 그리고 그 사람은 가수였을 뿐만 아니라, 그림 그리는 것도 좋
아했다. 그의 그림들 중 하나는 워싱턴 DC에 있는 스미스소니언 미
술관에 걸려 있다.

어휘 **perform** 공연하다 **last** 지속되다 **for decades** 수십 년간
passionate 열정적인

4 해설 (1) ⓐ 장소/방향을 나타내는 There 때문에 동사 뒤로 도치된 주어
some reasons가 복수명사이므로 복수동사 are는 적절
ⓑ 주어 a number of patients에서 of 앞의 a number가 복수
취급하는 표현이므로 복수동사 say는 적절
ⓒ when ~ problems가 시간 부사절이므로 현재시제
experience가 적절
ⓓ 주격 관계대명사 which가 가리키는 선행사 some
problems가 복수명사이므로 관계대명사절에 복수동사
happen이 적절
(2) 주어 a patient가 단수명사이므로 단수동사 shows가 적
절, "여러 달 동안 치료 중"이라는 의미의 수식어 under
treatment for many months는 주어와 동사 사이에 오는 것
이 적절

해석 숙련된 치료사는 환자들이 나아질 수 있도록 돕는다. 그러나 때로
는, 여러 달 동안 치료 중인 환자가 진전을 보이지 않는다. 이런 일
이 일어날 수 있는 몇 가지 이유가 있다. 처음에, 조언을 받는 많은
환자들은 그들이 변하고 싶다고 말한다. 하지만, 그들은 여전히 잘
못된 결정을 내린다. 자신들이 원인의 일부라는 것을 깨닫지 못한
채, 그들은 문제를 경험할 때 다른 사람들을 비난할 것이다. 이것은
보통 환자들이 자신의 행동과 삶의 사건들 사이의 관계를 이해하
지 못하기 때문에 일어난다. 결과적으로, 계속해서 일어나는 몇몇
문제들은 결코 해결되지 않는다.

어휘 **skilled** 숙련된 **improve** 나아지다 **advice** 조언, 충고
blame 비난하다 **cause** 원인, 이유 **relationship** 관계

POINT 1 능동태 vs. 수동태   p.36

정답 **was recorded**

해설 "자료가 기록되다"라는 의미로, 주어 data가 동사 record(기록
하다)의 행위 대상이므로 수동태 was recorded가 적절

해석 매우 나이 든 나무들은 자료가 기록되기 전의 기후에 대한 단서를
제공할 수 있다.

어휘 **clue** 단서

1 정답 **provides**

해설 "태양이 제공하다"라는 의미로, 주어 The sun이 동사 provide(제
공하다)의 행위 주체이므로 능동태 provides가 적절

해석 태양은 지구에 빛과 따뜻함을 제공한다.

2 정답 **be replaced**

해설 "깨진 창문이 교체되다"라는 의미로, 주어 The broken window가
동사 replace(교체하다)의 행위 대상이므로 수동태 be replaced
가 적절

해석 깨진 창문은 내일 새것으로 교체될 것이다.

3 정답 **being awarded**

해설 "트로피가 수여되다"라는 의미로, 주어 The trophy가 동사
award(수여하다)의 행위 대상이므로 수동태를 만드는 being
awarded가 적절

해석 내가 그 행사에 도착했을 때 Zoe에게 트로피가 수여되고 있었다.

어휘 **ceremony** 행사, 의식

4 정답 **repairing**

해설 "노동자들이 수리하다"라는 의미로, 주어 The workers가 동사
repair(수리하다)의 행위 주체이므로 능동태를 만드는 repairing
이 적절

해석 노동자들이 지난달 이래로 그 건물을 수리해 오고 있다.

5 정답 **found**

해설 "해결책이 찾아지다"라는 의미로, 주어 solutions가 동사 find(찾
다)의 행위 대상이므로 수동태를 만드는 found가 적절

해석 고전적인 동화에서는, 갈등에 대한 해결책이 너무 쉽게 찾아진다.

어휘 **classical** 고전적인 **fairy tale** 동화 **conflict** 갈등

6 정답 **caused**

해설 "지진이 피해를 일으키다"라는 의미로 주어 The earthquake가
동사 cause(일으키다)의 행위 주체이므로 능동태 caused가 적절

해석 지난주에 지진이 도시 전체에 많은 피해를 일으켰다.

어휘 **earthquake** 지진 **cause** 일으키다 **damage** 피해

7 정답 **O**

해설 "교회가 관리되다"라는 의미로 주어 The church가 동사
maintain(관리하다)의 행위 대상이므로 수동태를 만드는
maintained는 적절

해석 그 교회는 대중에 다시 공개된 이래로 전문가들의 팀에 의해 관리
되고 있다.

어휘 **maintain** 관리하다, 보존하다 **expert** 전문가

8 정답 **enjoying**

해설 "많은 사람들이 즐기다"라는 의미로 주어 Many people이 동사
enjoy(즐기다)의 행위 주체이므로 능동태를 만드는 enjoying이
적절

해석 운동장에 있는 많은 사람들이 화창한 날씨를 행복하게 즐기고 있었다.

POINT 2 수동태로 쓸 수 없는 자동사 p.37

정답 seemed
해설 seem은 수동태로 쓸 수 없는 자동사이므로 능동태 seemed가 적절
해석 그의 외모로 보기에, 그 남자는 집도 없고 돈도 없는 것처럼 보였다.

1 정답 occur
해설 occur는 수동태로 쓸 수 없는 자동사이므로 능동태 occur가 적절
해석 회의는 2층에 있는 회의실에서 열릴 것이다.
어휘 conference 회의, 협의

2 정답 O
해설 "꽃에 물이 뿌려지다"라는 의미로, 주어 The flowers가 동사 water(물을 뿌리다)의 행위 대상이므로 수동태 are watered는 적절
해석 정원의 꽃에 매일 아침 7시쯤에 물이 뿌려진다.

3 정답 appear
해설 appear는 수동태로 쓸 수 없는 자동사이므로 능동태 appear가 적절
해석 말하는 법을 배울 때, 아기들은 언어 패턴에 주의를 기울이는 것으로 보인다.
어휘 pay attention to ~에 주의를 기울이다

4 정답 was passed
해설 "비밀이 전해지다"라는 의미로, 주어 The secret이 동사 pass(전하다)의 행위 대상이므로 수동태 was passed가 적절
해석 이 쿠키 맛의 비밀은 할머니로부터 Jenny에게 전해졌다.
어휘 flavor 맛

5 정답 O
해설 belong (to)은 수동태로 쓸 수 없는 자동사이므로 능동태 belongs는 적절
해석 자유에 대한 권리는 세계의 모든 남성, 여성, 그리고 어린이의 것이다.

POINT 3 주격 관계대명사절 동사의 능동태 vs.수동태 p.37

정답 is held
해설 주격 관계대명사 which가 가리키는 선행사 the international competition이 "국제적인 대회가 열리다"라는 의미로 동사 hold(개최하다)의 행위 대상이므로 수동태 is held가 적절
해석 Warblers 합창단은 매년 런던에서 개최하는 국제적인 대회에 초청받아 왔다.
어휘 international 국제적인 competition 대회, 경쟁

1 정답 was filled
해설 주격 관계대명사 which가 가리키는 선행사 the museum이 "박물관이 채워지다"라는 의미로 동사 fill(채우다)의 행위 대상이므로 수동태 was filled가 적절
해석 나는 고대 이집트의 흥미로운 물건들로 가득 채워진 박물관을 방문했다.
어휘 object 물건 ancient 고대의

2 정답 allows
해설 주격 관계대명사 that이 가리키는 선행사 a device가 "장치가 전화를 걸고 인터넷에 접속하게 허락하다"라는 의미로 동사 allow(허락하다)의 행위 주체이므로 능동태 allows가 적절
해석 스마트폰은 당신이 전화를 걸고 인터넷에 접속하게 허락하는 장치이다.
어휘 device 장치, 기계 access 접속하다

3 정답 be pressed
해설 주격 관계대명사 which가 가리키는 선행사 a button이 "버튼이 눌러지다"라는 의미로 동사 press(누르다)의 행위 대상이므로 수동태 be pressed가 적절
해석 그 우산에는 자동으로 펴거나 닫기 위해 눌러질 수 있는 버튼이 있다.
어휘 automatically 자동으로

4 정답 playing
해설 주격 관계대명사 who가 가리키는 선행사 The children이 "아이들이 야구를 하다"라는 의미로 동사 play((운동을) 하다)의 행위 주체이므로 능동태를 만드는 playing이 적절
해석 공원에서 야구를 하고 있던 아이들은 Tim을 그들의 게임에 참여하도록 초대했다.

5 정답 been seen
해설 주격 관계대명사 that이 가리키는 선행사 a star가 "별이 보이다"라는 의미로 동사 see(보다)의 행위 대상이므로 수동태를 만드는 been seen이 적절
해석 이탈리아의 한 과학자가 이전에 누구에게도 보인 적이 없는 별을 발견했다.

문장 연습 제대로 네모 유형 p.38

1 is erased	2 appeared	3 harvested	4 are made
5 be placed	6 lay	7 producing	8 sent
9 happen	10 been tried	11 saved	12 receive

1 해설 "메시지가 지워지다"라는 의미로, 주어 The message가 동사 erase(지우다)의 행위 대상이므로 수동태 is erased가 적절
해석 화이트보드에 있는 메시지는 매일 마지막에 지워진다.

2 해설 appear는 수동태로 쓸 수 없는 자동사이므로 능동태 appeared가 적절
해석 그 차의 문제는 기술자들이 생각했던 것보다 더 복잡해 보였다.

3 해설 "농부들이 수확하다"라는 의미로, 주어 the farmers가 동사 harvest(수확하다)의 행위 주체이므로 능동태를 만드는 harvested가 적절
해석 겨울의 여러 달들을 위해, 농부들은 감자를 수확해서 저장했다.

4 해설 주격 관계대명사 which가 가리키는 선행사 The clothes가 "옷들이 만들어지다"라는 의미로 동사 make(만들다)의 행위 대상이므로 수동태 are made가 적절
해석 부드러운 천으로 만들어진 그 상점의 옷들은 입기에 편안하다.

5 해설 "주의 표지판이 놓이다"라는 의미로, 주어 Caution signs가 동사 place(놓다)의 행위 대상이므로 수동태 be placed가 적절
해석 사고를 예방하기 위해 위험한 지역에는 주의 표지판이 놓여야 한다.

6 해설 주격 관계대명사 that이 가리키는 선행사는 the old books로 "오래된 책들이 놓여 있다"라는 의미이고, lie(놓여 있다)는 수동태로 쓸 수 없는 자동사이므로 능동태 과거형 lay가 적절, laid는 타동사

lay(놓다)의 과거형
해석 Sarah는 중고 책방의 먼지투성이 선반 위에 놓여 있는 오래된 책들을 탐험하는 것을 즐겼다.

7 해설 "프린터가 소음을 내다"라는 의미로, 주어 The printer가 동사 produce(내다)의 행위 주체이므로 능동태를 만드는 producing이 적절
해석 우리 사무실에 있는 프린터가 또 이상한 소음을 내고 있다.

8 해설 "초대장이 보내지다"라는 의미로, 주어 The invitations가 동사 send(보내다)의 행위 대상이므로 수동태를 만드는 sent가 적절
해석 미술 전시회 초대장이 모든 손님들에게 보내졌다.

9 해설 happen은 수동태로 쓸 수 없는 자동사이므로 능동태 happen이 적절
해석 최악의 공연들 중 일부는 공연자들이 집중력을 잃을 때 일어난다.

10 해설 주격 관계대명사 which가 가리키는 선행사 a trick이 "마술이 시도되다"라는 의미로 동사 try(시도하다)의 행위 대상이므로 수동태를 만드는 been tried가 적절
해석 그 마술사는 마술의 역사에서 결코 시도된 적이 없는 마술을 보여줄 것이다.

11 해설 "구조대원이 구하다"라는 의미로 주어 a lifeguard가 동사 save(구하다)의 행위 주체이므로 능동태 saved가 적절
해석 어제, 한 구조대원이 깊은 물 밖으로 그들을 끌어냄으로써 세 명의 수영객들을 구했다.

12 해설 주격 관계대명사 which가 가리키는 선행사 crows가 "까마귀가 먹이를 받다"라는 의미로 동사 receive(받다)의 행위 주체이므로 능동태 receive가 적절
해석 새끼 닭은 부모 새로부터 한 달 동안 먹이를 받는 까마귀보다 더 일찍 스스로 먹을 수 있다.

문장 연습 제대로   밑줄 유형   p.39

1 scored	2 be controlled	3 was wasted
4 O	5 decorated	6 O
7 encouraged	8 be hidden	9 seems
10 were borrowed	11 sharing	12 became

1 해설 "그 팀이 득점하다"라는 의미로 주어 The team이 동사 score(득점하다)의 행위 주체이므로 능동태 scored가 적절
해석 그 팀은 경기 마지막 몇 분에 한 골을 득점했고 우승을 차지했다.

2 해설 주격 관계대명사 which가 가리키는 선행사 television model이 "텔레비전 모델이 조종되다"라는 의미로 동사 control(조종하다)의 행위 대상이므로 수동태 be controlled가 적절
해석 우리는 스마트폰 앱으로 조종될 수 있는 이 새로운 텔레비전 모델을 추천한다.

3 해설 "그의 시간이 낭비되다"라는 의미로 주어 most ~ time이 동사 waste(낭비하다)의 행위 대상이므로 수동태 was wasted가 적절
해석 생물학자 Peter Medawar는 그의 연구가 많은 결과를 얻지 못했기 때문에 그의 시간 대부분이 낭비되었다고 말했다.

4 해설 occur는 수동태로 쓸 수 없는 자동사이므로 능동태 occur는 적절
해석 명확한 의사소통의 결핍이 있을 때 오해가 생길 수 있다.

5 해설 "공원이 장식되다"라는 의미로 주어 The ~ park가 동사 decorate(장식하다)의 행위 대상이므로 수동태를 만드는 decorated가 적절

해석 새로 연 공원은 이번 주의 봄 축제를 위해 다채로운 꽃들로 장식되었다.

6 해설 주격 관계대명사 who가 가리키는 선행사 The woman이 "여성이 잔디를 자르다"라는 의미로 동사 cut(자르다)의 행위 주체이므로 능동태를 만드는 cutting은 적절
해석 뒷마당에서 잔디를 자르고 있던 여성이 내가 지나갈 때 나에게 손을 흔들었다.

7 해설 "Turner씨가 격려하다"라는 의미로 주어 Mr. Turner가 동사 encourage(격려하다)의 행위 주체이므로 능동태를 만드는 encouraged가 적절
해석 Turner씨는 그의 학생들이 그들의 꿈을 좇도록 항상 격려해 왔다.

8 해설 "열쇠가 숨겨지다"라는 의미로 주어 The missing keys가 동사 hide(숨기다)의 행위 대상이므로 수동태 be hidden이 적절
해석 잃어버린 열쇠는 거실의 소파 밑에 숨겨져 있을지도 모른다.

9 해설 seem은 수동태로 쓸 수 없는 자동사이므로 능동태 seems가 적절
해석 집 전체를 청소하는 것은 아이들에게 힘들고 시간이 많이 걸리는 것처럼 보인다.

10 해설 주격 관계대명사 that이 가리키는 선행사 The books가 "책이 대여되다"라는 의미로 동사 borrow(대여하다)의 행위 대상이므로 수동태 were borrowed가 적절
해석 도서관에서 대여된 그 책들은 모두 인기 있는 베스트셀러였다.

11 해설 "내 여동생과 내가 공유하다"라는 의미로 주어 My ~ I가 동사 share(공유하다)의 행위 주체이므로 능동태를 만드는 sharing이 적절
해석 내 여동생과 나는 우리가 어렸을 때 이래로 하나의 큰 침실을 공유해 오고 있다.

12 해설 주격 관계대명사 which가 가리키는 선행사는 Eiffel Tower로 "에펠탑이 명소가 되다"라는 의미이고, become은 수동태로 쓸 수 없는 자동사이므로 능동태 became이 적절
해석 구스타브 에펠이 프랑스 파리의 명소가 된 유명한 에펠탑을 디자인했다.

짧은 지문 연습 제대로   p.40

1 (A) suffering (B) be observed		
2 (A) raised (B) remains		
3 (A) experiencing (B) been stored		
4 ①	5 ②	6 ②

1 해설 (A) "사람들이 불면증을 겪다"라는 의미로 주어 People이 동사 suffer(겪다)의 행위 주체이므로 능동태를 만드는 suffering이 적절
(B) "이 문제가 관찰되다"라는 의미로 주어 This problem이 동사 observe(관찰하다)의 행위 대상이므로 수동태 be observed가 적절
해석 잠을 잘 잘 수 없는 사람들은 "불면증"을 겪고 있을지도 모른다. 이 문제는 나이 든 사람들이나 스트레스가 많은 사람들에게서 종종 관찰될 수 있다.

2 해설 (A) "Paul과 Mario가 길러지다"라는 의미로 주어 Paul and Mario가 동사 raise(기르다)의 행위 대상이므로 수동태를 만드는 raised가 적절
(B) remain은 수동태로 쓸 수 없는 자동사이므로 능동태 remains가 적절
해석 Paul과 Mario는 수년 동안 같은 동네에서 길러졌다. 심지어 그들

의 가족들도 서로 매우 가깝다. 이것이 그들의 우정이 강하고 깨지지 않은 채 남아 있는 이유이다.

3 해설 (A) "대부분의 학생들이 어려움을 겪다"라는 의미로 주어 Most ~ students가 동사 experience(겪다)의 행위 주체이므로 능동태를 만드는 experiencing이 적절
(B) 주격 관계대명사 that이 가리키는 선행사 old newspapers가 "오래된 신문이 보관되다"라는 의미로 동사 store(보관하다)의 행위 대상이므로 수동태를 만드는 been stored가 적절

해석 수업에 있는 대부분의 학생들이 보고서에 필요한 오래된 신문을 온라인에서 찾을 수 없기 때문에 어려움을 겪고 있습니다. 따라서 학교 도서관에 보관되어 온 오래된 신문을 저희가 사용할 수 있게 해달라는 것이 저의 겸손한 요청입니다.

4 해설 ① "그것(차)이 수리되다"라는 의미로 주어 it이 동사 repair(수리하다)의 행위 대상이므로 수동태 be repaired가 적절
② 주격 관계대명사 who가 가리키는 선행사 a mechanic이 "정비사가 전문으로 하다"라는 의미로 동사 specialize(전문으로 하다)의 행위 주체이므로 능동태를 만드는 specialized는 적절

해석 오늘 아침에 Jeremy의 차가 작은 사고를 당해서, 그것은 수리되어야 한다. 다행히도, 10년 이상 동안 전기 자동차 수리를 전문으로 해온 정비사가 그것을 처리할 것이다.

5 해설 ① "이메일이 보내지다"라는 의미로 주어 an email이 동사 send(보내다)의 행위 대상이므로 수동태를 만드는 sent는 적절
② happen은 수동태로 쓸 수 없는 자동사이므로 능동태 happen이 적절

해석 비록 사실의 오류, 무례한 의견, 명백한 거짓말이 그 안에 있을지라도, 만약 이메일이 보내지지 않았다면, 그것은 문제가 되지 않는다. 만약 당신이 보내기 키를 누르지 않았다면, 어떤 나쁜 일도 일어날 수 없고, 당신은 여전히 그것을 고칠 시간이 있다.

6 해설 ① "한 고등학교가 실험하다"라는 의미로 주어 A high school이 동사 experiment(실험하다)의 행위 주체이므로 능동태를 만드는 experimenting은 적절
② 주격 관계대명사 which가 가리키는 선행사 a dramatic story가 "이야기가 이어지다"라는 의미로 동사 follow(뒤를 잇다)의 행위 대상이므로 수동태 is followed가 적절
③ "학술 자료가 주어지다"라는 의미로 주어 academic materials가 동사 give(주다)의 행위 대상이므로 수동태 are given은 적절

해석 현재 콜로라도 Boulder의 한 고등학교는 수업에서 역사적 자료를 제시하는 다양한 방법을 실험하고 있다. 스토리텔링 방식에서, 학생들은 그룹 토론으로 이어지는 극적인 이야기를 먼저 듣는다. 그리고 나서, 읽기 과제로 학생들에게 학술 자료가 주어진다.

내신 서술형 대비 제대로   p.41

1 was designed by an unknown designer
2 Christmas remains my favorite time
3 The employees have been offered
4 The athlete is called the "fastest man alive" (by people)
5 The rescue team has saved the lives of five victims
6 The broken chair should be fixed (by us)
7 ⓑ revised → been revised, ⓒ included → were included
8 ⓐ are belonged → belong, ⓒ be helped → help

---

1 해설 주격 관계대명사 which가 가리키는 선행사 The dress가 "드레스가 디자인되다"라는 의미로 동사 design(디자인하다)의 행위 대상이므로 수동태 was designed가 적절

어휘 **unknown** 알려지지 않은 **review** 평가

2 해설 remain은 수동태로 쓸 수 없는 자동사이므로 능동태 remains가 적절

3 해설 "직원들이 제공받아 왔다"라는 의미로 주어 The employees가 동사 offer(제공하다)의 행위 대상이므로 수동태 have been offered가 적절

어휘 **additional** 추가적인 **opportunity** 기회 **enhance** 향상시키다

4 해설 "그 선수가 불린다"라는 의미로 주어 The athlete이 동사 call(부르다)의 행위 대상이므로 수동태 is called, 본래 능동태 문장의 목적격보어인 the "fastest man alive"는 그대로 동사 뒤에 오는 것이 적절

해석 그 선수는 그의 속도 때문에 (사람들에 의해) "살아있는 가장 빠른 남자"로 불린다.

어휘 **alive** 살아있는

5 해설 "구조팀이 구하다"라는 의미로 주어 The rescue team이 동사 save(구하다)의 행위 주체이므로 능동태 has saved가 적절

해석 구조팀은 5명의 지진 피해자의 생명을 구했다.

어휘 **victim** 피해자, 희생자 **rescue** 구조

6 해설 "부러진 의자가 고쳐지다"라는 의미로 주어 The broken chair가 동사 fix(고치다)의 행위 대상이므로 수동태 be fixed가 적절

해석 누군가가 다치기 전에 그 부러진 의자는 (우리에 의해) 고쳐져야 한다.

어휘 **injured** 다친, 부상을 입은

7 해설 ⓐ "내가 노력하다"라는 의미로 주어 I가 동사 try(노력하다)의 행위 주체이므로 능동태를 만드는 trying은 적절
ⓑ "그의 주문이 수정되다"라는 의미로 주어 his order가 동사 revise(수정하다)의 행위 대상이므로 수동태를 만드는 been revised가 적절
ⓒ 주격 관계대명사 that이 가리키는 선행사 Some ~ items가 "몇몇 품목이 포함되다"라는 의미로 동사 include(포함하다)의 행위 대상이므로 수동태 were included가 적절

해석 그의 주문이 수정되었기 때문에 나는 오늘 일찍 나의 고객들 중 한 명에게 연락하려고 노력하고 있었다. 본래의 주문에 포함되었던 몇몇 품목들이 지금 더 이상 이용할 수 있지 않다.

어휘 **revise** 수정하다 **include** 포함하다 **original** 본래의, 원본의 **available** 이용할 수 있는

8 해설 ⓐ 주격 관계대명사 who가 가리키는 선행사 Individuals가 "개인들이 속하다"라는 의미이고, belong to는 수동태로 쓸 수 없는 자동사이므로 능동태 belong이 적절
ⓑ "성공이 측정되다"라는 의미로 주어 success가 동사 measure(측정하다)의 행위 대상이므로 수동태 is measured는 적절
ⓒ "관계를 형성하는 것이 돕는다"라는 의미로 주어 Forming relationships가 동사 help의 행위 주체이므로 능동태 help가 적절

해석 한 집단에 속한 개인들은 자연에서 많은 이점을 가지고 있다. 야생에서, 성공은 생존과 번식에 의해 측정된다. 다른 사람들과 관계를 형성하는 것은 이 두 영역 모두에서 개인들을 도울 수 있다.

어휘 **individual** 개인 **advantage** 이점 **measure** 측정하다 **survival** 생존 **form** 형성하다

수능 대비 제대로   p.42

1 ②	2 ④	3 ⑤	4 ④

---

1 해설 (A) "화학자들이 기호를 사용하다"라는 의미로 주어 Chemists가 동사 use(사용하다)의 행위 주체이므로 능동태 use가 적절

(B) "작은 숫자가 쓰여진다"라는 의미로 주어 a small number가 동사 write(쓰다)의 행위 대상이므로 수동태 is written이 적절

(C) consist (of)는 수동태로 쓸 수 없는 자동사이므로 능동태 consists가 적절

해석 쓰는 데 시간이 너무 오래 걸리기 때문에 당신은 "28 더하기 14는 42와 같다"라고 쓰지 않을 것이다. 당신은 "28 + 14 = 42"라고 쓸 것이다. 화학도 같은 방식이다. 화학자들은 우리가 수학에서 하는 것과 같이 기호를 사용한다. 화학식은 각각의 분자를 형성하는 모든 원소를 나열하고, 그 원소의 원자 수를 나타내기 위해 원소 기호의 오른쪽 하단에 작은 숫자가 쓰여진다. 예를 들어, 물의 화학식은 H₂O이다. 그것은 우리에게 물 분자가 두 개의 수소("H"와 "2") 원자와 하나의 산소("O") 원자로 구성된다는 것을 말해준다.

어휘 chemistry 화학 chemist 화학자 symbol 기호, 상징
list 나열하다 element 원소, 요소 atom 원자 hydrogen 수소
oxygen 산소

2 해설 (A) "미국 쇼핑객들이 고려하다"라는 의미로 주어 81% ~ shoppers가 동사 consider(고려하다)의 행위 주체이므로 능동태 considered가 적절

(B) 주격 관계대명사 who가 가리키는 선행사 young people이 "젊은 사람들이 영향을 받다"라는 의미로 동사 influence(영향을 주다)의 행위 대상이므로 수동태를 만드는 influenced가 적절

(C) "미국 소비자 시장이 영향을 받다"라는 의미로 주어 the U.S. ~ market이 동사 affect(영향을 미치다)의 행위 대상이므로 수동태를 만드는 affected가 적절

해석 2006년의 한 조사에 따르면, 미국 쇼핑객의 81%가 구매를 계획할 때 온라인 고객 리뷰를 중요하게 고려했다. 긍정적이든 부정적이든, 온라인 의견은 직접적인 사람 사이의 의견 교환만큼 강력하지는 않지만, 그것은 사업에 매우 중요할 수 있다. 특히 인터넷에 의해 크게 영향을 받는 젊은 사람들은 볼 영화나 구매할 앨범을 선택할 때 온라인 추천에 크게 의존한다. 이러한 개인들은 종종 광범위한 소셜 네트워크를 가지고 있고 수십 명의 다른 사람들과 정기적으로 의사소통을 한다. 따라서, 미국 소비자 시장은 6세에서 24세의 젊은 사람들에 의해 점점 더 영향을 받고 있다.

어휘 purchase 구매; 구매하다 positive 긍정적인
negative 부정적인 direct 직접적인 interpersonal 사람 사이의
rely on ~에 의존하다 recommendation 추천
dozens of 수십의 increasingly 점점 더

3 해설 ① "우리가 요구를 받다"라는 의미로 주어 we가 동사 require(요구하다)의 행위 대상이므로 수동태 were required는 적절

② seem은 수동태로 쓸 수 없는 자동사이므로 능동태 seemed는 적절

③ "지혜가 증명되다"라는 의미로 주어 the wisdom이 동사 prove(증명하다)의 행위 대상이므로 수동태를 만드는 been proven은 적절

④ "성취가 자부심을 주다"라는 의미로 주어 The achievement가 동사 give의 행위 주체이므로 능동태 give는 적절

⑤ 주격 관계대명사 which가 가리키는 선행사 That one task가 "그 하나의 일이 완수되다"라는 의미로 동사 complete(완수하다)의 행위 대상이므로 수동태 is completed가 적절

해석 내가 군대에 있을 때, 교관들은 종종 생활관에 나타나 우리의 침대를 점검했다. 간단한 일이었지만, 매일 아침 우리는 완벽하게 침대를 정리하라는 요구를 받았다. 그때 그것은 조금 터무니없어 보였다. 그러나, 이 단순한 행위의 지혜는 나에게 여러 번 반복해서 증명되었다. 매일 아침 침대를 정리한다면, 당신은 그날의 첫 번째 일을 완수하게 될 것이다. 그 성취는 당신에게 작은 자부심을 주고 그것은 다른 일과 또 다른 일을 하도록 격려할 것이다. 아침에 완수된 그 하나의 일은 하루가 끝날 때까지 완수된 많은 일들로 바뀔 것이다.

어휘 instructor 교관, 지도자 task 일 ridiculous 터무니없는, 우스운
achievement 성취 complete 완수하다 turn into ~로 바뀌다

4 해설 ① "로봇이 판단을 빼앗다"라는 의미로 주어 the robots가 동사 take(빼앗다)의 행위 주체이므로 능동태를 만드는 taking은 적절

② 주격 관계대명사 who가 가리키는 선행사 human workers가 "인간 노동자들이 안내를 받다"라는 의미로 동사 guide(안내하다)의 행위 대상이므로 수동태 are guided는 적절

③ 주격 관계대명사 that이 가리키는 선행사 a software program이 "소프트웨어 프로그램이 통제하다"라는 의미로 동사 control(통제하다)의 행위 주체이므로 능동태 controls는 적절

④ "인간 노동자가 요청받다"라는 의미로 주어 the human worker가 동사 ask(요청하다)의 행위 대상이므로 수동태를 만드는 asked가 적절

⑤ become은 수동태로 쓸 수 없는 자동사이므로 능동태를 만드는 become은 적절

해석 우리는 로봇이 우리의 일을 빼앗고 있다고 걱정하지만, 또 다른 문제가 있다: 로봇이 우리의 판단을 빼앗고 있다는 것이다. 큰 창고에서, 이어폰을 통해 안내를 받는 인간 노동자들은 선반에서 상품들을 집어 들고 그것들을 옮긴다. 그들은 움직임의 가장 작은 세부 사항들을 통제하는 소프트웨어 프로그램인 Jennifer에 의해 지시를 받는다. 오류를 최소화하고 효율성을 증가시키기 위해, Jennifer는 지시를 작은 단계들로 나눈다. 예를 들어, 18권의 책을 집어 들기보다는, 인간 노동자는 5권을 들라고 요청받을 것이다. 그리고 또 다른 5권. 그리고 또 다른 5권. 우리가 생각하게 만들기보다는, 컴퓨터 프로그램들이 결정을 내리고, 점차 인간은 단지 노동의 원천만이 되었다.

어휘 judgment 판단 warehouse 창고 minimize 최소화하다
efficiency 효율성 divide 나누다 instruction 지시
gradually 점차 source 원천 labor 노동

CHAPTER 04 조동사

POINT 1 조동사 뒤 동사원형 vs. have p.p.　　　　p.46

정답 have received

해설 과거(while ~ orientation)에 수업 일정을 받았어야 했는데 안 받았다는 의미이므로 should 뒤에 have received가 적절

해석 학생들은 그들이 오리엔테이션에 있는 동안 수업 일정을 받았어야 했다.

1 정답 visit

해설 전시회를 방문할지 모른다는 미래(In the coming days) 일에 대한 추측이므로 might 뒤에 visit이 적절

해석 앞으로 며칠 안에, 우리는 현대 미술에 관한 전시회를 방문할지도 모른다.

어휘 exhibition 전시회

2 정답 have finished

해설 보고서를 끝냈을 리가 없다는 과거(last week) 일에 대한 추측이므로 cannot 뒤에 have finished가 적절

해석 Kevin은 보고서를 아직 시작도 하지 않았기 때문에 지난주에 끝냈을 리가 없다.

3 정답 have dropped

해설 휴대폰을 떨어뜨렸을 것이라는 과거 일에 대한 추측이므로 must 뒤에 have dropped가 적절

해석 Sandra는 그녀의 휴대폰을 잃어버렸다. 그녀는 그것을 어딘가에 떨어뜨렸음이 틀림없다.

4 정답 book

해설 지금 또는 미래에 뷔페를 예약해야 한다는 의미이므로 should 뒤에 book이 적절

해석 당신이 이번 주 금요일에 그 뷔페에 갈 거라면 내일까지 테이블을 예약해야 한다.

어휘 book 예약하다 buffet 뷔페(식당)

5 정답 have joined

해설 과거에 농구팀에 들어갈 수 있었는데 안 들어갔다는 의미이므로 could 뒤에 have joined가 적절

해석 나는 농구팀에 들어갈 수 있었지만, 대신 공부에 집중하는 것을 선택했다.

어휘 focus on ~에 집중하다

POINT 2 주장/제안/요구/명령 동사 뒤 that절의 should 생략
p.46

정답 take

해설 insisted 뒤의 that절이 "군인이 휴식을 취해야 한다"는 의미이므로 동사원형 take가 적절

해석 간호사는 그 지친 군인이 휴식을 취해야 한다고 주장했지만, 그는 예의 바르게 거절했다.

어휘 politely 예의 바르게

1 정답 look

해설 suggested 뒤의 that절이 "Dominic이 최근 기사를 찾아봐야 한다"는 의미이므로 동사원형 look이 적절

해석 Albert 교수는 Dominic이 그의 논문을 쓰기 위해 최근 기사를 찾아봐야 한다고 제안했다.

어휘 recent 최근의 article 기사, 논문

2 정답 be

해설 demanded 뒤의 that절이 "배송이 완료되어야 한다"는 의미이므로 동사원형 be가 적절

해석 그 고객은 2주 안에 배송이 완료되어야 한다고 요구했다.

어휘 delivery 배송, 배달

3 정답 saw

해설 insist 뒤의 that절이 "UFO를 봤다"는 의미로 사실을 진술하고 있으므로 과거시제 saw가 적절

해석 어떤 사람들은 그들이 정말로 UFO를 봤다고 주장한다.

4 정답 eat

해설 proposed 뒤의 that절이 "더 많은 채소를 먹어야 한다"는 의미이므로 동사원형 eat이 적절

해석 나의 의사는 내가 식사와 함께 더 많은 채소를 먹어야 한다고 제안했다.

5 정답 has

해설 suggest 뒤의 that절이 "항공사가 문제를 가지고 있다"는 의미로 사실을 진술하고 있으므로 현재시제 단수동사 has가 적절

해석 비행기의 잦은 지연은 항공사가 재정적인 또는 기술적인 문제를 가지고 있다는 것을 시사한다.

어휘 frequent 잦은 delay 지연 financial 재정적인

POINT 3 반복되는 동사 대신 쓰는 do/be/have동사
p.47

정답 do

해설 friends 뒤에 반복되어 생략된 내용이 know about you이므로, 일반동사 know를 대신하는 do동사 do가 적절

해석 미래에, 당신의 스마트 기기는 가장 가까운 친구가 아는 것보다 당신에 대해 더 많이 알게 될 것이다.

어휘 device 기기, 장치

1 정답 are

해설 you 뒤에 반복되어 생략된 내용이 are afraid to try new things이므로 be동사 are가 적절

해석 만약 두려워한다면, 당신은 좋은 기회들을 놓칠 수 있기 때문에 새로운 것을 시도하는 것을 두려워하지 마라.

어휘 opportunity 기회

2 정답 did

해설 Antalya 뒤에 반복되어 생략된 내용이 received tourists이므로, 일반동사 received를 대신하는 do동사 did가 적절

해석 2014년부터 2016년까지, 이스탄불은 안탈리아가 받은 것보다 더 많은 관광객을 받았다.

3 정답 has

해설 rainfall 뒤에 반복되어 생략된 내용이 has affected the taste of the fruit이므로 have동사 has가 적절

해석 더운 여름 날씨는 과일 맛에 영향을 미치지 않았지만, 강수량의 부족은 영향을 미쳤다.

어휘 affect 영향을 미치다 lack 부족, 결핍 rainfall 강수량, 강우

4 정답 was

해설 it 뒤에 반복되어 생략된 내용이 was low이므로 be동사 was가 적절

해석 바깥의 온도는 그날 더 이른 시간에 낮았던 것보다 훨씬 낮았다.

어휘 temperature 온도

5 정답 does

해설 it 뒤에 반복되어 생략된 내용이 sells good product이므로 일반동사 sells를 대신하는 do동사 does가 적절

해석 그 회사는 좋은 제품을 판매하고, 우수한 고객 서비스와 함께 그렇게 한다.

POINT 4 일반동사의 의미를 강조하는 do동사
p.47

정답 solve

해설 일반동사의 의미를 강조하는 did가 앞에 있으므로 동사원형 solve가 적절

해석 Mark와 나 둘 다 결국 그 문제를 풀긴 했지만, 나는 그보다 더 많은 시간이 필요했다.

1 정답 O

해설 일반동사의 의미를 강조하는 does가 앞에 있으므로 동사원형 arrive는 적절

해석 John은 항상 그의 약속에 시간 맞춰 도착한다.

어휘 appointment 약속

2 정답 did

해설 일을 마친 것은 과거(last week)에 일어난 일이므로 일반동사 동사원형 finish 앞에 의미를 강조하는 did가 적절

해석 그 프로젝트팀은 지난주의 마감 기한보다 먼저 그들의 일을 빠르

게 마쳤다.

어휘 ahead of ~보다 빨리, ~의 앞에 deadline 마감 기한

3 정답 provide
해설 일반동사의 의미를 강조하는 does가 앞에 있으므로 동사원형 provide가 적절
해석 나의 개는 나와 내 가족 구성원들에게 무조건적인 사랑을 준다.
어휘 unconditional 무조건적인

4 정답 O
해설 복수주어 we에 대한 일반적인 사실을 서술하는 문장이므로 일반동사 동사원형 speak 앞에 의미를 강조하는 do는 적절
해석 슬픔을 느낄 때, 우리는 종종 천천히 그리고 낮은 목소리로 말한다.

5 정답 does
해설 단수주어 Tim Marshall의 현재 습관에 대해 서술하는 문장이므로 일반동사 동사원형 try 앞에 의미를 강조하는 does가 적절
해석 예술가인 Tim Marshall은 그의 기법을 발전시키기 위해 정기적으로 다양한 스타일을 시도한다.
어휘 technique 기법, 기술

문장 연습 제대로 네모 유형 p.48

1 are	2 have seen	3 enjoy	4 invest
5 bring	6 do	7 have taken	8 do
9 dropped	10 has	11 leave	12 was

1 해설 they 뒤에 반복되어 생략된 내용이 are ready이므로 be동사 are가 적절
해석 우리의 방은 준비가 되지 않았지만, 호텔은 준비가 되었을 때 우리에게 전화할 것이다.

2 해설 지폐를 보았을 것이라는 과거 일에 대한 추측이므로 must 뒤에 have seen이 적절
해석 테이블 위의 그 20달러 지폐를 놓치는 것은 불가능했어. 확실히 너는 그것을 보았음이 틀림없어!

3 해설 일반동사의 의미를 강조하는 did가 앞에 있으므로 동사원형 enjoy가 적절
해석 나는 주말 동안 산에서 새로운 등산로를 탐험하는 것을 정말 즐겼다.

4 해설 urge 뒤의 that절이 "정부가 자금을 투자해야 한다"는 의미이므로 동사원형 invest가 적절
해석 어떤 사람들은 정부가 교육에 지금 하는 것보다 더 많은 자금을 투자해야 한다고 촉구한다.

5 해설 여권을 가져가야 한다는 의미의 현재나 미래의 일에 대한 권고이므로 should 뒤에 동사원형 bring이 적절
해석 모든 여행객들은 공항에 갈 때 그들의 여권을 가져가야 한다.

6 해설 our brains 뒤에 반복되어 생략된 내용이 process information quickly이므로, 일반동사 process를 대신하는 do동사 do가 적절
해석 우리가 문제를 풀 때 우리의 뇌가 처리하는 것처럼, 컴퓨터는 정보를 빠르게 처리한다.

7 해설 과거(this morning)에 버스를 탈 수 있었는데 타지 않았다는 의미이므로 could 뒤에 have taken이 적절
해석 Susan은 오늘 아침에 버스를 탈 수 있었지만, 그 대신에 걸어서 출근했다.

8 해설 지금 내가 가지고 있다는 현재의 사실을 서술하는 문장이므로 일반동사 동사원형 have 앞에 의미를 강조하는 do가 적절
해석 내가 지금 사무실 열쇠를 가지고 있긴 하지만, 그것은 아래층의 내 차 안에 있다.

9 해설 suggests 뒤의 that절이 과거(in the past year)에 "회사의 수익이 떨어졌다"는 의미로 사실을 진술하고 있으므로 과거시제 dropped가 적절
해석 보고서는 그 회사의 수익이 전년도에 급격하게 떨어졌다는 것을 시사한다.

10 해설 this beach 뒤에 반복되어 생략된 내용이 has reopened since last week's typhoon이므로 have동사 has가 적절
해석 지난주 태풍 이래로 많은 해변이 다시 열지 않고 있지만, 이 해수욕장은 다시 열었다.

11 해설 일반동사의 의미를 강조하는 does가 앞에 있으므로 동사원형 leave가 적절
해석 모든 포유류는 결국에는 어느 시점에 부모를 떠난다.

12 해설 it 뒤에 반복되어 생략된 내용이 was high이므로 be동사 was가 적절
해석 올해 12월 강설량은 지난해 12월에 높았던 것보다 상당히 더 높을 것이다.

문장 연습 제대로 밑줄 유형 p.49

1 have said	2 widen	3 has	4 be
5 prepare	6 O	7 do	8 have been
9 O	10 O	11 show	12 be

1 해설 과거에 미안하다고 빨리 말했어야 했는데 안 했다는 의미이므로 should 뒤에 have said가 적절
해석 나는 Tanya에게 미안하다고 좀 더 빨리 말했어야 했지만, 그녀는 내가 기회를 잡기 전에 파티를 떠났다.

2 해설 일반동사의 의미를 강조하는 does가 앞에 있으므로 동사원형 widen이 적절
해석 책을 읽는 것은 한 사람의 지식을 넓히고 세상에 대한 관점을 확장한다.

3 해설 my brother 뒤에 반복되어 생략된 내용이 has been to any country in South America이므로 have동사 has가 적절
해석 나는 남미에 있는 어떤 나라에도 가본 적이 없지만, 내 형제는 가봤다.

4 해설 공부에 집중하는 것이 힘들 수 있다는 현재 일반적인 사실에 대한 추측이므로 could 뒤에 be가 적절
해석 산만하게 하는 것이 너무 많이 있을 때 공부에 집중하는 것이 힘들 수 있다.

5 해설 suggests 뒤의 that절이 "대비해야 한다"는 의미이므로 동사원형 prepare가 적절
해석 그의 재정 고문이 경제적 변화에 대비해야 한다고 제안하기 때문에, Davidson씨는 더 많은 현금을 저축하고 있다.

6 해설 복수주어 they에 대한 일반적인 사실을 서술하는 문장이므로 일반동사 동사원형 eat 앞에 의미를 강조하는 do는 적절
해석 아이들은 보통 당근을 먹는 것을 싫어하고, 그것들을 먹을 때는, 종종 우스운 표정을 짓는다.

7 해설 the people ~ countryside 뒤에 반복되어 생략된 내용이 have access to diverse cultures이므로, 일반동사 have를 대신하는

do동사 do가 적절

해석 도시 사람들은 보통 시골 사람들이 가진 것보다 다양한 문화에 대한 더 쉬운 접근 기회를 가지고 있다.

8 해설 경기 중에 다쳤을지도 모른다는 과거 일에 대한 추측이므로 might 뒤에 have been이 적절

해석 선수들이 다쳤을지도 모르지만, 다행히 심판이 경기를 멈추기 위해 타임아웃을 선언했다.

9 해설 insists 뒤의 that절이 "돈을 지불했다"는 의미로 사실을 진술하고 있으므로 과거시제 paid는 적절

해석 그 구매자는 주문품에 대해 돈을 지불했다고 주장하지만, 그는 영수증을 가지고 있지 않다.

10 해설 they 뒤에 반복되어 생략된 내용이 were satisfied with our service이므로 be동사 were는 적절

해석 나는 고객들이 우리 서비스에 만족했는지는 알지 못하지만, 그들이 만족했기를 바란다.

11 해설 일반동사의 의미를 강조하는 did가 앞에 있으므로 동사원형 show가 적절

해석 그는 과학자들에게 자신 있게 그의 새로운 발명품을 보여주었고, 그것은 모두를 놀라게 했다.

12 해설 recommends 뒤의 that절이 "조심해야 한다"는 의미이므로 동사원형 be가 적절

해석 그 의사는 환자들이 식단에 조심하고 규칙적으로 운동해야 한다고 강하게 권고한다.

짧은 지문 연습 제대로
p.50

1 (A) have called (B) had		2 (A) be (B) report
3 (A) hide (B) do (C) are		4 ②
5 ②		6 ①

1 해설 (A) 과거에 도움을 요청할 수 있었는데 안 했다는 의미이므로 could 뒤에 have called가 적절
(B) I 뒤에 반복되어 생략된 내용이 had solved that kind of problem이므로 have동사 had가 적절

해석 나는 도움을 요청할 수 있었지만, 스스로 그 상황을 처리하기로 결정했다. 우리 팀의 누구도 이전에 그런 종류의 문제를 해결해 본 적이 없었지만, 나는 전에 한 번 해결해 본 적이 있었다.

2 해설 (A) 인터넷이 연결되어야 한다는 의미의 지금(now) 일에 대한 권고이므로 should 뒤에 동사원형 be가 적절
(B) requests 뒤의 that절이 "누구든지 당일 내로 보고해야 한다"는 의미이므로 동사원형 report가 적절

해석 수리가 완료되었기 때문에, 이제 사무실의 인터넷이 정상적으로 연결되어야 한다. 관리자는 문제가 있으면 누구든지 당일 내로 보고해야 한다고 요청한다.

3 해설 (A) 일반동사의 의미를 강조하는 does가 앞에 있으므로 동사원형 hide가 적절
(B) they 뒤에 반복되어 생략된 내용이 grow well이므로, 일반동사 grow를 대신하는 do동사 do가 적절
(C) insists 뒤의 that절이 "많은 음식을 버리고 있다"는 의미로 사실을 진술하고 있으므로 현재진행 시제를 만드는 are가 적절

해석 신선함에 대한 요구는 막대한 환경적 비용을 숨긴다. 심지어 추운 계절에도, 농부들은 그들의 농작물이 따뜻한 기후에서 잘 자라는 것만큼 잘 자라게 만들기 위해 많은 연료를 사용해야 한다. 게다가, 낭비 방지 운동가인 Tristram Stuart는 많은 상점들이 단지 신선함을 강조하기 위해 좋은 상태에 있는 많은 음식을 버리고 있다고 주

장한다.

4 해설 ① it 뒤에 반복되어 생략된 내용이 was great이므로 be동사 was는 적절
② 이전의 행사들을 방문했을지도 모른다는 과거 일에 대한 추측이므로 may 뒤에 have visited가 적절

해석 그 행사의 참가자 수는 이전 해에 많았던 것보다 더 많다. 그때는 표가 더 비쌌기 때문에 더 적은 사람들이 이전의 행사를 방문했을지도 모른다.

5 해설 ① 복수주어 they에 대한 일반적인 사실을 서술하는 문장이므로 일반동사 동사원형 hunt 앞에 의미를 강조하는 do는 적절
② suggest 뒤의 that절이 "올빼미로부터 떨어져 있어야 한다"는 의미이므로 동사원형 stay가 적절

해석 올빼미는 귀여운 외모로 알려져 있지만, 사냥할 때, 그들은 정말 무서운 포식자로 변한다. 사람들을 공격하는 것으로도 알려져 있기 때문에 동물 전문가들은 모든 이들이 올빼미로부터 떨어져 있어야 한다고 제안한다.

6 해설 ① traditional clothes 뒤에 반복되어 생략된 내용이 are created and sold to consumers이므로 be동사 are가 적절
② 일반동사의 의미를 강조하는 does가 앞에 있으므로 동사원형 feel은 적절
③ 곧 돈을 쓸지도 모른다는 미래 일에 대한 추측이므로 may 뒤에 동사원형 spend는 적절

해석 패스트 패션 아이템들은 전통적인 옷들이 만들어지고 판매되는 것보다 훨씬 더 빨리 만들어지고 소비자들에게 판매된다. 그것들은 가격과 품질이 매우 낮다. 만약 한 사람이 셔츠를 산다면, 그는 계산대에서는 정말로 돈을 아낀 것처럼 느낀다. 하지만 그는 곧 다른 셔츠를 사야 하기 때문에 더 많은 돈을 쓸지도 모른다.

내신 서술형 대비 제대로
p.51

1 have	2 did	3 have gone
4 just like scientists do in their research		
5 that the new employee attend a training session		
6 Megan should have listened to her friends		
7 ⓑ was → did, ⓒ needs → need		
8 ⓐ miss → have missed, ⓒ have needed → need		

1 해설 I 뒤에 반복되어 생략된 내용이 have read books이므로 have동사 have가 적절

해석 Sarah는 내가 지난해 동안 읽은 것보다 더 많은 책을 한 달 동안 읽었다.

2 해설 과거 시점(Before 2001)에 일어난 일이므로, 일반동사 동사원형 use 앞에서 의미를 강조하는 과거시제 did가 적절

해석 2001년 이전에는, 사람들은 낯선 곳에 가기 위해 GPS가 아니라 종이 지도를 사용했다.

어휘 unfamiliar 낯선

3 해설 과거(last night)에 파티에 갈 수도 있었지만 안 갔다는 의미이므로 could 뒤에 have gone이 적절

해석 Alex는 어젯밤 파티에 갈 수도 있었지만, 대신 그는 영화를 보러 갔다.

4 해설 scientists 뒤에 반복되는 내용인 learn by exploring and asking을 생략하고, 일반동사 learn을 대신하는 do동사 do가 적절

어휘 research 연구

5 해설 ordered 뒤의 that절이 "그 신입 직원이 교육에 참석해야 한다"는 의미이므로, 주어 the new employee 뒤에 동사원형 attend가

적절

어휘 **attend** 참석하다 **session** 수업 (시간)

6 해설 과거에 친구들의 말을 들었어야 했는데 안 들었다는 의미이므로 should 뒤에 have listened to가 적절

7 해설 ⓐ insist 뒤의 that절이 "플라스틱이 위협을 가한다"는 의미로 사실을 진술하고 있으므로 현재시제 단수동사 poses는 적절
 ⓑ people in ~ past 뒤에 반복되어 생략된 내용이 used plastic이므로, 일반동사 used를 대신하는 do동사 did가 적절
 ⓒ 일반동사의 의미를 강조하는 does가 앞에 있으므로 동사원형 need가 적절

 해석 환경운동가들은 플라스틱이 인간의 삶에 상당한 위협을 가한다고 주장한다. 오늘날, 사람들은 과거에 사람들이 사용했던 것보다 훨씬 더 많은 플라스틱을 사용한다. 이 문제는 우리의 생존을 위해 중요하기 때문에 정말로 더 많은 관심이 필요하다.

 어휘 **pose** (위협 등을) 가하다 **significant** 상당한 **survival** 생존

8 해설 ⓐ 발표를 놓쳤을 것이라는 과거 일에 대한 추측이므로 must 뒤에 have missed가 적절
 ⓑ I 뒤에 반복되어 생략된 내용이 was surprised이므로 be동사 was는 적절
 ⓒ 시간이 필요할지도 모른다는 미래 일에 대한 추측이므로 might 뒤에 동사원형 need가 적절

 해석 Doris는 회의에 늦게 도착해서, 그녀의 승진에 대한 발표를 놓쳤음이 틀림없다. 그 소식을 들을 때, 그녀는 내가 놀랐던 만큼 많이 놀랄 것이다. 그녀는 스스로를 진정시킬 시간이 필요할지도 모른다.

 어휘 **announcement** 발표 **promotion** 승진
 moment 시간 **calm down** 진정하다

수능 대비 제대로
p.52

| 1 ③ | 2 ⑤ | 3 ⑤ | 4 ② |

1 해설 (A) 일반동사의 의미를 강조하는 did가 앞에 있으므로 동사원형 play가 적절
 (B) he 뒤에 반복되어 생략된 내용이 plays the piano on stage now이므로, 일반동사 plays를 대신하는 do동사 does가 적절
 (C) 과거에 계속 피아노를 치라고 말했어야 했는데 안 했다는 의미이므로 should 뒤에 have told가 적절

 해석 예전에 내 학생들 중에 그가 집어 든 어떤 악기든 잘 연주하는 어린 소년이 있었다. 그러나, 그는 특히 피아노를 잘 쳤다. 그 소년은 수업 시간에 피아노를 전혀 배운 적이 없지만, 그럼에도 불구하고 피아노를 정말 잘 쳤다. 나는 지금 그 어린 소년이 무대 위에서 피아노를 치는지 알지 못하지만, 그가 그러기를 바란다. 그때 나는 그에게 아무 말도 하지 않았지만, 때때로 그에게 계속 피아노를 치라고 말했어야 했다고 생각한다.

 어휘 **instrument** 악기 **especially** 특히
 nevertheless 그럼에도 불구하고

2 해설 (A) they 뒤에 반복되어 생략된 내용이 are a problem이므로 be동사 are가 적절
 (B) 앞으로 금지해야 한다는 의미의 미래의 의무에 대한 서술이므로 must 뒤에 동사원형 ban이 적절
 (C) suggest 뒤의 that절이 "문제의 중요성을 이해해야 한다"는 의미이므로 동사원형 understand가 적절

 해석 많은 학생들과 부모들이 교실에서 전화기가 문제가 아니라고 생각하지만, 많은 학교 선생님들은 그것들이 문제라고 생각한다. 지난주에, 한 그룹의 학교 선생님들이 주요 신문에 편지를 실었다. 그들은 정부가 교실 안에서의 전화기 사용을 금지해야 한다고 말했고 전문가들에 의한 최근의 보고서를 지적했다. 그 보고서에 따르면,

교실에서 전화기를 제거하는 것은 학생들의 학업 성취, 정신 건강, 그리고 안전을 향상시킬 수 있다. 학교 선생님들은 정부가 이 문제의 중요성을 이해하고 학생들과 부모들을 설득하기 위해 노력해야 한다고 제안한다.

 어휘 **publish** (편지 등을) 싣다, 발행하다 **major** 주요한 **ban** 금지하다
 recent 최근의 **remove** 제거하다 **performance** 성취, 수행
 mental 정신의, 정신적인 **persuade** 설득하다

3 해설 ① proposed 뒤의 that절이 "간호사들이 승객들을 돌봐야 한다"는 의미이므로 동사원형 take는 적절
 ② 좌절시켰을 리 없다는 과거 일에 대한 추측이므로 cannot 뒤에 have frustrated는 적절
 ③ 일반동사의 의미를 강조하는 did가 앞에 있으므로 동사원형 return은 적절
 ④ she 뒤에 반복되어 생략된 내용이 worked passionately이므로, 일반동사 worked를 대신하는 do동사 did는 적절
 ⑤ 젊은이들이 숙고해야 한다는 현재(Today) 일에 대한 권고이므로 should 뒤에 동사원형 consider가 적절

 해석 Ellen Church는 1904년에 아이오와에서 태어났다. 샌프란시스코의 간호사로서, 그녀는 비행기에서 간호사들이 승객들을 돌봐야 한다고 제안했다. 1930년에, 그녀는 미국의 첫 여성 승무원이 되었다. 불행하게도, 교통사고가 강제로 그녀의 경력을 끝내도록 했지만, 그것이 그녀를 좌절시켰을 리 없다. Church는 학교로 돌아갔고, 간호 교육 학위를 받고 미네소타 대학교를 졸업했다. 그녀는 비행기에서 일했던 것처럼 그녀의 새로운 직업에서 열정적으로 일했다. 제2차 세계 대전 동안, 그녀는 또한 육군 간호사 부대에서 대위로 복무했고, 공군 수훈장을 받았다. 간호사가 되기를 희망하는 오늘날의 젊은이들은 Church씨에 의해 세워진 모범을 숙고해야 한다.

 어휘 **flight attendant** 승무원 **force** 강제로 ~하게 하다
 frustrate 좌절시키다 **degree** 학위 **passionately** 열정적으로
 corps 부대, 군단 **example** 모범, 예시

4 해설 ① 무언가를 배울지도 모른다는 미래 일에 대한 추측이므로 might 뒤에 동사원형 learn은 적절
 ② they 뒤에 반복되어 생략된 내용이 showed respect이므로, 일반동사 showed를 대신하는 do동사 did가 적절
 ③ insisted 뒤의 that절이 "그들이 충분한 경험이 없다"는 의미로 사실을 진술하고 있으므로 과거시제 lacked는 적절
 ④ 그들을 낙담시켰을 것임이 틀림없다는 과거 일에 대한 추측이므로 must 뒤에 have discouraged는 적절
 ⑤ 단수주어 the person에 대한 일반적인 사실을 서술하는 문장이므로 일반동사 동사원형 feel 앞에 의미를 강조하는 does는 적절

 해석 리더는 어떻게 사람들을 중요하게 느끼도록 만들까? 첫째, 그들의 말을 들음으로써이다. 그들에게 당신이 그들의 생각을 존중한다는 것을 알게 하고, 그들이 그들의 의견을 말하게 하라. 추가적인 보너스로, 당신은 무언가를 배울지도 모른다! 내 친구 중 한 명이 내게 한 대기업의 CEO에 대해 이야기했었다. 그는 결코 직원들이 그에게 보이는 같은 양의 존중을 그들에게 보여주지 않았다. 그는 그들이 좋은 아이디어를 생각해 낼 만큼 충분한 경험이 없다고 종종 주장했다. 그것은 그들을 낙담시키고 그들의 업무 수행에 부정적으로 영향을 미쳤을 것임이 틀림없다. 반면에, 당신이 한 사람에게 대단한 중요성을 느끼게 만들 때, 그 사람은 기분 좋게 느끼게 되고, 그들의 에너지 수준은 급격히 증가한다.

 어휘 **lack** ~이 없다, 부족하다 **come up with** 생각해 내다
 discourage 낙담시키다 **negatively** 부정적으로
 affect 영향을 끼치다 **rapidly** 급격히

MINI TEST CH 03-04 p.54

1 ②   2 ④   3 ②
4 (1) ⓐ has announced → has been announced,
    ⓑ are consisted → consist, ⓒ have been → be
  (2) We could have seen the exhibit sooner

1 해설 (A) it 뒤에 반복되어 생략된 내용이 grew at a slow rate이므로, 일반동사 grew를 대신하는 do동사 did가 적절
(B) "정책이 제안되다"라는 의미로 주어 Many policies가 동사 propose(제안하다)의 행위 대상이므로 수동태 were proposed가 적절
(C) 과거(many years ago)에 행동했어야 했는데 안 했다는 의미이므로 should 뒤에 have acted가 적절

해석 최근의 한 보고서는 2022년에 일본의 인구가 전년도에 증가했던 것보다 더 느린 속도로 증가했다는 것을 보여준다. 2022년에 150만 명 이상의 사망이 있었지만, 출생은 771,000명에 불과했다. 이것은 지금 일본의 인구가 14년 동안 연이어 감소했다는 것을 의미한다. 그리고 기록이 시작된 이후 처음으로, 800,000명 미만의 출생이 있었다. 많은 정책들이 이 감소를 늦추기 위해 제안되었지만, 그중 어떤 것도 성공적이지 않았다. 일본인들은 정부가 수년 전에 감소를 늦추기 위해 빠르게 행동했어야 했다고 믿는다.

어휘 million 백만 decline 감소하다; 감소 in a row 연이어
record 기록

2 해설 ① seem은 수동태로 쓸 수 없는 자동사이므로 능동태 seems는 적절
② insists 뒤의 that절이 "모든 최신 제품을 가져야 한다"는 의미이므로 동사원형 have는 적절
③ 주격 관계대명사 that이 가리키는 선행사 the things가 "그것들이 구매되다"는 의미로 동사 buy(구매하다)의 행위 대상이므로 수동태 are bought는 적절
④ my brother 뒤에 반복되어 생략된 내용이 has problems이므로, 일반동사 has를 대신하는 do동사 does가 적절
⑤ When ~ possessions는 시간 부사절이므로 현재시제 enjoy는 적절

해석 내 형제는 항상 너무 많은 물건을 사는 것처럼 보인다. 그는 여전히 작동하는 예전 것들을 소유하고 있더라도 그가 모든 최신 제품을 가져야 한다고 주장한다. 종종, 구매된 많은 것들이 결코 사용되지 않는다. 이것은 지저분한 집과 많은 낭비로 이어진다. 그리고 현대의 많은 사람들은 나의 남동생이 가진 것과 비슷한 문제를 가지고 있다. 새로운 물건을 사는 것은 사람들에게 즐거움과 만족감을 줄지도 모른다. 하지만, 심리학자들에 따르면, 너무 많은 물건들이 있을 때, 그것들을 모두 즐기는 것이 불가능해진다. 사람들이 자신의 현재의 소유물을 즐길 때, 비록 많이 가지지 않았을지라도 그들은 진정한 즐거움과 만족감을 가질 것이다.

어휘 stuff 물건 latest 최신의 satisfaction 만족감
psychologist 심리학자 possession 소유(물)

3 해설 ① occur는 수동태로 쓸 수 없는 자동사이므로 능동태 occur는 적절
② "돌발 홍수가 문제들을 일으키다"라는 의미로, 주어 a flash flood가 동사 cause(일으키다)의 행위 주체이므로 능동태 cause가 적절
③ "많은 도시와 마을들이 피해를 입다"라는 의미로, 주어 Many ~ towns가 동사 damage(피해를 주다)의 행위 대상이므로 수동태를 만드는 been damaged는 적절
④ 복수주어 many people에 대한 일반적인 사실을 서술하는 문장이므로 일반동사 동사원형 survive 앞에서 의미를 강조하는 do는 적절
⑤ to부정사구 수식어 to prepare ~ floods를 제외하고, 주어 one way가 단수명사이므로 단수동사 is는 적절

해석 짧은 기간 내에 과도하고 많은 강우가 있을 때, 돌발 홍수가 발생할 수 있다. 짧은 시간 내에, 돌발 홍수는 많은 문제들을 일으킬 수 있다. 그것은 발생하는 가장 위험한 기상 현상 중 하나이다. 세계의 많은 도시와 마을들이 돌발 홍수로 인해 피해를 입었다. 그것들은 또한 많은 사람들의 목숨을 앗아간다. 비록 돌발 홍수가 매우 치명적이지만, 많은 사람들은 준비됨으로써 그 경험에서 살아남는다. 그리고 돌발 홍수에 효과적으로 대비하는 한 가지 방법은 아는 것이다. 돌발 홍수 동안 행동하는 법을 배우고, 지역 정부에 의해 제공되는 정보에 주의를 기울여라.

어휘 excessive 과도한 deadly 치명적인 survive 살아남다
effectively 효과적으로 inform 알려주다 behave 행동하다

4 해설 (1) ⓐ "개막이 발표되었다"라는 의미로, 주어 The opening이 동사 announce(발표하다)의 행위 대상이므로 능동태 has announced를 수동태 has been announced로 수정
ⓑ consist는 수동태로 쓸 수 없는 자동사이므로 are consisted를 consist로 수정
ⓒ "상태가 지금 훌륭할 것이 틀림없다'는 현재 사실에 대한 추측이므로 must 뒤의 have been을 동사원형 be로 수정
(2) 과거에 전시회를 더 빨리 볼 수 있었는데 보지 못했다는 의미이므로 조동사 could 뒤에 have seen이 적절

해석 16세기 예술 작품 전시회의 개막이 Derbyshire의 한 박물관에 의해 발표되었다. 그 예술 작품들은 1999년에 대중에 마지막으로 보여졌고, 복원하는 데 수년이 걸렸다. 그것들은 13개의 큰 작품들로 구성되어 있다. 그 예술 작품들을 처음으로 소유했던 여성인 Elizabeth Talbot은 1598년에 그것들을 그녀의 집에 설치했다. 그 다음 4세기 동안, 그것들은 너무 많은 먼지가 쌓여서, 그것들을 복원하는 것은 24년이 걸렸고 총 220만 달러의 비용이 들었다. 전 세계적인 유행병으로 야기된 지연이 없었더라면 우리는 그 전시회를 더 빨리 볼 수 있었다. 그럼에도 불구하고, 매우 많은 노력이 들어갔기 때문에 그것들의 상태는 지금 훌륭할 것이 틀림없다.

어휘 exhibit 전시회 announce 발표하다 restore 복원하다
install 설치하다 in total 총 delay 지연, 연기

CHAPTER 05 가정법

POINT 1 가정법 과거 vs. 가정법 과거완료 p.58

정답 be
해설 if절의 동사가 과거시제 stopped이므로, 주절의 would 뒤에 이와 짝이 맞는 동사원형 be가 적절
해석 모든 컴퓨터 프로그램이 갑자기 작동하는 것을 멈춘다면, 그것은 세상의 종말이 될 것이다.

1 정답 knew
해설 주절의 동사가 would raise이므로, if절에 이와 짝이 맞는 과거시제 knew가 적절
해석 Robert가 그 문제에 대한 답을 안다면, 손을 들 것이다.

2 정답 had booked
해설 주절의 동사가 could have gotten이므로, if절에 이와 짝이 맞는 had booked가 적절
해석 우리가 더 일찍 표를 예매했더라면 어제 콘서트에서 더 좋은 자리를 얻을 수 있었을 것이다.

3 정답 be
해설 if절의 동사가 과거시제 changed이므로, 주절의 would 뒤에 이와 짝이 맞는 동사원형 be가 적절
해석 만약 흡혈귀가 한 달에 한 명을 바꾼다면, 두 달 뒤에는 네 명의 흡

혈귀가 있을 것이다.

4 정답 have quit

해설 if절의 동사가 had moved이므로, 주절의 Would 뒤에 이와 짝이 맞는 have quit이 적절

해석 상사가 당신을 다른 사무실로 옮겼다면 그때 당신은 일을 그만두었을 건가요?

어휘 quit 그만두다

5 정답 have made

해설 if절의 동사가 had invested이므로, 주절의 would 뒤에 이와 짝이 맞는 have made가 적절

해석 내가 그 회사에 투자했더라면, 작년에 돈을 많이 벌었을 것이다.

어휘 invest 투자하다

6 정답 O

해설 주절의 동사가 could be이므로, if절에 이와 짝이 맞는 과거시제 did는 적절

해석 연구원들이 새로운 조건에서 실험을 한다면 그 결과는 다를 수 있을 것이다.

어휘 condition 조건, 상황

7 정답 put

해설 if절의 동사가 과거시제 owned이므로, 주절의 would 뒤에 이와 짝이 맞는 동사원형 put이 적절

해석 내가 이 항공사를 소유하고 있다면, 좌석 사이에 더 많은 공간을 둘 것이다.

어휘 airline 항공사

8 정답 had turned

해설 주절의 동사가 would have cost이므로, if절에 이와 짝이 맞는 had turned가 적절

해석 당신이 1800년대 초에 전구를 켰다면, 그것은 당신에게 오늘날 드는 것보다 훨씬 더 많은 비용이 들었을 것이다.

어휘 light bulb 전구 cost 비용이 들다

POINT 2 가정법 vs. 조건 부사절 p.59

정답 rub

해설 주절의 동사가 will get이며, 손을 비비는 것은 일어날 가능성이 있는 일이므로 if절에 현재시제 rub이 적절

해석 만약 당신이 손을 모아 빠르게 비비면, 더 따뜻해질 것이다.

어휘 rub 비비다, 문지르다

1 정답 O

해설 주절의 동사가 would be이며, 달에 사는 것은 현재 사실에 반대되는 일이므로 if절에 과거시제 lived는 적절

해석 당신이 달에 산다면, 당신은 여기 지구에서보다 더 가벼울 것이다.

2 정답 receives

해설 주절의 동사가 will become이며, 훌륭한 무용수가 되는 것은 일어날 가능성이 있는 일이므로 if절에 현재시제 receives가 적절

해석 만약 전문적인 훈련을 받으면 그 아이는 훌륭한 무용수가 될 것이다.

어휘 professional 전문적인

3 정답 O

해설 주절의 동사가 would have started이며, 비행기를 더 빨리 발명하는 것은 과거 사실에 반대되는 일이므로 if절에 had invented는 적절

해석 라이트 형제가 비행기를 더 빨리 발명했다면, 항공 여행은 훨씬 더

일찍 시작되었을 것이다.

4 정답 are

해설 주절의 동사가 can try이며, 발코니에 서는 것을 두려워하는 것은 일어날 가능성이 있는 일이므로 if절에 현재시제 are가 적절

해석 만약 당신이 발코니에 서는 것을 두려워한다면, 더 낮은 층에서 시작하는 것을 시도해 볼 수 있다.

5 정답 asked

해설 주절의 동사가 would help이며, 내가 요청하는 것은 현재 사실에 반대되는 일이므로 if절에 과거시제 asked가 적절

해석 내가 요청하면 많은 사람들이 도와줄 것이지만, 나는 스스로 문제를 해결하는 것을 선호한다.

POINT 3 as if 가정법 p.59

정답 were

해설 느끼는(feel) 것과 괜찮은 것이 같은 시점의 일이므로 과거시제 were가 적절

해석 그 약 덕분에, 너는 지금 괜찮은 것처럼 느끼지만, 그 느낌은 일시적일 뿐이다.

어휘 medicine 약

1 정답 were

해설 경기를 하는(plays) 것과 결승전인 것처럼 하는 것이 같은 시점의 일이므로 과거시제 were가 적절

해석 그 운동선수는 모든 경기를 마치 그것이 결승전인 것처럼 한다.

어휘 athlete 운동선수 final match 결승전

2 정답 had seen

해설 말하는(spoke) 것보다 사고를 본 것이 앞선 시점의 일이므로 had seen이 적절

해석 Angela는 마치 전날 자동차 사고를 본 것처럼 말했지만, 그녀는 거기에 있지 않았다.

3 정답 had visited

해설 행동한(acted) 것보다 도시를 방문했던 것이 앞선 시점의 일이므로 had visited가 적절

해석 그는 마치 그 도시를 여러 번 방문했던 것처럼 행동했지만, 사실 이번이 처음이었다.

4 정답 were

해설 짖는(barks) 것과 누군가 있는 것이 같은 시점의 일이므로 과거시제 were가 적절

해석 나의 개는 때때로 마치 누군가 거기에 있는 것처럼 허공에 대고 짖는다.

어휘 bark 짖다

5 정답 had

해설 아는(knows) 것과 답을 가지고 있는 것이 같은 시점의 일이므로 과거시제 had가 적절

해석 Jackson은 아는 것이 거의 없지만, 종종 마치 모든 답을 가지고 있는 것처럼 행동한다.

어휘 behave 행동하다

1 visit	2 had solved	3 look
4 were	5 had	6 had forgotten
7 have been	8 takes	9 have finished
10 were	11 make	12 had quit

1 해설 if절의 동사가 과거시제 existed이므로, 주절의 would 뒤에 이와 짝이 맞는 동사원형 visit이 적절

해석 타임머신이 존재한다면, 나는 미래를 방문할 것이다.

2 해설 주절의 동사가 would have gotten이므로, if절에 이와 짝이 맞는 had solved가 적절

해석 마지막 문제를 풀었다면 Mark는 만점을 받았을 것이다.

3 해설 주절의 동사가 will interpret이며, 다른 등장인물의 눈을 통해 이야기를 보는 것은 일어날 가능성이 있는 일이므로 if절에 현재시제 look이 적절

해석 독자들이 다른 등장인물의 눈을 통해 이야기를 본다면, 그들은 그것을 다르게 해석할 것이다.

4 해설 보이는(look) 것과 살아 있는 것이 같은 시점의 일이므로 as if절에 과거시제 were가 적절

해석 그림 속의 꽃들은 마치 살아 있는 것처럼 보인다.

5 해설 주절의 동사가 would own이므로, if절에 이와 짝이 맞는 과거시제 had가 적절

해석 Stephanie가 더 큰 뒷마당이 있는 집을 가지고 있다면 개를 키울 것이다.

6 해설 맛이 난(tasted) 것보다 소금과 후추를 더하는 것을 잊은 것이 앞선 시점의 일이므로 as if절에 had forgotten이 적절

해석 그 수프는 마치 요리사가 소금과 후추를 더하는 것을 잊은 것처럼 맛이 났다.

7 해설 if절의 동사가 had not used이므로, 주절의 would 뒤에 이와 짝이 맞는 have been이 적절

해석 초기 인류가 언어를 사용하지 않았다면, 사업 거래는 불가능했을 것이다.

8 해설 주절의 동사가 will have이며, 한 사람이 더 많은 위험을 감수하는 것은 일어날 가능성이 있는 일이므로 if절에 현재시제 takes가 적절

해석 만약 한 사람이 더 많은 위험을 감수한다면, 그 또는 그녀는 성공을 위한 기회가 더 많을 것이다.

9 해설 if절의 동사가 had had이므로, 주절의 could 뒤에 이와 짝이 맞는 have finished가 적절

해석 그 팀은 한 명의 팀원이 더 있었다면 지난주에 프로젝트를 끝낼 수 있었을 것이다.

10 해설 방에 들어가는(enters) 것과 자기 방인 듯이 하는 것이 같은 시점의 일이므로 as if절에 과거시제 were가 적절

해석 Jessie는 마치 자기 방인 것처럼 항상 노크 없이 언니 방에 들어간다.

11 해설 if절의 동사가 과거시제 had이므로, 주절의 would 뒤에 이와 짝이 맞는 동사원형 make가 적절

해석 내가 날씨를 조절할 수 있는 힘이 있다면, 이 비를 멈추게 할 것이다.

12 해설 주절의 동사가 wouldn't have won이므로, if절에 이와 짝이 맞는 had quit이 적절

해석 올해 초에 우리 선수들 중 몇몇이 그만두었다면 우리는 우승하지 못했을 것이다.

1 lived	2 try	3 had said	4 have visited
5 find	6 had said	7 O	8 O
9 rode	10 have been	11 drive	12 cook

1 해설 주절의 동사가 would become이며, 영원히 사는 것은 일어날 가능성이 없는 일이므로 if절에 이와 짝이 맞는 과거시제 lived가 적절

해석 사람들이 영원히 산다면, 세상은 매우 붐비게 될 것이다.

2 해설 주절의 동사가 may discover이며, 새로운 취미를 시도해 보는 것은 일어날 가능성이 있는 일이므로 if절에 현재시제 try가 적절

해석 만약 네가 새로운 취미를 시도해 보면 숨겨진 재능을 발견할지도 모른다.

3 해설 말하는(speaks) 것보다 무언가를 말했던 것이 앞선 시점의 일이므로 as if절에 had said가 적절

해석 비록 모두가 내가 맞다고 생각했음에도, 그는 마치 내가 지난 회의에서 틀린 무언가를 말했던 것처럼 말한다.

4 해설 if절의 동사가 had known이므로, 주절의 would 뒤에 이와 짝이 맞는 have visited가 적절

해석 그 당시에 네가 거기에 머무르는 중인 것을 알았다면 나는 런던에서 너를 방문했을 것이다.

5 해설 if절의 동사가 과거시제 grew이므로, 주절의 could 뒤에 이와 짝이 맞는 동사원형 find가 적절

해석 다이아몬드가 사과와 같이 나무에서 자란다면, 우리는 쉽고 빠르게 그것들을 찾을 수 있을 것이다.

6 해설 주절의 동사가 would have asked이므로 if절에 이와 짝이 맞는 had said가 적절

해석 불과 50년 전만 해도, 당신이 '알고리즘'이라는 단어를 말했다면, 대부분의 사람들이 '뭐라고요?'라고 물었을 것이다.

7 해설 주절의 동사가 will be이며, 블랙홀에 대한 새로운 정보를 밝히는 것은 일어날 가능성이 있는 일이므로 if절에 이와 짝이 맞는 현재시제 reveals는 적절

해석 만약 그녀가 블랙홀에 대한 새로운 정보를 밝힌다면, 과학계는 놀랄 것이다.

8 해설 끄덕인(nodded) 것과 지시를 이해한 것이 같은 시점의 일이므로 as if절에 과거시제 understood는 적절

해석 Agatha는 마치 지시를 이해한 것처럼 고개를 끄덕였지만, 분명히 이해하지 못했다.

9 해설 주절의 동사가 would be이며, 더 많은 사람들이 자전거나 지하철을 타는 것은 현재 사실의 반대이므로 if절에 이와 짝이 맞는 과거시제 rode가 적절

해석 더 많은 사람들이 자전거나 지하철을 탄다면 도로의 교통량이 더 적을 것이다.

10 해설 if절의 동사가 had not occurred이므로, 주절의 would 뒤에 이와 짝이 맞는 have been이 적절

해석 인쇄기의 발명이 일어나지 않았다면, 역사를 통틀어 지식의 확산은 훨씬 더 느렸을 것이다.

11 해설 주절의 동사가 will never learn이며, 운전을 결코 배우지 못하는 것은 일어날 가능성이 있는 일이므로, if절에 현재시제 drive가 적절

해석 만약 당신이 스스로 차를 운전하지 않는다면, 나아지기 위해서는 경험이 필요하기 때문에 당신은 운전을 결코 배우지 못할 것이다.

12 해설 if절의 동사가 과거시제 were이므로, 주절의 would 뒤에 이와 짝이 맞는 동사원형 cook이 적절

해석 내 아파트의 부엌이 더 크다면 나는 더 자주 집에서 요리할 것이다.

짧은 지문 연습 제대로   p.62

1 (A) were (B) know	2 (A) look (B) have been
3 (A) had (B) survive	4 ①
5 ①	6 ②

1 해설 (A) 주절의 동사가 would get이며, 다른 사람들의 마음을 읽는 것은 일어날 가능성이 없는 일이므로 if절에 이와 짝이 맞는 과거시제 were가 적절
(B) 주절의 동사가 may become이며, 다른 사람들의 생각에 대해 너무 많이 알게 되는 것은 일어날 가능성이 있는 일이므로 if절에 이와 짝이 맞는 현재시제 know가 적절

해석 누군가가 다른 사람들의 마음을 읽을 수 있다면, 그 또는 그녀는 여전히 친구들 그리고 가족들과 잘 지낼 수 있었을까? 절대로 그렇지 않다. 만약 사람들이 다른 사람들의 생각에 대해 너무 많이 알게 된다면, 그들의 관계는 어려워질지도 모른다.

2 해설 (A) 주절의 동사가 will find이며, 역사를 자세히 보는 것은 일어날 가능성이 있는 일이므로 if절에 이와 짝이 맞는 현재시제 look이 적절
(B) if절의 동사가 had not been이므로, 주절의 might 뒤에 이와 짝이 맞는 have been이 적절

해석 당신이 세계의 역사를 자세히 보면, 역사를 영원히 바꾸어 놓은 몇몇 발명품들을 발견할 수 있을 것이다. 예를 들어, 만약 원자폭탄이 개발되지 않았다면, 제2차 세계 대전의 결과는 달랐을지도 모른다.

3 해설 (A) 광고하는(advertise) 것과 경쟁자가 없는 것이 같은 시점의 일이므로 as if절에 과거시제 had가 적절
(B) if절의 동사가 과거시제 were이므로, 주절의 would 뒤에 이와 짝이 맞는 동사원형 survive가 적절

해석 너무 많은 회사들이 마치 그들이 경쟁자가 없는 것처럼 그들의 제품을 광고한다. 시장에 경쟁자가 없다면, 그런 회사들이 살아남을 것이지만, 현실에서 그런 일은 거의 일어나지 않는다.

4 해설 ① if절의 동사가 hadn't avoided이므로, 주절의 might 뒤에 이와 짝이 맞는 have gotten이 적절
② 주절의 동사가 will achieve이며, 실패가 정상적이라는 것을 받아들이는 것은 일어날 가능성이 있는 일이므로 if절에 이와 짝이 맞는 현재시제 accept는 적절

해석 Amy가 실패에 대한 두려움 때문에 지난주의 면접을 피하지 않았다면, 그녀는 자신이 꿈꾸던 직업을 얻었을지도 모른다. 만약 당신이 실패가 때때로 정상적이라는 것을 받아들인다면 당신은 인생에서 훨씬 더 많은 것을 성취할 것이다.

5 해설 ① 중국어를 말하는(speaks) 것보다 그가 그것을 배운 것이 앞선 시점의 일이므로 as if절에 had learned가 적절
② 주절의 동사가 would have mastered이므로, if절에 이와 짝이 맞는 had chosen은 적절

해석 Thomas는 마치 그가 어렸을 때 배웠던 것처럼 중국어를 말하지만, 그는 최근에야 그것을 배웠다. 그는 언어에 뛰어난 재능을 가지고 있어서, 그가 중국어가 아닌 언어를 선택했다면, 그것 역시 매우 빨리 익혔을 것이다.

6 해설 ① if절의 동사가 과거시제 knew이므로, 주절의 would 뒤에 이와 짝이 맞는 동사원형 focus는 적절
② 주절의 동사가 will have이며, 학교에서 더 잘 성취하는 것은 일어날 가능성이 있는 일이므로 if절에 이와 짝이 맞는 현재시제 perform이 적절

해석 더 많은 학생들이 현재의 노력이 그들의 미래를 바꿀 수 있다는 것을 안다면, 그들은 자신의 현재 공부에 집중할 것이지만, 그들이 그것을 모른다는 것이 안타깝다. 지금 학교에서 더 잘 성취한다면 학생들은 미래 진로를 결정하는 데 더 나은 선택지를 갖게 될 것이다.

내신 서술형 대비 제대로   p.63

1 If my sisters were here
2 as if they had become friends
3 you could have avoided
4 could make you a cup of coffee if we had any left
5 Mr. Jenkins had arrived on time, he would not have missed the meeting
6 would stay up late often if she didn't get up early for work every day
7 ⓐ had owned → owned, ⓒ invested → invest
8 ⓑ be → have been, ⓒ became → becomes

1 해설 주절의 동사가 would have이며, 자매들이 지금 여기 있는 것은 현재 사실의 반대이므로 if절에 이와 짝이 맞는 과거시제 were가 적절

2 해설 보이는(looked) 것보다 수년 전에 친구가 된 것이 앞선 시점의 일이므로 as if 절에 had become이 적절

3 해설 if절의 동사가 had been이며, 실수를 하는 것을 피하는 것은 과거 사실의 반대이므로 주절에 이와 짝이 맞는 could have avoided가 적절

어휘 such 그러한, 매우

4 해설 남은 것이 있어서 커피를 만들 수 있는 것은 현재 사실의 반대이므로 주절에 could make, if절에 과거시제 had가 적절

해석 우리가 남은 것이 좀 있다면 네게 커피 한 잔을 만들어 줄 수 있을 것이다.

5 해설 Jenkins씨가 제시간에 도착해서 회의를 놓치지 않은 것은 과거 사실의 반대이므로, if절에 had arrived, 주절에 would not have missed가 적절

해석 Jenkins씨가 제시간에 도착했다면, 그는 회의를 놓치지 않았을 것이다.

6 해설 일찍 일어나지 않아서 늦게까지 깨어 있는 것은 현재 사실의 반대이므로, 주절에 would stay up, if절에 didn't get up이 적절

해석 매일 출근을 위해 일찍 일어나지 않는다면 Tamara는 자주 늦게까지 깨어 있을 것이다.

어휘 stay up 깨어 있다

7 해설 ⓐ 주절의 동사가 could go이며, 현재의 것들보다 더 빠른 우주선을 소유하는 것은 현재 사실의 반대이므로 if절에 이와 짝이 맞는 과거시제 owned가 적절
ⓑ if절의 동사가 과거시제 were이므로, 주절의 would 뒤에 이와 짝이 맞는 동사원형 know는 적절
ⓒ 주절의 동사가 may come이며, 우주 탐사에 더 투자하는 것은 일어날 가능성이 있는 일이므로 if절에 현재시제 invest가 적절

해석 만약 인류가 현재의 것들보다 더 빠른 우주선을 소유했다면, 우리는 우주로 매우 멀리 갈 수 있을 것이다. 또한, 우리가 멀리 떨어진 행성들을 탐험할 수 있다면 우리는 외계인의 존재에 대해 확실히 알 수 있을 것이다. 만약 지금부터 우리가 우주 탐사에 더 투자한다면, 가까운 미래에 이 모든 꿈이 실현될지도 모른다.

어휘 existence 존재 alien 외계인 faraway 멀리 떨어진
planet 행성 exploration 탐사, 탐험

8 해설 ⓐ 보인(looked) 것과 공상과학 영화에서 나온 것은 같은 시점의 일이므로 as if절에 과거시제 were는 적절
ⓑ if절의 동사가 had not dropped이므로, 주절의 would 뒤에 이와 짝이 맞는 have been이 적절
ⓒ 주절의 동사가 will lead이며, 전기가 더 싸지는 것은 일어날 가능성이 있는 일이므로 if절에 현재시제 becomes가 적절

해석 지난 세기 동안, 세계는 믿을 수 없는 발전을 보아왔다. 어떤 발명품들은 그 당시 사람들에게 마치 공상과학 영화에서 나온 것처럼 보였다. 그러나, 전기 비용이 떨어지지 않았다면 이러한 발전 중 어떤 것도 가능하지 않았을 것이다. 그러므로, 만약 전기가 더 싸진다면, 그것은 아마도 더 큰 발전으로 이어질 것이다.

어휘 unbelievable 믿을 수 없는
science fiction movie 공상과학 영화 probably 아마도
improvement 발전, 향상

수능 대비 제대로　　　　　　　　　　　　p.64

| 1 ② | 2 ③ | 3 ⑤ | 4 ② |

1 해설 (A) 행동하는(act) 것과 모든 것을 아는 듯이 하는 것이 같은 시점의 일이므로 as if절에 과거시제 knew가 적절
(B) 주절의 동사가 would be이며, 그들이 모르는 것에 대해 정직한 것은 현재 사실의 반대이므로 if절에 과거시제 were가 적절
(C) 주절의 동사가 will miss이며, 우리가 무언가를 모른다는 사실을 숨기는 것은 일어날 가능성이 있는 일이므로 if절에 현재시제 hide가 적절

해설 어떤 사람들은 마치 그들이 인생에서 또는 직업에서 성공하기 위해 필요한 모든 것을 아는 것처럼 행동한다. 하지만, 그들이 모르는 것에 대해 정직하다면 그들은 더 성공할 것이다. 우리가 도움이 필요할 때 질문하고 인정하는 것은 괜찮다. 만약 우리가 무언가를 모른다는 사실을 숨기면, 우리는 배우고 성장할 수 있는 소중한 기회를 놓칠 것이다. 우리 자신에게 솔직하고 우리가 지식을 확장할 수 있는 모든 기회를 받아들이는 것이 더 좋다.

어휘 admit 인정하다 miss out on ~을 놓치다 valuable 소중한
embrace 받아들이다, 포용하다

2 해설 (A) 보이는(seemed) 것보다 뇌를 꺼버린 것이 앞선 시점의 일이므로 as if절에 had turned가 적절
(B) if절의 동사가 had paid이므로, 주절의 would 뒤에 이와 짝이 맞는 have noticed가 적절
(C) 주절의 동사가 will achieve이며, 에너지가 가장 많을 때 가장 중요한 일들을 예정하는 것은 일어날 가능성이 있는 일이므로 if절에 현재시제 schedule이 적절

해석 작가인 Virginia Atwood는 보통 아침에 글을 쓴다. 어느 날, 그녀는 오후에 글을 쓰기로 결심했다. 하지만 오후 3시쯤, 그녀는 전혀 집중할 수가 없었다. 그녀에게는 마치 누군가 약 30분 전에 그녀의 뇌를 꺼버린 것처럼 보였다. 그녀는 왜인지 이해할 수 없었지만, 그럴 만한 이유가 있다. 하루 종일 일정한 수준의 집중을 유지하는 것은 어렵다. Virginia가 그녀의 에너지 패턴에 주의를 기울였다면, 그녀는 특정한 시간에 그녀가 더 생산적이라는 것을 알아차렸을 것이다. 우리의 몸은 에너지의 높고 낮음으로 특징지어지는 리듬을 가지고 있다. 만약 당신이 에너지가 가장 많을 때 당신의 가장 중요한 일들을 예정한다면 더 많은 것을 성취할 것이다.

어휘 concentrate 집중하다 constant 일정한 attention 집중
productive 생산적인 characterize 특징 짓다

3 해설 ① 주절의 동사가 will do이며, 산속에서 곰을 만나는 것은 일어날 가능성이 있는 일이므로 if절에 현재시제 meet은 적절
② 조언하는(give) 것보다 그들이 그런 상황에 처했던 것이 앞선 시점의 일이므로 as if절에 had been은 적절
③ 주절의 동사가 would keep이며, 내가 당신인 것은 일어날 가능성이 없는 일이므로 if절에 과거시제 were는 적절
④ 내가 느낀(felt) 것과 그가 친구를 찾길 원하는 것이 같은 시점의

일이므로 as if절에 과거시제 wanted는 적절
⑤ if절의 동사가 had screamed이므로, 주절의 would 뒤에 이와 짝이 맞는 have survived가 적절

해석 만약 깊은 산속에서 걷는 동안 곰을 만난다면 당신은 무엇을 할까? 많은 사람들이 마치 그들이 전에 그런 상황에 처했던 것처럼 조언한다. 그들은 가만히 누워있는 것이 안전하게 있는 가장 좋은 방법이라고 말하고, 다른 사람들은 나무를 오르는 것을 추천한다. 만약 내가 당신이라면, 나는 곰이 나를 보거나 듣지 못하게 할 것이다. 로키산맥에서 2주간의 여행 중에, 나는 사실 토착 서식지에서 회색 곰을 보았다. 그는 깊이 코를 킁킁거리며, 무언가의 냄새를 따라가고 있었다. 처음에, 나는 마치 그가 친구를 찾길 원하는 것처럼 느꼈다. 그러나, 천천히, 나는 이 거대하고 배고픈 동물이 먹이를 찾고 있다는 것을 깨달았다! 차분하고 조용한 방식으로, 나는 가능한 한 빨리 곰으로부터 멀리 이동했다. 내가 소리를 지르거나 먼저 그를 공격했더라면 나는 그때 살아남지 못했을 것이다.

어휘 recommend 추천하다 scent 냄새 sniffle 코를 킁킁거리다
manner 방식

4 해설 ① 주절의 동사가 would not have been이므로, if절에 이와 짝이 맞는 had understood는 적절
② 생각하는(think) 것과 숫자가 비현실적인 것이 같은 시점의 일이므로 as if절에 과거시제 were가 적절
③ 주절의 동사가 will see이며, 패스트푸드 식당에 방문하는 것은 일어날 가능성이 있는 일이므로 if절에 현재시제 visit은 적절
④ if절의 동사가 과거시제 did not exist이므로, 주절의 might 뒤에 이와 짝이 맞는 동사원형 be는 적절
⑤ 주절의 동사가 would be이며, 모든 로봇들이 사라지는 것은 일어날 가능성이 거의 없는 일이므로 if절에 과거시제 disappeared는 적절

해석 인공지능이 처음 소개되었을 때, 사람들이 인공지능의 위험을 미리 이해했더라면 행복하지 않았을 것이다. 캐나다 일자리의 42%가 위험에 처해 있고, 미국 일자리의 62%가 인공지능 때문에 사라질 것이다. 당신은 마치 그 숫자가 비현실적인 것처럼 생각할지도 모르지만, 위협은 현실이다. 만약 당신이 패스트푸드 식당에 방문한다면, 당신은 로봇들이 버거를 튀기거나 상자를 옮기는 것과 같은 간단한 일들을 하는 것을 보게 될 것이다. 그러나 심지어 고도로 숙련된 일들도 위험에 처해 있다. 슈퍼컴퓨터가 존재하지 않는다면, 고도로 숙련된 일들은 안전이 보장될지도 모른다. 하지만, 슈퍼컴퓨터는 음악, 미술, 그리고 과학의 복잡한 일들을 할 수 있다. 모든 로봇들이 사라진다면, 사람들의 직업은 안전할 것이지만, 오늘날 로봇들이 하는 모든 것을 하는 것은 다른 문제들을 만들어 낼 것이다.

어휘 in advance 미리 unrealistic 비현실적인 highly 고도로
skilled 숙련된 at risk 위험에 처한 guarantee 보장하다

CHAPTER 06　동명사와 to부정사

POINT 1　동사 vs. 동명사/to부정사　　　　　　p.68

정답 to recognize
해설 "인식하는 것"이라는 의미로, 가주어 it 뒤에 오는 진짜 주어 역할을 하는 명사 자리이므로 to부정사 to recognize가 적절
해석 새로운 기술이 우리 세계에 미칠 영향을 인식하는 것은 매우 중요하다.
어휘 recognize 인식하다 impact 영향

1 정답 to prevent
해설 "막기 위해 착용하다"라는 의미로 동사 wear를 수식하는 부사 자리이므로 to부정사 to prevent가 적절

해석 의사들은 바이러스의 확산을 막기 위해 마스크와 장갑을 착용한다.

2 정답 play
해설 "어린이들이 놀다"라는 의미로 주어 The children의 동사 자리이므로 동사 play가 적절
해석 공원 안의 어린이들은 그네와 미끄럼틀 위에서 행복하게 논다.
어휘 swing 그네 slide 미끄럼틀

3 정답 soaked
해설 "비가 흠뻑 적시다"라는 의미로 주어 The rain의 동사 자리이므로 동사 soaked가 적절
해석 먹구름에서 세차게 쏟아지는 비는 버스 정류장에 있는 모든 사람들을 흠뻑 적셨다.
어휘 soak 흠뻑 적시다

4 정답 restricting
해설 "제한하는 것이 증가시키다"라는 의미로 동사 increases의 주어 역할을 하는 명사 자리이므로 동명사 restricting이 적절
해석 때로는, 고객들이 살 수 있는 품목의 수를 제한하는 것이 판매를 증가시킨다.
어휘 restrict 제한하다

5 정답 to remember
해설 "기억하는 방법"이라는 의미로 명사 way를 수식하는 형용사 자리이므로 to부정사 to remember가 적절
해석 노트 필기를 하는 것은 강의 중에 유용한 정보를 기억하는 도움이 되는 방법이다.
어휘 lecture 강의

6 정답 supporting
해설 "지원하는 것"이라는 의미로 전치사 of의 목적어 역할을 하는 명사 자리이므로 동명사 supporting이 적절
해석 우리는 지역 단체를 지원하고 지역 사회에 환원하는 것이 자랑스럽다.
어휘 local 지역의 organization 단체
give back to 환원하다, 되돌려주다

7 정답 kill
해설 "질병들이 죽이다"라는 의미로 주어 The diseases의 동사 자리이므로 동사 kill이 적절
해석 어떤 경우에는 양식장에서 발생하는 질병들이 양식장의 물고기들뿐만 아니라 야생 물고기들도 죽인다.
어휘 fish farm 양식장

8 정답 improving
해설 "향상시키는 것이다"라는 의미로 동사 is의 보어 역할을 하는 명사 자리이므로 동명사 improving이 적절
해석 외국어를 공부하는 것의 이점은 문화적 이해를 향상시키는 것이다.
어휘 benefit 이점, 이익

POINT 2 동명사와 to부정사 중 하나만 목적어로 취하는 동사 p.69

정답 using
해설 "이용하는 것을 멈추다"라는 의미이므로 동사 stop의 목적어 자리에 동명사 using이 적절
해석 만약 우리가 도로로 자연 서식지를 계속 파괴한다면, 그곳의 야생 동물들은 그 지역을 이용하는 것을 멈출 것이다.
어휘 destroy 파괴하다 habitat 서식지

---

1 정답 to go
해설 "가는 것을 결정하다"라는 의미로 동사 decide의 목적어 자리이므로 to부정사 to go가 적절
해석 Jessica는 뉴욕에 있는 음악 학교에 가기로 결정했다.

2 정답 cleaning
해설 "청소하는 것을 끝내다"라는 의미로 동사 finish의 목적어 자리이므로 동명사 cleaning이 적절
해석 나는 파티를 위해 손님들이 도착하기 전에 집을 청소하는 것을 끝낼 것이다.

3 정답 to eat
해설 "먹는 것을 거부하다"라는 의미로 동사 refuse의 목적어 자리이므로 to부정사 to eat이 적절
해석 그 소년은 그 맛을 좋아하지 않기 때문에 양파 먹는 것을 항상 거부한다.

4 정답 playing
해설 "경기하는 것을 그만두다"라는 의미로 동사 quit의 목적어 자리이므로 동명사 playing이 적절
해석 2019년 조사에 근거하면, 어린이들은 평균적으로 12살이 되기 전에 농구팀에서 경기하는 것을 그만두었다.
어휘 on average 평균적으로

5 정답 to get
해설 "사기 위해 멈추다"라는 의미이므로 동사 stop 뒤에 '~하기 위해'라는 의미의 to부정사 to get이 적절
해석 당신은 고속도로에 들어가기 전에 약간의 휘발유를 사기 위해 멈추어야 한다.
어휘 gasoline 휘발유 enter 들어가다

6 정답 to start
해설 "시작하는 것을 선택하다"라는 의미로 동사 choose의 목적어 자리이므로 to부정사 to start가 적절
해석 Morgan씨는 다른 누군가를 위해 일하기보다는 그녀 자신의 사업을 시작하는 것을 선택했다.
어휘 rather than ~라기보다는

7 정답 O
해설 "수리하는 것을 고려하다"라는 의미로 동사 consider의 목적어 자리이므로 동명사 renovating은 적절
해석 그 커플은 더 많은 생활 공간을 만들기 위해 집을 수리하는 것을 고려하고 있다.
어휘 renovate 수리하다

8 정답 waiting
해설 "기다리는 것을 신경 쓰다"라는 의미로 동사 mind의 목적어 자리이므로 동명사 waiting이 적절
해석 우리는 Steve가 도착할 때까지 몇 분 더 기다리는 것을 신경 쓰지 않는다.

POINT 3 동명사와 to부정사 둘 다 목적어로 취하는 동사 p.70

정답 to take
해설 "사진 찍는 것을 잊다"라는 뜻으로, 아직 하지 않은 일을 하는 것을 잊었다는 의미이므로 forgot의 목적어 자리에 to take가 적절
해석 당신이 태어났을 때는 많은 사진을 찍었음에도 불구하고, 몇 년 동안 당신의 부모님은 당신의 사진을 찍는 것을 잊었다.

1 정답 watching

해설 "본 것을 기억한다"라는 뜻으로, 이미 한 일을 기억한다는 의미이므로 remembers의 목적어 자리에 watching이 적절

해석 그는 어렸을 때 가장 좋아하는 영화 '피노키오'를 반복해서 본 것을 기억한다.

어휘 repeatedly 반복해서

2 정답 O

해설 "계획하는 것을 시작하다"라는 뜻이며, start는 의미 차이 없이 동명사와 to부정사를 둘 다 목적어로 취하는 동사이므로 to plan은 적절

해석 Rebecca와 그녀의 형제들은 어제 아버지를 위한 생일 파티를 계획하기 시작했다.

3 정답 to inform

해설 "알리게 되어 유감이다"라는 뜻으로, 아직 하지 않은 일을 하게 되어 유감이라는 의미이므로 regret의 목적어 자리에 to inform이 적절

해석 당신에게 알리게 되어 유감이지만, 당신의 비행기는 두 시간 지연될 것이다.

어휘 inform 알리다 delay 지연시키다

4 정답 making

해설 "약속한 것을 잊다"라는 뜻으로, 과거에 이미 한 일을 잊었다는 의미이므로 forgot의 목적어 자리에 making이 적절

해석 그 고객은 오늘 약속한 것을 잊고 나타나지 않았다.

어휘 appointment 약속 show up 나타나다

5 정답 O

해설 "들으려고 노력하다"라는 의미이므로 tried의 목적어 자리에 to listen은 적절

해석 그녀의 시계가 어디에 있는지 알아내기 위해, 그 소녀는 조용히 앉아서 그것의 소리를 들으려고 노력했다.

어휘 find out 알아내다

POINT 4 전치사 to vs. to부정사의 to   p.70

정답 express

해설 "표현하기 위해 사용되다"라는 의미이므로, be used to 뒤에 to부정사를 만드는 동사원형 express가 적절

해석 말을 하는 데는 글을 쓰는 데보다 같은 생각을 표현하기 위해 더 많은 단어가 사용된다.

1 정답 meeting

해설 look forward to의 to는 전치사이므로 동명사 meeting이 적절

해석 나는 다음 주의 세미나에서 당신을 만나기를 고대한다.

2 정답 hear

해설 "듣는 것을 좋아하다"라는 의미로 동사 like의 목적어 자리이므로 to부정사를 만드는 동사원형 hear가 적절

해석 사람들은 무언가를 살 때, 그들이 아는 사람들의 의견을 듣는 것을 좋아한다.

3 정답 speaking

해설 "말하는 것에 익숙하지 않다"라는 의미이므로, be used to 뒤에 동명사 speaking이 적절

해석 그녀는 대중 앞에서 말하는 것에 익숙하지 않아서, 연설 동안 긴장을 느꼈다.

어휘 public 대중

4 정답 show

해설 "보여주지 못하다"라는 의미로 동사 fail의 목적어 자리이므로 to부정사를 만드는 동사원형 show가 적절

해석 신분증을 보여주지 못하는 사람은 건물에 들어가는 것이 허락되지 않을 것이다.

5 정답 breaking

해설 came close to의 to는 전치사이므로 to 뒤에 동명사 breaking이 적절

해석 그 선수는 높이뛰기 세계 기록을 깨는데 가까워졌다.

어휘 world record 세계 기록

POINT 5 동명사/to부정사의 능동형 vs. 수동형   p.71

정답 build

해설 "집을 짓는"이라는 의미이므로 to부정사의 능동형을 만드는 build가 적절

해석 그 프로젝트는 집이 없는 사람들을 위해 집을 짓는 국제단체의 캠페인의 일부였다.

어휘 international 국제의 homeless 집이 없는, 노숙자의

1 정답 being evaluated

해설 "평가되는 것"이라는 의미이므로 동명사의 수동태 being evaluated가 적절

해석 직원들은 자신의 성과에 대해 평가되는 것에 익숙해야 한다.

어휘 familiar 익숙한 evaluate 평가하다 performance 성과, 수행

2 정답 reduce

해설 "스트레스를 줄이다"라는 의미이므로 to부정사의 능동형을 만드는 reduce가 적절

해석 최근에, 많은 사람들이 스트레스를 줄이기 위해 요가 수업을 듣고 있다.

3 정답 cleaning

해설 "청소하는 것"이라는 의미이므로 동명사의 능동형 cleaning이 적절

해석 그들은 주말까지 집을 청소하는 것을 미루기로 결정했다.

4 정답 be found

해설 "고양이가 발견되다"라는 의미이므로 to부정사의 수동형을 만드는 be found가 적절

해석 걱정하면서, 나는 밖으로 나가 길을 걸었지만, 나의 고양이는 어디에서도 발견되지 않았다.

5 정답 Being selected

해설 "리더로 선택되는 것"이라는 의미이므로 동명사의 수동형 Being selected가 적절

해석 그룹의 리더로 선택되는 것은 누구에게나 큰 영광이다.

어휘 select 선택하다 honor 영광

POINT 6 동명사/to부정사의 의미상 주어   p.71

정답 express

해설 "사람들이 표현하다"라는 의미로, to부정사의 의미상 주어 for people이 표현하는(express) 행위의 주체이므로 to부정사의 능동형을 만드는 express가 적절

해석 Marguerite La Caze에 따르면, 패션은 사람들이 중요한 개인적인 믿음을 표현하는 도구를 제공한다.

어휘 tool 도구 personal 개인적인 belief 믿음

1 정답 **be accepted**

해설 "그녀가 받아들여지다"라는 의미로, 동명사의 의미상 주어 her가 받아들이는(accept) 행위의 대상이므로 to부정사의 수동형을 만드는 be accepted가 적절

해석 Amy의 부모님은 그녀가 국립 대학에 받아들여지기를 희망했다.

어휘 **national** 국립의, 국가의

2 정답 **leaving**

해설 "우리 비행기가 떠나다"라는 의미로, 동명사의 의미상 주어 our flight's가 떠나는(leave) 행위의 주체이므로 능동형 leaving이 적절

해석 이 날씨는 우리 비행기가 제시간에 떠나는 것을 막지 못할 것이다.

3 정답 **being promoted**

해설 "그가 승진되다"라는 의미로, 동명사의 의미상 주어 his가 승진시키는(promote) 행위의 대상이므로 수동형 being promoted가 적절

해석 그 남성의 동료들은 그가 상점의 매니저 직위로 승진된 것을 축하했다.

어휘 **coworker** 동료 **congratulate** 축하하다 **promote** 승진시키다

4 정답 **understand**

해설 "그들이 이해하다"라는 의미로 to부정사의 의미상 주어 for them이 이해하는(understand) 행위의 주체이므로 to부정사의 능동형을 만드는 understand가 적절

해석 그들은 똑똑한 학습자들이지만, 어떤 개념들은 그들이 이해하기에 너무 어렵다.

어휘 **concept** 개념

5 정답 **be released**

해설 "그 영화의 새로운 버전이 개봉되다"라는 의미로, to부정사의 의미상 주어 for ~ movie가 개봉하는(release) 행위의 대상이므로 to부정사의 수동형을 만드는 be released가 적절

해석 팬들은 그 영화의 새로운 버전이 개봉되기를 참을성 있게 기다리고 있다.

어휘 **patiently** 참을성 있게 **release** 개봉하다

5 해설 is accustomed to의 to는 전치사이므로 to 뒤에 동명사 eating이 적절

해석 Melinda는 많은 향신료를 사용하는 문화에서 자랐기 때문에 매운 음식을 먹는 것에 익숙하다.

6 해설 "확인함으로써"라는 의미로 전치사 by의 목적어 역할을 하는 명사 자리이므로 동명사 checking이 적절

해석 판매 후에 고객의 만족감을 확인함으로써, 당신의 제품에 대한 부정적인 평가가 확산되는 것을 피할 수 있다.

7 해설 "방해받는 것"이라는 의미이므로 동명사의 수동형 being disturbed가 적절

해석 Mark는 방해받는 것 없이 일할 수 있도록 그의 사무실 문을 닫았다.

8 해설 "당신이 끝내다"라는 의미로, 동명사의 의미상 주어 your가 끝내는(finish) 행위의 주체이므로 능동형 finishing이 적절

해석 소셜 미디어에 너무 많은 시간을 쓰는 것은 당신이 중요한 일을 끝내는 것을 지연시킬 수 있다.

9 해설 "찾는 것을 희망하다"라는 의미로 동사 hope의 목적어 자리이므로 to부정사 to find가 적절

해석 많은 부모들은 그들이 일하는 동안 그들의 아이들을 돌볼 믿을 만한 베이비시터를 찾기를 희망한다.

10 해설 "기름이 만들었다"라는 의미로 주어 The oil의 동사 자리이므로 동사 made가 적절

해석 쓰러진 트럭에서 나온 기름이 도로를 더럽고, 미끄럽고, 그리고 위험하게 만들었다.

11 해설 "산 것을 후회하다"라는 뜻으로, 과거에 이미 한 일을 후회한다는 의미이므로 regret의 목적어 자리에 동명사 buying이 적절

해석 지금 돈이 없기 때문에, 나는 그렇게 비싼 집을 산 것을 후회한다.

12 해설 "홍보하기 위해"라는 의미의 부사 자리이므로 to부정사 to promote가 적절

해석 오늘날의 음악 산업에서, 예술가들은 그들의 음악을 홍보하기 위해 누구의 허락도 필요하지 않다.

문장 연습 제대로 네모 유형 　　　　p.72

1 danced	2 answering	3 inform
4 to take	5 eating	6 checking
7 being disturbed	8 finishing	9 to find
10 made	11 buying	12 to promote

1 해설 "공연자들이 춤추다"라는 의미로 주어 The performers의 동사 자리이므로 동사 danced가 적절

해석 무대 위의 공연자들은 활기찬 음악에 맞춰 열정적으로 춤췄다.

2 해설 "답하는 것을 미루다"라는 의미로 동사 put off의 목적어 자리이므로 동명사 answering이 적절

해석 Tommy는 그가 더 많은 정보를 가질 때까지 일자리 제안에 답하는 것을 미루었다.

3 해설 "매니저에게 알리다"라는 의미이므로 to부정사의 능동형을 만드는 inform이 적절

해석 직원들은 직장에서 휴가를 원할 때 그들의 매니저에게 알릴 필요가 있다.

4 해설 "복용할 것을 기억하다"라는 뜻으로, 아직 하지 않은 일을 하는 것을 기억한다는 의미이므로 remember의 목적어 자리에 to부정사 to take가 적절

해석 다음 3일 동안 6시간마다 너의 약을 복용할 것을 꼭 기억해라.

문장 연습 제대로 밑줄 유형 　　　　p.73

1 Eating 또는 To eat	2 to keep	3 persuade
4 experiencing	5 include	6 O
7 be locked	8 to succeed	9 providing
10 O	11 say	12 be designed

1 해설 "먹는 것"이라는 의미의 동사 is의 주어 역할을 하는 명사 자리이므로 동명사 Eating 또는 to부정사 To eat이 적절

해석 건강에 좋은 음식을 정해진 시간에 먹는 것은 균형 잡힌 생활방식을 유지하는 데 중요하다.

2 해설 "유지하는 것에 동의하다"라는 의미로 동사 agree의 목적어 자리이므로 to부정사 to keep이 적절

해석 우리는 우리 집주인이 작년과 같은 가격으로 임대료를 유지하는 것에 동의해서 기쁘다.

3 해설 "설득하기 위해 사용되다"라는 의미이므로, be used to 뒤에 to부정사를 만드는 동사원형 persuade가 적절

해석 광고는 특정 제품과 서비스를 구매하도록 사람들을 설득하기 위해 사용된다.

4 해설 "경험한 것을 잊다"라는 뜻으로, 과거에 이미 한 일을 잊는다는 의미이므로 forget의 목적어 자리에 동명사 experiencing이 적절

해설 나는 스카이다이빙을 처음 경험한 것을 결코 잊지 못할 것이다. 그것은 정말 짜릿했다!

5 해설 "물건들이 포함하다"라는 의미로 주어 The items의 동사 자리이므로 동사 include가 적절

해석 식료품점에서 살 물건들은 우유, 계란, 그리고 빵을 포함한다.

6 해설 "말하는 것을 멈추다"라는 의미이므로 동사 stop의 목적어 자리에 동명사 talking은 적절

해석 선생님은 학생들에게 말하는 것을 멈추고 수업에 주의를 기울이라고 요구했다.

7 해설 "문이 잠기다"라는 의미이므로 to부정사의 수동형을 만드는 be locked가 적절

해석 우리 방의 문이 잠겨있는 것 같아서, 우리는 누군가 열쇠를 가져올 때까지 들어갈 수가 없다.

8 해설 "성공할 능력"이라는 의미로 명사 ability를 수식하는 형용사 자리이므로 to부정사 to succeed가 적절

해석 당신이 당신에게 중요한 분야에서 성공할 당신의 능력을 믿지 못할 때, 그것은 당신의 자존감에 나쁜 영향을 미친다.

9 해설 "의료 지원을 제공하다"라는 의미이므로 동명사의 능동형 providing이 적절

해석 그 자원봉사 단체는 외딴 지역 사회를 지원하는 방법으로 의료 지원을 제공하는 것에 집중한다.

10 해설 "보내는 것을 선호한다"라는 뜻이며, prefer는 의미 차이 없이 동명사와 to부정사를 둘 다 목적어로 취하는 동사이므로 to spend는 적절

해석 붐비는 장소에 가는 대신에, Jeremy는 집에서 좋은 책과 차 한잔과 함께 주말을 보내는 것을 선호한다.

11 해설 "관광객들이 말하다"라는 의미로 주어 Tourists의 동사 자리이므로 동사 say가 적절

해석 그 섬을 방문한 적 있는 관광객들은 그것이 절대적으로 아름답다고 말한다.

12 해설 "프로젝트가 설계되다"라는 의미로, to부정사의 의미상 주어 for the project가 설계하는(design) 행위의 대상이므로 to부정사의 수동형을 만드는 be designed가 적절

해석 제때 끝내기 위해서, 그 프로젝트가 매우 잘 설계되는 것이 필수적일 것이다.

짧은 지문 연습 제대로　　　　　　　　　　　p.74

1 (A) thinks　(B) to bring	2 (A) dealing　(B) moving
3 (A) taking　(B) be inspired	4 ③
5 ②	6 ②

1 해설 (A) "일론 머스크가 생각하다"라는 의미로 주어 Elon Musk의 동사 자리이므로 동사 thinks가 적절
(B) "데려가는 것을 계획하다"라는 의미로 동사 plans의 목적어 자리이므로 to부정사 to bring이 적절

해석 SpaceX에서 우주선을 만드는 일론 머스크는 인간이 언젠가 화성에서 살 것이라고 생각한다. 그는 2050년까지 백만 명의 사람들을 화성에 데려가는 것을 계획한다.

2 해설 (A) "소음을 대하는 것에 익숙하다"라는 의미이므로, be used to 뒤에 동명사 dealing이 적절
(B) "이사한 것에 의해"라는 의미로 전치사 by의 목적어 역할을 하는 명사 자리이므로 동명사 moving이 적절

해석 번화한 도시에서 몇 년을 산 후에, 나는 지속적인 소음을 대하는 것에 익숙했다. 그러나 시골에 있는 평화로운 집으로 이사한 것에 의해, 나는 내가 자연의 소리를 선호한다는 것을 발견했다.

3 해설 (A) "수업을 듣는 것을 제안하다"라는 의미로 동사 suggest의 목적어 자리이므로 동명사 taking이 적절
(B) "당신이 고무되다"라는 의미이므로 to부정사의 수동형을 만드는 be inspired가 적절

해석 당신이 매일 같은 음식을 먹는 것에 싫증이 난다면, 우리는 요리 수업을 듣는 것을 제안한다. 일단 다양한 조리법을 시도해 보고 요리 실력을 향상시키고 나면, 당신은 주방에서 고무되고 새로운 맛을 발견할 가능성이 높다.

4 해설 ① "조상들이 살다"라는 의미로 주어 the ancestors의 동사 자리이므로 동사 lived는 적절
② "육지로 나올 능력"이라는 의미로 명사 the ability를 수식하는 형용사 자리이므로 to부정사 to come은 적절
③ "계속 돌아가다"라는 의미로 동사 keep의 목적어 자리이므로 동명사 returning이 적절

해석 과학자들에 의하면, 개구리의 조상들은 물고기처럼 물속에서 살았다. 최초의 개구리들은 육지로 나와서 그곳에서 먹이와 은신처를 얻을 기회를 즐길 능력을 얻었다. 그러나 그들은 또한 알을 낳기 위해 물로 계속 돌아갔다.

5 해설 ① "그들이 사람들을 닮다"라는 의미로, 동명사의 의미상 주어 their가 닮는(resemble) 행위의 주체이므로 능동형 resembling은 적절, resemble은 수동태로 쓸 수 없는 타동사
② "바꾸는 것은 일이다"라는 의미로 동사 is의 주어 역할을 하는 명사 자리이므로 동명사 Changing 또는 to부정사 To change가 적절
③ "만들기를 원하다"라는 의미로 동사 want의 목적어 자리이므로 to부정사 to make는 적절

해석 만화 동물의 재미있고 흥미로운 특징은 어떤 면에서 그들이 사람들을 닮은 것이다. 만화 동물의 얼굴이나 발을 바꾸는 것은 만화가들이 자주 하는 일이다. 그들은 캐릭터들을 아이들에게 친근하게 만들기를 원하기 때문에 그렇게 한다.

6 해설 ① "싸우기 위해 반응하다"라는 의미로 동사 reacts를 수식하는 부사 자리이므로 to부정사 to fight는 적절
② "공격받는 것"이라는 의미이므로 동명사의 수동형 being attacked가 적절
③ "만난 것을 기억하다"라는 뜻으로, 이미 한 일을 기억한다는 의미이므로 remembers의 목적어 자리에 동명사 meeting은 적절

해석 일반적으로, 백신은 약해지거나 죽은 바이러스를 포함한다. 백신 접종을 받을 때, 당신의 몸은 바이러스와 싸우기 위해 반응한다. 어떤 면에서, 백신은 공격받는 것에 대비해 몸을 준비시킨다. 우리가 실제 바이러스에 노출될 때, 몸은 그것을 만난 것을 기억해서 빠르고 효과적으로 대응할 수 있다.

내신 서술형 대비 제대로　　　　　　　　　　p.75

1 to drink	2 be repaired	3 using
4 I forgot to turn off the lights		
5 object to the city's building a new airport		
6 Continuous learning is necessary for programmers to stay		
7 ⓐ to swim → swimming, ⓒ save → be saved		
8 ⓐ being said → saying, ⓑ building → builds		

1 해설 "마시는 것"이라는 의미로, 가주어 it 뒤에 오는 진짜 주어 자리이므로 to부정사 to drink가 적절

해석 더운 여름날 동안에는 충분한 물을 마시는 것이 중요하다.

2 해설 "차가 수리되다"라는 의미이므로 to부정사의 수동형을 만드는 be

repaired가 적절

해석 그 차는 누군가 그것을 다시 운전하기 전에 수리되어야 할 필요가 있다.

3 해설 "사용하는 것을 피하다"라는 의미로 동사 avoid의 목적어 자리이므로 동명사 using이 적절

해석 환경을 보호하기 위해서, 우리는 너무 많은 플라스틱을 사용하는 것을 피해야 한다.

어휘 **protect** 보호하다 **environment** 환경

4 해설 "불 끄는 것을 잊다"라는 뜻으로, 아직 하지 않은 일을 하는 것을 잊었다는 의미이므로 forgot의 목적어 자리에 to turn이 적절

5 해설 object to의 to는 전치사이므로 목적어 자리에 동명사 building, "시가 짓는 것"이라는 의미이므로 동명사 building 앞에 의미상 주어인 소유격 the city's가 오는 것이 적절

6 해설 "유지하기 위해서 필수적이다"라는 의미로 형용사 necessary를 수식하는 부사 자리이므로 to부정사 to stay, "프로그래머가 유지하다"라는 의미이므로 to부정사 앞에 to부정사의 의미상 주어인 for programmers가 오는 것이 적절

어휘 **continuous** 계속적인 **updated** 최신 상태인 **field** 분야

7 해설 ⓐ "수영하는 것을 두려워하다"라는 의미로 전치사 of의 목적어 역할을 하는 명사 자리이므로 동명사 swimming이 적절
ⓑ "당황하기 시작하다"라는 뜻이며, start는 의미 차이 없이 동명사와 to부정사를 둘 다 목적어로 취하는 동사이므로 to panic은 적절
ⓒ "구조되기를 기다리다"라는 의미이므로 to부정사의 수동형을 만드는 be saved가 적절

해석 많은 사람들이 바다에서 수영하는 것을 두려워한다. 바다의 파도가 강해질 때, 그들은 당황하기 시작한다. 이런 사람들은 가능한 한 빨리 물 밖으로 나오기를 원한다. 그러나 너무 열심히 몸부림치고 피곤해지기보다, 그들은 도움을 요청하고 구조되기를 기다리는 것이 가장 낫다.

어휘 **panic** 당황하다 **call for** ~을 요청하다 **struggle** 몸부림치다

8 해설 ⓐ "다른 사람들이 말하다"라는 의미로, 동명사의 의미상 주어 other people's가 말하는(say) 행위의 주체이므로 동명사의 능동형 saying이 적절
ⓑ "칭찬을 받는 것은 강화한다"라는 의미로 주어 Receiving praise의 동사 자리이므로 동사 builds가 적절
ⓒ "돕기 위해 나서다"라는 의미로 동사 step up을 수식하는 부사 자리이므로 to부정사 to help는 적절

해석 어린아이들은 다른 사람들이 그들에 대해 좋은 것을 말하는 것에 의해 영향을 받을 수 있다. 어린이일 때 일을 잘했다는 칭찬을 받는 것은 새롭고 어려운 일들을 시도하는 것에 대한 그들의 자신감을 강화한다. 비슷하게, 다른 사람들에 의해 친절하다고 여겨지는 것은 그들이 사람들을 돕기 위해 더 자주 나서도록 만든다.

어휘 **influence** 영향을 주다 **praise** 칭찬 **build up** 강화하다 **confidence** 자신감 **similarly** 비슷하게 **step up** 나서다

수능 대비 제대로
p.76

| 1 ③ | 2 ⑤ | 3 ② | 4 ② |

1 해설 (A) "작동하는 것을 멈추다"라는 의미이므로 동사 stop의 목적어 자리에 동명사 working이 적절
(B) "종이 클립이 막았다"라는 의미로 주어 A paper clip의 동사 자리이므로 동사 prevented가 적절
(C) "내가 완성하다"라는 의미로 to부정사의 의미상 주어 for me가 완성하는(complete) 행위의 주체이므로 to부정사의 능동형을 만드는 complete이 적절

해석 마감 기한 두 시간 전에, 나는 뉴스 기사를 끝내려고 몸부림치고 있었다. 갑자기, 타자기가 작동하는 것을 멈추었고, 내가 아무리 세게 키를 눌러도, 그것은 어떤 글자도 치지 않았다. 나는 내가 제시간에 기사를 끝낼 수 없을 것이라는 것을 깨닫기 시작했다. 필사적으로, 나는 타자기를 내 무릎 위에 올려놓고 각각의 키를 내가 할 수 있는 한 세게 치기 시작했다. 아무 일도 일어나지 않았다. 내가 마침내 덮개를 열었을 때, 나는 문제를 발견했다. 타자기 안에서 종이 클립이 키가 움직이는 것을 막았다. 내가 그것을 제거하고 난 후에, 키는 다시 부드럽게 움직이기 시작했다. 타자기를 열지 않았다면 내가 기사를 완성하는 것은 불가능했을 것이다.

어휘 **press** 누르다 **desperately** 필사적으로 **prevent** 막다 **remove** 제거하다 **smoothly** 부드럽게 **complete** 완성하다

2 해설 (A) "요리하기 위해 사용되다"라는 의미이므로, be used to 뒤에 to부정사를 만드는 동사원형 cook이 적절
(B) "사용하는 것을 상상하다"라는 의미로 동사 imagine의 목적어 자리이므로 동명사 using이 적절
(C) "판매가 증가하다"라는 의미로, 주어 sales의 동사 자리이므로 동사 increased가 적절

해석 광고주들은 때때로 사람들이 그들의 제품을 보는 방식을 바꿔야 한다. 예를 들어, Fleischmann사의 효모는 보통 과거에 집에서 만든 빵을 요리하기 위해 사용되었다. 아무도 그것을 다른 어떤 것을 위해 사용하는 것을 상상할 수 없었다. 그 후, 20세기 초에, 점점 더 많은 사람들이 상점과 빵집에서 빵을 사기 시작했고, 효모에 대한 수요는 감소했다. Fleischmann사의 효모 생산자는 판매를 늘리기 위해 Walter Thompson 광고 대행사를 고용했다. Thompson 대행사는 효모를 상당한 건강상의 이점을 가진 비타민의 중요한 공급원으로 홍보했다. 효모는 "빵의 영혼"이 되는 것을 멈추었지만, 효모 판매는 곧 증가했다.

어휘 **advertiser** 광고주 **normally** 보통 **demand** 수요 **agency** 대행사 **boost** 늘리다, 증가시키다 **source** 공급원

3 해설 ① "그의 아버지가 관심을 가졌다"라는 의미로 주어 His father의 동사 자리이므로 동사 had는 적절
② "전공하는 것을 결정하다"라는 의미로 동사 decide의 목적어 자리이므로 to부정사 to major가 적절
③ "문제가 다뤄지다"라는 의미이므로 to부정사의 수동형을 만드는 be handled는 적절
④ "설명하기 위해 칼럼을 썼다"라는 의미로 동사 wrote를 수식하는 부사 자리이므로 to부정사 to explain은 적절
⑤ "Becker가 기여하다"라는 의미로, 동명사의 의미상 주어 Becker's가 기여하는(contribute) 행위의 주체이므로 동명사의 능동형 contributing은 적절

해석 Gary Becker는 1930년에 펜실베이니아의 포츠빌에서 태어났다. 교육을 잘 받지 못했던 그의 아버지는 재정적인 문제들에 깊은 관심을 가졌다. 고등학교를 졸업한 후, Becker는 프린스턴 대학에서 경제학을 전공하기로 결정했다. 그러나, 현실의 문제들이 수업 시간에 전혀 다뤄지지 않는 것처럼 보였기 때문에 그는 그의 교육에 만족하지 못했다. 그래서, 대신에, 그는 1955년에 시카고 대학에서 경제학 박사 학위를 받았다. 1985년부터, Becker는 대중에게 경제학 개념을 설명하기 위해 비즈니스 잡지에 정기 칼럼을 썼다. 1992년에, 그는 노벨 경제학상을 수상했다. 이것은 부분적으로 Becker가 차별의 경제학에 대한 이해에 기여했기 때문인데, 그것은 그의 박사 논문의 주제였다.

어휘 **educate** 교육하다 **financial** 재정적인 **major in** ~을 전공하다 **economics** 경제학 **handle** 다루다 **partly** 부분적으로 **contribute to** ~에 기여하다

4 해설 ① "무시하는 것"이라는 의미로, 가주어 it 뒤에 오는 진짜 주어 자리이므로 to부정사 to ignore는 적절
② "더 잘하는 것"이라는 의미로 주어 역할을 하는 명사 자리이므로 동명사 doing 또는 to부정사 to do가 적절
③ "그것들이 결과로 이어지다"라는 의미로 주어 they의 동사 자리이므로 동사 lead는 적절

④ be close to의 to는 전치사이므로 동명사 being은 적절
⑤ "노력할 것을 기억하다"라는 의미로 아직 하지 않은 일을 하는 것을 기억한다는 의미이므로 remember의 목적어 자리에 to부정사 to make는 적절

해석 너무 자주, 우리는 큰 성공이 큰 노력을 필요로 한다고 믿는다. 매일 작은 개선을 하는 것의 가치를 무시하는 것은 쉽다. 그러나 매일 1%씩 더 잘하는 것은 장기적으로 매우 의미 있을 수 있다. 그러한 작은 변화들은 처음에는 특별하지 않게 보일 수 있지만, 그것들은 결국 시간이 지남에 따라 중요한 결과로 이어진다. 예를 들어, 만일 당신이 1년 동안 매일 1%씩 나아질 수 있다면, 당신은 연말까지 37배 더 나아질 것이다. 반면에, 당신이 매일 1%씩 퇴보한다면, 당신은 연말까지 최악이 되는 것에 가까워질 것이다. 그래서, 당신은 매일 작은 노력이라도 할 것을 기억해야 한다.

어휘 ignore 무시하다 improvement 개선
in the long run 장기적으로 unremarkable 특별하지 않은
eventually 결국 decline 퇴보하다

MINI TEST CH 05-06 p.78

1 ③   2 ⑤   3 ③
4 (1) ⓐ to think → thinking
     ⓑ be understood → understand
   (2) have been interested in dinosaurs if they had not seen

1 해설 (A) "사람들이 느끼다"라는 의미로 주어 people의 동사 자리이므로 동사 feel이 적절
(B) "느리게 호흡할 것을 기억하다"라는 의미로 아직 하지 않은 일을 하는 것을 기억한다는 의미이므로 Remember의 목적어 자리에 to부정사 to breathe가 적절
(C) 주절의 동사가 would practice이며, 더 많은 사람들이 느린 호흡의 중요성을 알고 있는 것은 현재 사실의 반대이므로 if절에 이와 짝이 맞는 과거시제 knew가 적절

해석 꽤 자주, 어떤 것에 의해 스트레스를 받는 사람들은 그들이 숨을 쉴 수 없다고 느낀다. 스트레스는 몸이 더 많은 산소를 찾게 만들기 때문에 우리가 스트레스를 받았을 때 호흡이 어렵다. 결과적으로, 우리는 더 빨리 호흡하기 위해 노력함으로써 반응한다. 그러나 빠른 호흡은 우리가 이미 받는 것보다 더 스트레스를 받게 만들 뿐이다. 대신 느리게 호흡할 것을 기억하라, 그러면 당신의 스트레스 감정은 결국 사라질 것이다. 만약 더 많은 사람들이 느린 호흡의 중요성을 알고 있다면, 그들은 스트레스의 첫 신호에서 그것을 실행할 것이다.

어휘 oxygen 산소 eventually 결국 go away 사라지다
practice 실행하다 sign 신호

2 해설 ① 행동하는(act) 것보다 그들이 지구에 있었던 것이 앞선 시점의 일이므로 as if절에 had been은 적절
② "생존하는 데 익숙하다"라는 의미이므로, be used to 뒤에 동명사 surviving은 적절
③ appear는 수동태로 쓸 수 없는 자동사이므로 능동태 appear는 적절
④ 과거에 위협을 제거했음이 틀림없다는 과거 일에 대한 추측이므로 must 뒤에 have removed는 적절
⑤ 전치사 of의 목적어 역할을 하는 명사 자리이며, "우리가 사라지다"라는 의미로 동명사의 의미상 주어 our가 사라지는(disappear) 행위의 주체이므로 동명사의 능동형 disappearing이 적절

해석 모든 인간들이 지구에서 사라지면 어떤 일이 일어날까? 사람들은 마치 그들이 처음부터 지구에 있었던 것처럼 행동하지만, 그들은 6백 만 년 동안 지구에 존재했을 뿐이고, 반면에 지구는 45억 년 전에 형성되었다. 이것이 의미하는 것은 지구는 인간 없이 스스로

생존하는 데 익숙하다는 것이다. 자연은 우리의 행동에 의해 쉽게 파괴되기 때문에 약해 보일 수 있다. 하지만, 그것은 여전히 존재한다. 따라서, 지구는 과거에 많은 위협들을 인간 없이 스스로 제거했음이 틀림없다. 우리가 지구에서 사라진다는 생각은 상상하기 어려울 수 있지만, 미래에 일어날 수도 있고, 그렇더라도 지구는 그저 괜찮을 것이다.

어휘 exist 존재하다 billion 십억 remove 제거하다 threat 위협

3 해설 ① "알게 된 것"이라는 의미로, 가주어 it 뒤에 오는 진짜 주어 자리이므로 to부정사 to learn은 적절
② "연구하는 것을 결정하다"라는 의미로 동사 decide의 목적어 자리이므로 to부정사 to study는 적절
③ 주절의 동사가 would be이며, 그 새가 강력한 폭풍으로 날아가는 것은 현재 사실의 반대이므로 if절에 이와 짝이 맞는 과거시제 flew가 적절
④ "연구 중 일부가 보여주다"라는 의미로 주어 some ~ research의 동사 자리이며, some of 뒤의 Heckscher's research가 단수명사이므로 단수동사 shows는 적절
⑤ "폭풍을 피하는 것"이라는 의미로 주어 역할을 하는 명사 자리이며, "새가 피하다"라는 의미로 동명사의 의미상 주어 bird's가 피하는(avoid) 행위의 주체이므로 동명사의 능동형 avoiding은 적절

해석 최근에, 한 과학자가 작은 새가 강력한 폭풍을 피할 수 있다는 것을 알게 된 것은 놀라웠다. 미국인 과학자인 Christopher Heckscher는 북미에서 남미까지 매년 여행하는 작은 한 종류의 새를 연구하기로 결정했다. 그 새는 겨우 20에서 50그램 정도 무게가 나간다. 만약 그 새가 강력한 폭풍으로 날아간다면, 그 폭풍의 엄청난 힘에 의해 죽임을 당할 것이다. 하지만, Heckscher의 연구 중 일부는 그 새가 강력한 폭풍을 피하기 위해 비행할 적절한 시간을 알고 있다는 것을 보여준다. 현재로서는, 그는 그 새가 어떻게 이것을 알 수 있는지 확신하지 못한다. 그는 그 새가 폭풍을 피하는 것이 남미에서의 날씨 변화에 영향을 받을 수 있다고 믿고 있다.

어휘 avoid 피하다 storm 폭풍 weigh 무게가 나가다
enormous 엄청난 force 힘

4 해설 (1) ⓐ "생각하는 것을 멈추다"라는 의미이므로 동사 stop의 목적어 자리에 동명사 thinking이 적절
ⓑ "이해하기 위해"라는 의미이므로 to부정사의 능동형을 만드는 understand가 적절
ⓒ "보기 위해 필요하다"라는 의미로 동사 need를 수식하는 부사 자리이므로 to부정사 to see는 적절
ⓓ 주격 관계대명사 which가 가리키는 선행사 People's ~ minds가 "사람들의 마음과 정신이 교육되다"라는 의미로 동사 educate(교육하다)의 행위 대상이므로 수동태 be educated는 적절
(2) 공룡 그림을 보지 않는 것은 과거 사실의 반대이므로 주절의 would not 뒤에 have been, if절에 had not seen이 적절

해석 예술은 과학에 매우 중요할 수 있다. 많은 성인들이 어렸을 때 책에서 공룡 그림을 보지 않았더라면 공룡에 관심이 있지 않았을 것이다. 우리는 예술을 과학보다 덜 중요한 것으로 생각하는 것을 멈춰야 한다. 우리는 우리 주변의 세상을 이해하기 위해 과학이 필요하지만, 그것의 아름다움과 위대함을 보기 위해 예술도 필요하다. 오직 사실과 수치만 가지는 것은 우리의 상상력과 창조성을 제한한다. 과학에 의해 교육될 수 있는 사람들의 마음과 정신은 오직 예술만이 가져올 수 있는 영감 또한 필요로 한다.

어휘 dinosaur 공룡 figure 수치, 숫자 imagination 상상(력)
creativity 창조성, 창의력 inspiration 영감

CHAPTER 07 분사

POINT 1 동사 vs. 분사　　　　p.82

정답 controlling

해설 동사 can be가 따로 있고, "우리의 후각을 조절하는"이라는 의미로 명사 genes를 수식하는 형용사 자리이므로 분사 controlling이 적절

해석 우리의 후각을 조절하는 유전자의 차이로 인해 한 사람에게 좋은 냄새가 다른 사람에게는 불쾌할 수 있다.

어휘 unpleasant 불쾌한　gene 유전자

1　정답 moved

해설 동사가 따로 없고, "무용수들이 움직이다"라는 의미로 주어 The dancers의 동사 자리이므로 동사 moved가 적절

해석 화려한 의상을 입은 무용수들은 무대를 가로질러 우아하게 움직였다.

어휘 costume 의상

2　정답 flooded

해설 동사 is가 따로 있고, "물에 잠긴"이라는 의미로 동사 is의 보어 역할을 하는 형용사 자리이므로 분사 flooded가 적절

해석 앞에 있는 도로가 심하게 물에 잠기면서, 많은 운전자들이 돌아가고 있다.

어휘 flooded 물에 잠긴

3　정답 waiting

해설 동사 are가 따로 있고, "기다리는 사람들"이라는 의미로 명사 people을 수식하는 형용사 자리이므로 분사 waiting이 적절

해석 공항에 가족들과 친구들이 도착하기를 기다리는 많은 사람들이 있다.

4　정답 thank

해설 even if절 뒤에 있는 절에 동사가 따로 없고, "감사해라"라는 의미로 명령문을 시작하는 동사 thank가 적절

해석 비록 사과가 받아들여지지 않더라도, 당신의 말을 들어준 것에 대해 다른 사람에게 감사해라.

어휘 apology 사과

5　정답 lost

해설 동사 is가 따로 있고, "잃어버리는 것들"이라는 의미로 명사 things를 수식하는 형용사 자리이므로 분사 lost가 적절

해석 일반적으로, 침착함은 많은 논쟁에서 가장 먼저 잃어버리는 것들 중 하나이다.

어휘 in general 일반적으로　argument 논쟁

6　정답 became

해설 동사가 따로 없고, "미술관이 되었다"라는 의미로 주어 The ~ art gallery의 동사 자리이므로 동사 became이 적절

해석 새로 수리된 미술관은 그 도시 최고의 예술가들에게 인기 있는 만남의 장소가 되었다.

어휘 renovate 수리하다

7　정답 putting

해설 동사 walked가 따로 있고, "그녀가 이어폰을 귀에 꽂고"라는 의미로 부사절 역할을 하는 수식어 자리이므로 분사 putting이 적절

해석 그녀는 이어폰을 귀에 꽂고, 학교로 걸어갔다.

8　정답 won

해설 동사가 따로 없고, "선수들이 이겼다"라는 의미로 주어 players의 동사 자리이므로 동사 won이 적절

해석 한 연구에 의하면, 빨간색 유니폼을 입은 선수들이 경기에서 더 자주 이겼다.

POINT 2 목적격보어 자리: to부정사 vs. 동사원형 vs. 분사　p.83

정답 to make

해설 목적어 us가 결정을 내리는(make) 행위의 주체이며, 동사가 lead이므로 to부정사 to make가 적절

해석 정보의 부족은 우리가 경제, 사업, 그리고 우리의 직업에 대해 잘못된 결정을 내리도록 이끈다.

어휘 lack 부족

1　정답 to work

해설 목적어 employees가 일하는(work) 행위의 주체이며, 동사가 allow이므로 to부정사 to work가 적절

해석 그 새로운 정책은 직원들이 금요일마다 집에서 일할 수 있게 허락한다.

어휘 policy 정책

2　정답 destroyed

해설 목적어 many ~ buildings가 파괴하는(destroy) 행위의 대상이므로 과거분사 destroyed가 적절

해석 지난 30년 동안, 나는 그 도시의 많은 아름다운 오래된 건물들이 파괴되는 것을 보아왔다.

3　정답 know

해설 목적어 me가 아는(know) 행위의 주체이며, 동사가 사역동사 let이므로 동사원형 know가 적절

해석 만약 제 보고서에 오류가 있다면, 제가 알게 해주시면 감사하겠습니다.

어휘 appreciate 감사하다

4　정답 reading

해설 목적어 Charlie가 읽는(read) 행위의 주체이며, 동사가 find이므로 현재분사 reading이 적절

해석 보통, 당신은 Charlie가 그의 방에서 책을 읽고 있는 것을 발견할 것이다.

5　정답 checked

해설 목적어 it(knee)이 검사하는(check) 행위의 대상이므로 과거분사 checked가 적절

해석 무릎이 아파서, 나는 어떤 운동을 하기 전에 먼저 그것이 검사받게 할 필요가 있다.

6　정답 O

해설 목적어 people이 마음을 진정시키는(calm) 행위의 주체이며, 동사가 준사역동사 help이므로 to부정사 to calm은 적절, 동사원형 calm을 쓰는 것도 가능

해석 느리고 깊은 호흡을 하는 것은 사람들이 마음을 진정시키도록 도울 수 있다.

7　정답 touch 또는 touching

해설 목적어 a breeze가 닿는(touch) 행위의 주체이며, 동사가 지각동사 feel이므로 동사원형 touch 또는 현재분사 touching이 적절

해석 Sophia는 바람이 목에 닿는 것을 느꼈고 코트를 입었다.

어휘 breeze 바람　touch 닿다, 만지다

8 정답 view

해설 목적어 us가 보는(view) 행위의 주체이며, 동사가 사역동사 make
이므로 동사원형 view가 적절

해석 호기심은 종종 우리가 어려운 문제를 흥미로운 도전으로 보게 만든다.

어휘 curiosity 호기심 challenge 도전

| POINT 3 | 명사 수식: 현재분사 vs. 과거분사 | p.84 |

정답 called

해설 수식받는 명사 rock이 부르는(call) 행위의 대상이므로 과거분사
called가 적절

해석 마그마라고 불리는 뜨겁고 녹은 암석은 땅의 표면에 도달할 때 식는다.

어휘 melt 녹이다 surface 표면

1 정답 delivered

해설 수식받는 명사 the newspapers가 배달하는(deliver) 행위의 대
상이므로 과거분사 delivered가 적절

해석 아무도 지난 며칠간 배달된 신문을 읽지 않았다.

어휘 deliver 배달하다

2 정답 working

해설 수식받는 명사 women이 일하는(work) 행위의 주체이므로 현재
분사 working이 적절

해석 일하는 여성의 수가 지난 10년간 증가해 왔다.

어휘 decade 10년

3 정답 listed

해설 수식받는 명사 the ~ desserts가 나열하는(list) 행위의 대상이므
로 과거분사 listed가 적절

해석 당신은 식당 메뉴에 나열된 다섯 가지 디저트 중 어느 하나든 선택
할 수 있다.

4 정답 spoken

해설 수식받는 명사 language가 말하는(speak) 행위의 대상이므로 과
거분사 spoken이 적절

해석 총 수백만 명의 말하는 사람들이 있어서, 영어는 전 세계적으로 가
장 많이 말해지는 언어이다.

5 정답 showing

해설 수식받는 명사 The ~ guide가 보여주는(show) 행위의 주체이므
로 현재분사 showing이 적절

해석 우리에게 성을 보여준 여행 가이드는 그것의 오랜 역사를 설명했다.

어휘 castle 성 explain 설명하다

| POINT 4 | 감정동사의 현재분사 vs. 과거분사 | p.84 |

정답 surprised

해설 주어 I가 놀란 감정을 느낀다는 의미이므로 과거분사 surprised
가 적절

해석 일곱 번째 생일에, 나는 목줄을 매고 기다리는 강아지를 발견해서
놀랐다.

어휘 leash 목줄

1 정답 interested

해설 주어 Claude Bolling이 흥미를 느꼈다는 의미이므로 과거분사
interested가 적절

해석 Claude Bolling은 그의 시대에 가장 뛰어난 재즈 음악가인 Fats
Waller에 흥미를 느끼게 되었다.

2 정답 Depressed

해설 수식받는 명사 teenagers가 우울함을 느낀다는 의미이므로 과거
분사 Depressed가 적절

해석 우울해하는 십 대들은 보통 그들의 가까운 친구들과 대화함으로써
위안을 찾는다.

어휘 comfort 위안

3 정답 tiring

해설 주어 Driving ~ time이 지친 감정을 느끼게 한다는 의미이므로 현
재분사 tiring이 적절

해석 긴 시간 동안 운전하는 것은 지속적인 주의를 필요로 하고 매우 지
치게 할 수 있다.

어휘 attention 주의

4 정답 shocked

해설 목적어 the baby가 충격을 느꼈다는 의미이므로 과거분사
shocked가 적절

해석 갑작스러운 큰 소음은 아기가 충격을 받게 했고 그녀는 울기 시작
했다.

어휘 sudden 갑작스러운

5 정답 discouraging

해설 주어 The ~ game이 실망을 느끼게 했다는 의미이므로 현재분사
discouraging이 적절

해석 그 야구 경기가 실망하게 해서, 많은 팬들이 그것이 끝나기 전에 떠
났다.

| POINT 5 | 분사구문에서 현재분사 vs. 과거분사 | p.85 |

정답 enhancing

해설 주절의 주어 Non-verbal communication이 강화하는
(enhance) 행위의 주체이므로 현재분사 enhancing이 적절

해석 메시지 내용의 풍부함을 강화하기 때문에, 비언어적 의사소통은
보충물로서 기능한다.

어휘 non-verbal (몸짓 표정 등) 비언어적인 function 기능하다
enhance 강화하다

1 정답 sensing

해설 주절의 주어 Jason이 느낀(sense) 행위의 주체이므로 현재분사
sensing이 적절

해석 무언가 끔찍하게 잘못된 것을 느끼고, Jason은 한밤중에 갑자기 깨
어났다.

2 정답 Surrounded

해설 주절의 주어 the ~ village가 둘러싸는(surround) 행위의 대상이
므로 과거분사 Surrounded가 적절

해석 높은 산으로 둘러싸였기 때문에, 그 조용한 마을은 방문객들에게
멋진 경치를 제공한다.

어휘 surround 둘러싸다

3 정답 Walking

해설 주절의 주어 I가 걷는(walk) 행위의 주체이므로 현재분사 Walking
이 적절

해석 공원을 거니는 동안, 나는 한 무리의 아이들이 놀면서 즐겁게 웃고
있는 것을 보았다.

4 정답 setting

해설 주절의 주어 The sun이 지는(set) 행위의 주체이므로 현재분사 setting이 적절

해석 건물들 사이로 지는 동안, 태양이 하늘을 아름답게 물들였다.

5 정답 pleased

해설 주절의 주어 Some ~ employees가 기쁘게 하는(please) 행위의 대상이므로 과거분사 pleased가 적절

해석 직원들 중 일부는 그날 업무를 빨리 마친 것에 기뻐하면서, 평소보다 일찍 집에 갔다.

6 정답 realizing

해설 주절의 주어 Julian이 깨닫는(realize) 행위의 주체이므로 현재분사 realizing이 적절

해석 회의에 늦었다는 것을 깨닫고서, Julian은 뛰기 시작했다.

7 정답 covered

해설 주절의 주어 the garden이 덮는(cover) 행위의 대상이므로 과거분사 covered가 적절

해석 신선한 눈으로 덮일 때, 그 정원은 겨울 동화의 나라처럼 보인다.

어휘 wonderland 동화의 나라

8 정답 Selecting

해설 주절의 주어 consumers가 선택하는(select) 행위의 주체이므로 현재분사 Selecting이 적절

해석 카펫과 같은 상품들을 선택하는 동안, 소비자들은 카탈로그에서 보기만 하는 것보다는 직접 제품을 만지는 것을 선호한다.

어휘 consumer 소비자 goods 제품 directly 직접

문장 연습 제대로 네모 유형   p.86

1 worked	2 to acquire	3 sharing	4 annoying
5 designed	6 running	7 playing	8 finish
9 waving	10 Located	11 felt	12 displayed

1 해설 동사가 따로 없고, "노동자들이 일했다"라는 의미로 주어 The workers의 동사 자리이므로 동사 worked가 적절

해석 다리를 수리하는 노동자들은 그것을 빠르게 복구하기 위해 열심히 일했다.

2 해설 목적어 students가 습득하는(acquire) 행위의 주체이며, 동사가 encourage이므로 목적격보어 자리에 to부정사 to acquire가 적절

해석 과거에, 교사들은 학생들이 의사소통 능력을 습득하는 것을 적극적으로 장려하지 않았다.

3 해설 수식받는 명사 research partners가 공유하는(share) 행위의 주체이므로 현재분사 sharing이 적절

해석 Susan과 Raymond는 서로 아이디어를 공유하는 좋은 연구 파트너이다.

4 해설 수식받는 명사 problem이 성가심을 느끼게 했다는 의미이므로 현재분사 annoying이 적절

해석 지난 1996년에, 미국의 한 항공사는 성가신 문제에 직면했다.

5 해설 목적어 its website가 디자인하는(design) 행위의 대상이므로 목적격보어 자리에 과거분사 designed가 적절

해석 그 회사는 3명의 웹 개발자로 구성된 팀에 의해 웹사이트가 디자인되게 할 것이다.

6 해설 동사 felt가 따로 있고, "(내가) 달리는 동안"이라는 의미로 부사절 역할을 하는 수식어 자리이므로 분사구문을 만드는 분사가

적절, 주절의 주어 I가 달리는(run) 행위의 주체이므로 현재분사 running이 적절

해석 해변을 따라 달리는 동안, 나는 시원한 바닷바람과 발밑의 모래를 느꼈다.

7 해설 동사 dreams가 따로 있고, "연주하는 남자"라는 의미로 명사 The man을 수식하는 형용사 자리이므로 현재분사 playing이 적절

해석 길에서 기타를 연주하는 그 남자는 언젠가 유명한 음악가가 되는 것을 꿈꾼다.

8 해설 when절의 목적어 her daughter가 마치는(finish) 행위의 주체이며, 동사가 지각동사 watched이므로 목적격보어 자리에 동사원형 finish가 적절

해석 Rita는 그녀의 딸이 첫 마라톤을 끝마치는 것을 보았을 때 매우 행복했다.

9 해설 수식받는 명사 that person이 손을 흔드는(wave) 행위의 주체이므로 현재분사 waving이 적절

해석 너는 길 건너에서 우리에게 손을 흔드는 저 사람을 아니?

10 해설 주절의 주어 the restaurant이 위치시키는(locate) 행위의 대상이므로 과거분사 Located가 적절

해석 시내 중심에 위치해 있어서, 그 식당은 항상 손님들로 가득 차 있다.

11 해설 동사가 따로 없고, "Sandro가 느꼈다"라는 의미로 주어 Sandro의 동사 자리이므로 동사 felt가 적절

해석 아침에, Sandro는 밤새 열려 있던 창문 때문에 매우 춥게 느꼈다.

12 해설 수식받는 명사 Every item이 진열하는(display) 행위의 대상이므로 과거분사 displayed가 적절

해석 그 매장에 진열된 모든 품목이 이번 주에 할인 중이어서, 우리는 거기에 가야 한다.

문장 연습 제대로 밑줄 유형   p.87

1 to lose	2 look(ed)	3 Decorated
4 broken	5 O	6 filled
7 asked	8 dipping	9 overwhelmed
10 wearing	11 smile	12 stolen

1 해설 that절의 목적어 them이 유연성을 잃는(lose) 행위의 주체이며, 동사가 cause이므로 목적격보어 자리에 to부정사 to lose가 적절

해석 어떤 사람들은 큰 근육을 만드는 것이 그들이 유연성을 잃게 할 수 있다고 걱정한다.

2 해설 동사가 따로 없고, "배들이 보인다(보였다)"라는 의미로 주어 The boats의 동사 자리이므로 동사 look(ed)이 적절

해석 물 위를 가로질러 이동하는 배들은 먼 거리에서는 장난감처럼 보인다(보였다).

3 해설 주절의 주어 the city가 장식하는(decorate) 행위의 대상이므로 과거분사 Decorated가 적절

해석 화려한 불빛으로 장식되어서, 도시의 거리는 휴가철 동안 마법 같은 분위기를 자아낸다.

4 해설 "부러진 팔"이라는 의미로 수식받는 명사 arm이 부러뜨리는(break) 행위의 대상이므로 과거분사 broken이 적절

해석 Billy는 부러진 팔 때문에 한 달 넘게 축구를 할 수 없다.

5 해설 목적어 people이 추구하는(pursue) 행위의 주체이며, 동사가 keep이므로 목적격보어 자리에 현재분사 pursuing은 적절

해설 큰 질문 중 하나는 사람들이 원격으로 일할 때 어떻게 계속 혁신을 추구하게 할 것인가이다.

6 해설 동사 is가 앞에 있고, "가득 채워진 유리병"이라는 의미로 명사 a glass jar를 수식하는 형용사 자리이므로 분사가 적절, 수식받는 명사 a glass jar가 채우는(fill) 행위의 대상이므로 과거분사 filled가 적절

해석 우리 부엌 선반 위에 사탕과 젤리로 가득 채워진 유리병이 있다.

7 해설 주절의 주어 she가 질문하는(ask) 행위의 대상이므로 과거분사 asked가 적절

해석 그녀의 취미에 관해 질문받았을 때, 그녀는 전 세계의 동전 수집품을 자랑스럽게 보여주었다.

8 해설 동사 can feel이 따로 있고, "발을 담그면"이라는 의미로 부사절 역할을 하는 수식어 자리이므로 분사구문을 만드는 분사가 적절, 주절의 주어 You가 담그는(dip) 행위의 주체이므로 현재분사 dipping이 적절

해석 지친 발을 따뜻한 물에 담그면, 당신은 일상의 스트레스가 서서히 사라지는 것을 느낄 수 있다.

9 해설 주어 A lot ~ members가 압도된 감정을 느낀다는 의미이므로 과거분사 overwhelmed가 적절

해석 많은 관객들은 감정에 압도되었고 눈물을 흘리며 영화관을 떠났다.

10 해설 "흰색 모자를 쓰고 빨간 티셔츠를 입은 사람들"이라는 의미로 수식받는 명사 The people이 입는(wear) 행위의 주체이므로 현재분사 wearing이 적절

해석 흰색 모자를 쓰고 빨간 티셔츠를 입은 사람들이 그 행사에서 자원봉사자들이다.

11 해설 목적어 the old couple이 미소 짓는(smile) 행위의 주체이며, 동사가 사역동사 made이므로 목적격보어 자리에 동사원형 smile이 적절

해석 손주들로부터 온 크리스마스카드가 그 노부부를 기쁨으로 미소 짓게 만들었다.

12 해설 동사 costs가 따로 있고, "훔쳐진 목걸이"라는 의미로 명사 The necklace를 수식하는 형용사 자리이므로 분사가 적절, 수식받는 명사 The necklace가 훔치는(steal) 행위의 대상이므로 과거분사 stolen이 적절

해석 시내의 한 보석 상점에서 일주일 전에 훔쳐진 목걸이는 수백만 달러의 가격이 나간다.

짧은 지문 연습 제대로 p.88

1 (A) attacking (B) Bitten 2 (A) repeated (B) confused
3 (A) tries (B) designed (C) humiliating
4 ②   5 ②   6 ③

1 해설 (A) 목적어 a neighbor's dog이 공격하는(attack) 행위의 주체이며, 동사가 지각동사 saw이므로 목적격보어 자리에 현재분사 attacking이 적절
(B) 주절의 주어 one ~ lambs가 무는(bite) 행위의 대상이므로 과거분사 Bitten이 적절

해석 오래전에, 작은 마을의 한 농부가 이웃의 개가 자신의 양들을 공격하는 것을 보았다. 개에게 물려서, 그 양들 중 한 마리가 고통 속에 울고 있었다.

2 해설 (A) so 뒤의 절에 동사 organize가 따로 있고, "반복되는 일정"이라는 의미로 명사 schedules를 수식하는 형용사 자리이므로 과거분사 repeated가 적절

(B) 주어 we가 혼란스러운 감정을 느낀다는 의미이므로 과거분사 confused가 적절

해석 반복은 우리에게 안전한 느낌을 주기 때문에, 우리는 대체로 반복되는 일정으로 우리의 삶을 구성한다. 계획되지 않은 사건들이 생기면, 우리는 계속해서 우리의 일정을 바꿔야 하기 때문에 혼란스러워진다.

3 해설 (A) 동사가 따로 없고, "사람이 노력한다"라는 의미로 주어 the person의 동사 자리이므로 동사 tries가 적절
(B) "계획된 것들"이라는 의미로 수식받는 명사 things가 계획하는(design) 행위의 대상이므로 과거분사 designed가 적절
(C) 주어 Those words가 굴욕감을 느끼게 하는 주체이므로 현재분사 humiliating이 적절

해석 때로로 당신과 논쟁하는 사람은 이기기 위해서 당신을 화나게 하려고 노력한다. 그들은 당신을 짜증 나게 하기 위해 계획된 것들을 말할지도 모른다. 그런 말들은 심지어 굴욕감을 줄 수도 있지만, 당신이 화가 나면 논쟁에서 이길 수 없다는 것을 기억하라.

4 해설 ① 주절의 주어 Nolan's ~ brother가 노는(play) 행위의 주체이므로 현재분사 Playing은 적절
② until절의 목적어 this tent가 치우는(clean) 행위의 대상이므로 목적격보어 자리에 과거분사 cleaned가 적절

해석 난로를 가지고 노는 중에, Nolan의 남동생은 텐트에 불을 낼 뻔했다. 동생을 텐트 밖으로 내보내면서, Nolan은 "내가 이 텐트를 다 치울 때까지 다시 들어오지 마!"라고 소리쳤다.

5 해설 ① 동사 must place가 따로 있고, "닫힌 봉투"라는 의미로 수식받는 명사 envelope이 닫는(close) 행위의 대상이므로 과거분사 closed는 적절
② 주절의 주어 the items가 접수하는(receive) 행위의 대상이므로 과거분사 received가 적절

해석 반품을 위해 물건들을 우편으로 보내기 전에, 당신은 그것들을 닫힌 봉투나 상자 안에 넣어야 합니다. 우리의 사무실에 접수될 때, 우리가 당신의 신용카드로 환불 금액을 보내기 전에 상품들은 손상이 있는지 확인될 것입니다.

6 해설 ① 목적어 individuals가 재창조하는(recreate) 행위의 주체이며, 동사가 enables이므로 목적격보어 자리에 to recreate는 적절
② 주절의 주어 Clothes가 보여주는(show) 행위의 주체이므로 현재분사 showing은 적절
③ 동사 may choose가 따로 있으며, "원하는 사람들"이라는 의미로 수식받는 명사 People이 원하는(want) 행위의 주체이므로 현재분사 wanting이 적절

해석 표현의 한 형태로서, 패션은 개인들이 자신만의 이미지를 재창조할 수 있게 해준다. 누군가의 신분이나 신념을 보여주면서, 옷은 다양한 형태를 가질 수 있다. 예를 들어, 자연을 보호하기를 원하는 사람들은 재활용된 천으로 만들어진 옷을 입는 것을 선택할 수도 있다.

내신 서술형 대비 제대로 p.89

1 satisfied   2 coming   3 to help, (to) move
4 Walking in the forest
5 frightened because of his nightmare
6 Maintained on a regular basis, the machine worked
7 ⓐ taken → took, ⓒ considering → considered
8 ⓑ divided → dividing, ⓒ competed → compete

1 해설 주어 Matthew가 만족스러운 느낌을 느낀다는 의미이므로 과거분사 satisfied가 적절

해석 Matthew는 새로 생긴 레스토랑의 맛있는 음식에 정말 만족했다.

2 해설 수식받는 명사 sound가 나는(come) 행위의 주체이므로 현재분사 coming이 적절

해석 옆집에서 나는 매우 큰 소리는 내가 침대에서 벌떡 일어나게 했다.

3 해설 목적어 her friend가 돕는(help) 행위의 주체이고, 동사가 asked이므로 목적격보어 자리에 to부정사 to help가 적절, to help의 목적어 her가 옮기는(move) 행위의 주체이고, 동사가 준사역동사 help이므로 목적격보어 자리에 동사원형 move 또는 to부정사 to move가 적절

해석 Allison은 그녀의 친구에게 그녀가 가구를 옮기는 것을 도와달라고 부탁했다.

4 해설 동사 enjoyed가 따로 있고, "(우리가) 숲속을 걸으면서"라는 의미로 부사절 역할을 하는 수식어 자리이므로 분사구문을 만드는 분사가 적절, 주절의 주어 we가 걷는(walk) 행위의 주체이므로 현재분사 Walking이 적절

5 해설 동사 couldn't fall이 따로 있고, "(그 아이가) 자신의 악몽 때문에 무서워서"라는 의미로 부사절 역할을 하는 수식어 자리이므로 분사구문을 만드는 분사가 적절, 주절의 주어 The child가 무섭게 하는(frighten) 행위의 대상이므로 과거분사 frightened가 적절

어휘 **nightmare** 악몽

6 해설 "그 기계가 작동했다"라는 의미의 「주어 + 동사」 the machine worked 앞에 "(그 기계가) 정기적으로 관리되었기 때문에"라는 의미의 부사절 역할을 하는 분사구문을 만드는 분사가 적절, 분사구문의 생략된 주어와 같은 주절의 주어 the machine이 관리하는(maintain) 행위의 대상이므로 과거분사 Maintained가 적절

7 해설 ⓐ 동사가 따로 없고, "연례 여행 행사가 개최되었다"라는 의미로 주어 The annual ~ event의 동사 자리이므로 동사 took이 적절
ⓑ 동사 were invited가 따로 있고, "시장을 대표하는 업체들"이라는 의미로 수식받는 명사 Businesses가 대표하는(represent) 행위의 주체이므로 현재분사 representing은 적절
ⓒ 주절의 주어 the event가 여기는(consider) 행위의 대상이므로 과거분사 considered가 적절

해석 로마에서 열리는 그 연례 여행 행사는 올해 9월 12일부터 16일까지 개최되었다. 다양한 시장을 대표하는 업체들이 그 행사에서 제품과 서비스를 판매하도록 초청되었다. 비록 작다고 여겨지긴 하지만, 그 행사는 이번 여름 유럽에서 열린 가장 흥미로운 행사 중 하나였다.

어휘 **annual** 연례의 **take place** 개최되다 **represent** 대표하다

8 해설 ⓐ 동사 formed가 따로 있고, "포함하는 팀"이라는 의미로 수식받는 명사 a team이 포함하는(include) 행위의 주체이므로 현재분사 including은 적절
ⓑ 동사 took이 따로 있고, "문제를 나누면서"라는 의미로 부사절 역할을 하는 수식어 자리이므로 분사구문을 만드는 분사가 적절, 주절의 주어 the other company가 나누는(divide) 행위의 주체이므로 현재분사 dividing이 적절
ⓒ 목적어 each department가 경쟁하는(compete) 행위의 주체이며, 동사가 사역동사 made이므로 목적격보어 자리에 동사원형 compete가 적절

해석 같은 문제를 해결하기 위해, 한 회사는 기술자, 영업사원, 디자이너를 포함하는 한 팀을 구성했다, 하지만, 다른 회사는 문제를 여러 부분으로 나누면서 다른 전략을 취했다. 그것은 각각의 부서가 정보를 공유하는 것 없이 서로 경쟁하게 만들었다.

어휘 **form** 구성하다 **include** 포함하다 **strategy** 전략 **divide** 나누다 **compete** 경쟁하다

---

1 ⑤	**2** ④	**3** ③	**4** ④

1 해설 (A) "사용된(사용한) 냅킨"이라는 의미로 수식받는 명사 napkin이 사용하는(use) 행위의 대상이므로 과거분사 used가 적절
(B) 목적어 me가 가지는(have) 행위의 주체이며, 동사가 사역동사 let이므로 목적격보어 자리에 동사원형 have가 적절
(C) 동사가 따로 없고, "그 여자가 서 있었다"라는 의미로 주어 the woman의 동사 자리이므로 동사 stood가 적절

해석 어느 날, Cindy는 카페에서 우연히 유명한 예술가 옆에 앉았고, 그를 직접 보아서 흥분했다. 그는 커피를 마시는 동안 사용한 냅킨에 그림을 그리고 있었다. 그녀는 경외심을 느끼며 그를 바라보고 있었다. 잠시 후에, 그 남자는 커피를 다 마셨고 떠나면서 냅킨을 막 버리려고 했다. Cindy가 그를 막았다. "그 냅킨 버리실 거면 제가 갖게 해주세요."라고 그녀가 말했다. "물론이죠." 그가 대답했다. "2만 달러예요." 깜짝 놀라 눈이 커지며 Cindy는 "뭐라고요? 당신은 그것을 그리는 데 2분 걸렸어요."라고 말했다. 그는 "아니요, 저는 이것을 그리는 데 60년이 넘게 걸렸어요."라고 말했다. 그의 말에 당황해서, 그 여자는 아무 말도 없이 가만히 서 있었다.

어휘 **happen to** 우연히 ~하다 **in person** 직접 **embarrass** 당황하게 하다

2 해설 (A) 주절의 주어 water가 필요로 하는(need) 행위의 대상이므로 과거분사 needed가 적절
(B) 목적어 one person이 해를 입히는(harm) 행위의 대상이므로 목적격보어 자리에 과거분사 harmed가 적절
(C) 동사 are가 따로 있고, "결과로 생긴 피해자들"이라는 의미로 명사 casualties를 수식하는 형용사 자리이므로 현재분사 resulting이 적절

해석 인생에서, 사람들은 어떤 것이든 너무 많은 것은 좋지 않다고 말한다. 사실, 너무 많은 어떤 것은 당신을 죽일 수 있다. 예를 들어, 물은 모든 생명들이 생존하기 위해 필요하기 때문에, 적이 없는 것처럼 보인다. 그러나, 만약 당신이 물에 빠진 사람처럼 물을 너무 많이 마시면, 그것은 당신을 죽일 수 있다. 교육은 이 규칙의 예외이다. 나는 너무 많은 교육으로 인해 한 사람이 인생에서 해를 입은 것은 발견한 적이 없다. 당신은 결코 너무 많은 지식을 가질 수 없고 대부분의 사람들은 평생 동안 충분히 가질 수 없을 것이다. 오히려, 교육 부족의 결과로 생긴 피해자들이 흔하다. 당신은 교육이 인간에 대한 시간, 돈, 노력의 장기적인 투자라는 것을 명심해야 한다.

어휘 **enemy** 적 **drown** 물에 빠지다 **exception** 예외 **result from** ~의 결과로 생기다 **keep in mind** 명심하다 **long-term** 장기적인 **investment** 투자

3 해설 ① 동사 was defeated가 따로 있고, "이름 지어진 라이벌 신"이라는 의미로 수식받는 명사 a rival god이 이름 짓는(name) 행위의 대상이므로 과거분사 named는 적절
② 동사 was가 따로 있고, "(그가) 알았기 때문에"라는 부사절 역할을 하는 수식어 자리이므로 분사구문을 만드는 분사가 적절, 주절의 주어 he가 아는(know) 행위의 주체이므로 현재분사 knowing은 적절
③ and 앞의 절에 동사가 따로 없고, "꼬리가 못하게 하다"라는 의미로 주어 The tails의 동사 자리이므로 동사 prevented가 적절
④ 주어 They가 좌절감을 느낀다는 의미이므로 과거분사 frustrated는 적절
⑤ 동사 granted가 따로 있고, "(그가) 연민을 느꼈기 때문에"라는 부사절 역할을 하는 수식어 자리이므로 분사구문을 만드는 분사가 적절, 주절의 주어 he가 느끼는(feel) 행위의 주체이므로 현재분사 Feeling은 적절

해석 Moinee 신은 별들 사이의 끔찍한 전투에서 Dromerdeener라고 이름 지어진 라이벌 신에게 패배했고 Tasmania로 떨어졌다. 그는 죽기 전에, 인간을 창조하기로 결정했다. 그러나 자신이 죽어

가고 있다는 것을 알았기 때문에, 그는 서둘렀다. 그는 인간에게 무릎을 주는 것을 잊어버렸고 대신 크고 캥거루 같은 꼬리를 주었다. 그 꼬리는 사람들이 앉지 못하게 했고, 인간들은 그것을 가진 것을 싫어했다. 그들은 매우 좌절했고 하늘에 도와달라고 외쳤다. Dromerdeener는 그들의 외침을 듣고 Tasmania로 내려왔다. 그 사람들에게 연민을 느꼈기 때문에, 그는 그들에게 구부릴 수 있는 무릎을 허락했고 그들의 불편한 캥거루 꼬리를 잘라냈다. 마침내, 인간들은 앉을 수 있었고 그 이후로 행복하게 살았다

> **어휘** defeat 패배시키다　tail 꼬리　pity 연민, 동정　grant 허락하다
> bendable 구부릴 수 있는　inconvenient 불편한

4 **해설** ① 목적어 someone이 이야기하는(talk) 행위의 주체이며, 동사가 지각동사 hear이므로 목적격보어 자리에 현재분사 talking은 적절

② 동사 shout and run이 따로 있고, "충격적인 소식"이라는 의미로 수식받는 명사 news가 충격을 느끼게 하는 주체이므로 현재분사 shocking은 적절

③ 동사 is가 따로 있고, "관련된 사실"이라는 의미로 수식받는 명사 facts가 관련시키는(relate) 행위의 대상이므로 과거분사 related는 적절

④ 주절의 주어 information이 주는(give) 행위의 대상이므로 과거분사 given이 적절

⑤ even if절의 목적어 you가 결정을 내리는(make) 행위의 주체이며, 동사가 tempts이므로 목적격보어 자리에 to부정사 to make는 적절

해석 여러분이 큰 건물에서 한 사교 모임에 있고 누군가가 지붕 위의 화재에 대해 이야기하는 것을 들었다고 상상해 보라. 당신은 어떻게 반응할까? 당신은 이 충격적인 소식을 전하기 위해 소리를 지르며 사람들에게 달려갈까? 이 사람이 사실은 'The Roof Is on Fire'라는 노래에 대해 말하고 있다는 것을 당신이 알게 되었다면 어떨까? 당신의 반응은 다를 것이다. 새로운 정보와 관련된 추가적인 사실을 얻는 것이 중요하다. 그렇게 하는 것은 당신이 더 잘 판단하고 더 빠르게 반응할 수 있게 해준다. 아무런 맥락 없이 받을 때, 정보는 오해로 이어질 수 있다. 그래서, 당신 앞에 있는 상황이 당신이 빠른 결정을 내리도록 유혹할지라도, 충분한 정보를 가질 때까지 기다리는 것을 잊지 마라.

> **어휘** gathering 모임　deliver 전하다　reaction 반응
> additional 추가적인　relate 관련시키다　judge 판단하다
> context 맥락　misunderstanding 오해

CHAPTER 08 등위·상관접속사와 병렬구조

POINT 1 동사 병렬   p.94

정답 receive

해설 "시작하고, 받을 수 있다"라는 의미로 조동사 can 뒤의 동사원형 start와 and로 연결해야 하므로 동사원형 receive가 적절

해석 당신은 한 달 일찍 일하는 것을 시작하고 그렇게 하는 것에 대해 더 큰 보너스를 받을 수 있다.

1 **정답** take

해설 "보고, 사진을 찍을 수 있었다"라는 의미로 조동사 could 뒤의 동사원형 see와 and로 연결해야 하므로 동사원형 take가 적절

해석 나는 내 건물 지붕에서 불꽃놀이를 보고 사진을 찍을 수 있었다.

2 **정답** goes

해설 "취하거나, 가는 것 중 하나"라는 의미로 단수동사 gets와 either ~ or로 연결해야 하므로 단수동사 goes가 적절

해석 중요한 시험 후에, Tim은 보통 휴식을 취하거나 친구들을 만나러

시내에 가는 것 중 하나를 한다.

3 **정답** refused

해설 "받아들이거나, 요청하거나, 거부했다"라는 의미로 과거시제 동사 accepted, asked와 or로 연결해야 하므로 과거시제 동사 refused가 적절

해석 노동자 집단들은 새 정책을 받아들이거나, 회사에 그것을 바꾸라고 요청하거나, 그것을 거부했다.

> **어휘** policy 정책　refuse 거부하다

4 **정답** continue

해설 "이어지고, 내려간다"라는 의미로 동사 run과 and로 연결해야 하므로 동사 continue가 적절

해석 갈색 선들이 그 놀라운 도마뱀들의 등을 따라 이어지고, 꼬리로 계속 내려간다.

> **어휘** lizard 도마뱀

5 **정답** learns

해설 "실수를 하고, 배운다"라는 의미로 단수동사 makes와 and로 연결해야 하므로 단수동사 learns가 적절

해석 사람은 보통 삶에서 많은 실수를 하고 그것들로부터 교훈을 배운다.

6 **정답** O

해설 "말을 하지는 않지만, 표현한다"라는 의미로 동사원형 speak과 not ~ but으로 연결해야 하므로 동사원형 express는 적절

해석 어떤 아이들은 자주 말을 하지는 않지만 할 때는 스스로를 분명하게 표현한다.

7 **정답** fell

해설 "돌았지만, 넘어졌다"라는 의미로 과거시제 동사 turned와 but으로 연결해야 하므로 과거시제 동사 fell이 적절

해석 Serene은 친구들 앞에서 재빨리 한 발로 돌았지만 바닥에 넘어졌다.

8 **정답** O

해설 "줄이고, 시작해라"라는 의미로 명령문의 동사원형 Cut과 and로 연결해야 하므로 동사원형 start는 적절

해석 당신의 재정적인 목표를 더 빨리 달성하기를 원한다면 불필요한 비용을 줄이고 저축을 시작해라.

> **어휘** unnecessary 불필요한　expense 비용　financial 재정적인

POINT 2 동명사와 to부정사 병렬   p.95

정답 showing

해설 "이야기를 하는 것이나, 보여주는 것"이라는 의미로 전치사 by의 목적어인 동명사 telling과 or로 연결해야 하므로 동명사 showing이 적절

해석 광고는 너무 많은 이야기를 하는 것이나 모든 것을 보여주는 것에 의해 매력적인 이미지를 만들어내는 목표를 달성할 수 없다.

> **어휘** meet 달성하다　appealing 매력적인

1 **정답** to get

해설 "탈 뿐만 아니라, 할"이라는 의미로 명사 money를 수식하는 to부정사 to take와 not only ~ but (also)으로 연결해야 하므로 to부정사 to get이 적절

해석 Kevin은 그 노인에게 버스를 탈 뿐만 아니라 따뜻한 식사를 할 충분한 돈을 주었다.

2 **정답** making

해설 "인쇄하는 것이나, 만드는 것"이라는 의미로 전치사 instead of

의 목적어인 동명사 printing과 or로 연결해야 하므로 동명사 making이 적절

해석 종이 낭비를 줄이기 위해, 인쇄하는 것이나 복사본을 만드는 것 대신에 디지털 보고서가 선호된다.

어휘 copy 복사본

3 정답 review

해설 "이해하고, 기억하고, 복습하기 위한"이라는 의미로 명사 way를 수식하는 to부정사 to understand, (to) remember와 and로 연결해야 하는데, 뒤에 연결되는 to부정사에서 to는 생략 가능하므로 동사원형 review가 적절

해석 노트 필기를 하는 것은 중요한 정보를 더 잘 이해하고, 기억하고, 복습하기 위한 좋은 방법이다.

4 정답 to do

해설 "차를 마시는 것과 요가를 하는 것 둘 다"라는 의미로 to부정사 to drink와 both ~ and로 연결해야 하므로 to부정사 to do가 적절

해석 Judy는 차를 한 잔 마시는 것과 요가를 하는 것 둘 다 하기 위해 아침에 일찍 일어난다.

5 정답 sharing

해설 "요리하는 것과, 함께 하는 것"이라는 의미로 동사 love의 목적어인 동명사 cooking과 and로 대등하게 연결해야 하므로 동명사 sharing이 적절

해석 나는 새로운 맛의 요리를 하는 것과, 행복한 기억을 만들기 위해 가족들과 식사를 함께 하는 것을 좋아한다.

POINT 3 분사 병렬   p.95

정답 relaxed

해설 "편안하거나 자신감 있는"이라는 의미로 동사 become의 보어인 형용사 confident와 or로 연결해야 하므로 분사 relaxed가 적절

해석 당신은 경험을 반복함으로써 당신의 뇌가 편안하거나 자신감 있게 되도록 훈련시킬 수 있다.

어휘 confident 자신감 있는

1 정답 O

해설 "피곤하지만 신난"이라는 의미로 동사 look의 보어인 분사 tired와 but으로 연결해야 하므로 신난 감정을 느낀다는 의미의 과거분사 excited는 적절

해석 그 프로젝트를 시작한 이후로 너는 약간 피곤하지만 신나 보인다.

2 정답 discouraged

해설 "낙담하거나 불행한"이라는 의미로 명사 teenagers를 수식하는 형용사 unhappy와 or로 연결해야 하므로 낙담한 감정을 느낀다는 의미의 과거분사 discouraged가 적절

해석 가까운 친구들은 낙담하거나 불행한 십 대들에게 위안을 제공할 수 있다.

어휘 comfort 위안   discouraged 낙담한

3 정답 interesting

해설 "새롭고 흥미로운"이라는 의미로 동사 is의 보어인 형용사 new와 and로 연결해야 하므로 흥미를 느끼게 한다는 의미의 현재분사 interesting이 적절

해석 그 팀의 연구 주제가 매우 새롭고 흥미로워서, 그것은 많은 관심을 받고 있다.

4 정답 O

해설 "끌리거나 능숙한"이라는 의미로 동사 is의 보어인 분사 drawn과 neither ~ nor로 연결해야 하므로 분사 skilled는 적절

해석 Noam은 스포츠에 끌리거나 능숙한 것 둘 다 아니지만 테니스 클럽에 가입할 것이다.

5 정답 encouraging

해설 "힘을 북돋아 주고 유용한"이라는 의미로 명사 advice를 수식하는 형용사 useful과 and로 연결해야 하므로 힘을 북돋아 준다는 의미의 현재분사 encouraging이 적절

해석 내가 연설하기 위해 무대에 오르기 전에, Miller씨는 나에게 힘을 북돋아 주고 유용한 조언을 해주었다.

어휘 useful 유용한

문장 연습 제대로   네모 유형   p.96

1 turn	2 maintaining	3 play
4 takes	5 planning	6 find
7 set	8 walks	9 put
10 experienced	11 getting	12 to serve

1 해설 "잠그고, 꺼야 한다"라는 의미로 조동사 must 뒤의 동사원형 lock과 and로 연결해야 하므로 동사원형 turn이 적절

해설 당신은 집을 떠나기 전에 문을 잠그고 불을 꺼야 한다.

2 해설 "운동하는 것과, 유지하는 것"이라는 의미로 전치사 by의 목적어인 동명사 exercising과 and로 연결해야 하므로 동명사 maintaining이 적절

해설 규칙적으로 운동하는 것과 균형 잡힌 식단을 유지하는 것에 의해, 그녀는 전반적인 건강을 개선하기를 희망했다.

3 해설 "등산을 하거나, 게임을 하는 것 둘 중 하나"라는 의미로 동사 go와 either ~ or로 연결해야 하므로 동사 play가 적절

해설 주말에, 나의 남편과 나는 등산을 하거나 집에서 보드게임을 하는 것 중 하나를 한다.

4 해설 "여행하고, 사진을 찍는다"라는 의미로 단수동사 travels와 and로 연결해야 하므로 단수동사 takes가 적절

해설 Marco는 여행 블로거로서 많은 장소들을 여행하고 아름다운 사진을 찍는다.

5 해설 "서두르는 것이 아니라, 계획하는 것"이라는 의미로 is의 보어인 동명사 rushing과 not ~ but으로 연결해야 하므로 동명사 planning이 적절

해설 성공의 열쇠는 모든 일을 빠르게 끝내기 위해 서두르는 것이 아니라 시작하기 전에 각각의 것을 신중하게 계획하는 것이다.

6 해설 "공유하고, 찾기 위해"라는 의미로 수식하는 to부정사 to share와 and로 연결해야 하는데, 뒤에 연결되는 to부정사에서 to는 생략 가능하므로 동사원형 find가 적절

해설 우리는 아이디어를 공유하고 최선의 해결책을 찾기 위해 이 회의실에 모였다.

7 해설 "갖고, 설정하라"라는 의미로 명령문의 동사원형 Take와 and로 연결해야 하므로 동사원형 set이 적절

해설 당신의 진행 상황을 점검할 시간을 갖고 미래를 위해 새로운 목표를 설정하라.

8 해설 "사거나, 걸어 다닌다"라는 의미로 단수동사 shops와 or로 연결해야 하므로 단수동사 walks가 적절

해설 Mandy는 한가할 때 종종 지역 시장에서 채소를 사거나 동네를 걸어 다닌다.

9 해설 "끝냈지만, 미뤘다"라는 의미로 동사 finished와 but으로 연결해야 하므로 동사 put이 적절

해석 나는 접시를 닦는 것은 끝냈지만, 화장실을 청소하는 것은 내일까지 미뤘다.

10 해설 "전문적이고 경험 있는"이라는 의미로 명사 manager를 수식하는 형용사 professional과 and로 연결해야 하므로 분사 experienced가 적절

해석 그 호텔은 더 나은 서비스를 위해 전문적이고 경험 있는 매니저를 고용하고 싶어 한다.

11 해설 "시험을 치르는 것이나 수술을 받는 것"이라는 의미로 전치사 like의 목적어인 동명사 taking과 or로 연결해야 하므로 동명사 getting이 적절

해석 사람들은 학교에 입학하기 위해 시험을 치르는 것이나 수술을 받는 것과 같은 삶의 도전들에 대해 다르게 반응한다.

12 해설 "보이는 것, 주는 것, 그리고 대접하는 것"이라는 의미로 가주어 it 뒤에 오는 진짜 주어 to show, to give와 and로 연결해야 하므로 to부정사 to serve가 적절

해석 그리스에서는, 낯선 사람이 당신의 문 앞에 나타나면, 친절을 보이는 것, 그에게 편안한 쉴 곳을 주는 것, 그리고 음식을 대접하는 것이 당신의 의무였다.

문장 연습 제대로 밑줄 유형   p.97

1 adapting	2 bow	3 O	4 takes
5 pleasing	6 sat	7 O	8 seek
9 O	10 fails	11 taking	12 excited

1 해설 "배우거나, 적응할"이라는 의미로 전치사 of의 목적어인 동명사 learning과 or로 연결해야 하므로 동명사 adapting이 적절

해석 어린이들은 성인들보다 다수의 언어를 배우거나 새로운 환경에 적응할 더 많은 능력이 있다.

2 해설 "악수하고, 인사하고, 숙일 것이다"라는 의미로 조동사 will 뒤의 동사원형 shake와 and로 연결해야 하므로 동사원형 bow가 적절

해석 당신이 독일인 행사 주최자를 처음 만날 때, 그는 악수하고, 거기에 서 있는 모든 사람들과 인사하고, 심지어 고개를 약간 숙일 것이다.

3 해설 "칠하고, 표현하는 데"라는 의미로 동명사 painting과 and로 연결해야 하므로 동명사 expressing은 적절

해석 그 예술가는 캔버스에 색깔을 칠하고 강한 감정을 표현하는 데 몇 시간을 썼다.

4 해설 "달리기를 하러 가거나, 목욕을 한다"라는 의미로 단수동사 goes와 or로 연결해야 하므로 단수동사 takes가 적절

해석 직장에서의 긴 하루 후에, Sally는 마음을 비우기 위해 달리기를 하러 가거나 따뜻한 목욕을 한다.

5 해설 "영감을 주고 즐거운"이라는 의미로 분사 inspiring과 both ~ and로 연결해야 하므로 즐거운 감정을 느끼게 한다는 뜻의 현재분사 pleasing이 적절

해석 그 책은 모든 종류의 독자들에게 영감을 주고 즐거운 이야기로 가득 차 있다.

6 해설 "멈추고, 앉았다"라는 의미로 과거시제 동사 stopped와 and로 연결해야 하므로 과거시제 동사 sat이 적절

해석 선생님이 방에 들어오자마자, 학생들은 이야기하는 것을 멈추고 조용히 그들의 자리에 앉았다.

7 해설 "돕기 위할 뿐 아니라, 만들기 위해"라는 의미로 to부정사 to help를 not only ~ but also로 연결해야 하므로 to부정사 to make는 적절

해석 브레인스토밍을 돕기 위할 뿐 아니라 당신의 생각을 분명하게 만들기 위해 당신의 계획을 종이에 적어라.

8 해설 "연습하고, 구하라"라는 의미로 명령문의 동사원형 practice와 and로 연결해야 하므로 동사원형 seek이 적절

해석 좋은 작가가 되기 위해서, 매일 글쓰기를 연습하고 다른 사람들에게 의견을 구하라.

9 해설 "해결하고, 얻고, 배울 수 있도록"이라는 의미로 목적어 you 뒤의 목적격보어인 to solve, (to) gain과 and로 연결해야 하는데, 뒤에 연결되는 to부정사에서 to는 생략 가능하므로 동사원형 learn은 적절

해석 다른 사람의 말을 듣는 것은 당신이 문제를 해결하고, 새로운 관점을 얻고, 다양한 경험을 통해 배울 수 있도록 허락한다.

10 해설 "노력하지만, 실패한다"라는 의미로 단수동사 tries와 but으로 연결해야 하므로 단수동사 fails가 적절

해석 나의 고양이는 정원에서 새를 잡으려고 노력하지만 매번 실패한다.

11 해설 "미루는 것과, 갖는 것"이라는 의미로 전치사 with의 목적어인 동명사 delaying과 and로 연결해야 하므로 동명사 taking이 적절

해석 그 CEO는 상점 개장을 미루는 것과 행사를 준비하기 위해 시간을 더 갖는 것에 동의한다.

12 해설 "긴장한 건지 또는 흥분한 건지"라는 의미로 동사 is의 보어인 형용사 nervous와 or로 연결해야 하므로 흥분한 감정을 느낀다는 의미의 과거분사 excited가 적절

해석 Dora는 처음으로 비행기를 타는 것에 대해 그녀가 긴장한 건지 또는 흥분한 건지 구분할 수 없다.

짧은 지문 연습 제대로   p.98

1 (A) forgetting (B) leave	2 (A) isolated (B) get
3 (A) make (B) feels	4 ②
5 ②	6 ②

1 해설 (A) "낭비하는 것이나, 잊는 것"이라는 의미로 that절의 주어 역할을 하는 동명사 wasting과 or로 연결해야 하므로 동명사 forgetting이 적절
(B) "노력하고, 남겨둬라"라는 의미로 명령문의 동사원형 Make와 and로 연결해야 하므로 동사원형 leave가 적절

해석 대부분의 사람들은 모든 돈을 낭비하는 것이나 미래를 위해 저축하는 것을 잊는 것이 현명하지 않다는 것을 안다. 당신의 소비를 신중하게 계획하도록 노력하고 은행에 돈을 남겨둬라.

2 해설 (A) "혼자이고, 고립된"이라는 의미로 형용사 alone과 and로 연결해야 하므로 분사 isolated가 적절
(B) "믿거나, 얻는 것 중 하나"라는 의미로 조동사 뒤 동사원형 trust와 either ~ or로 연결해야 하므로 동사원형 get이 적절

해석 스스로 노력해서 문제를 해결하는 것은 좋지만, 당신은 항상 혼자이고 다른 사람들로부터 고립될 필요는 없다. 어려운 결정을 내릴 때, 당신은 자신의 본능을 믿거나 친구나 가족 구성원으로부터 조언을 얻는 것 중 하나를 할 수 있다.

3 해설 (A) '전달하거나, 요청을 하기 위해'라는 의미로 to부정사 to convey와 or로 연결해야 하는데, 뒤에 연결되는 to부정사에서 to는 생략 가능하므로 동사원형 make가 적절
(B) "즐겁고, 요구하며, 느껴진다"라는 의미로 that절의 단수동사 is, requires와 and로 연결해야 하므로 단수동사 feels가 적절

해석 한 연구에 따르면, 사람들은 자신의 감정을 전달하거나 다른 사람들에게 요청을 하기 위해 음성 채팅보다 문자 채팅을 사용하는 것을 선호한다. 사용자들은 문자 채팅이 음성 채팅보다 더 즐겁고, 더 적은 노력을 요구하며, 더 예의 바르게 느껴진다고 말한다.

4 해설 ① "유인하거나, 찾기 위해"라는 의미로 to부정사 to attract와 or로 연결해야 하므로 to부정사 to find는 적절

② "드러내지 않고, 숨는다"라는 의미로 동사원형 reveal과 not ~ but으로 연결해야 하므로 동사원형 hide가 적절

해석 빛을 내뿜음으로써, 어떤 바다 생물들은 먹이를 유인하거나 짝을 찾기 위해 그들 자신을 보이게 만든다. 하지만, 다른 바다 생물들은 자신들을 드러내지 않고 자신들을 보기 어렵게 하기 위해 빛을 이용해서 숨는다.

5 해설 ① "돕고, 만나고, 경험하는"이라는 의미로 명사 chances를 수식하는 to부정사 to help, (to) meet과 and로 연결해야 하는데, 뒤에 연결되는 to부정사에서 to는 생략 가능하므로 동사원형 experience는 적절

② "촉진하는 것과, 개발하는 것 둘 다"라는 의미로 전치사 for의 목적어인 동명사 promoting과 both ~ and로 연결해야 하므로 동명사 developing이 적절

해석 봉사활동을 하는 것은 공동체를 돕고, 다양한 사람들을 만나고, 긍정적인 감정을 경험하는 기회를 제공한다. 게다가, 그것은 개인적인 성장을 촉진하는 것과 삶의 많은 부분에서 유용한 기술을 개발하는 것 둘 다에 도움이 된다.

6 해설 ① "관련이 없고 긴"이라는 의미로 명사 questions를 수식하는 형용사 lengthy와 and로 연결해야 하므로 분사 unrelated는 적절

② "언급했을 뿐만 아니라, 표현하지도 않았다"라는 의미로 과거시제 동사 noted와 not only ~ but (also)로 연결해야 하므로 과거시제 동사 expressed가 적절

해석 선생님인 Jerry는 한 학생으로부터 편지를 받았었다. 그것은 다양한 주제에 대해 14개의 서로 관련이 없고 긴 질문들로 구성되었다. 선생님은 긴 답장을 써서 보냈고, 곧 답장을 받았다. 편지에서, 그 학생은 그가 하나의 질문을 잊은 것을 언급했을 뿐만 아니라, 그가 한 노력에 대해 감사를 표현하지도 않았다.

내신 서술형 대비 제대로　　　　　　　　　　p.99

1 (to) have　　　　　　2 forgets　　　　　　3 damaged
4 Check your bags and place the printed tickets
5 She was not unhappy but surprised
6 reading, drawing, or growing plants in their spare time
7 ⓑ distinguishing → distinguishes, ⓒ to care → care
8 ⓐ becoming → become, ⓒ to recover → recovered

1 해설 "쇼핑하고, 먹는 것 둘 다 하기 위해"라는 의미로 to부정사 to go와 both ~ and로 연결해야 하는데, 뒤에 연결되는 to부정사에서 to는 생략 가능하므로 (to) have가 적절

2 해설 "잘하지만, 잊는다"라는 의미로 단수동사 is와 but으로 연결해야 하므로 단수동사 forgets가 적절

3 해설 "손상되거나 아픈"이라는 의미로 명사 joints를 수식하는 형용사 painful과 or로 연결해야 하므로 과거분사 damaged가 적절

어휘 joint 관절　ordinary 보통의

4 해설 "확인하고, 두세요"라는 의미로 2개의 명령문을 연결해야 하므로 동사원형 Check과 place를 and로 연결하는 것이 적절

5 해설 "불쾌한 것이 아니라, 놀란"이라는 의미로 연결해야 하므로 동사 was의 보어로 형용사 unhappy와 과거분사 surprised를 not ~ but으로 연결하는 것이 적절

어휘 unexpected 예상치 못한

6 해설 "읽거나, 그리거나, 기르는"이라는 의미로 전치사 of의 목적어 3개를 연결해야 하므로 동명사 reading, drawing, growing을 or로

연결하는 것이 적절

7 해설 ⓐ "먹기 위해 뿐만 아니라, 연결하기 위해"라는 의미로 to부정사 to eat을 not only ~ but (also)으로 연결해야 하므로 to부정사 to connect는 적절

ⓑ "표시이고, 구분한다"라는 의미로 단수동사 is와 and로 연결해야 하므로 단수동사 distinguishes가 적절

ⓒ "먹는 것이지, 신경 쓰지 않는다"라는 의미로 동사 eat과 but으로 연결해야 하므로 동사 care가 적절

해석 그리스 작가 Plutarch는 "우리는 먹기 위해 뿐만 아니라 함께 연결하기 위해 식탁에 앉는다"고 말했다. 식사는 인간 공동체의 표시이고 인간과 짐승을 구분한다. 동물들은 살아남기 위해 먹는 것이지 다른 생물들의 생각에 대해 아무것도 신경 쓰지 않는다.

어휘 connect 연결하다　distinguish 구분하다　beast 짐승

8 해설 ⓐ "더 나빠지거나 더 좋아지는 것 둘 중 하나"라는 의미로 조동사 Can 뒤의 동사원형 get과 either ~ or로 연결해야 하므로 동사원형 become이 적절

ⓑ "모으고, 추적하기"라는 의미로 동사 decided의 목적어인 to부정사 to gather와 and로 연결해야 하는데, 뒤에 연결되는 to부정사에서 to는 생략 가능하므로 track은 적절

ⓒ "구하거나, 통과하거나, 회복했다"라는 의미로 과거시제 동사 found, passed와 or로 연결해야 하므로 과거시제 동사 recovered가 적절

해석 단지 당신이 가진 생각들 때문에 당신의 삶이 더 나빠지거나 더 좋아지는 것 둘 중 하나일 수 있을까? 한 연구원은 성공에 대해 긍정적인 기대를 가지고 있는 사람들을 모으고 그들의 삶을 추적하기로 결정했다. 나중에, 이 사람들은 실제로 직장을 구하거나, 시험을 통과하거나, 또는 질병에서 성공적으로 회복했다.

어휘 expectation 기대　track 추적하다　recover 회복하다

수능 대비 제대로　　　　　　　　　　　　　p.100

1 ④	2 ①	3 ③	4 ④

1 해설 (A) "잘하고 숙련된"이라는 의미로 become의 보어 역할을 하는 형용사 good과 and로 연결해야 하므로 분사 experienced가 적절

(B) "준비하거나, 만드는 것 둘 중 하나"라는 의미로 단수동사 prepares와 either ~ or로 연결해야 하므로 단수동사 stitches가 적절

(C) "발전시킬 뿐만 아니라, 효율적이게 된다"라는 의미로 현재시제 동사 develop과 not only ~ but also로 연결해야 하므로 현재시제 동사 become이 적절

해석 작은 도시에서는, 같은 노동자가 의자, 문, 그리고 테이블을 만들고, 또한 종종 집도 짓는다. 이 사람이 그 모든 일들을 똑같이 잘하고 숙련되는 것은 어렵다. 반면에 대도시에서는, 많은 사람들이 각각의 노동자들에게 요구를 하기 때문에, 한 종류의 일만으로도 살기에 충분하다. 예를 들어, 한 노동자는 남성을 위한 신발을 만들고, 다른 노동자는 여성을 위한 신발을 만든다. 그리고 각각의 사람이 가죽을 잘라서 조각들을 준비하거나 그것들을 꿰매서 신발로 만드는 것 둘 중 하나를 하는 신발 공장들이 있다. 그런 노동자들은 한 가지 일에서 기술을 발전시킬 뿐만 아니라 더 효율적이게 된다.

어휘 demand 요구　leather 가죽　stitch 꿰매다　efficient 효율적인

2 해설 (A) "보이는 것이나, 그만두는 것"이라는 의미로 동사 choose의 목적어인 to부정사 to show와 or로 연결해야 하는데, 뒤에 연결되는 to부정사에서 to는 생략 가능하므로 동사원형 stop이 적절

(B) "말하거나, 행동하거나, 결정을 내리는 것"이라는 의미로 전치사 of의 목적어인 동명사 saying, taking과 연결해야 하므로 동명사 making이 적절

(C) "선택하고, 만나다"라는 의미로 단수동사 makes와 and로 연결해야 하므로 단수동사 meets가 적절

해석　당신이 지금으로부터 10년 후에 어디에서 끝날지는 당신에게 달려 있다. 당신의 인생에서 당신이 어떤 것을 선택할지는 자유다. 그것은 자유 의지라고 불린다. 당신은 당신 자신에게 더 많은 존중을 보이는 것이나 어떤 친구들과 어울리는 것을 그만두는 것을 선택할 수 있다. 결국, 당신은 행복하거나 비참하기를 선택한다. 현실은, 당신은 선택할 자유는 있지만, 무언가를 말하거나, 행동하거나, 또는 어떤 결정을 내리는 것의 결과를 선택할 수는 없다는 것이다. 그것은 일괄 거래이다. 옛 속담이 이르듯이, "만약 당신이 막대기의 한쪽 끝을 집어 들면, 다른 쪽 끝을 집어 든 것이다." 한 사람이 선택하고 결과를 만나는 것은 동시에 일어난다.

어휘　end up 끝나다　hang out with ~와 어울리다　miserable 비참한　consequence 결과　decision 결정

3 해설　① "부양하고, 되는 것 둘 다 하는"이라는 의미로 명사 way를 수식하는 to부정사 to support와 both ~ and로 연결해야 하므로 to부정사 to become은 적절
② "일했지만, 일했다"라는 의미로 과거시제 동사 worked와 but으로 연결해야 하므로 과거시제 동사 worked는 적절
③ "이사했고, 결혼했고, 열었다"라는 의미로 과거시제 동사 moved, married와 연결해야 하므로 과거시제 동사 opened가 적절
④ "사진을 찍는 것과, 창작하는 것"이라는 의미로 동사 began의 목적어인 동명사 photographing과 and로 연결해야 하므로 동명사 creating은 적절
⑤ "중요하거나 흥미로운"이라는 의미로 명사 period를 수식하는 형용사 important와 or로 연결해야 하므로 흥미를 느끼게 한다는 뜻의 현재분사 interesting은 적절

해석　James Van Der Zee는 1886년 6월 29일에 메사추세츠주 Lenox에서 태어났다. 1907년에, 그는 버지니아주 Petersburg로 이사했다. 그곳에서, 그는 그의 가족을 부양하고 전문적인 예술가가 되는 것 둘 다를 하는 방법을 찾았다. 그는 생계를 유지하기 위해 호텔의 식당에서 일했지만 또한 파트타임으로 사진작가로도 일했다. 1918년에, 그는 뉴욕으로 이사했고, Gaynella Greenlee와 결혼했고, 스튜디오를 열었다. 이 스튜디오에서, 그는 젊은 군인들의 사진을 찍고 할렘 출신의 다양한 사람들의 초상화를 창작하기 시작했다. 그리고 1969년에, 그는 수년간의 사진 작업 덕분에 유명해졌다. 그 사진들은 할렘의 역사에서 중요하거나 흥미로운 시기에 대한 기록을 제공했다.

어휘　support 부양하다　professional 전문적인　portrait 초상(화)　photographic 사진의

4 해설　① "보여줄 뿐만 아니라, 강조한다"라는 의미로 단수동사 shows와 not only ~ but also로 연결해야 하므로 단수동사 highlights는 적절
② "원하는 것이 아니라, 선호한다"라는 의미로 동사원형 want와 not ~ but으로 연결해야 하므로 동사원형 prefer는 적절
③ "더 안전하고 보호받는"이라는 의미로 동사 feel의 보어인 형용사 safer와 and로 연결해야 하므로 과거분사 protected는 적절
④ "노래, 춤, 또는 공연"이라는 의미로 동사 bring의 목적어인 동명사 singing, dancing과 or로 연결해야 하므로 동명사 performing이 적절
⑤ "모이고 머무르도록"이라는 의미로 목적어 more people 뒤의 목적격보어 to gather와 and로 연결해야 하는데, 뒤에 연결되는 to부정사에서 to는 생략 가능하므로 동사원형 stay는 적절

해석　전 세계의 도시들에 대한 한 연구는 도시의 최고의 특징들을 보여줄 뿐만 아니라 삶과 활동의 중요성을 강조한다. 사람들은 일이 일어나고 있는 곳에 모여서 다른 사람들의 존재를 찾는다. 도시를 통과하는 길을 선택할 때, 대부분의 사람들은 텅 비고, 어두운 거리를 걷기를 원하는 것이 아니라 대신에 삶과 활동이 있는 거리를 선호한다. 사람들은 그 방식으로 더 안전하고 보호받는 것처럼 느낀

다. 붐비는 거리들은 또한 모든 종류의 노래, 춤, 또는 공연을 가져온다. 이러한 행사들은 더 많은 사람들이 그 거리에 모이고 머무르게 한다.

어휘　feature 특징　highlight 강조하다　presence 존재　path 길, 경로　gather 모이다

MINI TEST　CH 07-08　p.102

1 ②	2 ④	3 ④

4 (1) ⓐ frightened　ⓑ moving　ⓒ enjoyed　ⓓ wait
　(2) A telescope can help people to see the moon

1 해설　(A) 동사 had가 따로 있고, "세금을 걷는 정부"라는 의미로 수식받는 명사 governments가 걷는(collect) 행위의 주체이므로 현재분사 collecting이 적절
(B) "걷는 것과, 강요하는 것"이라는 의미로 전치사 by의 목적어인 동명사 collecting과 and로 연결해야 하므로 동명사 forcing이 적절
(C) 동사가 따로 없고, "사람들이 처벌을 받았다"라는 의미로 주어 people의 동사 자리이므로 과거시제 동사 received가 적절

해석　세금에 대한 아이디어는 오래전부터 있어 왔다. 심지어 먼 과거의 국가들도 국민들로부터 세금을 걷는 정부가 있었다. 예를 들어, 고대 로마에서는 정부가 모든 제품과 서비스에 대해 세금을 걷는 것과 때로는 전쟁 시기 동안 부유한 토지 소유자들에게 추가적인 세금을 내도록 강요하는 것에 의해 국민들로부터 돈을 벌었다. 로마 제국의 일부 지역에서는, 세금을 내지 않으려는 사람들은 때때로 자유나 심지어 목숨을 잃는 것과 같이 심각한 형태의 처벌을 받았다.

어휘　ancient 고대의　landowner 토지 소유자　additional 추가적인　empire 제국　punishment 처벌

2 해설　① "기능하고, 유지하고, 싸우는"이라는 의미로 명사 ability를 수식하는 to부정사 to function, (to) maintain과 and로 연결해야 하는데, 뒤에 연결되는 to부정사에서 to는 생략 가능하므로 동사원형 fight는 적절
② 동사 would consider가 따로 있고, "물을 섭취하면서"라는 의미로 부사절 역할을 하는 수식어 자리이므로 분사구문을 만드는 분사가 적절, 주절의 주어 Most people이 섭취하는(take) 행위의 주체이므로, 분사구문에 현재분사 taking은 적절
③ men 뒤에 반복되어 생략된 내용이 need to drink cups of water이므로 일반동사 need를 대신하는 do동사 do는 적절
④ 목적어 athletes가 마시는(drink) 행위의 주체이며, 동사가 지각동사 see이므로 목적격보어 자리에 동사원형 drink 또는 현재분사 drinking이 적절
⑤ 주절의 주어 food가 먹는(consume) 행위의 대상이므로, 분사구문에 과거분사 consumed는 적절

해석　물은 적절하게 기능하고, 알맞은 에너지 수준을 유지하고, 병과 싸우는 신체의 능력을 향상시킨다. 하루에 8잔의 물을 섭취하면서, 대부분의 사람들은 자신이 건강하다고 여길 것이다. 그러나, 문제는 그렇게 간단하지 않다. 과학자들은 그 양이 사람의 나이, 성별, 그리고 활동 수준과 같은 요소들에 근거해서 바뀔 수 있다고 말한다. 일반적으로, 여성들은 남성들이 필요한 것보다 더 적은 컵의 물을 마실 필요가 있다. 그 양은 여성이 11잔이고 남성이 15잔이다. 그러나, 격렬한 활동을 통해 더 많은 물을 잃기 때문에, 운동선수들이 더 많은 양의 물을 마시는 것을 보는 게 정상적이다. 그리고 고려해야 할 또 다른 요소는, 음식이 먹어질 때, 한 사람의 일일 물 필요량의 약 20%를 제공한다는 것이다.

어휘　properly 적절하게　based on ~에 근거해서　normal 정상적인　intense 격렬한　factor 요소　consume 먹다, 소비하다

3 해설 ① "중요하지만 제한된"이라는 의미로 명사 rights를 수식하는 형용사 important와 but으로 연결해야 하므로 과거분사 limited는 적절
  ② 동사 wanted가 따로 있고, "좌절한 사람들"이라는 의미로 수식받는 명사 people이 좌절감을 느낀다는 의미이므로 과거분사 frustrated는 적절
  ③ 사람들이 땅을 소유하는 것은 과거 사실에 반대되는 일이며, if절의 동사가 had owned이므로 주절의 could 뒤에 이와 짝이 맞는 have enjoyed는 적절
  ④ 동사 gave가 따로 있고, "걷도록 허락하면서"라는 의미로 부사절 역할을 하는 수식어 자리이므로 분사구문을 만드는 분사가 적절, 주절의 주어 The law가 허락하는(allow) 행위의 주체이므로, 분사구문에 현재분사 allowing이 적절
  ⑤ 동사 offered가 따로 있고, "만족시키는 방법"이라는 의미로 명사 way를 수식하는 형용사 자리이므로 to부정사 to satisfy는 적절

  해석 많은 나라들에서, 사람들은 자연의 장소들을 탐험할 수 있는 중요하지만 제한된 권리들을 가지고 있다. 이러한 제한들 중 하나는 사람들이 사적인 개인에 의해 소유된 땅을 탐험할 수 없다는 것이다. 스코틀랜드에서, 이 제한에 좌절한 사람들은 다른 무언가를 원했다. 그들은 개인이 아닌 지역 사회가 자연의 장소들이 있는 땅을 소유했다면, 더 많은 사람들이 그 나라의 산, 숲, 그리고 호수를 즐길 수 있었을 것이라고 생각했다. 그래서, 2003년에, 스코틀랜드는 토지개혁법을 도입했다. 그 법은 스코틀랜드 사람들에게 거의 모든 지역의 땅을 걷도록 허락하면서, 그들의 나라를 탐험할 수 있는 더 큰 자유를 주었다. 스코틀랜드의 경우, 이 법은 자연을 즐기려는 사람들의 욕구를 만족시키는 최고의 방법을 제공했다.

  어휘 limit 제한하다 right 권리 limitation 제한 private 사적인 introduce 도입하다 reform 개혁

4 해설 (1) ⓐ 동사 became 뒤의 주격보어 자리이며, 주어 people이 무서운 감정을 느낀다는 의미이므로 과거분사 frightened가 적절
  ⓑ "움직이는 달"이라는 의미로 수식받는 명사 moon이 움직이는(move) 행위의 주체이므로 현재분사 moving이 적절
  ⓒ "많은 사람들이 즐겼다"라는 의미로 주어 many people의 동사 자리이며, 과거의 한 시점을 나타내는 표현인 Last July가 있으므로 단순과거 enjoyed가 적절
  ⓓ "꺼내거나, 기다리는 것 둘 중 하나"라는 의미로 조동사 can 뒤의 동사원형 pull과 either ~ or로 연결해야 하므로 동사원형 wait가 적절
  (2) "망원경이 도울 수 있다"라는 의미의 A telescope can help 뒤에 와야 하는 목적어 people이 보는(see) 행위의 주체이며, 동사가 준사역동사 help이므로 목적격보어 자리에 to부정사 to see가 적절

  해석 망원경은 사람들이 더 큰 크기로 달을 보는 것을 도울 수 있다. 하지만, 때때로, 달은 망원경이 없어도 크게 보인다. 오래전에, 어떤 나쁜 일이 일어날 것이라고 생각했기 때문에, 사람들은 달이 더 커 보일 때 무서워했다. 현실에서, 크기의 변화는 움직이는 달에 의해 야기된다. 달은 지구 주위를 완벽한 원으로 돌지 않는다. 달은 일 년에 서너 번 정도 더 가까이 온다. 지난 7월, 전 세계의 많은 사람들이 하늘의 더 큰 달을 즐겼다. 만약 당신이 큰 달을 보고 싶다면, 그것을 더 크게 보기 위해 망원경을 꺼내거나 그것이 다시 가까이 오기를 기다리는 것 둘 중 하나를 할 수 있다.

  어휘 cause 야기하다

POINT 1 부사절 접속사 vs. 전치사   p.106

정답 because
해설 「주어(less hair) + 동사(meant)」가 포함된 절 앞이므로 부사절 접속사 because가 적절
해석 초기 인류는 더 적은 털이 효과적인 달리기를 의미했기 때문에 털을 잃었다.
어휘 effective 효과적인

1 정답 because of
해설 명사구(a thunderstorm) 앞이므로 전치사 because of가 적절
해석 나라를 강타한 폭풍우 때문에 그 콘서트는 취소되었다.
어휘 cancel 취소하다

2 정답 while
해설 「주어(their children) + 동사(played)」가 포함된 절 앞이므로 부사절 접속사 while이 적절
해석 아이들이 공원에서 놀고 있는 동안 부모들은 앉아서 대화를 즐겼다.

3 정답 Despite
해설 명사구(heavy traffic) 앞이므로 전치사 Despite가 적절
해석 도시 도로의 심한 교통체증에도 불구하고, Sarah는 제때 회의에 도착했다.

4 정답 Though
해설 「주어(the dog) + 동사(barked)」가 포함된 절 앞이므로 부사절 접속사 Though가 적절
해석 비록 개가 큰 소리로 짖었을지라도, 그것은 이웃들을 괴롭히지는 않았다.
어휘 bother 괴롭히다, 성가시게 하다

5 정답 during
해설 명사구(the German attack) 앞이므로 전치사 during이 적절
해석 Undset씨는 독일의 공격 동안 노르웨이에서 탈출했지만, 제2차 세계 대전이 끝난 후에 다시 돌아왔다.
어휘 escape 탈출하다 attack 공격

POINT 2 부사절 접속사와 전치사 둘 다로 쓰이는 단어   p.106

정답 like
해설 명사구 meat and dairy 앞에서 문맥상 "고기와 유제품 같은"이라는 의미를 만들어야 하므로 전치사 like가 적절
해석 쌀 가격이 떨어질 때, 사람들은 고기와 유제품 같은 제품들을 살 더 많은 돈을 가지게 되어, 그들의 소비를 바꾼다.
어휘 dairy 유제품 spending 소비, 지출

1 정답 since
해설 명사구 that year 앞에서 문맥상 "그해 이래로"라는 의미를 만들어야 하므로 전치사 since가 적절
해석 나는 2010년에 이 도시로 이사를 왔고, 그해 이래로 그것의 놀랄 만한 성장을 목격해 왔다.
어휘 witness 목격하다 remarkable 놀랄 만한

2 정답 **O**

해설 「주어(they) + 동사(finished)」가 포함된 절 앞에서 문맥상 "(그들이) 마친 후에"라는 의미가 되어야 하므로 부사절 접속사 after는 적절

해석 학생들은 대학 입학시험을 마친 후에 저녁 식사를 하러 나감으로써 축하했다.

어휘 celebrate 축하하다 entrance 입학, 입장

3 정답 **like**

해설 명사구 her mother 앞에서 문맥상 "그녀의 엄마와 같이"라는 의미를 만들어야 하므로 전치사 like가 적절

해석 똑같은 초록색 눈과 빨간 머리를 가지고 있어서, Natalie는 그녀의 엄마와 같이 보인다.

4 정답 **O**

해설 명사구 the late hours 앞에서 문맥상 "늦은 시간까지"라는 의미를 만들어야 하므로 전치사 until은 적절

해석 우리는 프로젝트를 성공적으로 마치기 위해 밤늦은 시간까지 열심히 일했다.

5 정답 **as 또는 after**

해설 「주어(time) + 동사(passes)」가 포함된 절 앞에서 문맥상 "시간이 지남에 따라" 또는 "시간이 지난 후에"라는 의미가 되어야 하므로 부사절 접속사 as 또는 after가 적절

해석 사람들은 시간이 지남에 따라 자연스럽게 그들 주변의 것들에 익숙해진다.

어휘 get used to ~에 익숙해지다

POINT 3 명사절 접속사: 완전한 절 앞 vs. 불완전한 절 앞 p.107

정답 **whether**

해설 뒤에 주어(you), 동사(have), 목적어(musical talent)가 모두 있는 완전한 절이 왔으므로 whether가 적절

해석 음악을 즐길 때, 당신이 음악적인 재능을 가지고 있는지를 그냥 잊어버려라.

어휘 talent 재능

1 정답 **when**

해설 뒤에 주어(the meeting), 동사(would end)가 모두 있는 완전한 절이 왔으므로 when이 적절

해석 화장실에 갈 필요가 있었기 때문에, Duke는 Morris에게 회의가 언제 끝나는지 물었다.

2 정답 **that**

해설 뒤에 주어(our business), 동사(will suffer)가 모두 있는 완전한 절이 왔으며, "우리 사업이 한동안 나빠질 것이라고"라는 의미로 뒤의 절을 연결해야 하므로 that이 적절

해석 세계 시장을 고려하면, 우리 사업이 한동안 나빠질 것이라고 추측할 수밖에 없다.

어휘 suffer 나빠지다, 고통받다

3 정답 **who**

해설 뒤에 동사 made의 주어가 없는 불완전한 절이 왔으며, "누가 만들었는지"라는 의미로 뒤의 절을 연결해야 하므로 who가 적절

해석 나는 누가 마지막 순간에 Maya가 마음을 바꾸게 만들었는지 궁금했다.

4 정답 **if**

해설 뒤에 주어(her grandmother), 동사(had ~ seen), 목적어(an angel)가 모두 있는 완전한 절이 왔으므로 if가 적절

해석 그녀는 할머니가 실제로 천사를 본 적이 있는지 아닌지 알기를 원했다.

5 정답 **what**

해설 뒤에 동사 was planning의 목적어가 없는 불완전한 절이 왔으며, "무엇을 계획하고 있는지"라는 의미로 뒤의 절을 연결해야 하므로 what이 적절

해석 Williams씨는 그의 가족이 그의 생일에 무엇을 계획하고 있는지 알지 못했다.

어휘 unaware of ~을 알지 못하는

6 정답 **O**

해설 뒤에 주어(we), 동사(should invest), 목적어(our time)가 모두 있는 완전한 절이 왔으며, "어떻게 투자해야 하는지"라는 의미로 뒤의 절을 연결해야 하므로 how는 적절

해석 우리가 내릴 수 있는 가장 중요한 결정 중 하나는 우리가 매일 우리의 시간을 어떻게 투자해야 하는지이다.

7 정답 **where/how 등**

해설 뒤에 주어(they), 동사(found), 목적어(such ~ sofa)가 모두 있는 완전한 절이 왔으며, "어디에서/어떻게 찾았는지" 등의 의미로 뒤의 절을 연결해야 하므로 where/how 등이 적절

해석 나는 그들이 거실을 위한 그렇게 멋진 소파를 어디에서/어떻게 찾았는지 정말 궁금하다.

8 정답 **that**

해설 뒤에 주어(you), 동사(are standing)가 모두 있는 완전한 절이 왔으며, "네가 산꼭대기에 서 있다고"라는 의미로 뒤의 절을 연결해야 하므로 that이 적절

해석 눈을 감고 네가 산꼭대기에 서 있다고 상상해 봐라.

문장 연습 제대로 네모 유형 p.108

1 whether	2 As	3 which	4 While
5 that	6 when	7 because	8 What
9 like	10 why	11 Though	12 if

1 해설 뒤에 주어(you), 동사(will accept), 목적어(the job offer)가 모두 있는 완전한 절이 왔으므로 whether가 적절

해석 당신은 그 회사의 일자리 제안을 받아들일지 아닐지를 빨리 결정할 필요가 있다.

2 해설 「주어(the old proverb) + 동사(goes)」가 포함된 절 앞에서 문맥상 "옛 속담이 이르듯이"라는 의미가 되어야 하므로 부사절 접속사 As가 적절

해석 옛 속담이 이르듯이, 당신은 우물이 마를 때까지 결코 물을 그리워하지 않는다.

3 해설 뒤에 동사 is의 주어가 없는 불완전한 절이 왔으므로 which가 적절

해석 심사위원들은 대회의 12개 팀들 사이에서 어떤 팀이 최고인지 발표할 것이다.

4 해설 「주어(the band) + 동사(performed)」가 포함된 절 앞이므로 부사절 접속사 While이 적절

해석 그 밴드가 무대 위에서 공연하는 동안, 관중들은 노래를 따라 불렀다.

5 해설 뒤에 주어(we), 동사(find), 목적어(a solution)가 모두 있는 완전한 절이 왔으므로 that이 적절

해석 문제가 더 심각해지기 전에 우리가 해결책을 찾는 것이 중요하다.

6 해설 뒤에 주어(he), 동사(wants), 목적어(to see)가 모두 있는 완전한 절이 왔으므로 when이 적절

해석 Darrell의 아버지는 그에게 언제 치과 진료를 보기를 원하는지 생각해 보라고 조언했다.

7 해설 「주어(The children) + 동사(had to build)」가 포함된 절 앞이므로 부사절 접속사 because가 적절

해석 큰 파도가 첫 번째 것을 쓸어 갔기 때문에 아이들은 또 다른 모래성을 지어야 했다.

8 해설 뒤에 동사 discovered의 목적어가 없는 불완전한 절이 왔으므로 What이 적절

해석 Johnson 박사가 발견한 것은 과학 연구에 중요한 기여를 했다.

9 해설 명사구 traveling ~ time 앞에서 문맥상 "여행하는 것과 같은"이라는 의미를 만들어야 하므로 전치사 like가 적절

해석 책을 읽는 것은 새로운 장소나 역사 속의 다른 시대를 여행하는 것과 같다.

10 해설 뒤에 주어(dogs), 동사(don't fall over)가 모두 있는 완전한 절이 왔으며, "왜 넘어지지 않는지"라는 의미로 뒤의 절을 연결해야 하므로 why가 적절

해석 개들이 갑자기 방향을 바꿀 때 왜 넘어지지 않는지 궁금해해 본 적이 있니?

11 해설 「주어(the boy's eyes) + 동사(hurt)」가 포함된 절 앞이므로 부사절 접속사 Though가 적절

해석 그 소년의 눈은 매우 아팠지만, 그는 퍼즐을 완성하는 데 집중하려고 노력했다.

12 해설 뒤에 주어(you), 동사(are coming)가 모두 있는 완전한 절이 왔으며, "방문하러 올지 아닐지"라는 의미로 뒤의 절을 연결해야 하므로 if가 적절

해석 제가 계획을 세울 수 있도록 당신이 다음 주에 방문하러 올지 아닐지를 말씀해 주실 수 있나요?

문장 연습 제대로 밑줄 유형 p.109

1 because of	2 whether/if	3 O
4 why	5 O	6 during
7 O	8 whether/if	9 what
10 O	11 Although/(Even) though	
12 that		

1 해설 명사구(the ~ situation) 앞이므로 전치사 because of가 적절

해석 시장의 몹시 경쟁이 심한 상황 때문에 그 회사는 어려움을 겪고 있다.

2 해설 뒤에 주어(she), 동사(should choose), 목적어(to major)가 모두 있는 완전한 절이 왔으며, "선택해야 할지 아닐지"라는 의미로 뒤의 절을 연결해야 하므로 whether/if가 적절

해석 Pamela는 아빠에게 그녀가 의학이나 예술을 전공하는 것을 선택해야 할지 아닐지 물었다.

3 해설 「주어(the doctor) + 동사(emphasized)」가 포함된 절 앞에서 문맥상 "의사가 강조했듯이"라는 의미가 되어야 하므로 부사절 접속사 as가 적절

해석 의사가 강조했듯이, 그 환자는 고정된 시간에 식사를 하고 약을 먹어야 한다.

4 해설 뒤에 주어(the people), 동사(act)가 모두 있는 완전한 절이 왔으며, "왜 이상하게 행동하는지"라는 의미로 뒤의 절을 연결해야 하

므로 why가 적절

해석 어느 날, 당신은 당신 주변의 사람들이 왜 그렇게 이상하게 행동하는지를 이해하지 못할지도 모른다.

5 해설 뒤에 주어(music), 동사(can trigger), 목적어(strong ~ memories)가 모두 있는 완전한 절이 왔으며, "어떻게 유발할 수 있는지"라는 의미로 뒤의 절을 연결해야 하므로 how는 적절

해석 음악이 어떻게 강한 감정과 기억을 유발할 수 있는지는 아마도 놀라울 것이다.

6 해설 명사구(her lunch break) 앞이므로 전치사 during이 적절

해석 Molly는 회사에서 점심시간 동안 의문스러운 사람으로부터 전화를 받았다.

7 해설 뒤에 주어(we), 동사(stood)가 모두 있는 완전한 절이 왔으며, "우리가 어디에 서 있는지"라는 의미로 뒤의 절을 연결해야 하므로 where는 적절

해석 산꼭대기에서 경치를 보면서, 우리는 우리가 어디에 서 있는지 믿을 수 없었다.

8 해설 뒤에 주어(I), 동사(should go)가 모두 있는 완전한 절이 왔으므로 whether/if가 적절

해석 내 부모님과 나는 내가 다른 도시의 대학에 가야 할지 아닐지 의견이 일치하지 않는다.

9 해설 뒤에 동사 said의 목적어가 없는 불완전한 절이 왔으므로 what이 적절

해석 저녁 식사에서, Justin은 육군에 입대하겠다고 말했고, 그가 말한 것은 가족들을 놀라게 했다.

10 해설 「주어(flowers) + 동사(provide)」가 포함된 절 앞에서 문맥상 "꽃들이 제공하기 때문에"라는 의미가 되어야 하므로 부사절 접속사 since는 적절

해석 사람들의 정원에 있는 꽃들이 일정한 공급량의 꿀을 제공하기 때문에 벌들은 교외에서 잘 산다.

11 해설 「주어(the weather) + 동사(was)」가 포함된 절 앞이므로 부사절 접속사 Although/(Even) though가 적절

해석 비록 날씨가 바람이 불고 비가 왔을지라도, 그 선수들은 다가오는 경기를 위해 훈련을 계속했다.

12 해설 뒤에 주어(European customers), 동사(are making), 목적어(water shortages), 목적격보어(worse)가 모두 있는 완전한 절이 왔으며, "더 악화시키고 있다고"라는 의미로 뒤의 절을 연결해야 하므로 that이 적절

해석 환경 단체들은 유럽 고객들이 아프리카의 물 부족을 더 악화시키고 있다고 주장한다.

짧은 지문 연습 제대로 p.110

1 (A) in spite of (B) what	2 (A) when (B) like
3 (A) that (B) why (C) because	4 ②
5 ①	6 ①

1 해설 (A) 명사구(his disability) 앞이므로 전치사 in spite of가 적절
(B) 뒤에 동사 accomplish의 목적어가 없는 불완전한 절이 왔으므로 what이 적절

해석 한 10살 소년이 자동차 사고로 그의 왼쪽 팔을 잃었지만, 장애에도 불구하고, 그는 태권도를 배우기로 결심했다. 아무도 그 소년이 무엇을 이루어 낼지 몰랐지만, 그는 그 자신을 믿었다.

2 해설 (A) 뒤에 주어(she), 동사(will meet), 목적어(someone)가 모두 있는 완전한 절이 왔으므로 when이 적절

(B) 명사구 our father 앞에서 문맥상 "우리 아버지와 같이"라는 의미를 만들어야 하므로 전치사 like가 적절

해석 내 여동생 Nadia는 그녀가 언제 누군가를 만나 사랑에 빠지고 결혼을 할지 종종 궁금해한다. 그녀는 우리 아버지와 같이 똑똑하고, 친절하고, 재미있는 누군가를 만나길 희망하지만, 지금까지 운이 별로 없었다.

3 해설 (A) 뒤에 주어(we), 동사(should do), 목적어(things)가 모두 있는 완전한 절이 왔으므로 that이 적절
(B) 뒤에 주어(some people), 동사(go)가 모두 있는 완전한 절이 왔으므로 why가 적절
(C) 「주어(all mobile phones) + 동사(have to be)」가 포함된 절 앞이므로 부사절 접속사 because가 적절

해석 종종, 휴대폰으로 끊임없는 통화와 메시지를 처리하는 동안 우리가 무언가를 해야 한다는 것은 우리를 피곤하게 만든다. 이것이 일부 사람들이 여전히 영화를 보기 위해 영화관에 가는 이유이다. 모든 휴대 전화가 꺼져야 하기 때문에 그것은 평화로운 경험을 제공한다.

4 해설 ① 뒤에 주어(we), 동사(would ~ spend), 목적어(our ~ holidays)가 모두 있는 완전한 절이 왔으며, "어디에서 보내고 싶은지"라는 의미로 뒤의 절을 연결해야 하므로 where는 적절
② 뒤에 동사 is의 주어가 없는 불완전한 절이 왔으며, "누가 관심 있는지"라는 의미로 뒤의 절을 연결해야 하므로 who가 적절

해석 내 친구들과 나는 올해의 여름휴가를 어디에서 보내고 싶은지에 대해 이야기하고 있었다. 누가 그 여행에 우리와 함께하는 데 관심 있는지를 알아야 할 필요가 있기 때문에 우리는 아직 장소를 정하지 못했다.

5 해설 ① 「주어(individuals) + 동사(were experiencing)」가 포함된 절 앞이므로 부사절 접속사 while이 적절
② 「주어(smiling) + 동사(produces)」가 포함된 절 앞에서 문맥상 "미소 짓는 것이 만들어 내기 때문에"라는 의미가 되어야 하므로 부사절 접속사 as는 적절

해석 연구원들은 개인이 스트레스받는 사건을 경험하는 동안 미소의 효과를 연구했다. 연구 결과는 미소 짓는 것이 뇌에서 기분 좋게 하는 화학 물질을 만들어 내기 때문에, 사람들이 더 빨리 스트레스에서 회복할 수 있다는 것을 보여주었다.

6 해설 ① 뒤에 주어(an animal), 동사(was), 보어(dangerous)가 모두 있는 완전한 절이 왔으며, "동물이 위험한지 아닌지"라는 의미로 뒤의 절을 연결해야 하므로 whether/if가 적절
② 뒤에 주어(they), 동사(reacted)가 모두 있는 완전한 절이 왔으며, "그들이 어떻게 반응하는지"라는 의미로 뒤의 절을 연결해야 하므로 how는 적절
③ 「주어(an animal) + 동사(could attack)」가 포함된 절 앞에서 문맥상 "동물이 공격할 수 있기 때문에"라는 의미가 되어야 하므로 부사절 접속사 since는 적절

해석 초기 인류는 정글을 통과해 걸을 때 한 동물이 위험한지 아닌지를 매우 빠르게 구분해야 했다. 그들의 생존은 처음 몇 초 이내에 어떻게 반응하는지에 달려 있었다. 결정하는 데 너무 오래 걸리면 동물이 그들을 공격할 수 있기 때문에 올바른 선택을 빠르게 하는 것은 그들에게 중요했다.

내신 서술형 대비 제대로 p.111

1 while my children were sleeping
2 that trees need sunlight to grow
3 Whether/If the event will be canceled
4 what she could become
5 Although/(Even) though they are different
6 how this city has developed so fast

---

7 ⓑ why → what, ⓒ which → that
8 ⓐ because → because of, ⓒ if → what

1 해설 "내 아이들이 자고 있다"라는 의미의 「주어(my children) + 동사(were sleeping)」로 된 절 앞에 "~하는 동안"이라는 뜻의 while이 적절

2 해설 "나무가 자라기 위해서 햇빛이 필요하다"라는 의미로, 「주어(trees) + 동사(need) + 목적어(sunlight)」가 포함된 완전한 절 앞에 "~라고"라는 뜻의 that이 적절

3 해설 "그 행사가 취소되다"라는 의미의 「주어(the event) + 동사(will be canceled)」로 된 완전한 절 앞에 "~인지 아닌지"라는 뜻의 Whether/If가 적절
어휘 uncertain 불확실한

4 해설 "그녀가 될 수 있다"라는 의미로, 주격보어 없이 「주어(she) + 동사(could become)」로 된 불완전한 절 앞에 "무엇이 ~인지"라는 뜻의 what이 적절

5 해설 "그들이 다르다"라는 의미의 「주어(they) + 동사(are) + 주격보어(different)」로 된 완전한 절 앞에 "비록 ~일지라도"라는 뜻의 Although/(Even) though가 적절

6 해설 "이 도시가 발전했다"라는 의미의 「주어(this city) + 동사(has developed)」가 포함된 완전한 절 앞에 "어떻게 ~하는지"라는 뜻의 how가 적절

7 해설 ⓐ 뒤에 주어(you), 동사(can live)가 모두 있는 완전한 절이 왔으며, "당신이 살 수 있는지 아닌지"라는 의미로 뒤의 절을 연결해야 하므로 whether는 적절
ⓑ 뒤에 동사 has prepared의 목적어가 없는 불완전한 절이 왔으며, "무엇을 준비했는지"라는 의미로 뒤의 절을 연결해야 하므로 what이 적절
ⓒ 뒤에 주어(time), 동사(passes)가 모두 있는 완전한 절이 왔으므로 that이 적절

해석 당신이 노년의 나이까지 살 수 있는지 아닌지에 대해 걱정하지 마라. 삶이 우리를 위해 무엇을 준비했는지 아는 것은 불가능해서, 매일을 즐기는 것은 필수적이다. 사람이 더 나이 듦에 따라 시간이 빨리 지나간다는 것을 잊어서는 안 된다.
어휘 essential 필수적인 pass by 지나가다

8 해설 ⓐ 명사구(overspending ~ abuse) 앞이므로 전치사 because of가 적절
ⓑ 뒤에 주어(they), 동사(can find), 목적어(help)가 모두 있는 완전한 절이 왔으며, "어디에서 도움을 찾을 수 있는지"라는 의미로 뒤의 절을 연결해야 하므로 where는 적절
ⓒ 뒤에 동사 causes의 주어가 없는 불완전한 절이 왔으며, "문제를 야기한 것"이라는 의미로 뒤의 절을 연결해야 하므로 what이 적절

해석 만약 어떤 사람들이 과소비나 신용카드 남용 때문에 빚더미에 빠진다면, 그것은 단지 그들의 잘못일까? 그들은 어디에서 도움을 찾을 수 있는지라도 알까? 사람들은 종종 이런 종류의 문제를 야기한 것이 개인의 실패라고 생각하지만, 그것은 좋지 않은 경제나 예상치 못한 질병과 같이, 한 사람의 통제 밖에 있는 문제들 때문에 발생할 수 있다.
어휘 overspending 과소비 solely 단지

수능 대비 제대로 p.112

1 ③	2 ②	3 ⑤	4 ⑤

1 해설 (A) 「주어(some sand) + 동사(is)」가 포함된 절 앞이므로 부사절 접속사 Although가 적절

(B) 명사구(the journey) 앞이므로 전치사 During이 적절

(C) 뒤에 주어(those ~ travelers), 동사(spend), 목적어(the rest ~ years)가 모두 있는 완전한 절이 왔으므로 that이 적절

해석 비록 일부 모래는 바다에서 조개와 바위 같은 것들로부터 형성되지만, 대부분의 모래는 산에서 먼 길을 오는 아주 작은 바위 조각들로 만들어진다! 하지만 그 여행은 수천 년이 걸릴 수도 있다. 그 여정 동안, 그것들이 점점 더 작아짐에 따라 빙하, 바람, 그리고 흐르는 물이 바위들을 옮긴다. 만약 운이 좋다면, 강이 그것들을 해안까지 먼 길을 운반할 수도 있다. 그곳에서, 우리는 그 작은 여행자들이 남은 시간을 해변에서 모래로 보내는 것을 볼 수 있다.

어휘 **form** 형성하다 **glacier** 빙하

2 해설 (A) when과 why 모두 완전한 절 앞에 오는 명사절 접속사인데, 문맥상 "언제 가뭄이 끝날지"라는 의미로 뒤의 절을 연결해야 하므로 when이 적절

(B) 뒤에 주어(they), 동사(had heard), 목적어(anything)가 모두 있는 완전한 절이 왔으므로 if가 적절

(C) 명사구(the thunderstorm) 앞이므로 전치사 because of가 적절

해석 Garnet은 촛불을 불어서 끄고 누웠다. 홑이불 한 장조차 너무 더웠다. 그녀는 땀을 흘리며 가만히 누워 있었고, 언제 긴 가뭄이 마침내 끝날지 궁금해했다. 어느 날 밤, Garnet은 그녀가 기다려 왔던 어떤 일이 일어나려고 한다는 느낌을 받았다. 그녀는 부모님께 달려가서 그들이 무언가를 들었는지 아닌지 물었다. "아니."라고 그들은 답했다. Garnet은 숨을 죽이고 "제발!"이라고 속삭였다. 훨씬 더 큰 소리를 내며, 천둥이 다시 우르르 울렸다. 그리고 빗방울이 하나둘 떨어지기 시작했다. 그녀는 "비가 와요!"라고 소리쳤다. 비를 몰고 온 뇌우 때문에 그녀는 마치 선물을 받은 것처럼 느꼈다.

어휘 **sheet** 홑이불 **drought** 가뭄 **whisper** 속삭이다

3 해설 ① 「주어(all ~ students) + 동사(know)」가 포함된 절 앞에서 문맥상 "모든 학생들이 알고 있듯이"라는 의미가 되어야 하므로 부사절 접속사 as는 적절

② 뒤에 동사 would be의 주어가 없는 불완전한 절이 왔으며, "누가 다음 코치가 될지"라는 의미로 뒤의 절을 연결해야 하므로 who는 적절

③ 「주어(this) + 동사(is)」가 포함된 절 앞에서 문맥상 "비록 이번이 그녀의 첫 직장일지라도"라는 의미가 되어야 하므로 부사절 접속사 Even though는 적절

④ 뒤에 주어(the program), 동사(should ~ held)가 모두 있는 완전한 절이 왔으며, "그 프로그램이 어디에서 열릴지"라는 의미로 뒤의 절을 연결해야 하므로 where는 적절

⑤ 뒤에 주어(more students), 동사(will get), 주격보어(healthy)가 모두 있는 완전한 절이 왔으며, "더 많은 학생들이 건강해지는 것"이라는 의미로 뒤의 절을 연결해야 하므로 that이 적절

해석 모든 학생들이 이미 알고 있듯이, 우리의 방과 후 수영 코치인 Samantha Black은 곧 자신의 자리에서 은퇴할 것이다. 모두가 누가 학교의 다음 수영 코치가 될지를 궁금해해 왔고, 마침내 Virginia Smith가 학교의 새로운 수영 코치로 선택되었다. 비록 이번이 코치로서 그녀의 첫 직장일지라도, 우리는 그녀가 자신의 일을 잘하기를 기대한다. 그녀는 Bredard 지역 전문 대학에서 수영을 했고 전국 대회에서 여러 상을 받았다. 다음 주부터, 그녀는 오후에 수업을 가르치기 시작할 것이다. 또한, 그녀는 우리의 여름 프로그램을 계속할 것이고, 현재 그 프로그램이 어디에서 열릴지 결정하기 위해 몇몇 장소를 평가하고 있다. 수영의 건강상의 이점을 홍보함으로써, 그녀는 자신의 지도를 통해 더 많은 학생들이 건강해지는 것을 희망한다.

어휘 **retire** 은퇴하다 **currently** 현재 **evaluate** 평가하다
determine 결정하다 **benefit** 이점 **instruction** 지도

4 해설 ① 「주어(speakers) + 동사(listen)」가 포함된 절 앞에서 문맥상 "(연설자가) 듣기 때문에"라는 의미가 되어야 하므로 부사절 접속사 since는 적절

② 뒤에 주어(listeners), 동사(are), 주격보어(ready)가 모두 있는 완전한 절이 왔으며, "청자가 준비가 되어있는지 아닌지"라는 의미로 뒤의 절을 연결해야 하므로 if는 적절

③ 뒤에 주어(this feedback), 동사(assists), 목적어(the speaker)가 모두 있는 완전한 절이 왔으며, "이러한 피드백이 화자를 돕는다고"라는 의미로 뒤의 절을 연결해야 하므로 that은 적절

④ 뒤에 주어(he or she), 동사(should slow down), 목적어(their talking)가 모두 있는 완전한 절이 왔으며, "언제 속도를 줄여야 하는지"라는 의미로 뒤의 절을 연결해야 하므로 when은 적절

⑤ 뒤에 주어(the audience), 동사(responds)가 모두 있는 완전한 절이 왔으며, "청중이 어떻게 반응하는지"라는 의미로 뒤의 절을 연결해야 하므로 how가 적절

해석 연설 동안 청중의 소리를 듣기 때문에, 대중 연설은 청중 중심적이다. 그들은 언어적 그리고 비언어적 신호를 통해 청중의 피드백을 얻는다. 청중 피드백은 종종 청자가 화자의 생각을 받아들일 준비가 되어있는지 아닌지를 나타낸다. 커뮤니케이션 전문가들은 이러한 피드백이 청중과 긴밀한 연결을 만들어 냄으로써 많은 방식으로 화자를 돕는다고 믿는다. 화자는 언제 그나 그녀가 말의 속도를 줄여야 하는지 알 수 있다. 또한, 화자는 특정한 주제를 더 주의 깊게 설명하기로 결정할 수 있다. 청중이 연설에 어떻게 반응하는지에 주목함으로써, 화자는 더 효과적으로 연설할 수 있는 방법을 찾을 수 있다.

어휘 **audience** 청중 **signal** 신호 **indicate** 나타내다 **assist** 돕다
particular 특정한 **respond to** ~에 반응하다
deliver a speech 연설하다

CHAPTER 10 관계사

POINT 1 관계대명사 선택   p.116

정답 who

해설 수식어 in history를 제외하고 관계사절이 수식하는 선행사 Every political leader가 사람이므로 who가 적절

해석 역사상 영향력을 가진 모든 정치 지도자들은 스스로 생각하고 계획하도록 그들 자신을 훈련시켰다.

어휘 **political** 정치의 **impact** 영향(력)

1 정답 which/that

해설 수식어 about Napoleon을 제외하고 관계사절이 수식하는 선행사 the book이 사물이므로 which/that이 적절

해석 네가 도서관에서 빌렸던 나폴레옹에 관한 책의 제목은 무엇이었니?

2 정답 O

해설 "그것의 브랜드가 한국산이다"라는 의미로 관계사절이 선행사 a new one과 연결되기 위해서는 소유격이 필요하므로 「명사(the brand) + of」 뒤에 which는 적절

해석 나는 내 오래된 TV를 새것으로 교체했는데, 그것의 브랜드는 한국산이다.

어휘 **replace** 교체하다

3 정답 which

해설 콤마(,)로 연결된 계속적 용법의 관계사절이므로 which가 적절

해석 그 회사는 새로운 제품을 팔기 시작했는데, 그것은 빠르게 베스트셀러가 되었다.

4 정답 who(m)

해설 수식어 with the red hair를 제외하고 관계사절이 수식하는 선행사 his cousin이 사람이므로 who(m)가 적절, 콤마(,)로 연결된 관계사절이므로 that은 불가능

해석 Benjamin은 내가 지난밤에 이미 만난 적 있는 빨간색 머리를 가진 그의 사촌을 나에게 소개했다.

5 정답 O

해설 "그의 배가 항해했다"는 의미로 명사 ship으로 시작하는 관계사절이 선행사 a captain과 연결되기 위해서는 소유격이 필요하므로 whose는 적절

해석 이 이야기는 배가 사이렌 섬을 지나 항해한 선장에 대한 그리스 신화이다.

어휘 myth 신화

POINT 2 대명사 vs. 관계대명사 p.116

정답 which

해설 앞선 절(Oil ~ energy)과 뒤의 절(some ~ ago)을 연결하는 and/but 등의 접속사가 없으므로 관계대명사 which가 적절

해석 석유는 태양 에너지에서 오는데, 그중 일부는 수백만 년 전에 지하에 보존되었다.

어휘 solar 태양의 preserve 보존하다

1 정답 them

해설 앞선 절(I ~ coins)과 뒤의 절(unfortunately ~ much)을 연결하는 접속사 but이 있으므로 대명사 them이 적절

해석 나는 많은 오래된 동전들을 모았지만, 불행히도 그것들 중 어떤 것도 별로 가치 있지 않았다.

어휘 worth 가치 있는

2 정답 which

해설 앞선 절(Ethan ~ cars)과 뒤의 절(both ~ possible)을 연결하는 and/but 등의 접속사가 없으므로 관계대명사 which가 적절

해석 Ethan은 두 대의 차를 소유하고 있는데, 그는 가능한 한 빨리 그것들 둘 다 팔고 싶어 한다.

3 정답 which

해설 앞선 절(Olivia ~ furniture)과 뒤의 절(was ~ yesterday)을 연결하는 and/but 등의 접속사가 없으므로 관계대명사 which가 적절

해석 Olivia는 최근에 새 가구를 사야 했는데, 그것은 어제 배송되었다.

4 정답 its

해설 앞선 절(The dolphin ~ smart)과 뒤의 절(brain ~ brain)을 연결하는 접속사 and가 있으므로 대명사 its가 적절

해석 돌고래는 매우 영리하고, 그것의 뇌는 놀랍게도 인간의 뇌와 비슷하다.

5 정답 whose

해설 앞선 절(Doctors ~ patients)과 뒤의 절(hearts ~ beating)을 연결하는 and/but 등의 접속사가 없으므로 관계대명사 whose가 적절

해석 의사들은 심폐소생술을 통해 심장 뛰는 것이 멈춘 환자들을 되살릴 수 있다.

어휘 revive 되살리다 beat (심장이) 뛰다

POINT 3 관계대명사 vs. 관계부사 / 「전치사 + which」 p.117

정답 where

해설 선행사 a world를 수식하는 절이 주어(they), 동사(had to avoid), 목적어(being killed)가 모두 있는 완전한 절이므로 관계부사 where가 적절

해석 수천 년 전에, 인간들은 그들이 포식자들에 의해 죽임을 당하는 것을 피해야 하는 세상에 살았다.

어휘 predator 포식자

1 정답 when

해설 선행사 the moment를 수식하는 절이 주어(the final winner), 동사(was announced)가 모두 있는 완전한 절이므로 관계부사 when이 적절

해석 최종 우승자가 발표되었을 때 모든 사람들이 일어나서 환호했다.

2 정답 which

해설 선행사 a small town을 수식하는 절이 동사 is surrounded의 주어가 없는 불완전한 절이므로 관계대명사 which가 적절

해석 우리는 작은 마을에 살고 있는데, 그것은 아름다운 산과 강으로 둘러싸여 있다.

어휘 surround 둘러싸다

3 정답 in which

해설 선행사 a company를 수식하는 절이 주어(she), 동사(can develop), 목적어(medical robots)가 모두 있는 완전한 절이므로 in which가 적절

해석 Amanda는 의료용 로봇을 개발할 수 있는 회사에서 일하기를 희망한다.

4 정답 why

해설 선행사 the reason을 수식하는 절이 주어(their parents), 동사(make), 목적어(certain rules)가 모두 있는 완전한 절이므로 관계부사 why가 적절

해석 아이들은 그들의 부모가 특정한 규칙들을 만드는 이유를 항상 이해하지는 못한다.

어휘 certain 특정한

5 정답 which/that

해설 선행사 The road를 수식하는 절이 동사 passes의 주어가 없는 불완전한 절이므로 관계대명사 which/that이 적절

해석 호수 옆을 지나가는 그 길은 많은 자전거 타는 사람들과 조깅하는 사람들에게 인기 있는 경로이다.

6 정답 O

해설 선행사 the tunnel을 수식하는 절이 주어(he), 동사(reached), 목적어(the city)가 모두 있는 완전한 절이므로 through which는 적절

해석 Edward는 터널로 운전해 들어갔고, 그것을 통과하여 그는 바다 건너 도시에 도착했다.

7 정답 which/that

해설 선행사 a day를 수식하는 절이 동사 remember의 목적어가 없는 불완전한 절이므로 관계대명사 which/that이 적절

해석 2001년 9월 11일은 뉴욕의 사람들이 오랫동안 기억할 날이다.

8 정답 where 또는 in which

해설 선행사 countries를 수식하는 절이 주어(food), 동사(is), 주격보어(scarce)가 모두 있는 완전한 절이므로 관계부사 where 또는 in which가 적절

해석 비록 아직 식량이 부족한 나라들이 있지만, 세계의 대부분의 사람

들은 먹기에 충분한 양이 있다.

어휘 scarce 부족한

정답 that

해설 "인공지능 기계가 실제로 수행할 수 있는 직무들"이라는 의미로 AI ~ perform이 선행사 the tasks를 수식하는 관계사절이므로 관계대명사 that이 적절

해석 만약 당신이 인공지능 기계가 실제로 수행할 수 있는 모든 직무들을 고려해 보면, 그것은 상당히 충격적이다.

어휘 task 직무

1 정답 that

해설 앞에 수식받는 선행사가 없으며, 동사 is의 보어 역할을 하는 명사절이 와야 하는데, 뒤에 주어(they), 동사(can walk)가 모두 있는 완전한 절이 왔으므로 명사절 접속사 that이 적절

해석 말과 같은 동물들에 대해 놀라운 것은 그들이 태어나자마자 걸을 수 있다는 것이다.

2 정답 what

해설 앞에 수식받는 선행사가 없으며, 동사 do의 목적어 역할을 하는 명사절이 와야 하는데, 뒤에 동사 have to do의 목적어가 없는 불완전한 절이 왔으므로 명사절 접속사 what이 적절

해석 상황에 상관없이, 굳세게 버텨서 당신이 해야 할 일을 해라.

어휘 regardless of ~에 상관없이

3 정답 which

해설 "7월 마지막 주에 예정되어 있던 활동들"이라는 의미로 were ~ July가 선행사 Activities를 수식하는 관계사절이므로 관계대명사 which가 적절

해석 7월 마지막 주에 예정되어 있던 활동들이 8월 첫째 주로 옮겨졌다.

4 정답 that

해설 "확실히 위험한 새로운 직업들"이라는 의미로 are ~ dangerous가 선행사 new jobs를 수식하는 관계사절이므로 관계대명사 that이 적절

해석 기술은 확실히 위험한 많은 새로운 직업들을 만들어 낸다.

어휘 certainly 확실히

5 정답 that/which

해설 "사람들이 일상생활에서 가장 자주 사용하는 광물"이라는 의미로 people ~ life가 선행사 the mineral을 수식하는 관계사절이므로 관계대명사 that/which가 적절

해석 소금은 사람들이 일상생활에서 가장 자주 사용하는 광물이다.

어휘 mineral 광물

6 정답 that

해설 앞에 수식받는 선행사가 없으며, 가주어 it 뒤에서 진짜 주어 역할을 하는 명사절이 와야 하는데, 뒤에 주어(we), 동사(had to cancel), 목적어(the picnic)가 모두 있는 완전한 절이 왔으므로 명사절 접속사 that이 적절

해석 나쁜 날씨 때문에 우리가 소풍을 취소해야 했던 것은 큰 실망이었다.

어휘 disappointment 실망

7 정답 O

해설 "학생들에게 여전히 공개된 프로그램들"이라는 의미로 are ~ students가 선행사 Programs를 수식하는 관계사절이므로 관계대명사 which는 적절

해석 현재 학생들에게 여전히 공개된 프로그램들이 학교의 웹사이트에 나열되어 있다.

8 정답 what

해설 앞에 수식받는 선행사가 없으며, 동사 read and understand의 목적어 역할을 하는 명사절이 와야 하는데, 뒤에 동사 write의 목적어가 없는 불완전한 절이 왔으므로 명사절 접속사 what이 적절

해석 만약 사람들이 당신이 쓴 것을 읽고 이해하기를 원한다면, 그것을 구어로 써라.

정답 that

해설 「so + 형용사(ugly and smelly)」 뒤에 와서 "너무 못생기고 냄새가 나서 얼어붙었다"라는 의미를 완성해야 하므로 that이 적절

해석 궁전의 문에 접근한 그 괴물은 너무 못생기고 냄새가 나서 경비들이 충격으로 얼어붙었다.

어휘 approach 접근하다   palace 궁전   freeze 얼어붙다

1 정답 that

해설 명사 the fact 뒤에 와서 "친구들을 떠나야 한다는 사실"이라는 의미를 완성해야 하므로 동격 that이 적절

해석 Clara는 이사하는 것이 슬펐고, 그녀의 모든 친구들을 떠나야 한다는 사실이 그녀의 마음을 아프게 했다.

2 정답 what

해설 전치사 on의 목적어 역할을 하는 명사절이 와야 하는데, 뒤에 동사 can control의 목적어가 없는 불완전한 절이 왔으므로 명사절 접속사 what이 적절

해석 당신이 통제할 수 있는 것에 집중하고, 당신이 할 수 없는 것에 대해서는 걱정하지 마라.

3 정답 O

해설 감정을 나타내는 분사 surprised 뒤에 와서 "재능이 있어서 놀랐다"라는 의미를 완성해야 하므로 that은 적절

해석 우리는 Joshua가 피아노를 연주하는 것에 뛰어난 재능이 있어서 놀랐다.

4 정답 O

해설 "내 책상 위에 있는 봉투"라는 의미로 is ~ desk가 선행사 The envelope을 수식하는 관계사절이므로 관계대명사 which는 적절

해석 내 책상 위에 있는 봉투는 캐나다에 있는 나의 언니가 보낸 편지 한 부를 담고 있다.

어휘 envelope 봉투   contain 담고 있다

5 정답 that

해설 「such an + 형용사(interesting) + 명사(movie)」 뒤에 와서 "너무 재미있는 영화여서 깨닫지 못했다"라는 의미를 완성해야 하므로 that이 적절

해석 그것은 너무 재미있는 영화여서 나는 이미 자정이 되었다는 것을 깨닫지 못했다.

문장 연습 제대로   네모 유형   p.120

1 whom	2 what	3 which	4 which
5 where	6 that	7 What	8 its
9 that	10 from which	11 what	12 that

1 해설 관계사절이 수식하는 선행사 team members가 사람이므로 whom이 적절

해석 조별 과제를 위해서, 나는 내가 선택하지 않은 팀원들과 함께 작업했다.

2 해설 앞에 수식받는 선행사가 없으며, 동사 could not hear의 목적어 역할을 하는 명사절이 와야 하는데, 뒤에 동사 was saying의 목적어가 없는 불완전한 절이 왔으므로 명사절 접속사 what이 적절

해석 방의 뒤쪽에 있던 몇몇 사람들은 연설자가 무엇을 말하는지 들을 수 없었다.

3 해설 앞선 절(The king ~ birthday)과 뒤의 절(one ~ necklace)을 연결하는 and/but 등의 접속사가 없으므로 관계대명사 which가 적절

해석 왕은 그의 생일에 많은 선물들을 받았는데, 그중 하나는 아름다운 목걸이였다.

4 해설 콤마(,)로 연결된 계속적 용법의 관계사절이므로 which가 적절

해석 그녀는 비타민 B12에 대한 논문을 발표했는데, 그것은 그녀에게 노벨상을 타게 해주었다.

5 해설 선행사 a situation을 수식하는 절이 주어(you), 동사(have to make), 목적어(a difficult decision)가 모두 있는 완전한 절이므로 관계부사 where가 적절

해석 때때로, 당신은 어려운 결정을 내려야 하는 상황에 처한 자신을 발견한다.

6 해설 "19세기 동안 찍힌 사진들"이라는 의미로 were ~ century가 선행사 photographs를 수식하는 관계사절이므로 관계대명사 that이 적절

해석 그 박물관은 19세기 동안 찍힌 사진들을 전시하고 있다.

7 해설 앞에 수식받는 선행사가 없으며, 동사 changed의 주어 역할을 하는 명사절이 와야 하는데, 뒤에 동사 discovered의 목적어가 없는 불완전한 절이 왔으므로 명사절 접속사 What이 적절

해석 그들이 은하계에 대해 발견한 것은 천문학 분야를 바꿨다.

8 해설 앞선 절(The plant ~ weather)과 뒤의 절(surprisingly ~ colorful)을 연결하는 접속사 and가 있으므로 대명사 its가 적절

해석 그 식물은 매우 건조한 날씨에도 자랄 수 있고, 놀랍게도, 그것의 꽃들은 매우 크고 화려하다.

9 해설 앞에 수식받는 선행사가 없으며, 동사 is의 보어 역할을 하는 명사절이 와야 하는데, 뒤에 주어(it), 동사(opens), 목적어(your mind)가 모두 있는 완전한 절이 왔으므로 명사절 접속사 that이 적절

해석 당신의 나라 밖을 여행하는 것의 큰 이점은 그것이 당신의 마음을 열어준다는 것이다.

10 해설 선행사 a book을 수식하는 절이 주어(I), 동사(developed), 목적어(a ~ understanding)가 모두 있는 완전한 절이므로 from which가 적절

해석 Lee 교수님이 나에게 책을 읽어보라고 조언했는데, 그것으로부터 나는 중세 시대에 대한 더 깊은 이해를 발전시켰다.

11 해설 앞에 수식받는 선행사가 없으며, 전치사 about의 목적어 역할을 하는 명사절이 와야 하는데, 뒤에 동사 has happened의 주어가 없는 불완전한 절이 왔으므로 명사절 접속사 what이 적절

해석 우리의 삶에서 의미를 찾기 위한 가장 강력한 도구 중 하나는 우리에게 일어난 것에 대해 글을 쓰는 것이다.

12 해설 「so + 형용사(cheap)」 뒤에 와서 "너무 싸서 몇 개씩 샀다"라는 의미를 완성해야 하므로 that이 적절

해석 할인 중인 상품들이 너무 싸서 몇몇 고객들은 그것들을 한 번에 몇 개씩 샀다.

문장 연습 제대로   밑줄 유형   p.121

1 that	2 that	3 O	4 what
5 which	6 who/that	7 which/that	8 O
9 that	10 what	11 which	12 which/that

1 해설 감정을 나타내는 형용사 sorry 뒤에 와서 "답장을 보내지 못해서 미안하다"라는 의미를 완성해야 하므로 that이 적절

해석 아까 너의 문자 메시지에 답장을 보내지 못해서 정말로 미안해.

2 해설 앞에 수식받는 선행사가 없으며, 동사 believe의 목적어 역할을 하는 명사절이 와야 하는데, 뒤에 주어(studying ~ past), 동사(is), 주격보어(crucial)가 모두 있는 완전한 절이 왔으므로 명사절 접속사 that이 적절

해석 많은 역사학자들은 과거를 연구하는 것이 미래를 예측하기 위해 결정적이라고 믿는다.

3 해설 선행사 Cairo를 수식하는 절이 주어(her father), 동사(worked)가 모두 있는 완전한 절이므로 관계부사 where는 적절

해석 Dorothy Hodgkin은 카이로에서 태어났는데, 그곳에서 그녀의 아버지는 이집트 교육청에서 일했다.

4 해설 앞에 수식받는 선행사가 없으며, 전치사 with의 목적어 역할을 하는 명사절이 와야 하는데, 뒤에 동사 was revealed의 주어가 없는 불완전한 절이 왔으므로 명사절 접속사 what이 적절

해석 그 추리 소설은 마지막 장에서 밝혀진 것으로 독자들을 전율하게 했다.

5 해설 앞선 절(The supermarket ~ fruits)과 뒤의 절(some ~ unfamiliar)을 연결하는 and/but 등의 접속사가 없으므로 관계대명사 which가 적절

해석 그 슈퍼마켓은 다양한 과일을 판매하는데, 그중 몇몇은 이국적이고 낯설다.

6 해설 수식어 from the neighborhood를 제외하고 관계사절이 수식하는 선행사 babysitters가 사람이므로 who/that이 적절

해석 그 부부는 좋은 추천을 받은 인근의 베이비시터만 고용했다.

7 해설 "우리가 통제할 수 없는 사고들"이라는 의미로 we ~ control이 선행사 accidents를 수식하는 관계사절이므로 관계대명사 which/that이 적절

해석 인생에 있어서, 자연재해와 같이 우리가 통제할 수 없는 사고들이 있다.

8 해설 선행사 method를 수식하는 관계사절이 주어(young people), 동사(meet), 목적어(new friends)가 모두 있는 완전한 절이므로 by which는 적절

해석 온라인 비디오 게임은 젊은 사람들이 새로운 친구들을 만나는 흔한 방법이 되었다.

9 해설 명사 clue 뒤에 와서 "음식이 맛있다는 단서"라는 의미를 완성해야 하므로 동격 that이 적절

해석 당신이 식당을 방문할 때, 그것 밖의 긴 줄은 보통 음식이 맛있다는 강력한 단서이다.

10 해설 앞에 수식받는 선행사가 없으며, 전치사 about의 목적어 역할을 하는 명사절이 와야 하는데, 뒤에 동사 eat의 목적어가 없는 불완전한 절이 왔으므로 명사절 접속사 what이 적절

해석 어떤 종류의 품목들은 해로울 수 있으므로, 개 소유주들은 그들의 반려동물이 먹는 것에 대해 주의해야 한다.

11 해설 앞선 절(Andrew ~ workshop)과 뒤의 절(it ~ skills)을 연결하는 and/but 등의 접속사가 없으므로 관계대명사 which가 적절

해석   Andrew는 경영 워크숍에 참석했는데, 그것은 그의 사업 기술을 향상시키는 것을 도왔다.

12 해설   선행사 social media platforms를 수식하는 관계사절이 동사 protect의 주어가 없는 불완전한 절이므로 관계대명사 which/that이 적절

해설   사용자의 사생활을 효과적으로 보호하는 소셜 미디어 플랫폼의 예를 들어줄 수 있니?

짧은 지문 연습 제대로   p.122

1 (A) whose (B) them	2 (A) which (B) which
3 (A) that (B) where (C) what	4 ①
5 ①	6 ③

1 해설   (A) "그의 경험이 도울 수 있다"라는 의미로 명사 experience로 시작하는 관계사절이 선행사 a new manager와 연결되기 위해서는 소유격이 필요하므로 whose가 적절
    (B) 앞선 절(many ~ arrived)과 뒤의 절(none ~ position)을 연결하는 접속사 but이 있으므로 대명사 them이 적절

해설   우리는 그의 경험이 우리가 신선한 아이디어를 개발하는 것을 도울 수 있는 새로운 매니저를 찾고 있다. 지금까지, 많은 이력서가 도착했지만, 불행하게도, 그중 어떤 것도 그 자리에 맞는 누군가의 것으로 보이지 않는다.

2 해설   (A) 콤마(,)로 연결된 계속적 용법의 관계사절이므로 which가 적절
    (B) "찾을 수 없는 몇몇 책들"이라는 의미로 cannot ~ country가 선행사 some books를 수식하는 관계사절이므로 관계대명사 which가 적절

해설   Smith씨는 모퉁이에서 희귀한 책을 파는 것으로 유명한 서점을 운영한다. 실제로, 그는 나라의 다른 어디에서도 찾을 수 없는 몇몇 책들을 판다.

3 해설   (A) 「such a + 형용사(brilliant) + 명사(inventor)」 뒤에 와서 "너무 뛰어난 발명가여서 에디슨과 비교했다"라는 의미를 완성해야 하므로 that이 적절
    (B) 선행사 textile factory를 수식하는 절이 주어(a faulty machine), 동사(injured), 목적어(a coworker)가 모두 있는 완전한 절이므로 관계부사 where가 적절
    (C) 앞에 수식받는 선행사가 없으며, 동사 was의 주격보어 역할을 하는 명사절이 와야 하는데, 뒤에 동사 led의 주어가 없는 불완전한 절이 왔으므로 명사절 접속사 what이 적절

해설   Margaret Knight는 19세기 후반에 너무 뛰어난 발명가여서 기자들은 "여성 에디슨"이라고 부름으로써 가끔 그녀를 토머스 에디슨과 비교했다. 그녀의 아버지가 사망한 후에, Knight는 12살 나이에 근처의 섬유 공장에서 돈을 벌기 위해 학교를 떠났는데, 그곳에서 결함이 있는 기계가 한 동료를 다치게 했다. 이 경험이 그녀가 섬유 설비를 위한 안전장치인 그녀의 첫 번째 발명품을 만들도록 이끈 것이었다.

4 해설   ① 선행사 galleries를 수식하는 절이 주어(various ~ artworks), 동사(are displayed)가 모두 있는 완전한 절이므로 관계부사 where 또는 in which가 적절
    ② 명사 the fact 뒤에 와서 "그들이 감상할 수 있다는 사실"이라는 의미를 완성해야 하므로 동격 that은 적절

해설   뉴욕시에는 다양한 인상적인 예술작품들이 전시되어 있는 많은 갤러리들이 있다. 방문객들은 종종 그들이 다른 역사적 시대의 유명한 예술가들의 작품을 감상할 수 있다는 사실에 매료된다.

5 해설   ① "시내 중심부에 위치한 것"이라는 의미로 is ~ downtown이 선행사 the one을 수식하는 관계사절이므로 관계대명사 which/that이 적절

    ② 앞에 수식받는 선행사가 없으며, 전치사 in의 목적어 역할을 하는 명사절이 와야 하는데, 뒤에 동사 offers의 목적어가 없는 불완전한 절이 왔으므로 명사절 접속사 what은 적절

해설   도시 안의 모든 공원들 중, 대부분의 거주자들은 시내 중심부에 위치한 것을 사랑한다. 아름다운 정원과 부산스러운 도시 생활에서 벗어나기 위한 조용한 분위기를 포함하여, 많은 사람들이 그 공원이 제공하는 것에서 평화와 위안을 발견한다.

6 해설   ① 선행사 outdoors를 수식하는 절이 주어(they), 동사(started), 목적어(to climb)가 모두 있는 완전한 절이므로 관계부사 where는 적절
    ② 사람 선행사 close friends를 수식하는 관계대명사가 뒤에 오는 절의 동사 had known의 목적어를 대신하므로 목적격 관계대명사 whom은 적절
    ③ 앞에 수식받는 선행사가 없으며, 동사 guessed의 목적어 역할을 하는 명사절이 와야 하는데, 뒤에 주어(the hill), 동사(was), 주격보어(lower)가 모두 있는 완전한 절이 왔으므로 명사절 접속사 that이 적절

해설   버지니아 대학교의 한 심리학 실험에서, 대학생들은 야외에 모였는데, 그곳에서 그들은 무거운 배낭을 메고 언덕을 오르기 시작했다. 어떤 참가자들은 오랫동안 알아 왔던 가까운 친구와 함께 올랐고, 다른 나머지는 낯선 사람들과 함께 올라갔다. 후에, 가까운 친구들과 함께 오른 참가자들은 그 언덕이 실제 높이보다 더 낮았다고 추측했고, 반면에 낯선 사람들과 함께한 사람들은 그렇지 않았다.

내신 서술형 대비 제대로   p.123

1 which is perfect for focusing on my work
2 that it motivated everyone to take action
3 what we should fight for
4 The houses which/that were built in the early 1920s will be restored
5 Tommy decided to visit the restaurant where(또는 in/at which) he first met his wife
6 The company whose CEO spoke at our event last year has experienced rapid growth
7 ⓑ it → which, ⓒ that → what
8 ⓑ what → which/that, ⓒ which → when 또는 on which

1 해설   사물선행사 a ~ area를 수식하는 관계절이 와야 하는데, 콤마(,) 뒤에 동사 is의 주어가 없는 불완전한 절이 오므로 관계대명사 which가 적절

2 해설   「so + 형용사(touching)」 뒤에서 "너무 감동적이어서 동기를 부여했다"라는 의미를 완성해야 하므로 that이 적절

3 해설   앞에 수식받는 선행사가 없으며, 동사 is의 주격보어 역할을 하는 명사절이 와야 하는데, 뒤에 전치사 for의 목적어가 없는 불완전한 절이 왔으므로 명사절 접속사 what이 적절

4 해설   두 번째 문장에서 주격 대명사 They는 The houses를 가리키므로, 사물을 가리키는 주격 관계대명사 which/that으로 바꾸어 선행사 The houses 뒤에 삽입

5 해설   두 번째 문장에서 부사 there는 the restaurant를 가리키므로, 장소를 가리키는 관계부사 where나 in/at which로 바꾸어 선행사 the restaurant 뒤에 삽입

6 해설   두 번째 문장에서 소유격 대명사 Its는 The company를 가리키므로, 소유격 관계대명사 whose로 바꾸어 선행사 The company 뒤에 삽입

어휘   rapid 빠른

7 해설   ⓐ 감정을 나타내는 분사 amazed 뒤에 와서 "답장을 해서 놀랐

다"라는 의미를 완성해야 하므로 that은 적절
ⓑ 앞선 절(the writer ~ writing)과 뒤의 절(it ~ determined)을 연결하는 and/but 등의 접속사가 없으므로 관계대명사 which가 적절
ⓒ 앞에 수식받는 선행사가 없으며, 동사 was의 주격보어 역할을 하는 명사절이 와야 하는데, 뒤에 동사 needed의 목적어가 없는 불완전한 절이 왔으므로 명사절 접속사 what이 적절

해석 Judy는 그녀가 가장 좋아하는 작가가 팬레터에 답장을 해서 놀랐다. 편지에서, 그 작가는 그녀에게 글쓰기를 계속하라고 따뜻한 격려를 해주었는데, 그것은 그녀가 굳게 결심한 것처럼 느끼게 만들었다. 믿을 만한 누군가의 지지가 바로 그녀가 자신의 창조성을 위해 필요했던 것이었다.

어휘 **author** 작가 **determined** 굳게 결심한 **reliable** 믿을 만한

8 해설 ⓐ 앞선 절(Disney ~ films)과 뒤의 절(each ~ million)을 연결하는 and/but 등의 접속사가 없으므로 관계대명사 which는 적절
ⓑ 선행사 The film을 수식하는 절이 동사 has made의 주어가 없는 불완전한 절이므로 관계대명사 which/that이 적절
ⓒ 선행사 the day를 수식하는 절이 주어(it), 동사(opened)가 모두 있는 완전한 절이므로 관계부사 when 또는 on which가 적절

해석 올해 지난여름에, 디즈니는 가장 성공적인 영화 10편 중 4편을 제작했는데, 각각 1억 달러 이상을 벌었다. 하지만 지금까지 가장 많은 돈을 번 영화는 'Barbie'이다. 워너브라더스에 의해 제작되면서, 이 영화는 대중에게 공개된 그날에 7천만 달러 이상을 벌었다.

수능 대비 제대로

p.124

1 ③	2 ⑤	3 ③	4 ④

1 해설 (A) 「so + 부사(deep)」 뒤에서 "너무 깊이 빠져서 더 이상 태양을 볼 수 없다"라는 의미를 완성해야 하므로 that이 적절
(B) "많은 근로자들이 깊이 걱정하는 상황"이라는 의미로 many ~ about이 선행사 a situation을 수식하는 관계사절이므로 관계대명사 that이 적절
(C) 선행사 a job을 수식하는 절이 동사 is의 주어가 없는 불완전한 절이므로 관계대명사 which가 적절

해석 당신이 무언가를 잘하고 보상을 받는다면, 비록 더 이상 그것을 즐기지 않더라도 계속하기를 원할지도 모른다. 하지만, 어느 날, 당신은 주위를 둘러보고 자신이 이 틀에 박힌 생활에 너무 깊이 빠져서 더 이상 태양을 볼 수 없거나 신선한 공기를 마실 수 없다는 것을 깨닫게 될지도 모른다. 그 틀에 박힌 생활에서 기어 나오는 것은 초인적인 노력이 필요할지도 모른다. 그리고 그것은 많은 근로자들이 깊이 걱정하는 상황이다. 나쁜 고용 시장은 안전하지만 만족스럽지 못한 직업에 그들을 가둘지도 모른다.

어휘 **reward** 보상하다 **superhuman** 초인적인 **unsatisfying** 만족스럽지 못한

2 해설 (A) 앞에 수식받는 선행사가 없으며, 동사 was의 주어 역할을 하는 명사절이 와야 하는데, 뒤에 동사 happened의 주어가 없는 불완전한 절이 왔으므로 명사절 접속사 What이 적절
(B) 앞선 절(I ~ steps)과 뒤의 절(hand ~ ankle)을 연결하는 and/but 등의 접속사가 없으므로 관계대명사 whose가 적절
(C) "아래 블록까지 들릴 수 있는 비명"이라는 의미로 could ~ block이 선행사 a scream을 수식하는 관계사절이므로 관계대명사 that이 적절

해석 어느 날 밤, 나는 복도로 가는 문을 열었고 불이 꺼져 있는 것을 발견했다. 나는 계단 옆에 전등 스위치가 있다는 것을 알고 있었기 때문에 아무렇지 않게 생각했다. 그다음에 일어난 것은 무서웠다. 내가 첫 번째 계단에 발을 내려놓았을 때, 계단 아래의 움직임을 느꼈다. 내 눈은 그 아래의 어두움으로 끌렸다. 이상한 무언가가 일어나고 있다는 것을 깨닫자, 내 심장은 빠르게 뛰기 시작했다. 갑자기,

나는 계단 사이에 누군가를 보았는데, 그의 손이 뻗어 나와 내 발목을 움켜쥐었다. 나는 아래 블록까지 다 들릴 수 있는 비명을 내질렀지만, 아무도 대답하지 않았다!

어휘 **terrifying** 무서운 **grab** 움켜쥐다

3 해설 ① 앞에 수식받는 선행사가 없으며, 가주어 It 뒤에서 진짜 주어 역할을 하는 명사절이 와야 하는데, 뒤에 주어(the hair ~ nails), 동사(grow)가 모두 있는 완전한 절이 왔으므로 명사절 접속사 that은 적절
② 선행사 the moment를 수식하는 절이 주어(the body), 동사(dies)가 모두 있는 완전한 절이므로 at which는 적절
③ 선행사 the area를 수식하는 절이 주어(the skin), 동사(is), 주격보어(reduced)가 모두 있는 완전한 절이므로 관계부사 where 또는 in which가 적절
④ "몸에 동력을 공급하는 것을 돕는 당분"이라는 의미로 helps ~ body가 선행사 a sugar를 수식하는 관계사절이므로 관계대명사 that은 적절
⑤ 앞선 절(the growth ~ controls)과 뒤의 절(none ~ available)을 연결하는 and/but 등의 접속사가 없으므로 관계대명사 which는 적절

해석 사람이 죽은 후에도 머리카락과 손톱이 자란다는 것이 진실처럼 보일 수 있지만, 이것은 사실 거짓이다. 그것은 신체가 죽는 순간부터 수분이 빠지기 시작해서 피부가 수축하거나 더 작아지게 하기 때문이다. 피부가 줄어든 부분에서 더 많이 노출되기 때문에 손톱과 머리카락은 이전보다 더 길어 보인다. 일반적으로, 손톱은 하루에 약 0.1 밀리미터씩 자라지만, 자라기 위해서, 그것들은 포도당을 필요로 한다. 포도당은 몸에 동력을 공급하는 것을 돕는 당분이다. 몸이 죽으면, 더 이상의 포도당이 없다. 그래서 피부 세포, 머리카락 세포, 그리고 손톱 세포는 더 이상 새로운 세포를 생산하지 않는다. 게다가, 머리카락과 손톱의 성장은 다양한 호르몬 조절이 필요한데, 그것들 중 어떤 것도 일단 사람이 죽으면 얻을 수 없다.

어휘 **shrink** 수축하다 **expose** 노출시키다 **typically** 일반적으로 **power** 동력을 공급하다 **available** 얻을 수 있는

4 해설 ① 명사 belief 뒤에 와서 "어떤 사람의 전체 성격을 하나의 특성으로 알 수 있다는 믿음"이라는 의미를 완성해야 하므로 동격 that은 적절
② "'따뜻하다'라는 단어를 포함하는 설명"이라는 의미로 contained ~ 'warm'이 선행사 a description을 수식하는 관계사절이므로 관계대명사 which는 적절
③ 선행사 a discussion을 수식하는 절이 주어(the students), 동사(had to give), 목적어(their impressions)가 모두 있는 완전한 절이므로 during which는 적절
④ 앞에 수식받는 선행사가 없으며, 전치사 upon의 목적어 역할을 하는 명사절이 와야 하는데, 뒤에 동사 heard의 목적어가 없는 불완전한 절이 왔으므로 명사절 접속사 what이 적절
⑤ 수식어 in the experiment를 제외하고 관계사절이 수식하는 선행사 those students가 사람이므로 who는 적절

해석 사람들은 흔히 어떤 사람의 전체 성격을 하나의 특성으로 알 수 있다는 잘못된 믿음을 가지고 있다. 한 연구에서, 대학생들은 한 초청 강사가 그 집단에 강연을 하기 전에 그에 대한 설명을 받았다. 절반의 학생들은 '따뜻하다'는 단어를 포함하는 설명을 받았고, 반면에 나머지 절반은 그 강연자가 '차갑다'고 들었다. 초청 강사는 그 후에 토론을 이끌었는데, 그 시간 동안 학생들은 그에 대한 인상을 제출해야 했다. 예상했던 대로, 학생들이 원래 들었던 것에 따라, 학생들에 의해 형성된 인상 사이에는 큰 차이가 있었다. 또한, 그 실험에서 강사가 따뜻할 것이라고 기대했던 학생들은 그와 더 많이 상호작용하는 경향이 있었다. 이것은 다른 기대가 우리의 행동과 관계에 영향을 미친다는 것을 보여준다.

어휘 **commonly** 흔히, 보통 **entire** 전체의 **personality** 성격 **characteristic** 특성 **lecturer** 강사 **impression** 인상 **tend to** ~하는 경향이 있다 **interact** 상호작용하다

MINI TEST CH 09-10

p.126

1 ⑤   **2** ⑤   **3** ③
4 (1) ⓐ them → which, ⓒ that → what
    (2) which/that is used by South Korea means peace

1 해설   (A) 선행사 the kitchen을 수식하는 절이 동사 is의 주어가 없는 불완전한 절이므로 관계대명사 which가 적절
       (B) 앞에 수식받는 선행사가 없으며, 동사 is의 주어 역할을 하는 명사절이 와야 하는데, 뒤에 동사 want의 목적어가 없는 불완전한 절이 왔으므로 명사절 접속사 what이 적절
       (C) 동사 check의 목적어 역할을 하는 명사절이 와야 하는데, 뒤에 주어(you), 동사(chose), 목적어(the materials)가 모두 있는 완전한 절이 왔으므로 whether가 적절
    해석   전문가들은 사람들과 그들의 집을 위해 다음의 지침을 제공한다. 새로운 집을 설계하거나 심지어 오래된 집을 수리할 때도, 집에서 가장 자주 사용되는 방인 부엌에 긴밀한 주의를 기울여라. 사용하기 편리한 부엌을 갖는 것은 중요하다. 그러나, 많은 사람들이 원하는 것은 아름다운 부엌이다. 그래서, 그들은 비싸지만 유용하지 않은 재료들에 돈을 쓴다. 당신의 부엌을 위한 재료들을 살 때, 당신이 유용성 때문에 그 재료들을 선택했는지 아닌지 여러 번 확인해야 한다.
    어휘   **guideline** 지침, 가이드라인   **frequently** 자주
       convenient 편리한   **material** 재료

2 해설   ① 명사구(the translation) 앞이므로 전치사 because of는 적절
       ② 앞에 수식받는 선행사가 없으며, 동사 believe의 목적어 역할을 하는 명사절이 와야 하는데, 뒤에 주어(many ~ people), 동사(stopped), 목적어(reading ~ speaking)가 모두 있는 완전한 절이 왔으므로 명사절 접속사 that은 적절
       ③ 동사 spoke가 따로 있고, "중동 전역에 사는 더 많은 유대인들"이라는 의미로 명사 More ~ people을 수식하는 수식어 자리이므로 현재분사 living은 적절
       ④ 뒤에 동사 translated의 주어가 없는 불완전한 절이 왔으며, "누가 성경을 번역했는지"라는 의미로 뒤의 절을 연결해야 하므로 명사절 접속사 Who는 적절
       ⑤ 선행사 a city를 수식하는 절이 주어(many ~ writers), 동사(lived)가 모두 있는 완전한 절이므로 관계부사 where 또는 in which가 적절
    해석   성경의 그리스어로의 번역 때문에 기독교는 로마제국 동안 빠르게 퍼졌다. 최초의 기독교 성경은 유대인의 언어인 히브리어로 쓰였다. 그러나, 기원전 586년에, 유대인들은 강제로 그들의 고국을 떠나야 했다. 역사학자들은 많은 유대인들이 히브리어를 읽고 말하는 것을 그만두었고, 그래서 성경이 번역되어야 했다고 믿는다. 중동 전역에 사는 더 많은 유대인들이 대신 그리스어를 말했다. 누가 성경을 번역했는지는 정확히 알려지지 않았지만, 저자들은 아마도 알렉산드리아라는 도시에서 살았을 것이다. 기원전 332년에 알렉산더 대왕이 그곳을 정복한 후에 알렉산드리아에서는 그리스어가 말해졌다. 그것은 또한 많은 중요한 유대인 작가들이 살았던 도시였다.
    어휘   **Christianity** 기독교   **empire** 제국   **translation** 번역
       probably 아마도   **conquer** 정복하다

3 해설   ① that 앞의 절에 동사가 따로 없으며, 수식어 of ~ country를 제외하고 "소유주들이 요구하다"라는 의미로 복수주어 Owners의 동사 자리이므로 복수동사 demand는 적절
       ② "그 주제에 대해 글을 쓴 전문가"라는 의미로, 관계사절이 수식하는 선행사 expert가 사람이므로 관계대명사 who는 적절
       ③ 명사 the fact 뒤에 와서 "현재 경제가 나쁘게 흘러가고 있다는 사실"이라는 의미를 완성해야 하므로 동격 that이 적절
       ④ 「주어(business activity) + 동사(improves)」가 포함된 절 앞에서 문맥상 "사업 활동이 개선됨에 따라"라는 의미가 되어야

하므로 부사절 접속사 as는 적절
       ⑤ "돕고, 줄이고, 폐지할 수 있다"라는 의미로 조동사 can 뒤의 동사원형 help, reduce와 and로 연결해야 하므로 동사원형 remove는 적절
    해석   전국에 있는 작은 기업들의 소유주들은 정부가 그들이 현재의 경제에서 살아남을 수 있게 도와야 한다고 요구한다. 최근 몇 주 동안 그 주제에 대해 글을 쓴 지역의 기업 전문가인 Linda Mackey 박사는 그들에게 동의한다. 그녀에 따르면, 정부는 현재 경제가 나쁘게 흘러가고 있다는 사실 때문에 작은 기업 소유주들을 위한 경제적 지원을 줄여서는 안 된다. 그녀는 작은 기업들의 사업 활동이 개선됨에 따라, 전반적인 경제가 훨씬 더 빨리 나아질 것이라고 믿는다. 다른 제안들 중에서, 정부는 은행 대출을 도울 수 있고, 연료와 전기 가격을 줄일 수 있으며, 사업을 하기 어렵게 만드는 다른 규제들을 폐지할 수 있다.
    어휘   **owner** 소유주   **demand** 요구하다   **subject** 주제
       overall 전반적인   **suggestion** 제안   **loan** 대출
       remove 폐지하다, 제거하다   **limitation** 규제, 제한

4 해설   (1) ⓐ 앞선 절(All ~ flags)과 뒤의 절(some ~ similar)을 연결하는 and/but 등의 접속사가 없으므로 관계대명사 which가 적절
       ⓑ 「so + 형용사(similar)」 뒤에 와서 "너무 비슷해 보여서 구분하는 것이 어렵다"라는 의미를 완성해야 하므로 that은 적절
       ⓒ 앞에 수식받는 선행사가 없으며, 동사 choose의 목적어 역할을 하는 명사절이 와야 하는데, 뒤에 동사 show의 목적어가 없는 불완전한 절이 왔으므로 명사절 접속사 what이 적절
       ⓓ 앞에 수식받는 선행사가 없으며, 가주어 It 뒤에서 진짜 주어 역할을 하는 명사절이 와야 하는데, "어떻게 사용하는지"라는 의미로 뒤에 주어(so ~ flags), 동사(use), 목적어(similar colors)가 모두 있는 완전한 절이 왔으므로 명사절 접속사 how는 적절
      (2) 주어 the white color 뒤에 "대한민국에 의해 사용되는"이라는 의미의 관계사절이 와야 하므로 관계대명사 which/that으로 is used by South Korea를 연결하는 것이 적절
    해석   전 세계의 모든 나라들은 국기를 가지고 있는데, 그것들 중 일부는 너무 비슷해 보여서 구분하는 것이 어렵다. 보통, 대부분의 나라의 국기들은 그 나라의 국민들에게 특별한 의미를 갖도록 디자인된다. 국가들은 다양한 이유로 그들이 국기에 무엇을 보여줄지 선택한다. 그러나, 그들은 보통 사람들이 중요한 사건이나 자질들을 기억하는 것을 돕는 이미지와 색상을 선택한다. 이미지들은 모양이 매우 다르지만, 색상은 그렇지 않다. 그래서, 많은 나라들이 같은 색상을 사용하지만, 다른 의미를 가지고 있을 수 있다. 예를 들어, 대한민국에 의해 사용되는 흰색은 평화를 의미한다. 반면, 일본에 의해 사용되는 흰색은 정직을 의미한다. 매우 많은 국가들이 다른 의미를 가진 비슷한 색상을 어떻게 사용하는지는 사실 놀랍다.
    어휘   **tell apart** 구분하다   **quality** 자질   **incredible** 놀라운

CHAPTER 11   명사와 대명사

POINT 1   명사-대명사 수 일치

p.130

정답   those
해설   "조상들의 뇌들"이라는 의미로 복수명사 brains를 대신하므로 복수대명사 those가 적절
해석   오늘날 우리의 뇌들은 아마 조상들의 것들보다 더 효율적일 것이다.
어휘   **efficient** 효율적인   **ancestor** 조상

1 정답 them, sandwiches

해설 "샌드위치들을 먹었다"라는 의미로 복수명사 sandwiches를 가리키므로 복수대명사 them이 적절

해석 나는 점심으로 샌드위치를 조금 만들었지만, 누군가가 나에게 말도 하지 않고 그것들을 먹었다.

2 정답 that, the view

해설 "탑에서의 경치"라는 의미로 단수명사 the view를 가리키므로 단수대명사 that이 적절

해석 보다시피, 이 발코니에서의 경치는 도심에 있는 탑에서의 그것보다 더 아름답다.

3 정답 they, The children

해설 "어린이들이 선물을 열었다"라는 의미로 복수명사 The children을 가리키므로 복수대명사 they가 적절

해석 어린이들이 크리스마스트리 주위에 모였고, 그들은 신나게 선물을 열었다.

4 정답 its, the smartphone

해설 "스마트폰의 가벼운 무게"라는 의미로 단수명사 the smartphone을 가리키므로 단수대명사 its가 적절

해석 그 스마트폰의 모든 좋은 특징들 중에서, 가장 좋은 것은 그것의 가벼운 무게이다.

어휘 quality 특징

5 정답 it

해설 "편지들 중 하나는 이웃으로부터 온 것이었다"라는 의미로 단수명사 one을 가리키므로 단수대명사 it이 적절

해석 Dorothy는 상자에서 편지들 중 하나를 꺼냈고, 그것은 오래전에 이웃으로부터 온 것이었다.

6 정답 these

해설 "열쇠들을 찾았다"라는 의미로 복수명사 keys를 가리키므로 복수명사 these가 적절

해석 너는 열쇠들을 잃어버렸니? 나는 이것들을 너의 우편함 근처에서 찾았어.

7 정답 their

해설 "Joe와 그의 형제들의 텐트"라는 의미로 복수명사 Joe and his brothers를 가리키므로 복수대명사 their가 적절

해석 밤에, Joe와 그의 형제들은 차를 세웠고 그들의 텐트에서 밤을 보냈다.

8 정답 it

해설 "쌀을 덜 산다"라는 의미로 불가산명사 rice를 가리키므로 단수대명사 it이 적절

해석 흥미롭게도, 중국에서 쌀의 가격이 떨어질 때, 사람들은 그것을 덜 사는 경향이 있다.

어휘 interestingly 흥미롭게도

POINT 2 목적격 대명사 vs. 재귀대명사　　　p.131

정답 themselves

해설 "그들 자신을 드러내다"라는 의미로, 동사 present의 목적어가 주어인 people과 같은 대상이므로 재귀대명사 themselves가 적절

해석 옷은 사람들이 그들 자신을 세상에 드러내는 방법의 일부이다.

어휘 present 드러내다, 보여주다

---

1 정답 yourself

해설 "너 자신을 표현하다"라는 의미로, 동사 Express의 목적어가 명령문의 생략된 주어인 You와 같은 대상이므로 재귀대명사 yourself가 적절

해석 너 자신을 자유롭게 표현하고 너의 진정한 감정을 숨기지 마라.

어휘 express 표현하다

2 정답 him

해설 "그(Larry)를 느끼게 만든다"라는 의미로, 동사 makes의 목적어가 주어 forgiving someone과 다른 대상이므로 목적격 대명사 him이 적절

해석 Larry는 누군가를 용서하는 것이 그를 좋은 사람처럼 느끼게 만든다고 말했다.

어휘 forgive 용서하다

3 정답 itself

해설 "그 자신을 생각하다"라는 의미로, 동사 thinks of의 목적어가 주어 The AI robot과 같은 대상이므로 재귀대명사 itself가 적절

해석 Brian Aldiss의 소설에 나오는 인공 지능 로봇은 그 자신을 인간 소년으로 생각한다.

4 정답 ourselves

해설 "우리 자신에 대해 이야기하다"라는 의미로, 전치사 about의 목적어가 주어 we와 같은 대상이므로 재귀대명사 ourselves가 적절

해석 새로운 나라에서 여행할 때, 우리는 종종 낯선 사람들에게 우리 자신에 대해 이야기할 수 있다.

5 정답 them

해설 "그들(preschoolers)에게 말하다"라는 의미로, 동사 tell의 목적어가 주어 their parents와 다른 대상이므로 목적격 대명사 them이 적절

해석 대부분의 미취학 아동들은 정확히 그들의 부모가 그들에게 하라고 말하는 것을 한다.

어휘 preschooler 미취학 아동

6 정답 herself

해설 "그녀 자신에게 식사를 사다"라는 의미로, 동사 got의 목적어가 주어 Sharon과 같은 대상이므로 재귀대명사 herself가 적절

해석 Marina는 점심으로 샐러드만 먹었지만, Sharon은 배가 고파서 그녀 자신에게 세 가지 코스의 식사를 샀다.

7 정답 O

해설 "Liam이 그(Harry)를 이기다"라는 의미로, 동사 beats의 목적어가 주어 Liam과 다른 대상이므로 목적격 대명사 him은 적절

해석 Harry와 Liam은 주말에 테니스를 치고, Liam이 항상 그를 이긴다.

어휘 beat 이기다

8 정답 itself

해설 "펭귄이 그 자신을 보호하다"라는 의미로, 동사 protects의 목적어가 주어 The penguin과 같은 대상이므로 재귀대명사 itself가 적절

해석 펭귄은, 고래가 공격할 때, 매우 빠르게 수영함으로써 그 자신을 보호한다.

POINT 3 it/them vs. that/those　　　p.132

정답 those

해설 "과거의 컴퓨터들"이라는 의미로 앞서 언급한 "미래의 컴퓨터들"과 종류만 같을 뿐 특정한 다른 컴퓨터들을 가리키므로 those가 적절

해석 미래의 컴퓨터들과 과거의 것들 사이의 핵심적인 차이는 자체 학습 능력이다.

어휘 **core** 핵심적인 **self-learning** 자체 학습의

1 정답 **that**

해설 "다른 어떤 거리의 길이"라는 의미로 앞서 언급한 "맨해튼의 브로드웨이의 길이"와 종류만 같을 뿐 특정한 다른 거리의 길이를 가리키므로 that이 적절

해석 맨해튼의 브로드웨이의 길이는 그 도시의 다른 어떤 거리의 것보다 더 길다.

2 정답 **O**

해설 "건강을 유지하기를 원하는 사람들"이라는 의미로 "~한 사람들"을 의미하므로 those는 적절

해석 규칙적인 운동은 좋은 건강을 유지하기를 원하는 사람들에게 가장 중요한 습관이다.

3 정답 **O**

해설 "그 머그잔을 발견했다"라는 의미로 앞서 언급한 바로 그 "그의 머그잔"을 가리키므로 it은 적절

해석 John은 그의 머그잔을 몇 권의 잡지 옆에 두었고, 그가 돌아왔을 때, 그는 같은 장소에서 그것을 발견했다.

4 정답 **those**

해설 "책상 위에 있는 파일들"이라는 의미로 앞서 언급한 "이 새로운 파일들"과 종류만 같을 뿐 특정한 다른 파일들을 가리키므로 those가 적절

해석 책상 위에 있는 것들을 마친 후에 이 새로운 파일들을 살펴봐 주세요.

5 정답 **that**

해설 "출생자의 수"라는 의미로 앞서 언급한 "사망자의 수"와 종류만 같을 뿐 특정한 다른 수를 가리키므로 that이 적절

해석 2021년에는, 한국에서 최초로 사망자의 수가 출생자의 수보다 더 많았다.

POINT 4 it/them vs. one/ones p.132

정답 **ones**

해설 "좋은 생각들"이라는 의미로 앞서 언급한 "나쁜 생각들"과 종류만 같을 뿐 불특정한 다른 생각들을 가리키므로 ones가 적절

해석 말하기나 쓰기에서, 당신은 당신의 나쁜 생각들을 발견하고, 종종 좋은 것들도 발견한다.

어휘 **uncover** 발견하다, 뚜껑을 벗기다

1 정답 **one**

해설 "우산 하나"라는 의미로 앞서 언급한 "내 우산"과 종류만 같을 뿐 불특정한 다른 우산을 가리키므로 one이 적절

해석 나는 내 우산을 잃어버려서, 어제 하나를 사야 했다.

2 정답 **them**

해설 "그 물감들을 섞었다"라는 의미로 앞서 언급한 바로 그 "빨간색과 노란색 물감"을 가리키므로 them이 적절

해석 그 예술가는 빨간색과 노란색 물감을 골랐고, 팔레트 위에서 그것들을 섞었다.

3 정답 **it**

해설 "그 타이어를 교체했다"라는 의미로 앞서 언급한 바로 그 "펑크 난 타이어"를 가리키므로 it이 적절

해석 차의 타이어에 펑크가 나서, Martha는 여행을 계속하기 전에 그것

을 교체했다.

어휘 **flat tire** 펑크 난 타이어

4 정답 **ones**

해설 "더 큰 신발"이라는 의미로 앞서 언급한 "그 신발"과 종류만 같을 뿐 불특정한 다른 신발을 가리키므로 ones가 적절

해석 그 신발은 너무 작아서, 그 고객은 더 큰 것을 요청했다.

5 정답 **one**

해설 문맥상 "누구나 존중을 가지고 다른 사람들을 대해야 한다"라는 의미로 일반적인 사람을 가리키므로 one이 적절

해석 모든 사람들은 누구나 항상 존중을 가지고 다른 사람들을 대해야 한다는 것에 동의할 것이다.

어휘 **treat** 대하다

POINT 5 수량 표현-명사 수 일치 p.133

정답 **much**

해설 뒤에 있는 명사 light가 불가산명사이므로 much가 적절

해석 주위에 많은 빛이 없을 때 사진에서 눈이 빨갛게 보인다.

1 정답 **little**

해설 뒤에 있는 명사 information이 불가산명사이므로 little이 적절

해석 나는 정보가 거의 없이 결정을 내리는 것이 불안했다.

2 정답 **every**

해설 뒤에 있는 명사 country가 단수명사이므로 every가 적절

해석 핀란드와 노르웨이를 제외하고, 그 여행객은 유럽의 거의 모든 나라를 방문했다.

어휘 **except for** ~을 제외하고

3 정답 **both**

해설 뒤에 있는 명사 ends가 복수명사이므로 both가 적절

해석 나의 이름은 Wilhemina Smiths이고, Smiths는 양쪽 끝에 's'가 있다.

4 정답 **Many**

해설 of 뒤에 있는 명사 the dishes가 가산 복수명사이므로 Many가 적절

해석 이 식당의 많은 음식들은 신선한 현지 채소로 만들어진다.

5 정답 **a few**

해설 뒤에 있는 명사 books가 가산 복수명사이므로 a few가 적절

해석 나는 달에 관한 몇 권의 책들을 읽었지만, 아직도 배울 것이 많이 있다.

6 정답 **O**

해설 뒤에 of가 있고, 명사 nature가 불가산명사이므로 All은 적절

해석 자연의 모든 것은 하루하루 끊임없이 변화를 겪고 있다.

어휘 **constantly** 끊임없이 **undergo** 겪다

7 정답 **other**

해설 뒤에 있는 명사 people이 복수명사이므로 other가 적절

해석 먼저 당신 자신을 사랑하지 않으면 당신은 진정으로 다른 사람들을 사랑할 수 없다.

어휘 **truly** 진정으로

8 정답 **O**

해설 뒤에 of가 있고, 명사 the items가 복수명사이므로 neither는 적절

해석 상점에서 주문한 물건 둘 다 지금 당장 이용할 수 없기 때문에 우리는 일주일을 기다려야 한다.

어휘 available 이용할 수 있는

1 themselves	2 them	3 many	4 its
5 that	6 little	7 them	8 her
9 either	10 another	11 those	12 one

1 해설 "독학하다(그들 자신에게 가르치다)"라는 의미로 동사 taught의 목적어가 주어인 their children과 같은 대상이므로 재귀대명사 themselves가 적절

해석 그 부모는 그들의 아이들이 어떤 도움도 없이 자전거 타는 법을 독학했다(그들 자신에게 가르쳤다)고 자랑스럽게 말했다.

2 해설 "조개껍데기들을 모았다"라는 의미로 복수명사 seashells를 가리키므로 복수대명사 them이 적절

해석 나는 해변에서 이 알록달록한 조개껍데기들을 발견했고 그것들을 내 양동이에 모았다.

3 해설 뒤에 있는 명사 products가 가산 복수명사이므로 many가 적절

해석 그 상점은 많은 상품들을 제공하는데, 그것은 다양한 고객의 요구를 만족시킬 수 있다.

4 해설 "나무의 가지"라는 의미로 단수명사 The tree를 가리키므로 단수대명사 its가 적절

해석 그것의 가지가 넓게 뻗었기 때문에, 그 나무는 많은 사람들에게 시원한 그늘을 제공한다.

5 해설 "코끼리의 심장"이라는 의미로 단수명사 The heart를 대신하므로 단수대명사 that이 적절

해석 흰긴수염고래의 심장은 약 180킬로그램 정도의 무게가 나가고 코끼리의 것보다 훨씬 크다.

6 해설 뒤에 있는 명사 time이 불가산명사이므로 little이 적절

해석 최근에, 그녀는 그녀의 바쁜 업무 스케줄로 인해서 여가 활동에 쓸 시간이 거의 없었다.

7 해설 "그 그림들을 구입하다"라는 의미로 앞서 언급한 바로 그 "그림들"을 가리키므로 them이 적절

해석 그 손님은 갤러리에 있는 그림들에 감탄했고, 그것들을 구입하는 것에 관심을 표현했다.

8 해설 "그녀(Maria)를 칭찬했다"라는 의미로, 동사 praised의 목적어가 주어 she(Ms. Gordon)와 다른 대상이므로 목적격 대명사 her가 적절

해석 Gordon씨는 Maria의 보고서를 읽은 후에, 문제에 대한 올바른 해결책을 찾은 것에 대해 그녀를 칭찬했다.

9 해설 뒤에 있는 명사 option이 단수명사이므로 either가 적절

해석 두 종류의 회원권이 있고, 당신의 생활양식에 따라 두 선택지 중 하나를 선택할 수 있다.

10 해설 뒤에 있는 명사 chance가 단수명사이므로 another가 적절

해석 코치가 운동장을 떠나려고 할 때, 한 소년이 그에게 다가와서 또 다른 기회를 달라고 코치에게 부탁했다.

11 해설 "이웃의 마당에 있는 꽃들"이라는 의미로 앞서 언급한 "Ruth의 정원에 있는 꽃들"과 종류만 같을 뿐 특정한 다른 꽃들을 가리키므로 those가 적절

해석 Ruth의 정원에 있는 꽃들은 이웃의 마당에 있는 것들보다 더 신선하다.

12 해설 "영화 하나"라는 의미로 앞서 언급한 "좋은 영화"와 종류만 같을 뿐 불특정한 다른 영화를 가리키므로 one이 적절

해석 만약 네가 볼 좋은 영화를 찾고 있다면, 내가 너를 위해 하나 추천해 줄 수 있어.

1 All	2 their	3 it	4 yourself
5 it	6 O	7 a little	8 those
9 O	10 them	11 O	12 that

1 해설 뒤에 있는 명사 members가 복수명사이므로 All이 적절

해석 이 영업 부서의 모든 구성원은 내일 교육 시간에 참석해야 한다.

2 해설 "두 도시의 위치"라는 의미로 복수명사 Two cities를 가리키므로 복수대명사 their가 적절

해석 스위스의 두 도시는 그것들의 위치 덕분에 전쟁 동안 공격을 받지 않았다.

3 해설 "(빌린) 그 책을 반납하다"라는 의미로 앞서 언급한 바로 그 "책"을 가리키므로 it이 적절

해석 너는 도서관에서 그 책을 빌릴 수는 있지만, 제때 그것을 반납하는 것을 확실히 해라.

4 해설 "너 자신을 발견하다"라는 의미로 동사 find의 목적어가 주어인 you와 같은 대상이므로 재귀대명사 yourself가 적절

해석 늦은 밤에 집에 갈 차를 필요로 하고 있는 너 자신을 발견하면 이 번호로 나에게 전화해라.

5 해설 "공원이 너무 혼잡해졌다"라는 의미로 단수명사 the park를 가리키므로 단수대명사 it이 적절

해석 공원이 너무 혼잡해졌기 때문에, 우리는 잠시 사람들이 들어가는 것을 막아야 했다.

6 해설 "새로운 노동자들"이라는 의미로 앞서 언급한 "숙련된 노동자들"과 종류만 같을 뿐 불특정한 다른 노동자들을 가리키므로 ones는 적절

해석 비록 팀에 몇몇 숙련된 노동자들이 있을지라도, 그 매니저는 더 많은 경력을 가진 새로운 사람들을 고용하기를 원했다.

7 해설 뒤에 있는 명사 effort가 불가산명사이므로 a little이 적절

해석 나는 목표 설정의 개념을 이해하는 데 약간의 노력을 할 필요가 있었다.

8 해설 "많은 이웃들의 집들"이라는 의미로 복수명사 houses를 가리키므로 those가 적절

해석 나의 집을 포함하여, 몇몇 집들은 다행히 화재를 피했지만, 그것은 많은 이웃들의 집들을 태워 버렸다.

9 해설 "블루치즈를 불쾌하게 여긴다"라는 의미로 앞서 언급한 바로 그 "블루치즈"를 가리키는데, blue cheese는 불가산명사이므로 단수대명사 it은 적절

해석 어떤 사람들은 블루치즈를 좋아하는 반면, 다른 이들은 냄새 때문에 그것을 불쾌하게 여긴다.

10 해설 "아이들이 성장하고 배울 수 있게 허락한다"라는 의미로, 동사 allows의 목적어가 주어 Giving ~ mistakes와 다른 대상이므로 목적격 대명사 them이 적절

해석 아이들에게 실수할 자유를 주는 것은 그들이 성장하고 배울 수 있게 허락한다.

11 해설 "충분한 잠을 잔 사람들"이라는 의미로 "~한 사람들"을 의미하므로 those는 적절

해석 잠에 대한 한 연구에서, 충분한 잠을 잔 사람들이 적은 잠을 잔 사람들보다 더 빠른 반응 시간을 보였다.

12 해설 "필리핀의 인구"라는 의미로 앞서 언급한 "인도네시아의 인구"와 종류만 같을 뿐 특정한 다른 인구를 가리키므로 that이 적절

해석 인도네시아와 필리핀 두 국가는 많은 면에서 비슷하지만, 인도네시아의 인구가 필리핀의 것보다 더 많다.

짧은 지문 연습 제대로   p.136

1 (A) ones (B) it   2 (A) much (B) that
3 (A) it (B) a few (C) them   4 ②
5 ①   6 ③

1 해설 (A) "뉴저지와 근처의 도시에서 출발하는 다른 열차들"이라는 의미로 앞서 언급한 "필라델피아에서 뉴욕으로 가는 열차들"과 종류만 같을 뿐 불특정한 다른 열차를 가리키므로 ones가 적절
  (B) "그 노선에 필요한 수리를 하다"라는 의미로 단수명사 The line을 가리키므로 단수대명사 it이 적절

해석 필라델피아에서 뉴욕으로 가는 열차는 일시적으로 운행하지 않지만, 승객들은 대신 뉴저지와 근처의 도시에서 출발하는 다른 열차들을 탈 수 있다. 필라델피아에서 출발하는 노선은 노동자들이 그것에 필요한 수리를 하는 동안 폐쇄된 채로 남아 있을 것이다.

2 해설 (A) of 뒤에 있는 명사 the sand가 불가산명사이므로 much가 적절
  (B) "평화로운 해변의 풍경"이라는 의미로 앞서 언급한 "지금의 풍경"과 종류만 같을 뿐 특정한 다른 풍경을 가리키므로 that이 적절

해석 폭풍 이후에, 해변의 많은 모래들이 씻겨 내려가서, 해변이 극적으로 바뀌었다. 거대하고 거친 바위들이 노출되면서, 지금의 풍경은 폭풍 이전의 평화로운 해변의 풍경과는 완전히 다르다.

3 해설 (A) "그 학교로 데리고 갔다"라는 의미로 앞서 언급한 바로 그 "가장 좋은 학교"를 가리키므로 it이 적절
  (B) 뒤에 있는 명사 children이 가산 복수명사이므로 a few가 적절
  (C) "그 두 사람 주위를 빙빙 돌다"라는 의미로 전치사 around의 목적어가 주어인 Some ~ children과 다른 대상이므로 목적격대명사 them이 적절

해석 Timmy는 마을에서 가장 좋은 학교에 자리를 얻었고, 첫날 아침, 그의 할아버지가 그를 그곳으로 데리고 갔다. 그들이 학교에 도착했을 때, 운동장에 약간의 아이들이 있었다. "정말 우스운 노인이야"라고 한 소년이 소리쳤다. 아이들 중 몇몇은 그 두 사람을 손가락질하며 그들 주위를 빙빙 돌았다.

4 해설 ① "새로운 의자들"이라는 의미로 앞서 언급한 "Stanley씨가 준비한 의자"와 종류만 같을 뿐 불특정한 다른 의자를 가리키므로 ones는 적절
  ② 뒤에 있는 명사 meeting이 단수명사이므로 another가 적절

해석 Stanley씨가 오늘 회의를 위해 준비한 의자 중 몇몇이 손상되어서, 그는 빨리 새로운 것들을 사야 할 필요가 있다. 오늘 오후에 예정된 다른 회의가 있다.

5 해설 ① "야외 기술들을 사용하지 않다"라는 의미로 복수명사 outdoor skills를 가리키므로 복수대명사 them이 적절
  ② "그 자신을 보호하다"라는 의미로, 동사 protect의 목적어가 주어 he와 같은 대상이므로 재귀대명사 himself는 적절

해석 Benjamin은 친구 Marco와 캠핑을 하는 동안 몇 가지 야외 기술들을 배웠다. 그는 절대 그것들을 사용하지 않을 것이라고 생각했지만, 그가 산에서 길을 잃었을 때, 그는 Marco의 가르침을 기억했고 위험으로부터 그 자신을 보호할 수 있었다.

6 해설 ① "강한 욕구를 가진 사람들"이라는 의미로 "~한 사람들"을 의미

하므로 those는 적절
  ② 뒤에 있는 명사 areas가 복수명사이므로 both는 적절
  ③ "사람들의 짝"이라는 의미로 복수명사 people을 가리키므로 복수대명사 their가 적절

해석 어떤 종류의 사회에서든, 집단에 속하려는 강한 욕구를 가진 사람들이 이점을 가진다. 생존과 번식은 모든 생물체에게 중대하며, 다른 이들과 집단을 형성하는 것은 두 영역 모두에 유용할 수 있다. 예를 들어, 한 집단에 속한 사람들은 음식을 공유할 수 있고, 그들의 짝을 쉽게 찾을 수 있으며, 적에 대항해 함께 싸울 수 있다.

내신 서술형 대비 제대로   p.137

1 them   2 ones   3 it
4 Many artists express themselves
5 the security guards took out its contents
6 while other students got smaller prizes
7 ⓐ them → it, ⓑ few → little
8 ⓐ all → every, ⓑ its → their

1 해설 "그 신발들을 받지 못했다"라는 의미로 앞서 언급한 바로 그 "새 신발"을 가리키는데, new shoes는 복수명사이므로 복수대명사 them이 적절

해석 나는 일주일 전에 온라인 상점에서 새 신발을 샀지만, 아직 그것들을 받지 못했다.

2 해설 "더 차분한 디자인들"이라는 의미로 앞서 언급한 "벽지 디자인들"과 종류만 같을 뿐 불특정한 다른 디자인들을 가리키므로 ones가 적절

해석 그 벽지 디자인들이 너무 화려해서 그 고객은 더 차분한 것들을 요구했다.

어휘 wallpaper 벽지   fancy 화려한

3 해설 "배에서 되찾다"라는 의미로 앞서 언급한 바로 그 "잃어버린 배"를 가리키는데, the lost ship은 단수명사이므로 단수대명사 it이 적절

해석 전문가들은 그 잃어버린 배를 발견했고 그것에서 많은 귀중한 물품들을 되찾았다.

어휘 recover 되찾다   valuable 귀중한

4 해설 동사 express의 목적어가 주어 Many artists와 같은 대상이므로 재귀대명사 themselves가 적절, 목적격 대명사 them은 제외

5 해설 "가방의 내용물들"이라는 의미로 단수명사 the bag을 가리켜야 하므로 단수대명사 its가 적절, 복수대명사 their는 제외

어휘 security guard 보안 요원   content 내용(물)

6 해설 뒤에 오는 명사 students가 복수명사이므로 other가 적절, another는 제외

7 해설 ⓐ "그 컵을 떨어뜨렸다"라는 의미로 단수명사 the cup을 가리키므로 단수대명사 it이 적절
  ⓑ 뒤에 오는 명사 hesitation이 불가산명사이므로 little이 적절
  ⓒ "새로운 아이스커피 한 잔을 만들다"라는 의미로 앞서 언급한 "아이스커피 한 잔"과 종류만 같을 뿐 불특정한 다른 아이스커피 한 잔을 가리키므로 one은 적절

해석 어느 더운 여름날, 나는 아이스커피 한 잔을 사러 갔다. 점원이 컵을 건네줄 때, 나의 손이 미끄러졌고 나는 그것을 떨어뜨렸다. 쏟아진 커피와 얼음이 카운터와 바닥을 엉망으로 만들었다. 하지만 점원은, 거의 망설임 없이, 새로운 것을 만들어 주겠다고 내게 친절하게 말했다.

어휘 slip 미끄러지다   spill 쏟다   mess 엉망   hesitation 망설임

8 해설 ⓐ 뒤에 오는 명사 part가 단수명사이므로 every가 적절
　　 ⓑ "인간들의 일상생활"이라는 의미로 복수명사 humans를 가리키므로 복수대명사 their가 적절
　　 ⓒ "인간 관리자들의 역할"이라는 의미로 앞서 언급한 "알고리즘의 역할"과 종류만 같을 뿐 특정한 다른 역할을 가리키므로 those는 적절

　 해석 오늘날, 알고리즘은 문명의 모든 부분에 등장한다. 인간들은 그들의 일상생활에서 휴대폰뿐만 아니라 자동차와 같은 것들을 사용할 때, 거의 항상 알고리즘의 스위치를 켠다. 공장의 운영, 제품의 거래, 기록의 보관과 같이, 알고리즘의 역할은 인간 관리자의 역할을 넘어선다.

　 어휘 civilization 문명 trade 거래하다

1 ③	2 ⑤	3 ⑤	4 ②

1 해설 (A) "낡은 물건들을 고치다"라는 의미로 동사 fix의 목적어가 주어 people과 다른 대상이므로 목적격 대명사 them이 적절
　　 (B) 뒤에 있는 명사 items가 복수명사이므로 Both가 적절
　　 (C) "내 어머니의 식탁의 다리들"이라는 의미로 복수명사 legs를 가리키므로 복수대명사 those가 적절

　 해석 나는 사람들이 그들의 낡은 물건들을 고치려고 노력하는 대신 새 것들로 교체하는데 너무 많은 돈을 쓴다고 생각한다. 약간의 손상이 있기 때문에 완전히 좋은 책상이나 식탁을 버리는 것을 상상해 보라. 두 물건 모두 적절한 도구와 지식을 가지고 쉽게 수리할 수 있을 것이다. 최근에, 같은 주에, 내 책상다리가 반으로 부러졌고, 내 어머니의 식탁의 다리들 또한 부러졌다. 나는 똑같은 간단한 도구들을 이용하고 조언을 위해 온라인에서 비디오를 시청함으로써 두 물건을 고칠 수 있었다. 결과적으로, 나는 우리가 많은 돈을 절약할 수 있게 했다.

　 어휘 replace 교체하다 tool 도구

2 해설 (A) 뒤에 of가 있고, 명사 the members가 복수명사이므로 all이 적절
　　 (B) "늦게 태어난 아이들"이라는 의미로 앞서 언급한 "어린아이들"과 종류만 같을 뿐 특정한 다른 아이들을 가리키므로 those가 적절
　　 (C) "Amondawa 부족 사이에"라는 의미로 앞서 언급한 바로 그 "Amondawa 부족"을 가리키므로 them이 적절

　 해석 모든 구성원들이 시간의 바깥에서 사는 몇몇 문화들이 있다. 브라질에 살고 있는 Amondawa 부족은 측정되거나 세어질 수 있는 시간의 개념을 가지고 있지 않다. 연구원들은 또한 아무도 나이를 가지고 있지 않다는 것을 발견했다. 대신에, 공동체는 구성원들에게 그들의 삶의 단계와 사회 내에서의 위치를 반영하는 새로운 이름을 준다. 어린아이들은 그들보다 늦게 태어난 아이들에게 그들의 이름을 양보할 것이다. 미국에서, 우리는 '나는 시간이 없었다'와 같은 은유에서처럼 시간을 '사물'로 생각하지만, Amondawa 부족은 그렇지 않다. 우리는 시간에 대한 은유를 많이 가지고 있지만, 그들 사이에는 그러한 은유가 없다.

　 어휘 tribe 부족 measure 측정하다 reflect 반영하다

3 해설 ① of 뒤에 있는 명사 the office workers가 복수명사이므로 many는 적절
　　 ② "분리된 달력을 가지고 있는 사람들"이라는 의미로 "~한 사람들"을 의미하므로 those는 적절
　　 ③ "당신 자신을 발견하다"라는 의미로 동사 find의 목적어가 주어 you와 같은 대상이므로 재귀대명사 yourself는 적절
　　 ④ "종이 형식"이라는 의미로 앞서 언급한 "디지털 형식"과 종류만 같을 뿐 불특정한 다른 형식을 가리키므로 one은 적절
　　 ⑤ "직업적인 그리고 개인적인 일들을 검토하다"라는 의미로 복수명사 professional ~ tasks를 가리키므로 복수대명사 them이 적절

　 해석 연구에 따르면, 오늘날 많은 사무실 노동자들이 일과 그들의 개인적인 생활을 위한 두 개의 다른 달력을 가지고 있다. 비록 그것이 좋은 생각처럼 보일지 모르지만, 두 개의 분리된 달력을 가지고 있는 사람들은 자주 혼란스러워진다. 무언가가 빠졌는지 아닌지 확인하기 위해, 당신은 할 일 목록을 여러 번 확인하는 당신 자신을 발견할 것이다. 대신, 당신의 모든 일을 한 곳에 정리하라. 당신이 디지털 형식을 사용하든 종이 형식을 사용하든 상관없다. 다 함께 그것들을 검토할 수 있기 때문에 직업적인 그리고 개인적인 일들을 한곳에 두는 것이 더 좋다. 이것은 당신이 일과 가정 사이에 시간을 효율적으로 나누고 어떤 일이 가장 중요한지 결정할 수 있게 해준다.

　 어휘 separate 분리된 multiple 여럿의, 다수의 organize 정리하다
　　 professional 직업적인, 전문적인

4 해설 ① "시도의 결과를 평가하다"라는 의미로 단수명사 one attempt를 가리키므로 its는 적절
　　 ② "우리가 느끼게 만든다"라는 의미로, 동사 makes의 목적어가 주어 Failing ~ attempt와 다른 대상이므로 목적격 대명사 us가 적절
　　 ③ 뒤에 있는 명사 try가 단수명사이므로 another는 적절
　　 ④ "뉴런의 연결망"이라는 의미로 앞서 언급한 "도로의 연결망"과 종류만 같을 뿐 특정한 다른 연결망을 가리키는데, a network가 단수명사이므로 단수대명사 that은 적절
　　 ⑤ 뒤에 있는 명사 connection이 불가산명사이므로 little은 적절

　 해석 우리가 성인의 삶에서 새로운 무언가를 시도할 때, 우리는 그것의 결과를 평가하기 전에 보통 단 한 번의 시도만 할 것이다. 첫 번째 시도에서 실패하는 것은 종종 우리가 그것이 가치 없다고 느끼게 만든다. 결과적으로, 우리는 다른 시도를 해보지 않고 포기한다. 반복이 우리의 뇌를 훈련하는 과정의 중심이기 때문에, 그것은 유감이다. 당신의 뇌가 한 나라의 여러 도시를 연결하는 도로의 연결망과 비슷한 뉴런의 연결망을 가지고 있다는 것을 고려해 보라. 그것들은 당신이 문제를 해결하기 위해 시도할 때마다 서로 연결될 것이다. 처음에는, 뉴런들 사이에 매우 적은 연결만 존재하지만, 한 행동의 반복은 그것을 증가시키고, 궁극적으로 문제 해결 능력을 향상시킨다.

　 어휘 attempt 시도 evaluate 평가하다 consequently 결과적으로
　　 repetition 반복 ultimately 궁극적으로 enhance 향상시키다

CHAPTER 12　형용사와 부사

POINT 1　형용사 vs. 부사 (1): 다른 단어 수식
p.142

　 정답 analytically

　 해설 "분석적으로 생각하다"라는 의미로 동사 think를 수식하므로 부사 analytically가 적절

　 해석 어린아이들은 아직 분석적으로 생각해서 잘못된 정보를 거부할 수 없다.

　 어휘 analytically 분석적으로 reject 거부하다

1 정답 full

　 해설 "가득 찬 바구니"라는 의미로 명사 basket을 수식하므로 형용사 full이 적절

　 해석 선생님은 그녀의 학생들이 빌릴 책으로 가득 찬 바구니를 가져왔다.

2 정답 relatively

　 해설 "비교적 긍정적인"이라는 의미로 형용사 positive를 수식하므로 부사 relatively가 적절

해석 그 식당은 서비스와 가격에 대해서 비교적 긍정적인 평가를 받았다.

어휘 relatively 비교적, 상대적으로

3 정답 strong

해설 "강한 감정"이라는 의미로 명사 emotions를 수식하므로 형용사 strong이 적절

해석 그 음악가에 의해 연주된 멜로디가 듣는 이들에게 강한 감정을 일으켰다.

4 정답 inexpensively

해설 "비싸지 않게 구매되다"라는 의미로 동사 be purchased를 수식하므로 부사 inexpensively가 적절

해석 옷은 비싸지 않게 구매될 수 있기 때문에 패션은 돈이 적게 드는 자기표현의 방법이다.

5 정답 important

해설 "중요한 발견들"이라는 의미로 명사 discoveries를 수식하므로 형용사 important가 적절

해석 세계는 몇몇 중요한 발견들 덕분에 크게 변화해 왔다.

어휘 discovery 발견

6 정답 mainly

해설 "주로 초기 식물과 동물에 대한"이라는 의미로 「전치사 + 명사구」 about ~ animals를 수식하므로 부사 mainly가 적절

해석 우리 과학 수업의 처음 몇몇 시간은 주로 초기 식물과 동물에 대한 것이었다.

7 정답 creatively

해설 "창의적으로 생각하는"이라는 의미로 형용사 역할을 하는 to부정사 to think를 수식하므로 부사 creatively가 적절

해석 창의적으로 생각하는 능력을 갖는 것은 거의 모든 종류의 직업의 사람들에게 이익을 줄 수 있다.

어휘 benefit 이익을 주다

8 정답 similar

해설 "비슷한 급여"라는 의미로 명사 salary를 수식하므로 형용사 similar가 적절

해석 그 회사와의 면접 중에, Paula는 지난 직장의 것과 비슷한 급여를 요구했다.

어휘 salary 급여, 봉급

POINT 2 형용사 vs. 부사 (2): 보어 자리   p.143

정답 comfortable

해설 동사 remain 뒤의 주격보어 자리이므로 형용사 comfortable이 적절

해석 추운 환경에서 운동할 때, 땀 흘리는 것을 피하고 편안하게 유지해야 한다.

어휘 sweat 땀 흘리다

1 정답 pleasant

해설 동사 seemed 뒤의 주격보어 자리이므로 형용사 pleasant가 적절

해석 대화가 잘 진행되었고 모임의 모든 사람들이 즐거워 보였다.

어휘 gathering 모임

2 정답 hastily

해설 "급하게 타자 쳐지다"라는 의미로 동사 was typed를 수식하므로 부사 hastily가 적절

해석 그 기사는 급하게 타자 쳐져서, 많은 실수와 오류를 낳았다.

어휘 article 기사 type 타자 치다

3 정답 unhappy

해설 동사 makes와 목적어 us 뒤의 목적격보어 자리이므로 형용사 unhappy가 적절

해설 좌절이나 분노가 우리 머릿속에 너무 오래 존재할 때, 그것은 우리를 불행하게 만든다.

어휘 frustration 좌절 reside 존재하다, 살다

4 정답 warm

해설 동사 keep 뒤의 주격보어 자리이므로 형용사 warm이 적절

해석 겨울 도보 여행 동안, 당신은 여러 겹을 입음으로써 따뜻하게 유지해야 한다.

5 정답 soft

해설 be동사 was 뒤의 주격보어 자리이므로 형용사 soft가 적절

해석 호텔 침대가 믿을 수 없게 부드러워서, 나는 정말 잘 잤다.

어휘 incredibly 믿을 수 없게

6 정답 difficult

해설 동사 found와 가목적어 it 뒤의 목적격보어 자리이므로 형용사 difficult가 적절, to concentrate ~ studies는 진짜 목적어

해석 Linda는 도서관의 모든 소음 때문에 공부에 집중하기가 어렵다고 느꼈다.

어휘 concentrate on ~에 집중하다

7 정답 O

해설 "서서히 어두워지다"라는 의미로 동사 was becoming을 수식하므로 부사 slowly는 적절

해석 해가 지면서 하늘이 서서히 어두워지고 있었고, 나는 두려움을 느꼈다.

8 정답 fair

해설 동사 sounded 뒤의 주격보어 자리이므로 형용사 fair가 적절

해석 게임에 참여한 모든 사람들은 새로운 규칙이 공정하게 들린다고 생각했고 빠르게 그 변경에 동의했다.

어휘 participate in ~에 참여하다 fair 공정한

POINT 3 헷갈리는 형용사와 부사   p.144

정답 deep

해설 "깊은 호흡"이라는 의미로 명사 breath를 수식하므로 형용사 deep이 적절

해석 Dorothy가 부엌으로 달려가 기름에 불이 붙은 것을 발견했을 때, 그녀는 침착하려고 노력하며 깊은 호흡을 했다.

1 정답 short

해설 동사 Make와 목적어 your answers 뒤의 목적격보어 자리이므로 형용사 short가 적절

해석 시험의 논술 부분에 대한 답을 짧게 하면, 너는 시간을 아낄 것이다.

어휘 portion 부분, 일부

2 정답 hard

해설 "열심히 일했다"라는 의미로 동사 worked를 수식해야 하므로, "열심히"라는 의미의 부사 hard가 적절

해석 Reynolds는 어제 일을 못 했기 때문에 제시간에 그의 일을 끝내기 위해 열심히 일했다.

3 정답 O

해설 "그렇게 흔한"이라는 의미로 형용사 common을 수식해야 하므로, "그렇게"라는 의미의 부사 that은 적절

해석 저 나무들은 남쪽에서는 자주 보이지만, 북쪽에서는 그렇게 흔하지 않다.

4 정답 close

해설 "가까운 카페"라는 의미로 명사 café를 수식하므로 형용사 close가 적절

해석 그 기차역과 가까운 카페는 여행객들이 커피 한 잔을 마시기에 인기 있는 장소이다.

5 정답 O

해설 동사 appear 뒤의 주격보어 자리이므로 형용사 friendly는 적절

해석 Friedman씨는 처음에는 친절해 보이지 않지만, 매우 자상한 사람이다.

어휘 caring 자상한, 보살피는

POINT 4　most vs. almost, such vs. so　p.145

정답 most

해설 "대부분의 코치들"이라는 의미로 명사 coaches를 수식하므로 형용사 most가 적절

해석 사람들은 야구를 기술의 게임으로 보았고, 대부분의 코치들은 근력 훈련을 야구 선수들을 위한 무언가로 보지 않았다.

1 정답 such

해설 "그런 생각"이라는 의미로 「an + 단수명사(idea)」를 수식하므로 형용사 such가 적절

해석 나는 일찍이 그런 생각을 들어본 적이 없었고, 그것은 나를 매우 매료시켰다.

2 정답 almost

해설 "거의 항상"이라는 의미로 부사 always를 수식하므로 부사 almost가 적절

해석 Aiden은 거의 항상 아침에 사무실에 도착하는 첫 번째 사람이다.

3 정답 so

해설 "매우 공격적인"이라는 의미로 형용사 aggressive를 수식하므로 부사 so가 적절

해석 비록 네가 다른 사람에게 동의하지 않을지라도, 너는 매우 공격적일 필요는 없다.

어휘 aggressive 공격적인

4 정답 most

해설 「of + 명사(her vacation)」 앞에서 "대부분의 휴가"라는 의미가 되어야 하므로 most가 적절

해석 Judith는 동료들로부터 온 이메일에 답하면서, 대부분의 휴가를 노트북을 하며 보냈다.

어휘 coworker (직장) 동료

5 정답 such

해설 "그런 공개적인 토론"이라는 의미로 「형용사(public) + 복수명사(forums)」를 수식하므로 형용사 such가 적절

해석 미국은 타운홀 미팅의 전통을 가지고 있으며, 중요한 문제들이 그런 공개적인 토론에서 논의되어 왔다.

어휘 tradition 전통　forum 토론(회)

POINT 5　enough vs. too　p.145

정답 enough money

해설 형용사 enough는 명사를 앞에서 수식하므로 enough money가 적절

해석 버스 정류장에 있는 그 남자는 버스를 탈 충분한 돈을 가지고 있는 것처럼 보이지 않았다.

1 정답 too slowly

해설 부사 too는 부사를 앞에서 수식하므로 too slowly가 적절

해석 변화가 너무 느리게 일어나는 것처럼 보일지도 모르지만, 당신은 참을성이 있어야 한다.

어휘 patient 참을성이 있는

2 정답 tall enough

해설 부사 enough는 형용사를 뒤에서 수식하므로 tall enough가 적절

해석 그 어린이는 놀이공원에서 롤러코스터를 탈 정도로 충분히 키가 크지 않았다.

어휘 theme park 놀이공원

3 정답 enough time

해설 형용사 enough는 명사를 앞에서 수식하므로 enough time이 적절

해석 그들은 마감 기한 전에 그들의 모든 업무를 끝낼 충분한 시간이 없었다.

4 정답 O

해설 부사 too는 형용사를 앞에서 수식하므로 too informal은 적절

해석 독일의 업무 환경에서 농담을 하는 것은 너무 격식을 차리지 않고 직업윤리에 어긋나는 것으로 여겨진다.

어휘 informal 격식을 차리지 않는

5 정답 O

해설 부사 enough는 부사를 뒤에서 수식하므로 fast enough는 적절

해석 Hudson은 그날 밤의 마지막 기차를 잡기 위해 충분히 빠르게 역으로 달려야 했다.

문장 연습 제대로　네모 유형　p.146

1 visible	2 almost	3 fluently
4 enough experience	5 free	6 remarkable
7 lately	8 easily	9 confident
10 so	11 too loud	12 simply

1 해설 "보이는 봉우리들"이라는 의미로 명사 peaks를 수식하므로 형용사 visible이 적절

해석 내 고향에 있는 산은 수 마일 멀리에서 보이는 수백 개의 봉우리들이 있다.

2 해설 "거의 모든"이라는 의미로 형용사 every를 수식하므로 부사 almost가 적절

해석 이 식료품점에서, 너는 거의 모든 종류의 신선한 과일과 채소를 찾을 수 있다.

3 해설 "유창하게 말하다"라는 의미로 동사 speak을 수식하므로 부사 fluently가 적절

해석 파리에서 여행 가이드로 일하기 위해서는, 프랑스어를 유창하게 말해야 한다.

4 해설 형용사 enough는 명사를 앞에서 수식하므로 enough

experience가 적절

해석 Evans는 충분한 경험이 없기 때문에 연구팀에 합류하지 못했다.

5 해설 동사 felt 뒤의 주격보어 자리이므로 형용사 free가 적절

해석 Angela는 마침내 모든 빚을 갚고 난 후에, 매우 자유롭게 느꼈고 마음이 놓였다.

6 해설 동사 consider와 목적어 his artworks 뒤의 목적격보어 자리이므로 형용사 remarkable이 적절

해석 빈센트 반 고흐가 죽기 전에는, 많은 사람들이 그의 예술작품을 주목할 만하다고 여기지 않았다.

7 해설 "최근에 진전을 이루다"라는 의미로 동사 have made를 수식해야 하므로, "최근에"라는 의미의 부사 lately가 적절

해석 우리는 최근에 연구에서 진전을 이루어서, 곧 결과를 알 수 있을 것이다.

8 해설 "쉽게 속다"라는 의미로 동사 are fooled를 수식하므로 부사 easily가 적절

해석 한 보고서는 잘못된 정보가 소셜 미디어 채널을 통해 들어올 때 젊은이들이 그것에 쉽게 속는다는 것을 보여주었다.

9 해설 동사 looked 뒤의 주격보어 자리이므로 형용사 confident가 적절

해석 Dennis는 발표를 위해 그의 가장 좋은 옷을 입었고 그것을 하는 동안 자신 있어 보였다.

10 해설 "매우 기쁘게"라는 의미로 부사 joyfully를 수식하므로 부사 so가 적절

해석 아기가 매우 기쁘게 웃어서 그의 주변 사람들을 미소 짓게 만들었다.

11 해설 부사 too는 형용사를 앞에서 수식하므로 too loud가 적절

해석 그들이 조용한 대화를 하기에는 음악 소리가 너무 커서, 그들은 떠났다.

12 해설 "단순히 공원을 방문함으로써"라는 의미로 「전치사 + 명사구」 by ~ neighborhood를 수식하므로 부사 simply가 적절

해석 당신은 단순히 낯선 동네의 공원을 방문함으로써 새로운 친구를 사귈 수 있을지도 모른다.

문장 연습 제대로　밑줄 유형　p.147

1 gently	2 big enough	3 visual	4 such
5 near	6 totally	7 O	8 calm
9 most	10 O	11 directly	12 open

1 해설 "부드럽게 움직이다"라는 의미로 동사 moved를 수식하므로 부사 gently가 적절

해석 바람이 나무들 사이로 부드럽게 움직이면서 해가 반짝이고 나뭇잎들이 속삭였다.

2 해설 부사 enough는 형용사를 앞에서 수식하므로 big enough가 적절

해석 이 여행용 가방은 긴 여행을 위해 우리 옷을 다 넣기에는 충분히 크지 않은 것 같아서, 우리는 하나가 더 필요할 것이다.

3 해설 "시각적인 정보"라는 의미로 명사 information을 수식하므로 형용사 visual이 적절

해석 나비 날개의 색깔과 무늬는 그것의 종에 대한 시각적인 정보를 제공한다.

4 해설 "매우 어려운 퍼즐"이라는 의미로 「a + 형용사(difficult) + 단수명

사(puzzle)」를 수식하므로 형용사 such가 적절

해석 그것은 매우 어려운 퍼즐이어서 지금까지 누구도 그것을 풀 수 없었다.

5 해설 "가까이 착륙하다"라는 의미로 동사 landed를 수식해야 하므로, "가까이"라는 의미의 부사 near가 적절

해석 해안에서 온 새들은 태풍에 놀라서 나의 집 가까이 착륙했다.

6 해설 "완전히 새로운"이라는 의미로 형용사 new를 수식하므로 부사 totally가 적절

해석 그 마술사는 전에 보인 적 없는 완전히 새로운 마술로 관중들을 놀라게 했다.

7 해설 "긴밀하게 연결되다"라는 의미로 동사 is linked를 수식해야 하므로, "긴밀하게"라는 의미의 부사 closely는 적절

해석 수면의 질은 한 사람의 몸과 마음의 전반적인 건강과 긴밀하게 연결되어 있다.

8 해설 동사 remain 뒤의 주격보어 자리이므로 형용사 calm이 적절

해석 나는 네가 그렇게 힘든 상황에서조차 침착하게 남아 있을 수 있다는 것에 매우 감명을 받았다.

9 해설 "대부분의 호텔들"이라는 의미로 명사 hotels를 수식하므로 형용사 most가 적절

해석 이 지역의 대부분의 호텔들이 전부 예약되어 있기 때문에 방을 찾는 것은 어려울 것이다.

10 해설 부사 too는 부사를 앞에서 수식하므로 too quickly는 적절

해석 남편이 붐비는 거리 사이로 너무 빠르게 걸었기 때문에, Esther는 그를 따라잡기 위해 애썼다.

11 해설 "직접적으로 말할"이라는 의미로 형용사 역할을 하는 to부정사 to speak을 수식하므로 부사 directly가 적절

해석 그 회의는 직원들이 관리자들에게 직접적으로 말할 기회를 줄 것이다.

12 해설 동사 keep과 목적어 the libraries 뒤의 목적격보어 자리이므로 형용사 open이 적절

해석 나는 비록 비용이 많이 들지라도 도서관들을 계속 열어 둘 것을 당신과 다른 시의회 구성원들에게 촉구한다.

짧은 지문 연습 제대로　p.148

1 (A) recently	(B) total	
2 (A) enough chairs	(B) pleasant	
3 (A) convenient	(B) almost	
4 ①	5 ①	6 ②

1 해설 (A) "최근에 업데이트했다"라는 의미로 동사 updated를 수식하므로 부사 recently가 적절
(B) "완전한 접근권"이라는 의미로 명사 access를 수식하므로 형용사 total이 적절

해석 그 영화 스트리밍 웹사이트는 최근에 회원 제도를 업데이트했다. 이제, 한 달에 단 20달러로, 누구나 그것의 모든 영화에 대한 완전한 접근권을 즐길 수 있다.

2 해설 (A) 형용사 enough는 명사를 앞에서 수식하므로 enough chairs가 적절
(B) be동사 was 뒤의 주격보어 자리이므로 형용사 pleasant가 적절

해석 우리는 지난 주말에 집에서 파티를 열었다. 불행히도, 우리는 모든 손님들을 위한 충분한 의자가 없어서, 몇몇은 바닥에 앉아야 했다.

그럼에도 불구하고, 파티 내내 분위기가 놀랍도록 유쾌했다.

3 해설 (A) 동사 consider와 가목적어 it 뒤의 목적격보어 자리이므로 형용사 convenient가 적절, to use ~ PC는 진짜 목적어
(B) "거의 모든"이라는 의미로 형용사 all을 수식하므로 부사 almost가 적절

해석 그 회사는 소비자들이 새로운 태블릿 PC를 사용하는 것을 불편하다고 여길 것이라고 걱정했다. 그러나, 설문 조사 결과는 거의 모든 응답자들이 이전의 것보다 새로운 제품을 더 선호한다는 것을 보여주었다.

4 해설 ① "유용한 도구들"이라는 의미로 명사 tools를 수식하므로 형용사 useful이 적절
② "그런 실용적인 도구들"이라는 의미로 「형용사(practical) + 복수명사(tools)」를 수식하므로 형용사 such는 적절

해석 그 공구 상자는 망치, 스크루드라이버같이 다양한 집수리에 유용한 여러 도구들을 포함한다. 당신은 그런 실용적인 도구들을 사용하여 집 주변의 광범위한 수리 작업을 효과적으로 처리할 수 있다.

5 해설 ① 동사 seem 뒤의 주격보어 자리이므로 형용사 healthy가 적절
② "나이 든 사람들"이라는 의미로 명사 people을 수식해야 하므로, "나이 든"이라는 의미의 형용사 elderly는 적절

해석 몇몇 나이 든 개인들은 밖에서 봤을 때 건강하게 보이지만 나이 때문에 먹기, 옷 입기, 목욕하기와 같은 일상적인 일들을 수행할 수 없다. 많은 국가들에서 정부는 이러한 나이 든 사람들을 위해 더 많은 돌봄 서비스를 제공하려고 노력하고 있다.

6 해설 ① "가능성이 매우 높은"이라는 의미로 형용사 likely를 수식해야 하므로, "매우"라는 의미의 부사 highly는 적절
② "특히 편안한"이라는 의미로 형용사 comfortable을 수식하므로 부사 particularly가 적절

해석 다른 문화의 사람들과 비교해서, 미국에서 태어난 사람들은 낯선 사람들과 그들 자신에 대한 정보를 공유할 가능성이 매우 높다. 이것은 당신이 미국인들을 처음 만났을 때 왜 그들이 특히 편안해 보이는지를 설명해 줄지도 모른다.

내신 서술형 대비 제대로 p.149

1 nervous   2 exactly   3 hardly
4 she had such a beautiful voice
5 the doctors acted quickly enough
6 most of the books were grouped on the shelves
7 ⓑ frequent → frequently, ⓒ impossibly → impossible
8 ⓐ near → nearly, ⓑ skillful too → too skillful

1 해설 동사 became 뒤의 주격보어 자리이므로 형용사 nervous가 적절
어휘 examination 시험 approach 다가오다 extremely 극도로

2 해설 "정확히 중앙에"라는 의미로 「전치사 + 명사구」 in the middle을 수식하므로 부사 exactly가 적절

3 해설 "거의 먹지 않는다"라는 의미로 동사 eat을 수식해야 하므로, "거의 ~ 않는"이라는 의미의 부사 hardly가 적절

4 해설 「a + 형용사(beautiful) + 단수명사(voice)」 앞에서 "매우 아름다운 목소리"라는 의미가 되어야 하므로 such가 적절, so는 제외
어휘 succeed 성공하다

5 해설 "충분히 빠르게"라는 의미가 되어야 하므로 부사 quickly 뒤에 enough가 적절, too는 제외

6 해설 「of + 명사(the books)」 앞에서 "대부분의 책들"이라는 의미가 되어야 하므로 most가 적절, almost는 제외

어휘 group 분류하다 genre 장르, 유형

7 해설 ⓐ 동사 look 뒤의 주격보어 자리이므로 형용사 alike는 적절, alike는 형용사와 부사 둘 다 쓸 수 있음
ⓑ "자주 혼란스러워하다"라는 의미로 동사 are confused를 수식하므로 부사 frequently가 적절
ⓒ 동사 makes와 목적어 distinguishing ~ them 뒤의 목적격보어 자리이므로 형용사 impossible이 적절

해석 Liam과 Noah는 쌍둥이 형제이고, 그들은 회색 눈과 각진 턱 때문에 놀랍게도 비슷하게 보인다. 사람들은 그들의 비슷한 외모 때문에 자주 혼란스러워한다. 그들이 같은 옷을 입을 때, 그것은 그들을 구별하는 것을 불가능하게 만든다.

어휘 angular 각진 jaw 턱 appearance 외모
distinguish 구별하다

8 해설 ⓐ "거의 성공한"이라는 의미로 형용사 successful을 수식해야 하므로, "거의"라는 의미의 부사 nearly가 적절
ⓑ 부사 too는 형용사를 앞에서 수식하므로 too skillful이 적절
ⓒ "필수적인 능력"이라는 의미로 명사 ability를 수식하므로 형용사 necessary는 적절

해석 젊은 호주 테니스 선수인 Joel Lewis는 작년에 David Muller를 상대로 결승전에서 이기는 것에 거의 성공했었다. 그러나 Muller는 Lewis가 이기기에는 너무 능숙했다. 하지만, 올해 그는 트로피를 집으로 가져가기 위해 필수적인 능력을 가졌을 수 있다.

어휘 skillful 능숙한

수능 대비 제대로 p.150

1 ②	2 ④	3 ③	4 ⑤

1 해설 (A) "매우 낡은 터번"이라는 의미로 「an + 형용사(old) + 단수명사(turban)」를 수식하므로 형용사 such가 적절
(B) "약간 우울한"이라는 의미로 형용사 gloomy를 수식하므로 부사 slightly가 적절
(C) "거의 완벽하게"라는 의미로 부사 completely를 수식하므로 부사 almost가 적절

해석 한 노인이 자전거를 가지고 왔을 때, Rangan은 그의 자전거 수리점에서 매우 바빴다. 그는 머리에 매우 낡은 터번을 쓰고 있었다. 그는 약간 우울한 어조로 "타이어를 교체해 주시겠어요? 오늘 저녁에 돈을 낼게요."라고 말했다. 그에게 안타까움을 느꼈기 때문에, Rangan은 자전거를 고쳐주었다. 그러나, 늦은 저녁까지, 그 남자는 여전히 돌아오지 않았다. Rangan은 자신의 가게의 문을 잠그면서 짜증이 나는 것을 느꼈다. 나중에, 집에서, 그는 문을 두드리는 소리를 듣고 문을 열었고 그 노인을 보았다. 돈을 건네면서, 그 노인은 "당신의 가게가 문을 닫아서, 저는 이웃에게 제가 당신을 찾는 것을 도와달라고 부탁했어요"라고 말했다. 갑자기, Rangan은 거의 완벽하게 평온하게 느꼈다.

어휘 gloomy 우울한 replace 교체하다 annoyed 짜증이 난
hand over 건네다 completely 완벽하게

2 해설 (A) "거의 의미하지 않는다"라는 의미로 동사 means를 수식해야 하므로, "거의 ~ 않는"이라는 의미의 부사 hardly가 적절
(B) 동사 sounds 뒤의 주격보어 자리이므로 형용사 natural이 적절
(C) "가능한 머리"라는 의미로 명사 a mind를 수식하므로 형용사 capable이 적절

해석 오로지 몇몇의 사람들에게만 주의를 기울인다는 것이 당신이 거만하거나 편협하다는 것을 거의 의미하지 않는다. 그것은 단지 우리가 제한된 수의 사람들에게만 주의를 기울일 수 있고 그들하고만 관계를 발전시킬 수 있다는 분명한 사실을 반영한다. 몇몇 과학자들에 따르면, 우리의 뇌는 제한되어 있기 때문에 이것은 자연스럽게 들린다. 우리는 많은 사람들과 안정적인 사회적 관계를 계속할

수 없다. Robin Dunbar 교수는 평균적인 사람은 최대 약 150명의 사람들과 의미 있는 관계를 형성하는 것이 가능한 머리를 가지고 있다고 설명했다. 그것이 사실이든 아니든, 우리가 모든 사람들과 진정한 친구가 될 수 없다고 추정하는 것이 안전하다.

어휘 **reflect** 반영하다 **limited** 제한된 **stable** 안정적인
average 평균적인 **meaningful** 의미 있는
a maximum of 최대 ~의 **assume** 추정하다

3 해설 ① "초기 개척자"라는 의미로 명사 pioneer를 수식하므로 형용사 early는 적절, early는 형용사와 부사 둘 다로 쓸 수 있음
② "깊이 매료된"이라는 의미로 형용사 역할을 하는 분사 fascinated를 수식하므로 부사 deeply는 적절
③ "가까운 대학들"이라는 의미로 명사 universities를 수식하므로 형용사 close가 적절, close는 형용사와 부사 둘 다로 쓸 수 있음
④ "오로지 자신의 연구에만"이라는 의미로 「전치사 + 명사구」 on ~ research를 수식하므로 부사 solely는 적절
⑤ 부사 enough는 형용사를 뒤에서 수식하므로 significant enough는 적절

해석 오하이오주 신시내티에서 1867년에 태어난 Charles Henry Turner는 곤충 행동 분야의 초기 개척자였다. 그의 아버지의 큰 서재에서, Turner는 곤충에 대한 독서에 깊이 매료되었다. Turner는 동물학에서 박사 학위를 받았지만, 그의 집과 가까운 어떤 주요 대학들에서도 교수직이나 연구직을 얻을 수 없었다. 그는 세인트루이스로 이사했고 Sumner 고등학교에서 일자리를 얻었다. 그는 낮 동안 학생들에게 생물학을 가르쳤지만, 퇴근 후에, 오로지 자신의 연구에만 집중했다. Turner는 곤충들이 학습할 수 있다는 것을 발견한 최초의 사람이었다. 33년의 그의 경력 동안, Turner는 70편 이상의 논문을 발표했다. 곤충 생물학 분야에 대한 그의 영향은 모든 사람들이 인정할 정도로 충분히 중요하다.

어휘 **pioneer** 개척자 **zoology** 동물학 **solely** 오로지
significant 중요한 **recognize** 인정하다

4 해설 ① 동사 consider와 목적어 dark colors 뒤의 목적격보어 자리이므로 형용사 heavy는 적절
② "편안하게 둘러보다"라는 의미로 동사 browse를 수식하므로 부사 comfortably는 적절
③ "매우 불안정한"이라는 의미로 형용사 unstable을 수식하므로 부사 so는 적절
④ "극적인 차이"라는 의미로 명사 differences를 수식하므로 형용사 dramatic은 적절
⑤ "일반적으로 판매되다"라는 의미로 동사 are sold를 수식하므로 부사 generally가 적절

해석 색깔은 당신이 무게를 어떻게 인식하는지에 영향을 미칠 수 있다. 사람들은 보통 어두운색은 무겁고 밝은색은 덜 그렇다고 여긴다. 당신이 상점에서 상품 진열을 담당하고 있다면, 밝은색 제품은 더 높이, 어두운색 제품은 더 낮게 배치하라. 이렇게 함으로써, 고객들은 위로부터 아래로 편안하게 둘러볼 것이다. 대조적으로, 어두운색의 제품을 위에 두는 것은 매우 불안정해 보여서 일부 쇼핑객들은 불안을 느낄지도 모른다. 0%와 100%의 밝기를 가진 검정과 흰색은 인식되는 무게에 있어서 극적인 차이를 보여준다. 실제로, 검정은 흰색보다 두 배만큼 무겁게 느껴진다. 같은 제품을 검은 쇼핑백에 넣고 나르는 것이 더 무겁게 느껴진다. 그래서, 넥타이나 액세서리와 같이 작지만 비싼 제품들은 일반적으로 어두운색의 쇼핑백이나 상자에 넣어서 판매된다.

어휘 **impact** 영향을 미치다 **perceive** 인식하다
in charge of ~을 담당하는 **browse** 둘러보다 **unstable** 불안정한
generally 일반적으로

---

1 ⑤　　　　2 ③　　　　3 ②
4 (1) ⓐ dangerously → dangerous, ⓓ them → themselves
(2) the characteristics of psychopaths became closely connected

1 해설 (A) 「a + 형용사(high) + 단수명사(speed)」 앞에서 "매우 빠른 속도"라는 의미가 되어야 하므로 형용사 such가 적절
(B) "이상한 모양"이라는 의미로 명사 shape를 수식하므로 형용사 strange가 적절
(C) "그 과학자들의 보고서"라는 의미로 복수명사 scientists를 가리키므로 복수대명사 their가 적절

해석 2017년 10월, 망원경을 통해 크고 빠르게 움직이는 물체를 보았을 때, 캐나다인 천문학자 Robert Weryk은 하와이에서 일하는 중이었다. 그 물체는 매우 빠른 속도로 움직이고 있어서 태양계 내부의 것일 수 없었다. 오히려, 그것은 그 바깥 어딘가에서 온 것임에 틀림없었다. 그 물체의 발견이 뉴스에 보도되었을 때, 많은 사람들은 그것이 이상한 모양을 가졌다고 생각했다. 그들은 그것이 외계 우주선일지도 모른다고 믿었다. 하지만, 그 물체를 연구한 과학자들은 후에 그들의 보고서에서 그 물체가 혜성일 가능성이 있다고 말했다.

어휘 **astronomer** 천문학자 **object** 물체 **telescope** 망원경
solar system 태양계 **alien** 외계의

2 해설 ① 동사 are finding과 목적어 monthly ~ payments 뒤의 목적격보어 자리이므로 형용사 expensive는 적절
② "평균 가격이 넘지 않다"라는 의미로 단수명사 the average price를 가리키므로 단수대명사 it은 적절
③ 뒤에 있는 명사 confidence가 불가산명사이므로 little이 적절
④ "일하는 것을 그만두다"라는 의미이므로 동사 stop의 목적어 자리에 동명사 working은 적절
⑤ 동사 know의 목적어 역할을 하는 명사절이 와야 하는데, 뒤에 주어(these conditions), 동사(will have), 목적어(a ~ effect)가 모두 있는 완전한 절이 왔으므로 "~인지 아닌지"라는 뜻의 whether는 적절

해석 가격 상승으로 인해, 영국 전역의 많은 가정들은 매월 주택 납입금이 유지하기에 비싸다고 여기고 있다. 예를 들어, 오늘날 런던과 그 주변 지역의 평균 가격은 2,000파운드가 넘지만, 그것은 3년 전에는 1,000파운드를 결코 넘지 않았다. 그 결과, 많은 가정들은 미래에 대해 확신을 거의 갖지 못한다. 그들은 휴가를 가거나, 새 차를 사거나, 아이를 갖는 것과 같은 큰 계획들을 미루고 있다. 아이들을 기르기 위해 일하는 것을 그만두었던 일부 부모들은 또한 그들이 직장으로 다시 돌아가야 한다고 느낀다. 그들에게는, 그것이 존속할 수 있는 유일한 방법이다. 전문가들은 영국의 가정들이 처한 이러한 조건이 나중에 사회에 더 큰 영향을 미칠지 아닐지를 아직 알지 못한다.

어휘 **payment** 납입금, 지불(금) **maintain** 유지하다
average 평균의 **confidence** 확신 **delay** 미루다

3 해설 ① "인간의 능력"이라는 의미로 앞서 언급한 "인공지능 언어 프로그램의 능력"과 종류만 같을 뿐 특정한 다른 능력을 가리키므로 those는 적절
② "인상적으로 수행하다"라는 의미로 동사 do를 수식하므로 부사 impressively가 적절
③ 주절의 주어 these programs가 사용하는(use) 행위의 주체이므로 분사구문에 현재분사 using은 적절
④ "이런 프로그램들이 생산하는 정보들"이라는 의미로 these ~ produce가 선행사 the information을 수식하는 관계사절이므로 관계대명사 that은 적절
⑤ 형용사 enough는 명사를 앞에서 수식하므로 enough time은 적절

해석 인공지능 언어 프로그램의 능력이 인간의 것보다 더 나을까? 인공지능 언어 프로그램은 그들의 일을 인상적으로 수행하고 어떤 질문에도 빠르고 자세한 답을 줄지도 모른다. 하지만, 그 프로그램들은 완벽하지 않고 많은 심각한 문제들을 가지고 있다. 예를 들어, 이런 프로그램들은 다른 사람들의 정보를 획득하여, 그것을 그들의 허가 없이 사용한다. 게다가, 이런 프로그램들이 생산하는 정보들 중 일부는 거짓이다. 만약 이런 프로그램들이 거짓 정보를 생산하기를 계속하고 그것으로부터 배운다면, 오늘날 인공지능의 문제들은 더 악화되기만 할 것이다. 아마도, 충분한 시간이 지난 후에, 이런 문제들이 해결되고, 그 프로그램들이 개선될지도 모른다. 그러나 현재로서는, 여전히 행해져야 할 일이 많이 있다.

어휘 **impressively** 인상적으로 **detailed** 자세한 **permission** 허가 **improve** 개선하다

4 해설 (1) ⓐ 동사 seem 뒤의 주격보어 자리이므로 형용사 dangerous 가 적절
　　ⓑ "끔찍하거나 무서운 사이코패스들"이라는 의미로 앞서 언급한 "모든 사이코패스"와 종류만 같을 뿐 불특정한 다른 사이코패스를 가리키므로 ones는 적절
　　ⓒ 목적어 them이 발전시키는(develop) 행위의 주체이며, 동사가 사역동사 made이므로 목적격보어 자리에 동사원형 develop은 적절
　　ⓓ "최악의 특성을 드러내다"라는 의미로, 동사 reveal의 목적어가 주어 The worst characteristics와 같은 대상이므로 재귀대명사 themselves가 적절
　　(2) 동사 became 뒤에 "긴밀하게 연결된"이라는 의미로 주격보어로 쓰인 과거분사 connected를 수식하는 부사 closely가 오는 것이 적절

해석 사회는 일반적으로 사이코패스를 매우 위험하다고 본다. 그러나, 많은 심리학자들에 따르면, 그들에 대한 많은 연구가 감옥에서 이루어졌기 때문에 사이코패스가 위험한 것처럼 보일 뿐이다. 그래서, 사이코패스의 특성들이 범죄자들과 긴밀하게 연결되게 되었다. 사실, 사회의 많은 다양한 사람들이 사이코패스와 같은 특성을 가질 수 있다. 다시 말해서, 모든 사이코패스가 끔찍하거나 무서운 사이코패스들은 아니다. 그리고 종종, 이런 사람들에 의해 경험되는 환경이 그들이 그런 특성들을 발전시키도록 만든다. 사이코패스의 최악의 특성은 학대나 폭력의 빈번한 경험의 결과로 그들 자신을 드러낼 수 있다. 그러나 환경이 긍정적이고 지원할 때, 사이코패스의 특성을 가진 사람들조차 정상적이고 건강한 성인이 될 수 있다.

어휘 **psychologist** 심리학자 **prison** 감옥 **characteristic** 특성 **criminal** 범죄자 **frequent** 빈번한 **abuse** 학대 **violence** 폭력 **supportive** 지원하는, 지지하는

CHAPTER 13 비교구문

POINT 1 비교구문의 형태: 원급 vs. 비교급 　　　　p.156

정답 than
해설 앞에 비교급 better가 있으므로 than이 적절
해석 우리는 이 따뜻하고 매력적인 도시보다 우리 회사에 더 좋은 장소를 고를 수가 없었다.
어휘 **inviting** 매력적인

1 정답 as
해설 앞에 as와 원급 old가 있으므로 as가 적절
해석 그 차는 17년 전에 만들어져서, 너만큼 나이가 들었다.

2 정답 noisier
해설 뒤에 than이 있으므로 비교급 noisier가 적절

해석 그 동네는 밤보다 낮에 더 시끄럽다.

3 정답 than
해설 앞에 비교급 less efficient가 있으므로 than이 적절
해석 오래된 주택들은 대개 현대식 주택들보다 열을 저장하는 데 덜 효율적이다.
어휘 **efficient** 효율적인

4 정답 uneasy
해설 앞뒤의 as ~ as를 제외하고 보면, 동사 looked 뒤의 주격보어 자리이므로 형용사의 원급 uneasy가 적절
해석 다른 모든 대회 참가자들은 Zoe만큼 불안해 보였다.
어휘 **participant** 참가자 **uneasy** 불안한

5 정답 O
해설 앞뒤에 as ~ as가 있으며, as ~ as를 제외하고 보면, "자주 보다"라는 의미로 동사 see를 수식하므로 부사의 원급 frequently는 적절
해석 우리는 학교에 다닐 때 그랬던 것만큼 서로를 자주 보지 못한다.

6 정답 important
해설 뒤에 than이 있으며, than을 제외하고 보면 동사 are의 주격보어 자리이므로 more 뒤에 형용사의 원급 important가 적절
해석 비행기와 같은 최근의 발명품들은 확실히 바퀴와 같은 고대의 발명품들보다 더 중요하지 않다.
어휘 **ancient** 고대의

7 정답 as
해설 앞에 as와 원급 various가 있으므로 as가 적절
해석 이 지역에서, 당신은 사막, 바다, 그리고 산만큼 다양한 풍경을 즐길 수 있다.

8 정답 O
해설 앞에 비교급 more가 있으므로 than은 적절
해석 그 가게는 우리 집에서 멀지만, 그것은 우리 동네에 있는 가게보다 더 많은 종류의 물품을 가지고 있다.

POINT 2 비교급·최상급 강조 부사 　　　　p.157

정답 much
해설 "훨씬 더 건강한"이라는 의미로 비교급 healthier를 수식하므로 much가 적절
해석 많은 연구들이 차를 마시는 것이 커피를 마시는 것보다 훨씬 더 건강하다는 것을 보여주었다.

1 정답 far
해설 "훨씬 더 좋은"이라는 의미로 비교급 better를 수식하므로 far가 적절
해석 적절한 훈련 덕에, 나의 대중 연설 기술은 시간이 지나면서 훨씬 더 좋아졌다.
어휘 **proper** 적절한

2 정답 very
해설 "매우 비슷한"이라는 의미로 원급 similar를 수식하므로 very가 적절
해석 두 아파트는 매우 비슷해 보이지만, 하나가 다른 것보다 약간 더 크다.
어휘 **slightly** 약간

3 정답 by far
해설 "단연코 최악인"이라는 의미로 최상급 the worst를 수식하므로 by far가 적절

해석 어젯밤의 폭풍은 우리가 몇 년간 경험한 것 중 단연코 최악이었다.

4 정답 even

해설 "훨씬 더 많은"이라는 의미로 비교급 greater를 수식하므로 even이 적절

해설 2014년에, 휴대폰에서 인터넷을 사용한 시간이 데스크톱 컴퓨터나 노트북 컴퓨터에서 인터넷을 사용한 시간보다 훨씬 더 많았다.

어휘 usage 사용, 용법

5 정답 quite

해설 "단연코 가장 긴"이라는 의미로 최상급 the longest를 수식하므로 quite가 적절

해설 비록 그 다리가 매우 길지라도, 그것이 세계에서 단연코 가장 길지는 않다.

POINT 3 비교구문 관련 표현   p.157

정답 lighter

해설 "더 나이 들수록, 더 가벼워지다"라는 의미이므로 「the + 비교급(older) ~, the + 비교급 …」을 만드는 비교급 lighter가 적절

해설 수컷 척왈라 도마뱀은 더 나이가 들수록, 몸 색깔이 더 가벼워진다.

어휘 male 수컷의, 남성의 lizard 도마뱀

1 정답 fast

해설 "가능한 한 빠르게"라는 의미이므로 「as + 원급 + as possible」을 만드는 원급 fast가 적절

해설 내 친구들과 나는 제시간에 영화관에 도착하기 위해 가능한 한 빠르게 달렸다.

2 정답 O

해설 "점점 더 현명해지다"라는 의미이므로 「get + 비교급(wiser) + and + 비교급」을 만드는 비교급 wiser는 적절

해설 사람들이 그들의 실수로부터 배울 때, 그들은 결정을 내리는 데 있어서 점점 더 현명해진다.

3 정답 older

해설 "다른 어떤 예술 작품보다 더 오래된"이라는 의미이므로 「비교급 + than any other + 단수명사(artwork)」를 만드는 비교급 older가 적절

해설 이 그림은 이 박물관 안의 다른 어떤 예술 작품보다 더 오래되었다.

4 정답 O

해설 "가장 좋은 방법들 중 하나"라는 의미이므로 「one of the + 최상급 + 복수명사(ways)」를 만드는 최상급 best는 적절

해설 대면 대화는 새로운 사고와 아이디어를 개발하는 가장 좋은 방법들 중 하나이다.

어휘 face-to-face 대면의, 마주 보는

5 정답 smart

해설 "다른 어떤 동물도 오랑우탄만큼 똑똑하지 않다"라는 의미이므로 「no other + 단수명사(animal) - + as + 원급 + as」를 만드는 원급 smart가 적절

해설 지구상의 다른 어떤 동물도 오랑우탄만큼 똑똑하지 않다.

1 해설 앞에 비교급 more popular가 있으므로 than이 적절

해설 그 가수는 현재 라디오에서 다른 어떤 아티스트보다도 더 인기 있다.

2 해설 "훨씬 더 적은"이라는 의미로 비교급 less를 수식하므로 even이 적절

해설 새 조리법은 이전 것보다 훨씬 더 적은 설탕을 사용하기 때문에 더 건강하다.

3 해설 앞의 more를 제외하고 보면, 동사 seem 뒤의 주격보어 자리이므로 형용사 dangerous가 적절

해설 비록 비행하는 것이 운전하는 것보다 더 위험해 보일지 몰라도, 자동차 사고가 비행기 사고보다 더 자주 발생한다.

4 해설 "다른 어떤 자동차도 이 스포츠카만큼 빠르지 않다"라는 의미이므로 「no other + 단수명사(vehicle) - + as + 원급 + as」를 만드는 원급 fast가 적절

해설 시중에 나와 있는 다른 어떤 자동차도 이 스포츠카만큼 빠르지 않다.

5 해설 뒤에 than이 있으므로 less 뒤에 와서 비교구문을 만드는 원급 young이 적절

해설 이 남색 옷이 저 노란색 옷보다 나를 덜 어려 보이게 만드는 것 같다.

6 해설 "더 어두워질수록, 더 밝게 빛난다"라는 의미이므로 「the + 비교급(darker) ~, the + 비교급 …」을 만드는 비교급 brighter가 적절

해설 밤하늘이 더 어두워질수록, 별들은 더 밝게 빛난다.

7 해설 앞뒤에 as ~ as가 있으므로 원급 little이 적절

해설 그 피트니스 클럽은 한 달에 14달러 99센트만큼 가격이 적은 회원권 제도를 제공하고 있다.

8 해설 앞뒤의 as ~ as를 제외하고 보면, "유명한 영국 시인"이라는 의미로 명사구 an English poet을 수식하므로 형용사 famous가 적절

해설 윌리엄 셰익스피어만큼 유명한 영국 시인이 있을까?

9 해설 "단연코 가장 높은"이라는 의미로 최상급 the highest를 수식하므로 quite가 적절

해설 내 시험 점수는 학교 전체에서 단연코 가장 높지는 않았지만, 꽤 높았다.

10 해설 앞에 as와 원급 fiercely가 있으므로 as가 적절

해설 어젯밤에, 바람이 허리케인만큼 사납게 불어서, 많은 나무들이 쓰러졌다.

11 해설 "다른 어떤 것보다 더 필수적인"이라는 의미로, 「비교급 + than any other + 단수명사(thing)」를 만드는 비교급 more가 적절

해설 좋은 의사소통은 팀워크를 위해 다른 어떤 것보다 더 필수적인 수단이다.

12 해설 앞뒤의 as ~ as를 제외하고 보면, "빠르게 사라지다"라는 의미로 동사 melt away를 수식하므로 부사 rapidly가 적절

해설 일단 집단들이 여러 협력적인 활동들을 하기 시작하면, 집단 경계는 그것들이 형성된 것만큼 빠르게 사라진다.

문장 연습 제대로   밑줄 유형   p.159

1 cold	2 hard	3 O	
4 much/even/far/still/a lot		5 than	6 O
7 effectively	8 O	9 more valuable	
10 early	11 complete	12 O	

문장 연습 제대로   네모 유형   p.158

1 than	2 even	3 dangerous	4 fast
5 young	6 brighter	7 little	8 famous
9 quite	10 as	11 more	12 rapidly

1 해설 앞뒤에 as ~ as가 있으며, as ~ as를 제외하고 보면 동사 become 뒤의 주격보어 자리이므로 형용사의 원급 cold가 적절

해석 요즘 공기가 겨울날만큼 차가워져서 호수가 벌써 얼었다.

2 해설 앞뒤에 as ~ as가 있으므로 원급 hard가 적절

해석 Helen은 운동을 너무 좋아해서 전문적인 운동선수만큼 열심히 훈련한다.

3 해설 앞에 비교급 more affordable이 있으므로 than은 적절

해석 그 회사는 시장 내 경쟁자들보다 더 알맞은 가격을 제시한다.

4 해설 "훨씬 더 행복한"이라는 의미로 비교급 happier를 수식하므로 much/even/far/still/a lot이 적절

해석 Douglas는 새 직장으로 옮긴 이래로 훨씬 더 행복하고 더 안정적으로 느끼고 있다.

5 해설 앞에 비교급 better가 있으므로 than이 적절

해석 그 시리즈의 두 번째 영화는 특수효과와 같은 어떤 면에서는 첫 번째 것보다 더 낫다.

6 해설 "가장 인상적인 불가사의 중 하나"라는 의미이므로 「one of the + 최상급 + 복수명사(wonders)」를 만드는 최상급 most impressive는 적절

해석 그랜드 캐니언은 세계에서 가장 인상적인 자연의 불가사의 중 하나로 여겨진다.

7 해설 앞에 more를 제외하고 보면, "효과적으로 작용하다"라는 의미로 동사 works를 수식하므로 부사 effectively가 적절

해석 이 새로운 약은 내가 시도해 본 다른 어떤 것보다 열에 더 효과적으로 작용한다.

8 해설 "점점 더 가까워지다"라는 의미이므로 「get + 비교급(closer) + and + 비교급」을 만드는 비교급 closer는 적절

해석 만약 우리가 자주 만나서 이야기를 많이 하면, 우리의 관계는 점점 더 가까워질 것이다.

9 해설 "다른 어떤 기술보다 더 가치 있는"이라는 의미이므로, 「비교급 + than any other + 단수명사(skill)」를 만드는 비교급 more valuable이 적절

해석 그 화가는 예술가에게 창의력이 다른 어떤 기술보다도 더 가치 있다고 생각했다.

10 해설 "가능한 한 일찍"이라는 의미이므로 「as + 원급 + as possible」을 만드는 원급 early가 적절

해석 의사는 병이 더 나빠지는 것을 막기 위해 가능한 한 일찍 치료를 시작하는 것을 제안했다.

11 해설 앞에 more를 제외하고 보면, "완벽한 설명"이라는 의미로 명사 explanation을 수식하므로 형용사 complete이 적절

해석 이 책을 읽는 것은 당신에게 그 짧은 논문보다 그 주제에 대해 더 완벽한 설명을 해줄 것이다.

12 해설 "훨씬 더 짧은"이라는 의미로 비교급 shorter를 수식하므로 much는 적절

해석 하나의 긍정적인 습관을 형성한 학생들은 더 적은 스트레스, 훨씬 더 짧은 TV 시청 시간, 그리고 더 적은 더러운 접시를 보고했다.

짧은 지문 연습 제대로   p.160

1 (A) than (B) practical	2 (A) great (B) necessarily
3 (A) far (B) more	4 ①
5 ②	6 ①

---

1 해설 (A) 앞에 비교급 brighter가 있으므로 than이 적절
(B) 앞에 more를 제외하고 보면, "더 실용적인"이라는 의미로 동사 is 뒤의 주격보어 자리이므로 형용사 practical이 적절

해석 내 친구들 중 한 명이 추천해 준 대로, 나는 주방 벽에 진한 파란색보다 더 밝은 색을 칠했다. 청소하기가 쉽고 더 따뜻하게 느껴지기 때문에, 나는 그것이 더 실용적이라고 생각한다.

2 해설 (A) 앞뒤에 as ~ as가 있으므로 원급 great이 적절
(B) 앞뒤의 as ~ as를 제외하고 보면, "필수적으로 뒤따르다"라는 의미로 동사 must be followed를 수식하므로 부사 necessarily가 적절

해석 균형 잡힌 식사와 휴식이 좋은 건강 유지를 위해 운동만큼 중요한 요소임에도 불구하고, 사람들은 종종 그것들을 잊어버린다. 하지만, 전반적인 안녕을 이루기 위해 활동적으로 유지하는 것만큼 필수적으로 건강한 식습관과 수면 습관을 기르는 것이 뒤따라야 한다.

3 해설 (A) "훨씬 더 자주"라는 의미로 비교급 more frequently를 수식하므로 far가 적절
(B) "더 높을수록, 더 붐비게 된다"라는 의미이므로 「the + 비교급(taller) ~ , the + 비교급 …」을 만드는 비교급 more가 적절

해석 연구들은 도시 생활의 가장 좋은 전망을 가진 벤치나 의자가 그러한 전망이 없는 것들보다 훨씬 더 자주 사용된다는 것을 보여준다. 비슷하게, 도시에서 건물이나 탑이 더 높을수록, 사람들이 멋진 전망에 대한 기대를 가지고 모이기 때문에 그것들은 더 붐비게 된다.

4 해설 ① 앞뒤의 as ~ as를 제외하고 보면, 동사 is 뒤의 주격보어 자리이므로 형용사 close가 적절
② "훨씬 더 좋은"이라는 의미로 비교급 better를 수식하므로 even은 적절

해석 Irvine에 있는 공원은 Tustin에 있는 것만큼 가깝지는 않지만, 그곳은 농구장이 있다. 하지만, 나는 Santa Ana에 있는 공원이 3개의 농구장이 있기 때문에 훨씬 더 좋다고 생각한다.

5 해설 ① 앞에 비교급 larger가 있으므로 than은 적절
② 앞뒤에 as ~ as가 있으므로 원급 thick이 적절

해석 이미지는 말보다 당신의 뇌에 훨씬 더 큰 영향을 미친다. 눈에서 뇌까지의 신경은 귀에서 뇌까지의 신경보다 25배만큼 두껍다.

6 해설 ① 앞에 as와 원급 much가 있으므로 as가 적절
② "가장 좋은 휴가 중 하나"라는 의미이므로 「one of the + 최상급 + 복수명사(vacations)」를 만드는 최상급 best는 적절

해석 Leslie의 가족은 해변으로 휴가를 갔지만, 휴가 내내 매일 10인치만큼 비가 많이 내렸다. 5일 동안 그들의 방에서 보드게임만 한 후에 호텔을 떠나면서, Leslie의 여섯 살 난 딸은 "이번이 내 인생에서 가장 좋은 휴가 중 하나였어"라고 말했다.

내신 서술형 대비 제대로   p.161

1 Sandra handles stress better than
2 a person as kind as my neighbor
3 by far the tallest building in the city
4 went as smoothly as we hoped
5 one of the most delicious pizzas
6 No other country is bigger than Russia
7 ⓐ as → than, ⓑ convenient → conveniently
8 ⓐ difficultly → difficult, ⓒ very → much/even/far/still/a lot

---

1 해설 "그 누구보다 더 잘 다루다"라는 의미이므로 good의 비교급 better 뒤에 than이 적절

어휘 handle 다루다

2 해설 "내 이웃만큼 친절한 사람"이라는 의미이므로 a person as와 as my neighbor 사이에 원급 kind가 적절, 「as + 원급 + 명사 + as …」 형태도 가능하므로 as와 as my neighbor 사이에 kind a person으로 쓰는 것도 가능

3 해설 "가장 높은"이라는 의미의 최상급 the tallest 앞에 "단연코"라는 의미로 최상급을 수식하는 by far가 적절

4 해설 "우리가 바랐던 만큼 순조롭게 진행되었다"라는 의미이므로 went as와 as we hoped 사이에 원급 smoothly가 적절
어휘 smoothly 순조롭게, 원활하게

5 해설 "가장 맛있는 피자 중 하나"라는 의미이므로 「one of the + 최상급 (most delicious) + 복수명사(pizzas)」가 적절

6 해설 "다른 어떤 나라도 러시아보다 더 크지 않다"라는 의미이므로, 「No other + 단수명사(country) + is + 비교급(bigger) + than Russia」가 적절

7 해설 ⓐ 앞에 비교급 less useful이 있으므로 than이 적절
ⓑ 앞뒤의 as ~ as를 제외하고 보면, "편리하게 연료를 재공급하다"라는 의미로 동사 refuel을 수식하므로 부사 conveniently가 적절
ⓒ "가능한 한 많이"라는 의미이므로 「as + 원급 + as possible」을 만드는 원급 much는 적절
해석 사람들은 전기차가 내연 자동차보다 덜 유용하다고 생각한다. 그들은 가솔린차만큼 편리하게 전기차에 연료를 재공급할 수 있다고 생각하지 않는다. 하지만, 전기차는 친환경적이어서, 정부는 사람들이 가능한 한 많이 전기차를 선택하도록 권장한다.
어휘 electric 전기의 refuel 연료를 재공급하다
eco-friendly 친환경적인, 환경친화적인

8 해설 ⓐ 앞에 more를 제외하고 보면, "더 어려운"이라는 의미로 동사 is 뒤의 주격보어 자리이므로 형용사 difficult가 적절
ⓑ 앞에 비교급 worse가 있으므로 than은 적절
ⓒ "훨씬 더 쉬운"이라는 의미로 비교급 easier를 수식하므로 much/even/far/still/a lot이 적절
해석 건강한 생활방식을 유지하는 것은 당신이 원하는 무엇이든 하는 것보다 더 어렵다. 그러나 특히 당신이 예방할 수 있었다면, 심각한 질병에 걸리는 것보다 더 나쁜 것은 없다. 비싼 의학적 관리로 나중에 치료하는 것보다 건강한 습관을 통해 질병을 예방하는 것이 훨씬 더 쉽다.
어휘 maintain 유지하다 especially 특히 treat 치료하다

수능 대비 제대로
p.162

1 ④	2 ③	3 ①	4 ②

1 해설 (A) "다른 어떤 별보다 더 밝게"라는 의미이므로, 「비교급 + than any other + 단수명사(star)」를 만드는 비교급 brighter가 적절
(B) 앞에 비교급 better가 있으므로 than이 적절
(C) "가능한 한 빠르게"라는 의미이므로 「as + 원급 + as possible」을 만드는 원급 fast가 적절
해석 밤하늘을 올려다본다면, 당신은 다른 어떤 별보다 더 밝게 빛나는 별 하나를 볼 수 있을 것이다. 이 별의 이름은 시리우스 A이고, 하늘에 있는 다른 별들과 비교해서 그것이 상대적으로 지구에 가깝기 때문에 당신은 다른 별들보다 그것을 더 잘 볼 수 있다. 또한 이 별은 우리 태양보다 약 두 배만큼 크고 약간 더 뜨겁다. 가능한 한 빠르게 시리우스 A를 찾기 위해서, 오리온 띠를 구성하고 있는 세 개의 별을 찾아보라. 시리우스 A는 오리온 띠의 왼쪽에 위치한 밝은 청백색의 별이다.
어휘 relatively 상대적으로 compared to ~과 비교해서
locate 위치시키다

2 해설 (A) 뒤에 than이 있으므로 비교급 harder가 적절
(B) 앞뒤의 as ~ as를 제외하고 보면, "단순하게 이야기할 수 있다"라는 의미로 동사 can talk를 수식하므로 부사 simply가 적절
(C) "훨씬 더 많이"라는 의미로 비교급 more를 수식하므로 much가 적절
해석 정직은 모든 강한 관계의 근본적인 요소이다. 그것은 당신이 불쾌한 상황에서 벗어나고 정직한 사람들과 친구가 되도록 도울 수 있다. 인생에서 이 간단한 정책을 따르라 — 절대 거짓말을 하지 마라. 당신이 항상 진실을 말하는 것으로 평판을 기르면, 여러분은 강한 관계를 즐길 수 있다. 또한 거짓말을 하는 사람들보다 당신을 조종하는 것이 더 어려울 것이다. 그들은 누군가가 그들의 거짓말을 폭로하겠다고 위협할 때 곤경에 빠진다. 당신 자신에게 진실하게 살아감으로써, 당신은 많은 골칫거리를 피할 수 있을 것이다. 당신은 누구와도 당신 자신에게 말하는 것처럼 단순하게 이야기할 수 있다. 친구들에게 정직한 것을 두려워하지 마라. 장기적으로, 좋은 의도를 가진 거짓말이 진실을 말하는 것보다 사람들을 훨씬 더 많이 다치게 한다.
어휘 fundamental 근본적인 reputation 평판, 명성
get into trouble 곤경에 빠지다 threaten 위협하다
uncover 폭로하다 intention 의도

3 해설 ① 앞에 more를 제외하고 보면, "자주 사용되었다"라는 의미로 동사 was used를 수식하므로 부사 frequently가 적절
② 앞에 비교급 less popular가 있으므로 than은 적절
③ 앞뒤에 as ~ as가 있으므로 원급 many는 적절
④ "점점 더 적어져 왔다"라는 의미이므로 「get(has gotten) + 비교급(smaller) + and + 비교급」을 만드는 비교급 smaller는 적절
⑤ "단연코 가장 선호되는"이라는 의미로 최상급 the most preferred를 수식하므로 by far는 적절
해석 2010년대 초에, 영국 성인들이 뉴스를 접할 때 다른 어떤 매체도 TV보다 더 자주 사용되지 않았다. 신문은 TV보다 덜 인기 있었지만, 여전히 많은 사람들이 그날의 신문을 사기 위해 가판대를 방문했다. 뉴스를 얻는 또 다른 수단은 라디오였는데, 영국에서 그것의 청취자는 신문의 독자들만큼 많았다. 그 당시에는, 웹사이트나 앱을 이용하는 것이 매우 흔하지는 않았다. 그러나, TV, 신문, 라디오에서 획득되는 정보의 양은 시간이 지나면서 점점 더 적어져 왔다. 세계의 다른 곳과 마찬가지로, 이제 웹사이트나 앱을 이용하는 것은 영국에서 단연코 가장 선호되는 정보를 얻는 방법이다.
어휘 media 매체 stand 가판대 common 흔한 acquire 획득하다

4 해설 ① 앞에 as와 원급 much가 있으므로 as는 적절
② 앞에 비교급 more knowledgeable이 있으므로 than이 적절
③ 앞뒤에 as ~ as가 있으며, as ~ as를 제외하고 보면 동사 should be 뒤의 주격보어 자리이므로 형용사의 원급 satisfactory는 적절
④ "가장 비싼 상품들 중 하나"라는 의미이므로 「one of the + 최상급 + 복수명사(items)」를 만드는 최상급 most가 적절
⑤ "훨씬 더 높은"이라는 의미로 비교급 higher를 수식하므로 even은 적절
해석 소비자들은 일반적으로 너무 적은 정보를 가진 것의 결과로 생기는 위험에 대해 불편해한다. 그래서, 그들은 위험을 낮추기 위해 그들이 할 수 있는 만큼 많은 정보를 수집한다. 그들은 온라인 조사를 하거나 그들보다 더 아는 것이 많은 전문가와 같은 누군가와 이야기를 나눈다. 소비자들은 또한 이전에 구매한 적 있는 브랜드를 고수함으로써 불확실성을 줄인다. 그들은 상품들이 적어도 이전의 구매만큼 만족스러울 것이라고 믿는다. 게다가, 일부 소비자들은 시중에 나와 있는 가장 비싼 상품들 중 하나를 구입함으로써 위험을 줄일지도 모른다. 또는, 그들은 많이 광고되는 브랜드를 선택함으로써 안전한 선택을 할 수 있다. 사람들은 잘 알려진 브랜드가 다른 브랜드의 것보다 훨씬 더 높은 품질을 제공한다는 믿음을 가지고 있다.
어휘 generally 일반적으로 result from ~의 결과로 생기다

conduct (행동을) 하다　knowledgeable 아는 것이 많은
uncertainty 불확실성　stick to ~을 고수하다
satisfactory 만족스러운

CHAPTER 14　도치와 어순

POINT 1　동사 도치　p.166

정답　is a way
해설　there가 절의 앞쪽에 왔으므로, 동사 is가 주어 a way 앞으로 도치된 is a way가 적절
해석　Jacqueline Olds 교수에 따르면, 외로운 환자들이 친구를 사귈 수 있는 방법이 있다.

1　정답　stood a boy
해설　장소/방향을 나타내는 「전치사(Under) + 명사구(the ~ tree)」가 절의 앞쪽에 왔으므로 동사 stood가 주어 a boy 앞으로 도치된 stood a boy가 적절
해석　늙은 오크 나무 아래에 한 소년이 얼굴에 걱정스러운 표정을 하고서 있었다.

2　정답　was the work
해설　형용사 주격보어 Important가 절의 앞쪽에 왔으므로, 동사 was가 주어 the work 앞으로 도치된 was the work가 적절
해석　전 세계에서 우리 직원들에 의해 행해진 일은 중요했다.

3　정답　the girl sat
해설　장소/방향을 나타내는 「전치사(At) + 명사구(the ~ lunch)」 뒤에 콤마(,)가 있으므로, 도치가 일어나지 않은 the girl sat이 적절
해석　점심 식탁에서, 그 소녀는 가장 친한 두 친구 사이에 앉았다.

4　정답　are families
해설　there가 절의 앞쪽에 왔으므로, 동사 are가 주어 families 앞으로 도치된 are families가 적절
해석　공원 안에, 소풍을 하면서 화창한 날을 즐기는 가족들이 있다.

5　정답　hang paintings
해설　장소/방향을 나타내는 「전치사(At) + 명사구(the ~ gallery)」가 절의 앞쪽에 왔으므로, 동사 hang이 주어 paintings 앞으로 도치된 hang paintings가 적절
해석　미술관 중앙에 유명 화가 파블로 피카소의 그림이 걸려 있다.
어휘　renowned 유명한

6　정답　O
해설　Here 뒤의 주어 I가 대명사이므로 도치가 일어나지 않은 I spent는 적절
해석　이곳에서 나는 초기 어린 시절의 대부분을 친구들과 놀면서 보냈다.

7　정답　is the pianist
해설　분사 주격보어 (Remarkably) talented가 절의 앞쪽에 왔으므로, 동사 is가 주어 the pianist 앞으로 도치된 is the pianist가 적절
해석　막 베토벤의 곡을 무대 위에서 연주한 그 피아니스트는 놀랍도록 재능이 있다.
어휘　remarkably 놀랍도록　talented 재능이 있는

8　정답　O
해설　there가 절의 앞쪽에 왔으므로, 동사 lived가 주어 a king 앞으로

도치된 lived a king은 적절
해석　옛날 옛적에, 언덕 꼭대기에 있는 아름다운 궁전에 왕이 살았다.
어휘　palace 궁전

POINT 2　조동사 도치　p.167

정답　did Sarah
해설　부정/제한의 의미를 나타내는 Not only가 절의 앞쪽에 왔으므로, 조동사 did가 주어 Sarah 앞으로 도치된 did Sarah가 적절
해설　Sarah는 모발 제품을 판매했을 뿐만 아니라, 여성들을 판매 대리인으로도 훈련시켰다.
어휘　agent 대리인

1　정답　could John
해설　부정/제한의 의미를 나타내는 Rarely가 절의 앞쪽에 왔으므로, 조동사 could가 주어 John 앞으로 도치된 could John이 적절
해석　John은 자신의 감정을 거의 표현할 수 없었지만, 지금, 진정한 행복이 그의 얼굴에 나타났다.

2　정답　had we
해설　부정/제한의 의미를 나타내는 never가 절의 앞쪽에 왔으므로, 조동사 had가 주어 we 앞으로 도치된 had we가 적절
해석　실은, 알래스카로 그 여행을 가기 전까지, 우리는 고래를 그렇게 가까이에서 본 적이 결코 없었다.
어휘　actually 실은, 실제로

3　정답　do all my family members
해설　neither 뒤의 내용이 "모든 우리 가족 구성원 역시 그렇지 않다"라는 의미이므로, 조동사 do가 주어 all ~ members 앞으로 도치된 do all my family members가 적절
해석　나는 브로콜리를 좋아하지 않고, 비록 그것이 건강에 좋다고 해도, 모든 우리 가족 구성원 역시 그렇지 않다.

4　정답　she is
해설　so가 "~ 역시 그렇다"라는 의미가 아니라 "그래서"라는 의미의 접속사이므로, 도치가 일어나지 않은 she is가 적절
해석　Emma는 모든 숙제를 일찍 끝내서, 친구들과 좋은 시간을 보내고 있다.

5　정답　O
해설　부정/제한의 의미를 나타내는 「Only when + 주어(Newton) + 동사(placed)」가 앞쪽에 왔으므로, 조동사 did가 주어 he 앞으로 도치된 did he는 적절
해석　뉴턴이 햇빛의 진로에 두 개의 프리즘을 놓았을 때에야, 그는 새로운 무언가를 발견했다.
어휘　place 놓다, 두다　path 진로, 길

POINT 3　간접의문문의 어순　p.167

정답　they think
해설　what ~ about이 "그들이 무엇에 대해 생각하는지"라는 의미로 동사 ask의 직접목적어 역할을 하는 간접의문문이므로, 의문사 what 뒤에 「주어 + 동사」 순의 they think가 적절
해석　만약 당신이 불행한 사람들에게 그들이 무엇에 대해 생각하는지를 물어보면, 당신은 그들이 삶의 문제들에 대해 생각한다는 것을 알게 될 것이다.

1　정답　O
해설　but 뒤의 절이 "너는 집에 있을 거니?"라는 일반 의문문이므로 「조

「동사 + 주어」 순의 are you는 적절

해석 나는 내일 아침에 너희 집에 들를 수 있는데, 너는 그 시간에 집에 있을 거니?

2 정답 anyone saw

해설 if ~ morning은 "누군가가 20달러 지폐를 보았는지"라는 의미로 동사 know의 목적어 역할을 하는 간접의문문이므로, if 뒤에 「주어 + 동사」 순의 anyone saw가 적절

해석 Jeremy는 오늘 아침 일찍 누군가가 계산대에 있는 20달러 지폐를 보았는지 알기를 원한다.

3 정답 the tourists would

해설 What ~ town이 "관광객들이 무엇을 볼 것인지"라는 의미로 동사 was의 주어 역할을 하는 간접의문문이므로, 의문사 What 뒤에 「주어 + 조동사」 순의 the tourists would가 적절

해석 관광객들이 그 마을을 방문하는 동안 무엇을 볼 것인지는 안내 책자에 나와 있지 않았다.

4 정답 O

해설 where ~ it?은 "너는 그것을 어디에 두었니?"라는 일반 의문이므로 「조동사 + 주어」 순의 did you leave는 적절

해석 만약 네 자동차가 주차장에 없다면, 너는 그것을 어디에 두었니?

5 정답 it has

해설 whether ~ menu는 "그곳에 채식 메뉴가 있는지 아닌지"라는 의미로 동사 know의 목적어 역할을 하는 간접의문문이므로, whether 뒤에 「주어 + 동사」 순의 it has가 적절

해석 그 식당에 방문하기 전에, 그들은 그곳에 채식 메뉴가 있는지 아닌지 알기를 원한다.

어휘 vegetarian 채식의

문장 연습 제대로   네모 유형   p.168

1 climbed the group	2 you handle	3 have I
4 must be galaxies	5 does she return	6 does my teacher
7 she came	8 is the interior	9 had I
10 the new product will		11 sat a traveler
12 does motivation create		

1 해설 장소/방향을 나타내는 「전치사(To) + 명사구(the ~ stairs)」가 절의 앞쪽에 왔으므로 동사 climbed가 주어 the group 앞으로 도치된 climbed the group이 적절

해석 사진을 찍기 위해 그 일행은 계단 꼭대기로 올라갔다.

2 해설 how ~ situations는 "어떻게 스트레스받는 상황을 처리하는지"라는 의미로 동사 ask의 목적어 역할을 하는 간접의문문이므로, 의문사 how 뒤에 「주어 + 동사」 순의 you handle이 적절

해석 면접 동안, 면접관은 당신이 어떻게 스트레스받는 상황을 처리하는지 물어볼지도 모른다.

3 해설 부정/제한의 의미를 나타내는 Never가 절의 앞쪽에 왔으므로 조동사 have가 주어 I 앞으로 도치된 have I가 적절

해석 나는 이 탑에서 보는 것만큼 그렇게 놀라운 전망은 결코 본 적이 없다.

4 해설 there가 절의 앞쪽에 왔으므로 동사 must be가 주어 galaxies 앞으로 도치된 must be galaxies가 적절

해석 우주에는, 발견되고 탐험 되기를 기다리는 은하들이 있는 것이 틀림없다.

5 해설 when ~ office?는 "그녀는 언제 사무실로 돌아올까?"라는 일반 의문이므로 「조동사 + 주어」 순의 does she return이 적절

해석 만약 Bennet씨가 점심 식사를 하러 나갔다면, 그녀는 언제 사무실로 돌아올까?

6 해설 so 뒤의 내용이 "나의 선생님도 역시 그렇다"라는 의미이므로 조동사 does가 주어 my teacher 앞으로 도치된 does my teacher가 적절

해석 나의 부모님은 내가 매일 발레를 하기 시작해야 한다고 생각하고, 나의 선생님도 역시 그렇다.

7 해설 here 뒤의 주어 she가 대명사이므로 도치가 일어나지 않은 she came이 적절

해석 얼굴에 큰 미소를 지으며, 그녀는 언덕을 뛰어 내려왔다.

8 해설 형용사 주격보어 (even) more excellent가 but 뒤의 절의 앞쪽에 왔으므로, 동사 is가 주어 the interior 앞으로 도치된 is the interior가 적절

해석 그 식당의 음식은 맛있지만, 인테리어는 훨씬 더 훌륭하다.

9 해설 부정/제한의 의미를 나타내는 Hardly가 절의 앞쪽에 왔으므로 조동사 had가 주어 I 앞으로 도치된 had I가 적절

해석 비가 내리기 시작했을 때 나는 나의 개들과 함께 문밖으로 거의 걸어 나가지 않았다.

10 해설 if ~ market은 "새로운 제품이 시장에서 성공적일지 아닐지"라는 의미로 가주어 it 뒤에서 진짜 주어 역할을 하는 간접의문문이므로, if 뒤에 「주어 + 조동사」 순의 the new product will이 적절

해석 그 새로운 제품이 시장에서 성공적일지 아닐지는 명확하지 않다.

11 해설 장소/방향을 나타내는 「전치사(Near) + 명사구(the ~ pond)」가 절의 앞쪽에 왔으므로 동사 sat이 주어 a traveler 앞으로 도치된 sat a traveler가 적절

해석 더위와 갈증에 지쳐서, 한 여행자가 바싹 마른 연못 근처에 앉아 있었다.

12 해설 부정/제한의 의미를 나타내는 Not only가 절의 앞쪽에 왔으므로, 조동사 does가 주어 motivation 앞으로 도치된 does motivation create가 적절

해석 동기부여는 에너지를 만들어 낼 뿐만 아니라, 사람들이 그들의 목표를 더 빨리 달성하도록 돕는다.

문장 연습 제대로   밑줄 유형   p.169

1 the trail would	2 remain boxes	3 O
4 was the magician	5 O	6 he hates
7 did Robert realize	8 lie creatures	9 O
10 two drivers were	11 can I	12 are you

1 해설 where ~ lead는 "그 산길이 어디로 이어질지"라는 의미로 동사 wondered의 목적어 역할을 하는 간접의문문이므로, where 뒤에 「주어 + 조동사」 순의 the trail would가 적절

해석 등산객들은 숲속으로 점점 더 깊이 걸어 들어가면서, 그 산길이 어디로 이어질지 궁금해했다.

2 해설 there가 절의 앞쪽에 왔으므로, 동사 remain이 주어 boxes 앞으로 도치된 remain boxes가 적절

해석 침대 아래에, 다이어리, 편지, 그리고 사진과 같은 옛 추억으로 가득 찬 상자들이 남아있다.

3 해설 부정/제한의 의미를 나타내는 「Only when + 주어(the sun) + 동사(sets)」가 앞쪽에 왔으므로, 조동사 does가 주어 the city 앞으로 도치된 does the city는 적절

해석 해가 질 때에야 그 도시는 밝은 불빛과 돌아다니는 사람들로 활기를 띤다.

4 해설 분사 주격보어 (Very) skilled가 절의 앞쪽에 왔으므로, 동사 was가 주어 the magician 앞으로 도치된 was the magician이 적절

해석 그 마술사는 매우 능숙해서, 그가 공연하는 모든 마술로 군중을 놀라게 했다.

5 해설 Before ~ college 뒤의 절은 "전공을 바꾸는 것을 고려해 봤니?"라는 일반 의문문이므로, 「조동사 + 주어」 순의 have you는 적절

해석 너는 다른 대학으로 전학하기 전에, 대신 전공을 바꾸는 것을 고려해 봤니?

6 해설 so가 "~ 역시 그렇다"라는 의미가 아니라 "그래서"라는 의미의 접속사이므로, 도치가 일어나지 않은 일반적인 어순 he hates가 적절

해석 Daniel은 현재에 집중하는 것을 선호해서, 자신의 어린 시절에 대해 말하는 것을 싫어한다.

7 해설 부정/제한의 의미를 나타내는 Little이 절의 앞쪽에 왔으므로, 조동사 did가 주어 Robert 앞으로 도치된 did Robert realize가 적절

해석 Robert는 그의 단순한 친절한 행동이 다른 누군가의 삶에 큰 영향을 미칠 것이라는 것을 거의 깨닫지 못했다.

8 해설 장소/방향을 나타내는 「전치사(Under) + 명사구(the soil)」가 절의 앞쪽에 왔으므로, 동사 lie가 주어 creatures 앞으로 도치된 lie creatures가 적절

해석 토양 아래에는 죽은 동식물을 먹고 살며 숲을 깨끗하게 유지하는 생물들이 있다.

9 해설 Whether ~ email이 "고객이 Rebecca의 이메일을 받았는지"라는 의미로 동사 is의 주어 역할을 하는 간접의문문이므로, Whether 뒤에 「주어 + 동사」 순의 the client received는 적절

해석 그녀는 아무 답도 받지 못했기 때문에 그 고객이 Rebecca의 이메일을 받았는지는 확실하지 않다.

10 해설 장소/방향을 나타내는 「전치사(At) + 명사구(the ~ corner)」 뒤에 콤마(,)가 있으므로, 도치가 일어나지 않은 two drivers were가 적절

해석 모퉁이에 있는 신호등에서, 두 명의 운전자가 성난 논쟁을 하고 있었다.

11 해설 부정/제한의 의미를 나타내는 Rarely가 절의 앞쪽에 왔으므로, 조동사 can이 주어 I 앞으로 도치된 can I가 적절

해석 나는 Melissa와 전화로는 거의 연락할 수 없어서, 보통 그녀에게 문자 메시지를 보낸다.

12 해설 When ~ challenges 뒤의 절은 "당신은 스스로에게 정직한가?"라는 일반 의문문이므로 「동사 + 주어」 순의 are you가 적절

해석 당신은 어려운 도전에 직면할 때, 당신의 약점에 대해 스스로에게 정직한가?

짧은 지문 연습 제대로
p.170

1 (A) would you (B) do some people know
2 (A) was Catherine (B) nobody had
3 (A) oil is (B) does the price
4 ①   5 ①   6 ①

1 해설 (A) where ~ go?는 "어디로 갈 것인가?"라는 일반 의문문이므로 「조동사 + 주어」 순의 would you가 적절
(B) 부정/제한의 의미를 나타내는 Little이 절의 앞쪽에 왔으므로, 조동사 do가 주어 some people 앞으로 도치된 do some people know가 적절

해석 만약 당신이 세계의 어느 도시든 이사할 수 있다면, 당신은 어디로 갈 것인가? 어떤 사람들은 모든 도시에 문제가 있고 지구상의 어떤 곳도 완벽하지 않다는 것을 거의 알지 못한다.

---

2 해설 (A) 분사 주격보어 (So) embarrassed가 절의 앞쪽에 왔으므로, 동사 was가 주어 Catherine 앞으로 도치된 was Catherine이 적절
(B) why ~ schedule은 "왜 누구도 알려주지 않았는지"라는 의미로 동사 understand의 목적어 역할을 하는 간접의문문이므로, why 뒤에 「주어 + 조동사」 순의 nobody had가 적절

해석 Catherine은 그 회의가 취소되었다는 것을 알았을 때 매우 당황했다. 그녀는 갑작스러운 일정 변경에 대해 왜 누구도 그녀에게 알려주지 않았는지 이해할 수 없었다.

3 해설 (A) 장소/방향을 나타내는 「전치사(In) + 명사구(many countries)」 뒤에 콤마(,)가 있으므로, 도치가 일어나지 않은 oil is가 적절
(B) so 뒤의 내용이 "가격 역시 그렇다"라는 의미이므로, 조동사 does가 주어 the price 앞으로 도치된 does the price가 적절

해석 많은 나라에서, 석유는 그 지역에서 생산되기보다는 다른 곳에서 수입된다. 세계 석유 가격이 오를 때, 이런 나라들의 운송비용은 올라가고, 석유를 사용해서 생산되는 전기의 가격 역시 그렇다.

4 해설 ① 장소/방향을 나타내는 「전치사(At) + 명사구(the ~ house)」가 절의 앞쪽에 왔으므로 동사 stood가 주어 a ~ door 앞으로 도치된 stood a locked door가 적절
② whether ~ behind it은 "여동생이 그것 뒤의 비밀을 아는지"라는 의미로 동사 wondered의 목적어 역할을 하는 간접의문문이므로, whether 뒤에 「주어 + 동사」 순의 his sister knew는 적절

해석 집의 어두운 복도 끝에 잠겨진 문이 있어서, Edgar를 궁금하게 했다. 그는 그의 여동생이 그것 뒤의 비밀을 아는지 궁금했고 그녀에게 그것에 대해 물어보기로 결심했다.

5 해설 ① 부정/제한의 의미를 나타내는 not only가 절의 앞쪽에 왔으므로, 조동사 does가 주어 it 앞으로 도치된 does it become이 적절
② there가 절의 앞쪽에 왔으므로 동사 can be가 주어 a feeling 앞으로 도치된 can be a feeling은 적절

해석 하나의 습관에 충분히 오래 계속 공을 들이면 그것이 쉬워질 뿐만 아니라, 당신은 다른 것들 또한 더 쉽게 할 수 있다. 추가로, 이 하나의 습관이 당신 삶의 다양한 측면에 미치는 긍정적인 영향을 경험함에 따라 성취감이 있을 수 있다.

6 해설 ① 부정/제한의 의미를 나타내는 「Only when + 주어(we) + 동사(got)」가 앞쪽에 왔으므로, 조동사 did가 주어 I 앞으로 도치된 did I remember가 적절
② there 뒤의 주어가 대명사이므로 도치가 일어나지 않은 I saw는 적절

해석 나의 친구들과 나는 지난여름에 운전해서 산에 올라갔다. 우리가 산 정상에 도착했을 때야 나는 전에 내가 그곳에 가본 적이 있다는 것을 기억했다. 하지만, 지난번에 내가 산에 갔을 때는 겨울이었다. 사실, 나는 그곳에서 살면서 처음으로 눈을 보았다.

내신 서술형 대비 제대로
p.171

1 Not only has Alicia finished the marathon
2 So remarkable is the ancient castle
3 Seldom do some people find the courage to speak in front of large crowds
4 if my friends like to go to the sea
5 there were various activities for children and parents
6 how they can adapt to a company's culture
7 ⓑ why was he → why he was,
  ⓒ his friend did → did his friend
8 ⓑ the government started → did the government start,
  ⓒ will Australia → Australia will

1 해설 부정/제한의 의미를 나타내는 Not only를 문장의 맨 앞에 쓰면, 주어 Alicia 앞으로 조동사 has를 도치시켜서 has Alicia finished가 적절

해석 Alicia는 마라톤을 마쳤을 뿐만 아니라, 그녀의 개인 기록도 깼다.

2 해설 형용사 주격보어 (So) remarkable을 문장의 맨 앞에 쓰면, 주어 the ~ castle 앞으로 동사 is를 도치시켜서 is the ancient castle이 적절

해석 수 세기의 역사 내내 튼튼한 채로 남아있기 때문에 이 고대의 성은 매우 주목할 만하다.

어휘 ancient 고대의　remarkable 주목할 만한　century 세기(100년)

3 해설 부정/제한의 의미를 나타내는 Seldom을 문장의 맨 앞에 쓰면, 주어 some people 앞으로 조동사 do를 도치시켜서 do some people find가 적절

해석 어떤 사람들은 많은 군중 앞에서 말할 용기를 좀처럼 내지 못한다.

4 해설 "바다에 가는 것을 좋아하는지 아닌지"라는 의미로 동사 know의 목적어 역할을 하는 간접의문문이 와야 하므로 if 뒤에「주어 + 동사」순의 my friends like가 적절

5 해설 there가 있으므로, 뒤에 동사 were가 주어 various activities 앞으로 도치된 were various activities가 적절

6 해설 "어떻게 그들이 적응할 수 있는지"라는 의미로 가주어 it 뒤에서 진짜 주어 역할을 하는 간접의문문이므로, how 뒤에「주어 + 조동사」순의 they can adapt가 적절

어휘 adapt 적응하다

7 해설 ⓐ 장소/방향을 나타내는「전치사(In) + 명사구(a ~ mountains)」가 절의 앞쪽에 왔으므로 동사 sat이 주어 an ~ man 앞으로 도치된 sat an old man은 적절

ⓑ why ~ there는 "그가 왜 거기에 머물고 있는지"라는 의미로 동사 asked의 목적어 역할을 하는 간접의문문이므로, why 뒤에「주어 + 동사」순의 why he was가 적절

ⓒ neither 뒤의 내용이 "그의 친구 역시 그렇지 못했다"라는 의미이므로, 조동사 did가 주어 his friend 앞으로 도치된 did his friend가 적절

해석 산속 깊은 동굴에 한 노인이 앉아있었다. 궁금했던 Edward는 친구와 함께 그를 방문했고 그가 왜 거기에 머물고 있는지 물었다. 그 불가사의한 노인이 무언가를 말했지만, Edward는 그것을 이해하지 못했고, 그의 친구 역시 그렇지 못했다.

어휘 cave 동굴　mysterious 불가사의한

8 해설 ⓐ 형용사 주격보어 (Surprisingly) rapid가 절의 앞쪽에 왔으므로, 동사 was가 주어 their spread 앞으로 도치된 was their spread는 적절

ⓑ 부정/제한의 의미를 나타내는「only when + 주어(many people) + 동사(reported)」가 앞쪽에 왔으므로, 조동사 did가 주어 the government 앞으로 도치된 did the government start가 적절

ⓒ whether ~ rabbits는 "호주가 토끼로부터 자유로울 수 있을지"라는 의미로 동사 is의 주어 역할을 하는 간접의문문이므로, whether 뒤에「주어 + 동사」순의 Australia will이 적절

해석 토끼는 1859년에 호주에 처음 들어왔다. 그 후 토끼의 확산은 놀랄 만큼 빨랐다. 그리고 많은 사람들이 농작물 피해를 보고했을 때야 정부는 그 문제에 대해 무언가 하기 시작했다. 토끼를 줄이려는 많은 시도들이 있었지만, 오늘날까지도, 호주가 토끼로부터 자유로울 수 있을지는 알려지지 않았다.

어휘 surprisingly 놀랄 만큼　spread 확산　crop 농작물

1 ④	2 ⑤	3 ②	4 ④

1 해설 (A) how ~ world는 "곤충들이 기후 변화에 어떻게 반응하는지"라는 의미로 가주어 it 뒤에서 진짜 주어 역할을 하는 간접의문문이므로, how 뒤에「주어 + 동사」순의 insects react가 적절

(B) 부정/제한의 의미를 나타내는「Only if + 주어(the weather) + 동사(has become)」가 앞쪽에 왔으므로, 조동사 do가 주어 they 앞으로 도치된 do they go가 적절

(C) 장소/방향을 나타내는「전치사(from) + 명사구(the UK)」가 앞쪽에 왔으므로, 동사 fly가 주어 fewer butterflies 앞으로 도치된 fly fewer butterflies가 적절

해석 세계적으로 곤충들이 기후 변화에 어떻게 반응하는지는 생물학에서 오랫동안 인기 있는 연구 주제였다. 영국에서, 한 나비 종의 겨울 개체 수가 최근에 400퍼센트까지 증가했다. 그 나비들은 보통 북아프리카에 산다. 오로지 봄에 영국의 날씨가 충분히 따뜻해지면, 그들은 알을 낳기 위해 그곳에 간다. 하지만, 영국의 평균 기온이 오름에 따라, 겨울이 더 따뜻해졌다. 따라서, 더 적은 나비가 영국에서 북아프리카로 돌아가면서, 겨울 동안 영국의 개체 수의 증가를 야기한다.

어휘 research 연구　biology 생물학　population 개체 수, 인구　species (생물의) 종　average 평균(의)　temperature 기온, 온도

2 해설 (A) so 뒤의 내용이 "나 역시 그랬다"라는 의미이므로, 조동사 did가 주어 I 앞으로 도치된 did I가 적절

(B) if ~ happy는 "내가 진정으로 행복한지"라는 의미로 동사 asked의 목적어 역할을 하는 간접의문문이므로, if 뒤에「주어 + 동사」순의 I was가 적절

(C) 부정/제한의 의미를 나타내는 Never가 절의 앞쪽에 왔으므로, 조동사 had가 주어 I 앞으로 도치된 had I가 적절

해석 고등학교를 졸업한 후에, 나의 모든 친구들은 대학에 갔고 직장을 구했으며, 나 역시 그랬다. 나는 비즈니스 과정을 수강했고 큰 회사에서 일자리를 구했다. 처음에는, 모든 것이 괜찮은 것처럼 보였다. 그러나, 머릿속에서 나는 내가 진정으로 행복한지 종종 물었다. 어느 날, 한 친구가 내가 불행해 보인다고 말했고 나를 여행에 초대했다. 이 여행 동안, 나는 내가 몰랐던 내 자신의 부분들을 발견했다. 이것은 내 삶의 많은 변화로 이어졌고, 지금은 나 자신에게 훨씬 더 만족한다. 그 여행이 내 삶을 영원히 바꿀 것이라고 나는 결코 예상하지 못했다.

3 해설 ① 장소/방향을 나타내는「전치사(Into) + 명사구(Robbers ~ Park)」가 절의 앞쪽에 왔으므로, 동사 came이 주어 boys 앞으로 도치된 came boys는 적절

② 부정/제한의 의미를 나타내는 rarely가 but 뒤에 있는 절의 앞쪽에 왔으므로, 조동사 did가 주어 they 앞으로 도치된 did they meet이 적절

③ how ~ other?는 "그룹들은 서로 어떻게 지냈을까?"라는 일반의문문이므로 how 뒤에「조동사 + 주어」순의 did the groups는 적절

④ there가 절의 앞쪽에 왔으므로 동사 were가 주어 many fights 앞으로 도치된 were many fights는 적절

⑤ 장소/방향을 나타내는「전치사(In) + 명사구(one place)」뒤에 콤마(,)가 있으므로, 도치가 일어나지 않은 people become은 적절

해석 Robbers Cave State 공원으로 모두 11살인 소년들이 여름 캠프를 위해 왔다. 캠프에 도착하자마자, 소년들은 무작위로 두 그룹으로 분리되었고, 오직 그들 자신의 그룹과만 일주일을 보냈다. 각 그룹의 소년들은 함께 수영하고, 야영하고, 하이킹했지만, 다른 그룹의 소년들을 거의 만나지 않았다. 일주일 후에 그들이 관찰되었을 때, 그 그룹들은 서로 어떻게 지냈을까? 불행하게도, 두 그룹 사이에 많은 싸움과 물품 절도가 있었다. 한 장소에서, 분명하게 나뉘어졌을 때, 사람들은 경쟁적이고, 심지어 적대적으로 된다.

어휘 arrival 도착 randomly 무작위로 separate 분리하다
observe 관찰하다 theft 절도 competitive 경쟁적인
hostile 적대적인 divide 나누다

4 해설 ① there가 절의 앞쪽에 왔으므로 동사 exists가 주어 an approach 앞으로 도치된 exists an approach는 적절
② neither 뒤의 내용이 "목욕 가운 역시 그렇지 않다"라는 의미이므로, 조동사 is가 주어 a bathrobe 앞으로 도치된 is a bathrobe는 적절
③ 형용사 주격보어 flexible이 but 뒤의 절의 앞쪽에 왔으므로, 동사 are가 주어 they 앞으로 도치된 are they는 적절
④ whether ~ class는 "그들이 특정한 방법을 적용할지 말지"라는 의미로 동사 decide의 목적어 역할을 하는 간접의문문이므로, whether 뒤에 「주어 + 동사」 순의 they apply가 적절
⑤ when ~ them은 "그것들 각각을 언제 사용해야 하는지"라는 의미로 동사 is의 주어 역할을 하는 간접의문문이므로, when 뒤에 「주어 + 조동사」 순의 they should는 적절

해석 대학 생활을 시작할 때, 학생들은 자연스럽게 각 과정, 시험, 또는 학습 과제에 대한 접근법이 존재한다는 것을 배운다. 당신이 장례식에 무엇을 입고 갈지 생각해 보라. 화려한 드레스는 적절하지 않고, 목욕 가운 역시 그렇지 않다. 만약 당신이 농구를 한다면, 당신은 장례식에 입고 갔던 것과 같은 옷을 입지 않을 것이다. 당신은 각각 다른 경우와 환경에 적절한 옷이 있다는 것을 안다. 대학 신입생들은 어리지만, 그들은 학습자로서 유연하다. 그들은 특정한 방법을 수업에 적용할지 말지 결정할 수 있다. 그들은 다른 전략을 가지고 있고, 그것들 각각을 언제 사용해야 하는지는 어려운 문제가 아니다. 그들은 객관식 시험을 위해 논술 시험과는 다르게 공부한다.

어휘 approach 접근(법) funeral 장례식 appropriate 적절한
occasion 경우 flexible 유연한 particular 특정한
method 방법 strategy 전략

MINI TEST CH 13-14   p.174

1 ②   2 ②   3 ④
4 (1) ⓐ meetings are → are meetings, ⓑ much → more,
     ⓒ very → much/even/far/still/a lot 또는 clearer → clear
  (2) How companies manage meetings between employees affects

1 해설 (A) 앞뒤의 as ~ as를 제외하고 보면, 동사 is의 주격보어 자리이므로 형용사 smart가 적절
(B) 앞에 비교급 greater가 있으므로 than이 적절
(C) 부정/제한의 의미를 나타내는 Not only가 이 절의 앞쪽에 왔으므로, 조동사 can이 주어 the exercises 앞으로 도치된 can the exercises가 적절

해석 고혈압이 있는 것은 당신의 건강에 위험할 수 있다. 의사들은 보통 환자들이 규칙적으로 운동해야 한다고 권고한다. 하지만, 움직임이 많은 운동을 하는 것이 항상 움직임이 없는 운동을 하는 것만큼 똑똑한 것은 아니다. 최근의 한 연구는 움직임이 없는 운동이 움직임이 많은 운동보다 고혈압이 있는 사람들에게 더 큰 이점이 있다는 것을 발견했다. 이것은 고혈압이 있는 사람들에게 좋은 소식이다. 그 운동들은 혈액 흐름을 개선시킬 수 있을 뿐만 아니라, 장비나 비싼 체육관 회원권 없이 집에서 하기 쉽다.

어휘 blood pressure 혈압 equipment 장비

2 해설 ① 선행사 the age를 뒤에서 수식하는 관계사절이 주어(many ~ people), 동사(start), 목적어(to discover)가 모두 있는 완전한 절이므로 at which는 적절
② Since ~ adults 뒤의 절에서 장소/방향을 나타내는 「전치사 (under) + 명사구(the ~ parents)」가 절의 앞쪽에 왔으므로,

---

동사 happen이 주어 many changes 앞으로 도치된 happen many changes가 적절
③ 앞에 비교급을 만드는 more가 있으며, more를 제외하고 보면 "깊게 느끼고 이해하다"라는 의미로 동사 feel and understand를 수식하므로 부사의 원급 deeply는 적절
④ "자녀들의 스트레스 감정"이라는 의미로 복수명사 children을 가리키므로 복수명사 their는 적절
⑤ neither 뒤의 내용이 "아무것도 제공하지 않는 것 역시 그렇지 않다"라는 의미이므로, 조동사 is가 주어 offering nothing 앞으로 도치된 is offering nothing은 적절

해석 10대는 쉬운 시기가 아니다. 이 시기는 많은 젊은이들이 자신을 발견하기 시작하는 나이이다. 그들은 자신이 누구인지 또는 누가 되고 싶은지를 깨닫기 시작한다. 그들은 아직 성인이 아니기 때문에, 부모님의 보호 아래에서 그들의 감정적인 삶에 영향을 미치는 많은 변화들이 일어난다. 그들은 부모들이 생각하는 것보다 더 깊게 상황을 느끼고 이해하지만, 여전히 약간의 도움과 안내가 필요하다. 그러므로, 부모는 그들의 스트레스 감정을 더하지 않고 자신의 십 대 자녀들을 도와야 한다. 그렇게 하기 위해, 부모는 그들에게 정확히 무엇을 해야 하는지 말하지 않고 조언을 제공할 준비가 되어있어야 한다. 너무 많은 조언을 제공하는 것은 적절하지 않지만, 아무것도 제공하지 않는 것 역시 그렇지 않다.

어휘 realize 깨닫다 affect 영향을 미치다 emotional 감정적인
guidance 안내

3 해설 ① 앞에 비교급 better가 있으므로 than은 적절
② "더 많은 실수를 할수록, 더 현명해진다"라는 의미이므로 「the + 비교급(more) ~ , the + 비교급 …」을 만드는 비교급 wiser는 적절
③ "천천히 줄어든다"라는 의미로 동사 is lessened를 수식하므로 부사 slowly는 적절
④ whether ~ new는 "당신이 위험을 감수해야 하는지 아닌지"라는 의미로 동사 wonder의 목적어 역할을 하는 간접의문문이므로, whether 뒤에 「주어 + 동사」 순의 you should가 적절
⑤ "(과거에) 시도해 봤어야 했는데 안 했다"라는 의미이므로 should 뒤에 have tried는 적절

해석 비록 그것을 후회할지라도, 당신이 무언가를 하는 것이 그것을 전혀 하지 않는 것보다 낫다. 이는 당신이 과거의 행동을 보고 그것으로부터 배울 수 있기 때문이다. 사실, 때때로 당신이 더 많은 실수를 할수록, 당신은 더 현명해진다. 하지만, 당신이 무언가를 하지 않을 때, 배울 것이 없다. 당신이 어떤 새로운 것도 배우지 못하기 때문에 당신의 성장은 천천히 줄어든다. 당신이 새로운 무언가에 대해 위험을 감수해야 하는지 아닌지 궁금할 때, 그냥 해보라. 당신은 그것을 시도해 봤어야 했고 아무것도 배우지 못했다고 말하는 대신, 당신이 그것을 시도했고 새로운 무언가를 배웠다고 말할 수 있다.

어휘 lessen 줄어들게 하다

4 해설 (1) ⓐ 형용사 주격보어 (Even) worse가 절의 앞쪽에 왔으므로, 동사가 주어 앞으로 도치되도록 meetings are를 are meetings로 수정
ⓑ 뒤에 than이 있으므로 원급 much를 비교급 more로 수정
ⓒ "훨씬 더 명확한"이라는 의미로 비교급 clearer를 수식하므로 very를 much/even/far/still/a lot으로 수정, 또는 very는 원급을 수식하므로 비교급 clearer를 원급 clear로 수정하는 것도 가능
(2) "기업들이 직원들 간의 회의를 어떻게 관리하는지"가 동사 affects의 주어 역할을 하는 간접의문문이므로, "어떻게"를 뜻하는 의문사 How 뒤에 「주어 + 동사」 순의 companies manage가 오는 것이 적절

해석 기업들이 직원들 간의 회의를 어떻게 관리하는지는 전반적인 성과에 영향을 미친다. 매우 자주, 너무 많은 회의는 생산성을 해칠 수 있다. 회의가 길다면, 훨씬 더 나쁘다. 회의는 정보를 교환하고 결정에 대한 합의에 도달하기 위해 중요하다. 그러나 너무 많은 긴 회

의를 하는 것은 직원들의 시간을 낭비할 수 있다. 그들은 행동을 취하는 것보다 계획을 논의하는 데 더 많은 시간을 보낸다. 회의는 필수적이지만 시간 낭비일 수도 있기 때문에, 할 수 있는 최선의 일은 그것들을 짧게 유지하는 것이다. 다음 회의를 계획하기 전에, 목표를 세우고 모든 사람이 회의가 무엇에 대한 것인지 알고 있는지 확실하게 하라. 이것은 시간을 절약하고 모든 사람이 준비된 채로 회의에 참석하도록 보장할 것이다. 회의에서, 모든 사람은 훨씬 더 명확한 결과를 내기 위해 목표에 집중해야 한다.

어휘 manage 관리하다 overall 전반적인 performance 성과
productivity 생산성 exchange 교환하다 agreement 합의
ensure 보장하다

MEMO

단계별 학습으로 제대로 완성하는 영어 어법

해커스
어법 수능 내신
제대로

| 정답 및 해설 |